Uni-Taschenbücher 212

UTB
FÜR WISSEN
SCHAFT

Eine Arbeitsgemeinschaft der Verlage

Wilhelm Fink Verlag München
Gustav Fischer Verlag Stuttgart
Francke Verlag Tübingen
Paul Haupt Verlag Bern und Stuttgart
Dr. Alfred Hüthig Verlag Heidelberg
Leske Verlag + Budrich GmbH Opladen
J. C. B. Mohr (Paul Siebeck) Tübingen
R. v. Decker & C. F. Müller Verlagsgesellschaft m. b. H. Heidelberg
Quelle & Meyer Heidelberg · Wiesbaden
Ernst Reinhardt Verlag München und Basel
F. K. Schattauer Verlag Stuttgart · New York
Ferdinand Schöningh Verlag Paderborn · München · Wien · Zürich
Eugen Ulmer Verlag Stuttgart
Vandenhoeck & Ruprecht in Göttingen und Zürich

Grundwissen der Ökonomik
Volkswirtschaftslehre

Herausgegeben von

H. K. Schneider, Köln
Ch. Watrin, Köln
J. Werner, Stuttgart

Horst Siebert

Außenwirtschaft

4., völlig neubearbeitete und wesentlich erweiterte Auflage

131 Schaubilder und 23 Tabellen

Gustav Fischer Verlag · Stuttgart

Anschrift des Verfassers:

Professor Dr. Horst Siebert
Institut für Weltwirtschaft
Düsternbrooker Weg 120
2300 Kiel

Dieser Titel erschien in der 1. und 2. Auflage unter dem Titel:
Außenhandelstheorie

CIP-Titelaufnahme der Deutschen Bibliothek

Siebert, Horst:
Aussenwirtschaft / Horst Siebert. – 4., völlig neubearb. u. wesentl. erw. Aufl. – Stuttgart : Fischer, 1989
(UTB für Wissenschaft : Uni-Taschenbücher ; 212) (Grundwissen der Ökonomik : Volkswirtschaftslehre)
Mit 131 Schaubildern u. 23 Tab.
ISBN 3-437-40204-8
NE: UTB für Wissenschaft / Uni-Taschenbücher

Gesamtherstellung: Friedrich Pustet, Regensburg
Umschlaggestaltung: Alfred Krugmann, Stuttgart
Printed in Germany

ISBN 3-437-40204-8 1 2 3 4 5

Vorwort zur 4. Auflage

Das vorliegende Lehrbuch will dem Studenten eine Darstellung der wichtigsten Probleme der Außenwirtschaft geben und das heute als gesichert geltende Wissen über die außenwirtschaftlichen Verflechtungen einer Volkswirtschaft vermitteln. Das Buch diskutiert einerseits die Prinzipien der internationalen Arbeitsteilung, ihre Auswirkung auf die nationalen Volkswirtschaften sowie die Motivation für Handel zwischen Ländern und zum anderen die mit makroökonomischen Zielen verbundenen wirtschaftspolitischen Probleme des Außenhandels, wie Ausgleich der Zahlungsbilanz, Wechselkurseffekte, Beschäftigungspolitik in einer offenen Volkswirtschaft und internationaler Kapitalverkehr.

Die übliche Trennung zwischen sog. realwirtschaftlicher (güterwirtschaftlicher oder «reiner») und monetärer Außenwirtschaftstheorie ist eine für die Lehre sehr schöne Einteilung der Außenwirtschaftstheorie in zwei säuberlich getrennte Schubladen, die mir unbefriedigend erscheint. Das vorliegende Buch bemüht sich – wenn es auch diese Einteilung nicht beseitigen kann –, die Zusammenhänge zwischen reiner und monetärer Theorie deutlich zu machen. Die verknüpfenden Variablen zwischen reiner und monetärer Theorie, der Wechselkurs, die absoluten Güterpreise und die Geldmenge, werden dem Leser in allen Teilen des Lehrbuches begegnen.

Die 4. Auflage des Lehrbuches wurde erheblich erweitert und völlig überarbeitet. Bei der güterwirtschaftlichen Außenwirtschaftstheorie wurden die zum Heckscher-Ohlin-Modell alternativen Ansätze in Kapitel 4 neu aufgenommen. In der monetären Theorie sind den Ausgleichsmechanismen der Zahlungsbilanz (Kapitel 9), der monetären Zahlungsbilanztheorie (Kapitel 14), der Finanzmarkttheorie des Wechselkurses (Kapitel 15), den intertemporalen Aspekten der Zahlungsbilanz (Kapitel 16) und den Wechselkurssystemen (Kapitel 17) neue Kapitel gewidmet worden. Ferner finden sich viele Erweiterungen und Korrekturen im Detail. Empirische Angaben sind auf den neuesten Stand gebracht worden.

Zu danken habe ich den Studenten der Universität Konstanz und Mannheim, von welchen immer wieder Anreize für mich ausgingen, die Darstellung zu vereinfachen und zu verbessern. Kritische Hinweise für die Korrektur der dritten Auflage sind mir von Walter Buhr, Otmar Issing, Jürgen Roth und Michael Schmid zugegangen. Kritische Anregungen zu früheren Auflagen habe ich von Werner Gaab, Horst Herberg, Helmut Hesse, Jörg Niehans, Rüdiger Pethig, Sabine Toussaint und Ingo Walter erhalten. Teile des Manuskripts habe ich mit Ernst Mohr diskutiert. Die neuen Kapitel sind zum Teil kritisch von Axel Behrens, Andreas Haufler, Peter König und Michael Rauscher gelesen worden. Aus dieser Kritik habe ich zahlreiche Anregungen erhalten. Wissenschaftler brauchen kritische Gegenpositionen, an denen sie sich reiben können. Frau Gudrun Kugler, Frau Susanne Urban und die Herren Michael Koop und Thomas Linne haben das Manuskript geschrieben und die Schaubilder gezeichnet. Herr Wolfgang Richter hat das Literaturverzeichnis zusammengestellt, Herr Michael Koop hat das Register angefertigt. Alle Irrtümer, Unrichtigkeiten, Schnitzer, Trugschlüsse, Druckfehler, Ungeschicke, Lapsus, Unvollkommenheiten und sonstige Sünden gehen jedoch auf mein Konto.

Horst Siebert

Hinweise für den Leser

Zentrale Prämissen sind explizit kenntlich gemacht und kapitelweise durchgehend numeriert. Die erste Ziffer kennzeichnet das Kapitel. So ist 3.3 die Prämisse Nr. 3 im Kapitel 3. Ist eine Prämisse durch einen Beistrich gekennzeichnet, z. B. 3.3′, so stellt sie eine Alternativannahme, hier zur Prämisse 3.3, dar. Wichtige abgeleitete Sätze und einige zentrale Definitionen sind als *Aussagen* hervorgehoben. Schaubilder und die relevanten Gleichungen sind kapitelweise durchgehend numeriert.

Auf die Literatur wird bei Büchern durch die Angabe von Namen mit der Jahreszahl der Erscheinung verwiesen. So bedeutet (Caves und Jones 1985) das im Literaturverzeichnis verzeichnete Buch «World Trade and Payments». Bei Verweisen auf Artikel kennzeichnet der Zusatz A vor der Jahreszahl, daß es sich um einen Artikel handelt, beispielsweise (Dornbusch A 1985).

Am Ende der Kapitel finden sich einige weiterführende Fragen, deren Antworten aus der Literatur entnommen werden können. Diese weiterführenden Fragen weisen in der Regel auf Aspekte hin, die in den Kapiteln nicht behandelt werden konnten.

Inhalt

Verzeichnis der Symbole

$\mathfrak{A}$	Absorption
A	Produktionsfaktor Arbeit
C	Konsum
E	Überschußnachfrage
G	Regierungsausgaben
I	Investition
Im	Importwert/Importe
K	Produktionsfaktor Kapital
K^M	Kapitalimport
K^X	Kapitalexport
L	Reale Geldnachfrage
M	Reales Geldangebot
$\tilde{M}$	Nominelles Geldangebot
M^a	externe Geldmenge/exogen bestimmte Geldmenge
Q	Produktionsmengen
R	Devisenbestand
$\dot{R}$	Ableitung des Devisenbestandes nach der Zeit (dR/dt)
$\dot{R} > 0$	Zunahme des Devisenbestandes
S	Ersparnis
T	Steuern
X	Exportwert
Y	Volkseinkommen
Z	Zahlungsbilanzsaldo
Z^D	Devisenbilanzsaldo
Z^H	Handelsbilanzsaldo
Z^K	Kapitalverkehrsbilanzsaldo
Z^L	Leistungsbilanzsaldo
i, r	Zinssatz
k	Kapitalintensität
l	Lohnsatz
m	marginale Importquote
p_i	Güterpreis für Gut i
w	Wechselkurs (DM/GE Auslandswährung)
γ	Neutralisierungsparameter (Geldpolitik)
ε	Angebotselastizität
η	Nachfrageelastizität (Gesamtnachfrage)
$\varkappa$	Nettokapitalimporte

π	Reaktion der Leistungsbilanz auf Wechselkursänderungen bei konstantem Volkseinkommen
τ	Elastizität der Tauschkurve
ω	Lohnzinsverhältnis

1. Problemstellung der Außenhandelstheorie

«Between whatever places foreign trade is carried on, they all of them derive two distinct benefits from it. It carries out that surplus part of the produce of their land and labour for which there is no demand among them, and brings back in return for it something else for which there is a demand. It gives a value to their superfluities by exchanging them for something else, which may satisfy a part of their wants, and increase their enjoyments.»

*Adam Smith**

In diesem einleitenden Kapitel wird ein Überblick über die Fragen der Außenwirtschaft gegeben. Warum wird Außenhandel betrieben? Nach welchen Prinzipien wird die internationale Arbeitsteilung ausgerichtet? Welche Faktoren beeinflussen die Zahlungsbilanzsituation und den Wechselkurs? Welche Mechanismen tragen zum Ausgleich der Zahlungsbilanz bei? Wie wirkt sich die Außenhandelsverflechtung auf die Stabilität im Innern aus? Welche Spielregeln sind für die Weltwirtschaft zu entwickeln?

1. Ziel der Außenhandelstheorie ist die Analyse von ökonomischen Beziehungen zwischen Volkswirtschaften. Volkswirtschaften sind in der Regel keine geschlossenen Systeme, sondern durch den internationalen Güteraustausch, durch die Wanderung von Produktionsfaktoren und durch monetäre Transaktionen miteinander verflochten (Schaubild 1.1). Für die Bundesrepublik Deutschland sind diese internationalen Verflechtungen von zentralem Interesse: Die Exportquote (einschließlich Dienstleistungsexporte), d. h. der Anteil der Exporte am Bruttoinlandsprodukt lag 1986 bei 32,8 v. H.[1]. Etwa 6,1 Millionen Erwerbstätige, d. h. 26,1 v. H. der Erwerbstätigen, hingen 1982 direkt oder indirekt von der Exportaktivität ab[2]. Im Zusammenhang mit den «Erdölkrisen» der Jahre 1973/74 und 1979/80 ist deutlich geworden, daß die industrialisierte Bundesrepublik auf Energie- und Rohstoffimporte angewiesen ist. Der Devisenbedarf für die Importe muß durch die Exporte «verdient» werden. Und nicht zuletzt spielt in der wirt-

---

* A. Smith, An Inquiry into the Nature of the Causes of the Wealth of Nations, 1776, zitiert nach The Modern Library, New York 1937, S. 416.

[1] Vgl. Tabelle 2.4.

[2] Quelle: Deutsches Institut für Wirtschaftsforschung, Wochenbericht 6/1984, S. 60f.

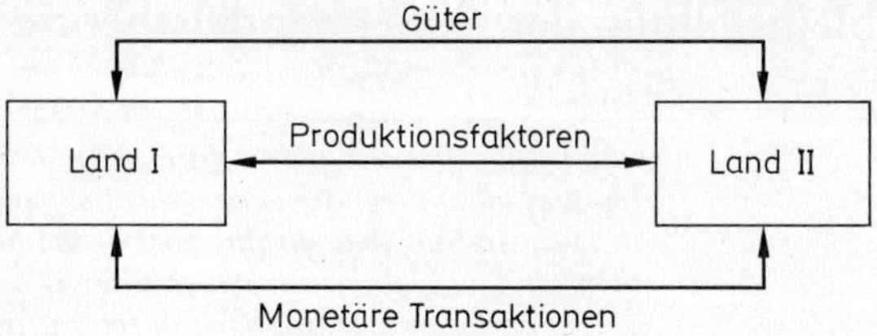

Schaubild 1.1

schaftspolitischen Diskussion die Frage des Inflationsimports und der internationalen Konjunkturabhängigkeit eine zentrale Rolle.

2. Die Außenhandelstheorie beschäftigt sich mit folgenden Fragen:

(1) Warum wird Außenhandel betrieben?

Diese Frage zielt darauf ab, welche Vorteile ein Individuum eines Landes zieht, wenn es mit Wirtschaftssubjekten eines anderen Landes handelt. Gleichzeitig wird die Frage gestellt, welche Vorteile ein einzelnes Land oder die Welt insgesamt aus Außenhandel haben. Kann durch Außenhandel die Wohlfahrt eines einzelnen Individuums, eines Landes oder der Welt insgesamt gesteigert werden (Kapitel 3 und 5)?

(2) Wie läßt sich die internationale Arbeitsteilung erklären?

Im Rahmen dieser Frage ist zu klären, unter welchen Bedinungen ein Güteraustausch zwischen einzelnen Volkswirtschaften zustande kommt, unter welchen Bedingungen also Länder Handel treiben, welches Land einen Produktionsvorteil für welches Gut hat, welche Aussagen über Richtung und Volumen des Handels möglich sind und welche Anpassungsprozesse in einigen zentralen Variablen auf die Eröffnung des Handels (Reallokation der Faktoren, Einkommensverteilung) erfolgen. Internationale Arbeitsteilung bezieht sich jedoch nicht allein auf die Warenströme, sondern auch auf die Faktormobilität und damit auf die Standortentscheidungen von Haushalten und Unternehmen. Außenhandelstheorie ist also auch Standorttheorie (Kapitel 3 und 4).

(3) Welche Faktoren bestimmen das Tauschverhältnis?

Hier interessiert, welche Faktoren das Tauschverhältnis im Handelsgleichgewicht beeinflussen, wie sich das Tauschverhältnis in der Zeit verändert und welche Rückwirkungen eine Verbesserung oder Verschlechterung des Tauschverhältnisses auf die interne Situation in den einzelnen Volkswirtschaften hat. Was bedeutet es beispielsweise, daß die Bundesrepublik nach der ersten Energiekrise 1973/74 eine Verschlechterung ihrer Terms of Trade von 106,2 (1972) auf 93,9 (1974) und nach der zweiten Energiekrise von 101,5 (1978) auf 85,2 (1981) hinnehmen mußte[3] (Basisjahr 1975: 100)? Ferner wird gefragt, welche Aussagen sich über die Entwicklung der Terms of Trade zwischen Industrienationen und Entwicklungsländern machen lassen und wie sich das Handelsgleichgewicht charakterisieren läßt (Kapitel 5).

(4) Von welchen Faktoren wird die Zahlungsbilanzsituation eines Landes beeinflußt?

Eine ausgeglichene Zahlungsbilanz ist ein wichtiges Ziel der Wirtschaftspolitik. Welche Faktoren bestimmen die Zahlungsbilanzsituation, wie verändert sie sich mit Variation z.B. des ausländischen Preisniveaus, und mit welchen Instrumenten kann die Wirtschaftspolitik den Zahlungsbilanzausgleich herstellen (Kapitel 8)?

(5) Welche Mechanismen tragen zum Ausgleich der Zahlungsbilanz bei?

Für den Ausgleich der Zahlungsbilanz kommen als Mechanismen Relativpreisänderungen, Geldmengenpreisänderungen über die Rückwirkung der Salden auf die Geldmenge, Einkommensänderungen und Kapitalverkehr infrage. Diese Mechanismen funktionieren unterschiedlich, je nachdem ob wir ein System stabiler oder flexibler Wechselkurse haben. Flexible Wechselkurse können zum Ausgleich der Zahlungsbilanz beitragen. Eine entscheidende Frage ist deshalb, wie sich der Wechselkurs bestimmt und wie sich Wechselkursänderungen auswirken (Kapitel 10). Von besonderem Interesse ist, ob Wechselkurse überschießen (Kapitel 15).

(6) Wie beeinflußt die Außenhandelsverflechtung die interne Stabilität?

In einer offenen Volkswirtschaft werden Preisniveau und Beschäftigung auch von der Entwicklung in anderen Ländern beeinflußt. Die Frage des Zielkonflikts zwischen interner Stabilität und dem Zahlungsbilanzausgleich tritt auf. Wird die Wirksamkeit des stabilisierungspolitischen Instrumentariums durch die Außenhandelsverflechtung beeinflußt? Wie wird die Inflation in einer offenen Volkswirtschaft importiert? Wie

[3] Zu den Angaben vgl. Kapitel 5.

wird die Beschäftigungssituation in einer offenen Volkswirtschaft von außen beeinflußt? Können wir uns von der Weltkonjunktur abkoppeln? Welche Funktion kommt flexiblen Wechselkursen bei einer Abschirmung nach außen zu (Kapitel 11, 12 und 13)?

(7) Welche Spielregeln sind für die Weltwirtschaft zu entwickeln?

Güteraustausch, Standortentscheidungen, Faktorbewegungen und monetäre Prozesse und ihre Auswirkungen werden von den gegebenen institutionellen Bedingungen beeinflußt. Wie soll eine Weltwirtschaftsordnung aussehen? Welche institutionellen Regeln – welcher Ordnungsrahmen – sollen für die internationale Arbeitsteilung gelten? Wie ist das Nord-Süd-Problem in der Weltwirtschaftsordnung zu lösen? Welche Eigenschaften soll ein Weltwährungssystem haben (Kapitel 7 und 17)?

3. Die Frage nach dem «Warum» droht in einem Lehrbuch angesichts von Tabellen, Schaubildern und analytischer Überlegungen unterzugehen. Deshalb sollte zumindest eine vorläufige Antwort auf die Frage gegeben werden, warum Außenhandel betrieben wird.
Güteraustausch zwischen Wirtschaftssubjekten verschiedener Länder ist deshalb sinnvoll, weil er – ähnlich wie bei einem Tauschvorgang innerhalb einer Volkswirtschaft – dem einzelnen Individuum Tauschvorteile bringt. Die Einführung von Außenhandel erweitert die Tauschmöglichkeiten. Außenhandel ermöglicht aber auch die zunehmende Spezialisierung einzelner Länder in der Produktion und die Ausnutzung von Produktionsvorteilen (Spezialisierungsvorteilen). Diese Vorteile aus Handel ergeben sich darüber hinaus nicht nur für einzelne Wirtschaftssubjekte, sondern für ein ganzes Land.
Der Vorteil des Außenhandels kann auch aus einer anderen Sicht verdeutlicht werden: Güteraustausch hebt Restriktionen auf. Wir wissen, daß eine geschlossene Volkswirtschaft nicht außerhalb ihrer Produktionsmöglichkeitskurve (Transformationskurve) konsumieren kann. Eine geschlossene Volkswirtschaft kann nur denjenigen Güterberg konsumieren, den sie selbst produziert. Güteraustausch zwischen Ländern aber erlaubt es, daß ein Land ein Güterbündel konsumiert, das außerhalb seiner Produktionsgrenze liegt. (Der Leser sollte allerdings nicht den Eindruck haben, daß Außenhandel ein «Wundermittel» ist, das alle Restriktionen außer Kraft setzt. Außenhandel führt auch eine zusätzliche Restriktion ein, nämlich die Forderung nach einer ausgeglichenen Zahlungsbilanz.)
Die bisherigen Argumente beziehen sich auf wirtschaftliche Vorteile, die aus Außenhandel entstehen. Außenhandel bedeutet auch, daß man

mit ausländischen Produkten – wie etwa Büchern – auch andere Ideen kennenlernen kann und daß durch Warenexporte Devisen beschafft werden, die es gestatten, daß man sich im Ausland aufhalten kann. Außenhandel schafft damit auch Bewegungsspielraum für Individuen, was etwas mit dem Freiheitsziel der Wirtschaftspolitik zu tun hat. Die Bedeutung dieses Arguments kann man sich klar machen, wenn man sich ein Szenario der Devisenbewirtschaftung vorstellt. Durch eine staatliche «Rationierung» von Devisen wird der Bewegungsspielraum von Wirtschaftssubjekten eingeengt; man kann sich Situationen vorstellen, in denen man das Instrument der Devisenbewirtschaftung dazu einsetzt, den Erwerb ausländischer Produkte unmöglich zu machen und die Freizügigkeit von Personen über die Staatsgrenzen einzuschränken oder gar zu vereiteln. Außenhandel kann in diesem Sinn als Element einer «offenen Gesellschaft» interpretiert werden, mit dem wichtigsten Kennzeichen, «dem Wettstreit ihrer Mitglieder um die Stellung, die sie einnehmen sollen»[4]. Es ist deshalb nicht überraschend, daß «geschlossene Gesellschaften» dazu neigen, den Außenhandel zu kontrollieren und einzuschränken.

Schließlich soll das Argument erwähnt werden, daß der Austausch von Gütern, die Wanderung von Faktoren und der damit zusammenhängende Kontakt von Individuen verschiedener Länder die Chance der Verständigung eröffnet und damit eine Grundlage für eine eher pazifistische Welt ist. Güteraustausch ist besser, als wenn man sich die Köpfe einschlägt. Inwieweit dieses Argument zutrifft, möge dem historischen Urteil des Lesers überlassen bleiben.

4. Die Außenhandelstheorie greift sowohl die Fragen der Mikro- als auch der Makroökonomie auf. Bei der realwirtschaftlichen oder «reinen» Außenhandelstheorie geht es um die Allokationsproblematik: Welches Land hat Produktionsvorteile? Wie erklärt man die Warenströme zwischen Volkswirtschaften? Welches Land hat Standortvorteile? Lohnt sich Außenhandel? Welchen Ordnungsrahmen soll man für die Weltwirtschaft wählen? In der monetären Außenhandelstheorie dagegen geht es um makroökonomische Probleme: Wie bestimmt sich die Zahlungsbilanzsituation? Welche Mechanismen tragen zum Ausgleich der Zahlungsbilanz bei? Wie erklärt sich in einer offenen Volkswirtschaft die Beschäftigung und die Inflation? Wie wirken sich Geld- und Fiskalpolitik in einer offenen Volkswirtschaft aus? Welche Rolle spielen Wechselkurse?

---

[4] K. R. Popper, The Open Society and its Enemies, London 1944; zitiert nach der deutschen Ausgabe: Die offene Gesellschaft und ihre Feinde, München 1977, S. 21.

2. Das empirische Bild der internationalen Arbeitsteilung

Facts by themselves are silent. *Alfred Marshall**

In diesem Kapitel wird ein Überblick über empirisch relevante Daten zur internationalen Arbeitsteilung gegeben. In Abschnitt 2.1 wird über die historische Entwicklung des Welthandels, seine regionale Struktur und seine Zusammensetzung nach Warengruppen berichtet. Die Außenhandelsabhängigkeit der Bundesrepublik wird in Abschnitt 2.2 behandelt. Schließlich wird auf die internationalen Faktorwanderungen eingegangen.

2.1 Struktur des Welthandels

1. Der Außenhandel der Welt hat in der Vergangenheit ständig zugenommen. Mißt man die Außenhandelsaktivität an den Exporten in Millarden $, so ist der Außenhandel der Welt von 22,7 Milliarden $ im Jahr 1938 auf 108,6 Milliarden $ im Jahr 1958 und auf 2116,9 Milliarden $ 1986 in laufenden Preisen gestiegen. Die Zunahme des Außenhandels ist unterschiedlich auf die Regionen der Welt und die einzelnen Länder verteilt: während sich z. B. der Welthandel von 1958 bis 1986 verzwanzigfacht hat, erreicht der Außenhandel Lateinamerikas 1986 nur das Achtfache seines Niveaus von 1958. Dagegen gelingt in der gleichen Periode Japan eine Steigerung seiner Exporte um das Hundertfache. Tabelle 2.1 verdeutlicht die Entwicklung des Außenhandels für die Regionen der Welt.
Wie ist die in Tabelle 2.1 beschriebene Entwicklung zu erklären? Wie kommt es, daß 1986 z. B. Japan mit 209,2 Milliarden $ eine größere Exportaktivität aufweist als die UdSSR mit 33,7 Milliarden $, Afrika mit 50,1 (ohne Südafrika) und Lateinamerika mit 75,6 Milliarden $? Wie ist es zu verstehen, daß die kleine Schweiz mit 37,7 Milliarden $ die Hälfte des Außenhandelswertes Lateinamerikas bestreitet, während Indien einen Exportwert von 9,2 Milliarden $ und Kenia von 1,2 Milliarden $ aufweisen? Wie kann man erklären, daß die Bundesrepublik mit 169,4 Milliarden $ einen fast ebenso starken Export hat wie die Zentralplanstaaten Europas einschließlich der UdSSR mit 183,4 Milliarden $? Warum haben die Länder Lateinamerikas, Afrikas und

* The Present Position of Economics; in Memorials of Alfred Marshall; A. C. Pigou (ed.); New York 1966, S. 166.

Tabelle 2.1: Entwicklung des Weltaußenhandels in Mrd. US-$ (Exporte f. o. b.)

	1938	1948	1958	1968	1973	1978	1980	1982	1984	1986
Welt	22,7	57,5	108,6	239,7	517,9	1301	1990,6	1831,4	1901,5	2116,9
USA und Kanada	4,0	15,8	23,0	47,4	96,8	187,4	285,9	280,8	304,6	304,0
Lateinamerika	2,0	7,5	9,6	13,9	28,8	63,2	80,8	79,8	88,0	75,6
Marktwirtschaften Europas	9,1	17,8	42,0	101,5	258,5	516,6	796,0	696,4	709,4	921,9
Bundesrepublik	–	0,8	9,4	25,2	67,4	142,1	192,9	176,4	169,8	169,4
Planwirtschaften Europas	1,2	3,2	10,3	25,2	52,9	113,5	156,5	166,1	177,9	183,4
Afrika (ohne Südafrika)	0,9	3,0	4,7	9,7	21,6	46,0	93,3	64,8	63,3	50,1
Japan	1,1	0,3	2,9	13,0	36,9	97,5	129,8	138,9	170,1	209,2
Asien (ohne China, Mongolei, Japan, Israel)	3,1	6,6	10,5	19,8	58,3	190,3	350,9	311,4	292,6	269,5

Anmerkungen: Exporte f. o. b. in Mrd. US-$ in laufenden Preisen. Da nicht alle Länder (z. B. Ozeanien) in dieser Tabelle erfaßt sind, addieren sich die Spalten nicht zum Welthandel auf. Quellen: Für die Jahre 1938–1970 United Nations: Statistical Yearbook 1974, New York 1975, S. 407–413. Für 1973: United Nations Monthly Bulletin of Statistics, FEB 82, S. 106–113. Für 1978: United Nations Monthly Bulletin of Statistics FEB 83, S. 106–126. Für die Jahre 1980–1986: United Nations Monthly Bulletin of Statistics, JUN 87, S. 102–116.

Asiens einen relativ geringen Anteil am Welthandel? Und welche Konsequenz hat dieser Tatbestand für die Einkommensunterschiede zwischen Industrienationen und Entwicklungsländern?

2. Bei der Regionalstruktur des Welthandels fällt auf, daß 54,4 v. H. des Welthandels zwischen den marktwirtschaftlich organisierten Industrienationen (einschließlich Japans) abläuft. Betrachtet man nicht nur die Exporte der Industrienationen an andere Industrienationen, sondern auch an die Entwicklungsländer, an die OPEC-Länder und an die Staatshandelsländer, so bestreiten die Industrienationen 72 v. H., also fast drei Viertel des gesamten Welthandels. Dagegen entfällt auf die Entwicklungsländer ein Anteil von 20,5 v. H., auf die ölexportierenden Länder von 5,6 v. H. und auf die Staatshandelsländer von 2,8 v. H. (Tabelle 2.2). Aus Tabelle 2.2 wird ersichtlich, daß der Anteil der Industrienationen am Welthandel seit 1970 unverändert ist und daß der Anteil der Entwicklungsländer gestiegen ist.

Tabelle 2.2: Die regionale Struktur des Welthandels[a], Export (f.o.b.) verschiedener Regionen in v. H. des Weltexportvolumens für das Jahr 1986 (in Klammern: 1970)

von / an	Industrieländer	Ölexportierende Entwicklungsl.	Entwicklungsländer[b]	Planwirtschaften
Industrieländer	54,4 (53,5)	3,7 (4,5)	11,1 (11,1)	1,2 (1,9)
Ölexportierende Entwicklungsländer	3,2 (2,6)	0,1 (0,0)	0,8 (0,0)	0,06 (0,1)
Entwicklungsländer[b]	12,9 (16,1)	1,4 (1,3)	4,8 (3,5)	1,2 (1,5)
Planwirtschaften[c]	1,4 (2,4)	0,03 (0,0)	1,3 (1,5)	n. v. (n. v.)
Anteil am Weltexportvolumen	72,0 (74,6)	5,6 (5,8)	20,5 (16,1)	2,8 (3,5)

Anmerkungen:

a) Handel der Regionen untereinander.
Quelle: IMF Direction of Trade Statistics Yearbook 1987 and Annual 1970–1976; eigene Berechnungen.

b) ohne OPEC-Staaten.

Tabelle 2.3: Warenstruktur des Welthandels (1985). Exportanteile (in v. H.) des Gesamtexports der jeweiligen Warenart

	Industrie-staaten	Entwickl.-länder[a]	OPEC	Planwirt-schaft	Welt in Mrd. $
Nahrungsmittel, Getränke, Tabak (S.I.T.C. 0 und 1)	61,2	31,5	1,8	7,2	178,950
Rohstoffe (ohne Mineralöle, Öle und Fette) (S.I.T.C. 2 und 4)	61,1	29,0	2,2	10,0	118,003
Öle und Fette (S.I.T.C. 4)	46,1	49,6	–	4,4	13,353
Mineralöle und verwandte Produkte (S.I.T.C. 3)	28,4	56,5	39,9	15,0	353,788
Chemische Produkte (S.I.T.C. 5)	84,6	7,4	–	8,1	149,926
Maschinen und Transportausrüstungen (S.I.T.C. 7)	83,7	8,0	0,3	8,3	591,289
Andere Industriewaren (S.I.T.C. 6 und 8)	73,1	19,5	0,9	7,4	456,436
darunter:					
Garne und Stoffe	66,2	23,4	0,7	10,4	52,471
Eisen und Stahl	78,5	10,5	–	11,0	68,183
NE-Metalle	71,9	23,2	2,3	5,0	34,666
Kleidung	39,4	50,4	–	10,1	49,417

Anmerkungen: a) mit OPEC-Staaten; Quelle: United Nations; Monthly Bulletin of Statistics, Vol. 41, May 1987, New York 1987. S.I.T.C.: Standard International Trade Classification. Die Wirtschaftszweige sind: 0: Nahrungsmittel, leb. Tiere, vorw. z. Ernährung; 1: Getränke und Tabak; 2: Rohstoffe (ohne Nahrungsmittel, mineral. Brennstoffe); 3: Mineral. Brennstoffe, Schmiermittel u. dgl.; 4: Tier. u. pflanzl. Öle, Fette u. Wachse; 5: Chemische Erzeugnisse; 6: Bearbeitete Waren, vorw. nach Beschaffenheit gegliedert; 7: Maschinenbauerzeugnisse, elektrotechn. Erz. u. Fahrzeuge; 8: Sonstige bearbeitete Waren; 9: Waren u. Warenverkehrsvorgänge, anderswo nicht erfaßt.

3. Betrachtet man die Struktur des Welthandels nach Warengruppen, so beträgt der Anteil der industriellen Erzeugnisse am Welthandel 56,3 v. H. (1984), der Erze und Metalle 7,2 v. H., der landwirtschaftlichen Erzeugnisse und Nahrungsmittel 14,5 v. H. Für die Aufteilung auf Länder ergibt sich das in Tabelle 2.3 festgehaltene Bild. Die Industrienationen bestreiten den Löwenanteil des Welthandels bei den industriellen Produkten wie chemischen Produkten 84,6 v. H., Maschinen und Transportausrüstungen 83,7 v. H. und anderen Industriewaren 73,1 v. H. Bei Nahrungsmitteln, Rohstoffen, Ölen und Fetten, Garnen und Stoffen, NE-Metallen und Kleidung erreichen Entwicklungsländer einen Anteil von 23,2 v. H. oder mehr. Die OPEC bestreitet 39,9 v. H. des Weltexports bei Mineralölen und verwandten Produkten.

4. Die Struktur des Welthandels kann man sich an der in Schaubild 2.1 dargestellten Strukturmatrix verdeutlichen. Die Vorderansicht der

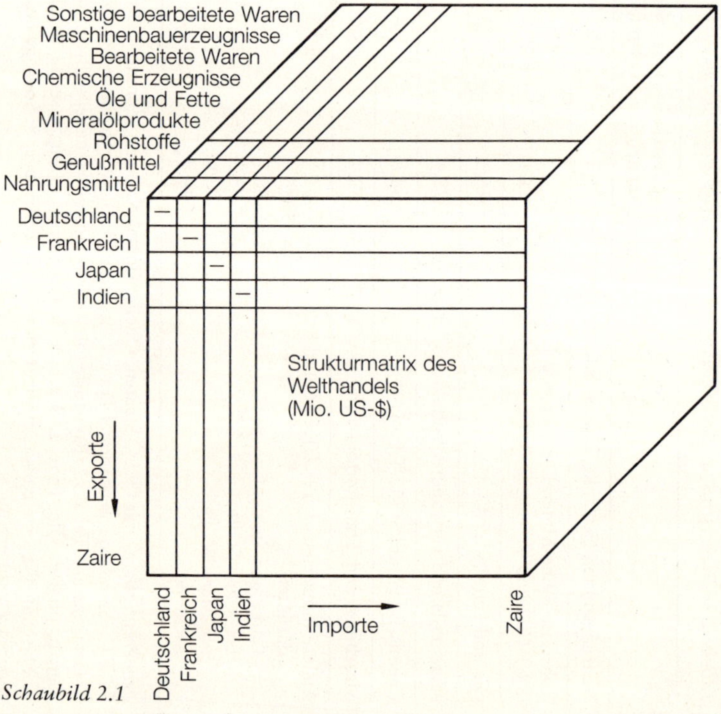

Schaubild 2.1

Strukturmatrix[1] stellt die am Außenhandel beteiligten Länder dar; die Seitendimension verdeutlicht die Struktur der gehandelten Produkte. Ein detailliertes Bild der Produktpalette kann man sich durch einen Blick in das vom Statistischen Bundesamt herausgegebene «Warenverzeichnis für die Außenhandelsstatistik» verschaffen, in dem insgesamt über 6000 Produktgruppen verzeichnet sind.

5. Eine interessante Momentaufnahme des Welthandels stellt die Welthandelsspirale[2] für die Jahre 1929–1933 dar (Schaubild 2.2), welche die Monatswerte (in Millionen US-Gold-$) der kumulierten Importe von 75 Staaten in der Zeit vom Januar 1929 (2998 Mio. US-Gold-$) bis zum März 1933 (1057 Mio. US-Gold-$) wiedergibt. Der Welthandel

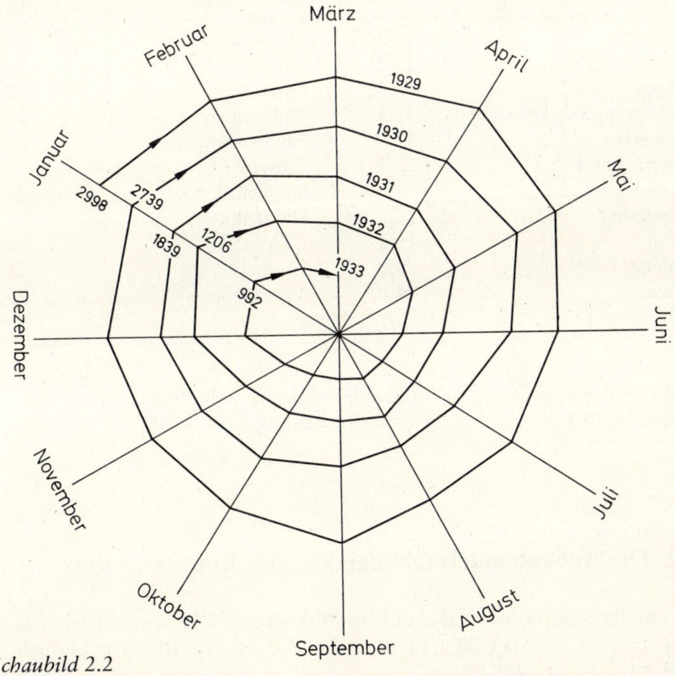

Schaubild 2.2

[1] I. Walter und K. Areskoug, International Exonomics, 3. Aufl. New York 1981, S. 32.

[2] Ch. P. Kindleberger, The World in Depression 1929–33, Berkeley 1973, S. 172.

sank in dieser kurzen Zeit auf ein Drittel seines ursprünglichen Niveaus.

6. Als guter Indikator der Bedeutung des Außenhandels für eine Volkswirtschaft und auch der Außenhandelsabhängigkeit, z. B. der Beschäftigung, kann die Exportquote angesehen werden. Tabelle 2.4 gibt einen Überblick über die Exportquoten verschiedener Länder. Die Exportquote ist als Anteil der Exporte (einschließlich Dienstleistungsexporte) am Bruttosozialprodukt definiert.

1986 hatte die Bundesrepublik eine Exportquote von 33 v. H., die Schweiz von 34,8 v. H. und Frankreich von 16,8 v. H. Es fällt auf, daß die Exportqote u. a. mit der Größe des Landes variiert. Die USA haben eine Exportquote von 6,9 v. H., die Niederlande dagegen von 54,1 v. H.

Tabelle 2.4: Exportquoten verschiedener Länder[a]

Ägypten	13,5	Neuseeland	29,9
Australien	15,2	Niederlande	54,1
Belgien	65,5	Norwegen	38,5
Bundesrepublik Deutschland	32,8	Philippinen	25,4
Dänemark	33,7	Saudi-Arabien	37,3
Griechenland	22,5	Schweiz	34,8
Großbritannien	25,9	Spanien	20,4
Indonesien	21,7	Südafrika	35,3
Japan	13,1	USA	6,8
Kanada	28,0	Uruguay	25,1
Kuwait	34,0	Venezuela	25,2
Kolumbien	6,5		

Anmerkungen:

a) Anteil der Exporte am Bruttosozialprodukt in v. H. 1986
Quelle: IMF International Financial Statistics, April 1988.

2.2 Die Außenhandelsabhängigkeit der Bundesrepublik

1. Die Exportquote der Bundesrepublik ist seit 1950 beachtlich gestiegen: 11 v. H. (1950), 20 v. H. (1960), 23 v. H. (1970), 31 v. H. (1981) und 33 v. H. (1986).

2. Bei weiterer Disaggregation wird die Außenhandelsabhängigkeit noch deutlicher. Tabelle 2.5 zeigt, wie differenziert die Exportabhängigkeit einzelner Sektoren der Bundesrepublik ist. Die Zahlen über die gesamte Exportabhängigkeit beinhalten auch die exportinduzierten

Tabelle 2.5: Exportabhängigkeit ausgewählter Wirtschaftszweige der Bundesrepublik 1984, gemessen an sektoralen Exportquoten (Exporte im Verhältnis zur Bruttoproduktion eines Sektors in v. H.)

Wirtschaftszweige	Exportabhängigkeit direkt	gesamt
Land- u. Forstwirtschaft	7,1	25,6
Energie und Bergbau	3,3	24,0
davon: Kohlenbergbau	13,3	47,8
Übriger Bergbau	30,8	47,4
Verarbeitendes Gewerbe	29,5	46,6
davon: Chemische Industrie	40,2	61,5
Gummiverarbeitung	26,8	58,7
Eisenschaffende Industrie	40,4	80,2
NE-Metallerzeugung	43,5	75,2
Gießereien	9,0	56,8
Ziehereien, Kaltwalzwerke	18,4	53,2
Maschinenbau	46,9	60,9
Straßenfahrzeugbau	43,8	52,8
Elektrotechnik	33,9	50,5
Holzverarbeitung	11,8	22,0
Textilgewerbe	40,1	57,1
Handel und Verkehr	10,3	25,7
davon: Schiffahrt und Häfen	23,4	70,5
Übriger Verkehr	19,1	42,0
Kreditinstitute u. Versicherungen	1,0	14,0
Alle Wirtschaftszweige	15,8	29,4

Quelle: Deutsches Institut für Wirtschaftsforschung, Wochenbericht 4/1987, S. 55.

Vorleistungen an andere Sektoren, z. B. Lieferungen der Stahlindustrie an die Kfz.-Industrie in Abhängigkeit von Kfz.-Exporten.

3. Tabelle 2.6 stellt die Regionalstruktur des deutschen Außenhandels dar. 1986 gingen 51 v. H. der deutschen Exporte in die Europäische Gemeinschaft, 19 v. H. in die EFTA, 11 v. H. in die USA, 7 v. H. in die Entwicklungsländer und 5 v. H. in die Staatshandelsländer.

4. Die Rohstoffabhängigkeit der Bundesrepublik ist durch die Energiekrisen der siebziger Jahre deutlich geworden. Wir decken etwa 50 v. H. unseres Primärenergiebedarfs durch Importe. Die Importquoten für ausgewählte mineralische Rohstoffe sind in Tabelle 2.7 dargestellt.

Tabelle 2.6: Regionale Struktur des deutschen Außenhandels

	1960		1970		1980		1986	
	X	Im	X	Im	X	Im	X	Im
E(W)G	37	37	46	49	49	47	51	52
EFTA	20	12	17	10	20	14	16	13
USA	8	14	9	11	6	8	10	6
Entw. Ld.	23	25	17	19	6	5	11	13
Staatshd. Ld.	5	5	4	4	8	9	5	5
Übrige	7	7	7	7	11	17	7	11
	100	100	100	100	100	100	100	100

Quelle: Monatsberichte der Deutschen Bundesbank, DEZ 1965, JUL 1973, FEB 1983, JUN 1987.

Tabelle 2.7: Importabhängigkeit der Bundesrepublik bei nichtregenerierbaren Rohstoffen (Anteil der Einfuhr am Gesamtverbrauch in v. H.)

Asbest	100	Kieselgur u. ä.	65	Schwefel	35
Bauxit	100	Kobalt	100	Schwerspat	50
Blei	87	Kupfer	99	Talk/Speckstein	95
Chrom	100	Mangan	100	Tellur	100
Eisen	98	Molybdän	100	Titan	100
Feldspat	20	Nickel	100	Vanadium	100
Flußspat	76	Niob	100	Wolfram	100
Glimmer	100	Phosphat	100	Zink	65
Graphit	85	Pt-Metalle	100	Zinn	100
Kaolin	65	Rohmagnesium	100	Zirkon	100

Quelle: Institut der Deutschen Wirtschaft, Zahlen zur wirtschaftlichen Entwicklung der BR Deutschland, Ausgabe 1985.

2.3 Internationale Faktorwanderungen

Neben Güterbewegungen spielen auch internationale Wanderungen von Produktionsfaktoren bei der internationalen Arbeitsteilung eine erhebliche Rolle.

1. Im Jahr 1974 arbeiteten etwa 6,5 Millionen Gastarbeiter in Europa. Sie bildeten 30% des Arbeitskräftepotentials in Luxemburg, über 18% in der Schweiz und ungefähr 8% in Belgien, Frankreich und der Bundesrepublik.[3]

[3] World Development Report, World Bank, Washington D.C. 1984, S. 68f.

Die Gesamtzahl der Gastarbeiter in der Welt betrug im Jahr 1980 zwischen 13 und 15 Millionen.
In den Vereinigten Staaten lebten 1980 ungefähr 2 bis 4 Millionen illegaler Einwanderer, die Hälfte davon aus Mexiko. Diese entsprachen bis zu 8% des mexikanischen Arbeitskräftepotentials.
2. Im Jahr 1986 fanden durch die Industrieländer langfristige Nettokapitalexporte in Höhe von ca. 75,2 Mrd. $ statt, wovon ca. 44,2 Mrd. $ auf Direktinvestitionen entfielen. Die Entwicklungsländer importierten netto Kapital in Form von Direktinvestitionen in Höhe von ca. 14,2 Mrd. $[4]. Die Auslandsaktiva der Bundesrepublik (einschließlich Finanzkredite und Währungsreserven) beliefen sich bis Mitte 1986 brutto auf ca. 875 Mrd. DM, davon waren ca. 80 Mrd. DM als Direktinvestitionen im Ausland angelegt[5].
3. Die Frage nach den Ursachen der Struktur des Welthandels und des Umfangs der Außenhandelsströme zwischen Volkswirtschaften, die Bestimmung der Exportquoten eines Landes und der Einflußfaktoren der internationalen Wettbewerbsfähigkeit einer Volkswirtschaft sowie die Analyse der Gründe für internationale Faktorwanderungen sind ein zentrales Problem der Außenhandelstheorie. Ziel der Außenhandelstheorie ist u.a. die Entwicklung und Überprüfung von Hypothesen, die den Güteraustausch zwischen Volkswirtschaften erklären, d.h. die Konkretisierung von Bedingungen und Konstellationen, unter denen Außenhandel zwischen Volkswirtschaften zustande kommt. Diese Fragen werden in den folgenden Kapiteln diskutiert. Das vorliegende Buch konzentriert sich dabei auf die ökonomischen Bestimmungsfaktoren des Außenhandels und läßt außerökonomische Faktoren wie politisches und gesellschaftliches System usw. außer Betracht.

Weiterführende Fragen

1. Diskutieren Sie, daß der Strukturwandel in den Industrienationen als eine De-Industrialisierung beschrieben werden kann (Donges, 1987, S. 11 ff.).
2. Erörtern Sie, welche Strukturverschiebungen sich in der Weltwirtschaft seit 1950 ergeben haben (Siebert A 1987a).

---

[4] International Monetary Fund (1987), Balance of Payments Yearbook Vol. 2, Washington, S. 24.
[5] Deutsche Bundesbank (1986), Monatsbericht Oktober, S. 35.

3. Hypothesen zur Erklärung des Güteraustausches: Grundmodelle

*«It is quite ... important to the happiness of mankind that our enjoyments should be increased by the better distribution of labour, by each country producing those commodities for which its situation, its climate, and its other natural or artifical advantages is adapted, and by exchanging them for the commodities of other countries ...» David Ricardo**

Warum tauschen Volkswirtschaften Güter aus? Warum kaufen Wirtschaftssubjekte aus dem Inland Güter im Ausland? Diese Frage wird in Kapitel 3 untersucht. In Abschnitt 3.1 wird gezeigt, daß ein Land dann ein Gut exportiert, wenn es für ein Gut absolute Preisvorteile hat. Absolute Preisvorteile lassen sich auf komparative Preisvorteile zurückführen. Komparative Preisvorteile signalisieren Standortvorteile, so daß Außenhandelstheorie zugleich Standorttheorie ist (Abschnitt 3.2). In Abschnitt 3.3 werden komparative Preisvorteile durch komparative Kostenvorteile und letztlich durch komparative Produktionsvorteile im einfachen Ricardo-Modell erklärt. In den folgenden Abschnitten werden die Ursachen komparativer Preisvorteile in einem allgemeineren Erklärungsansatz, dem Heckscher-Ohlin-Modell, dargestellt. Abschnitt 3.4 erörtert die Bestimmungsfaktoren relativer Preise in Autarkie. Unterschiede in den relativen Preisen lassen sich auf Unterschiede in der Nachfrage (3.5), in der totalen Produktivität (3.6) und in der Faktorreichlichkeit (3.7) zurückführen. Die Anpassungsprozesse an die Aufnahme von Handel werden in Abschnitt 3.8 dargestellt. Umweltknappheit als Bestimmungsfaktor von Warenströmen wird in Abschnitt 3.9 angesprochen. Eine Übersicht über die Heckscher-Ohlin Theorie wird in Abschnitt 3.10 gegeben. Als Exkurs wird das Rybczinski-Theorem erörtert (3.11). Das Handelsgleichgewicht (integrierte Weltwirtschaft) wird in Abschnitt 3.12 skizziert. Schließlich wird auf die Bedeutung des Heckscher-Ohlin-Modells für die deutsche Situation verwiesen.

3.1 Bedingung für Handel

Um die Frage zu beantworten, unter welchen Bedingungen ein Güteraustausch zwischen Volkswirtschaften zustande kommt, wird eine Ausgangssituation mit prohibitiv hohen Handelshemmnissen unterstellt, so daß die Volkswirtschaften in der Ausgangslage geschlossen sind. Die nationalen Gütermärkte sind räumlich getrennt. Diese Handelshemmnisse werden beseitigt, etwa indem eine Transportkosten-

* D. RICARDO, The Principles of Political Economy and Taxation, 1817, zitiert nach Everybody's Library, London 1911, S. 80.

senkung stattfindet, indem Zölle abgebaut oder restriktive Handelspraktiken aufgehoben werden. Zur Vereinfachung der Argumentation wird angenommen:
Prämisse A.3.1: *Handelshemmnisse* wie Transportkosten, Zölle und administrativ-restriktive Handelspolitiken werden vollkommen beseitigt.
Die Fragestellung lautet: Wenn Handelshemmnisse abgebaut sind, z.B. die Transportkosten zwischen Ländern völlig vernachlässigt werden können: welche Aussagen lassen sich über Richtung und Volumen des internationalen Güteraustausches ableiten? Und: Wie unterscheidet sich das Gleichgewicht nach Aufnahme von Handel von dem Autarkiegleichgewicht? Um die Argumentation weiter zu vereinfachen, wird unterstellt:
Prämisse A.3.2: *Zwei-Länder-Zwei-Güter-Modell:* Die Länder I und II können jeweils die Konsumgüter 1 und 2 produzieren. Land I wird auch als Inland, Land II als Ausland bezeichnet. Die Güter sind homogen.

3.1.1 Absolute Preisvorteile

1. Nach Öffnung der Grenzen werden – bei preisbewußtem Verhalten – die Nachfrager des Auslandes dann Gut 1 im Inland nachfragen, wenn der Preis des Gutes 1 vor Handel im Inland (p_1) niedriger ist als der Preis des gleichen Gutes im Ausland (p_1^*). Exportchancen einer Volkswirtschaft für ein Gut bestehen also dann, wenn diese Volkswirtschaft absolute Preisvorteile hat. Zur Vereinfachung der Symbolik werden alle Variablen des Auslandes mit * gekennzeichnet. Alle nicht mit * gekennzeichneten Größen beziehen sich auf das Inland.
Da die Preise in nationalen Währungen notiert sind, können die Preise nur dann miteinander verglichen werden, wenn das Umrechnungsverhältnis der nationalen Währungen bekannt ist. Dieses Verhältnis, der Wechselkurs w, gibt die Anzahl der heimischen Währungseinheiten (z. B. DM) an, die man für eine Einheit der ausländischen Währungseinheiten (z. B. $) erhält bzw. aufwenden muß. Da die Notierung in diesem Beispiel auf eine Einheit Dollar bezogen ist, spricht man vom Dollar-Kurs[1]. Damit lautet die Bedingung für den Export von Gut 1 aus Land I:

$$p_1 \left[\frac{DM}{ME_1}\right] < p_1^* \left[\frac{\$}{ME_1}\right] w \left[\frac{DM}{\$}\right]$$

[1] Wird die Notierung auf DM bezogen, so spricht man vom DM-Kurs.

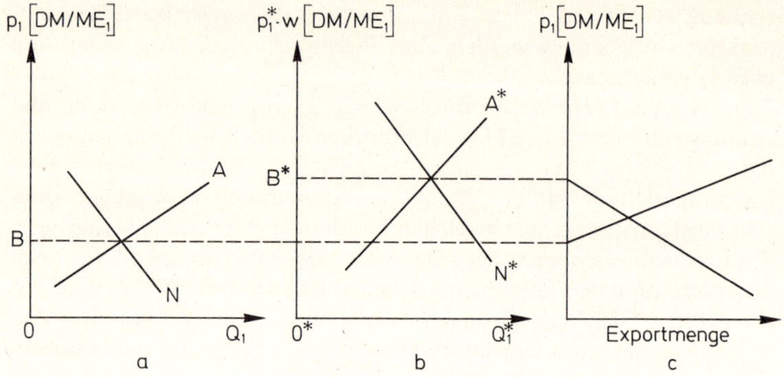

Schaubild 3.1

Diese Bedingung wird in Schaubild 3.1 verdeutlicht. In Schaubild 3.1a kennzeichnet N die Nachfrage- und A die Angebotskurve des Inlandes mit dem Autarkiepreis OB. In 3.1b sind Angebots- und Nachfragekurven des Auslandes mit dem zugeordneten Autarkiepreis O*B* eingezeichnet. Schaubild c gibt die Überschußnachfragen beider Länder an, nämlich die Exportangebotskurve des Inlandes und die Exportnachfragekurve des Auslandes. Zu beachten ist, daß die Mengenreaktion der ausländischen Nachfrager und Anbieter auf alternative Preise zum Zweck der Vergleichbarkeit in Abhängigkeit von Preisen in DM definiert worden sind. Dazu muß der Wechselkurs gegeben sein. Zur Vereinfachung kann man zunächst unterstellen, daß der Wechselkurs der Ausgangslage $w = 1$ ist.

Aussage: Wirtschaftssubjekte eines Landes werden dann ein Gut eines anderen Landes nachfragen, wenn das andere Land einen absoluten Preisvorteil für dieses Gut hat. Oder anders ausgedrückt: Ein Land hat dann Exportchancen für ein Gut, wenn es absolute Preisvorteile hat. Die oben abgeleitete Bedingung kann auch den Grenzfall erfassen, daß ein Land ein Gut überhaupt nicht herstellen kann (z.B. Rohstoffe; Ananas in Alaska). In diesem Fall kann man sich vorstellen, daß der Preis dieses Gutes in der Autarkielage gegen unendlich geht.

2. Die absoluten Güterpreise vor Handel sind bei gegebenem Faktorbestand, gegebenen Produktionsverhältnissen, gegebenen Nachfragekonstellationen, gegebenen Marktformen und gegebenen Geldmengen in beiden Ländern gegebene Größen. Nehmen wir an, der Wechselkurs wird von der Wirtschaftspolitik festgesetzt, dann werden absolute Preisvorteile von der Höhe des Wechselkurses w beeinflußt. In Schaubild 3.2, auf dessen Achsen die Preise der beiden Güter in nationalen

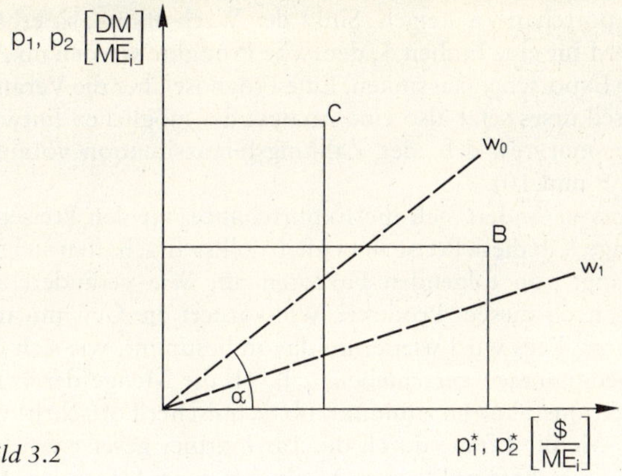

Schaubild 3.2

Währungen abgetragen sind, kennzeichnet Punkt B die Preise des Gutes 1 in den Währungen der Länder I und II vor Handel. Der Wechselkurs (z. B. DM/$) wird durch den Tangens des Winkels α eines Fahrstrahls vom Nullpunkt angegeben. Bei einem Wechselkurs w_0 hat Land I (Deutschland) einen absoluten Preisvorteil für Gut 1. Geht man dagegen von einem niedrigeren Kurs w_1 aus (d. h. erhalten die Amerikaner für einen Dollar eine geringere Menge DM), so kehrt sich der Preisvorteil um: Jetzt haben die USA einen absoluten Preisvorteil für Gut 1.

Aussage: Der Wechselkurs ist ein wichtiger Bestimmungsfaktor absoluter Preisvorteile. Läßt man den Wechselkurs bei gegebenen absoluten Preisen vor Handel variieren, so kann man sich einen Wechselkurs vorstellen, bei dem der absolute Preisvorteil eines Landes in nationalen Währungen «verschwindet» oder in einen absoluten Preisnachteil umgekehrt wird.

3. Um die Relevanz unserer Überlegungen zu verdeutlichen, wollen wir annehmen, daß eine Prognose über die Exportchancen eines Sektors zu erstellen ist. Wovon hängt es ab, ob sich die Exportchancen eines Sektors in der Zeit verbessern oder verschlechtern? In diesem Fall ist also zu untersuchen, wie sich der absolute Preisvorteil des Wirtschaftszweiges in der Zeit verändert. Dies hängt von verschiedenen Faktoren ab. 1. Wie verändert sich die Wechselkurs? 2. Wie verändern sich die absoluten Güterpreise?

Steigt der Wechselkurs w, d. h. erhält man für eine Einheit $ mehr DM, so wird die DM für das Ausland billiger. In diesem Fall spricht man von einer Abwertung der Inlandswährung – kurz Abwertung genannt.

Unsere Exportchancen steigen. Sinkt der Wechselkurs, so erhält man weniger DM für eine Einheit $, deutsche Produkte werden im Ausland teurer; die Exportchancen sinken. Eine Prognose über die Veränderung des Wechselkurses setzt also eine Analyse der möglichen Entwicklung des Devisenmarktes, d. h. der Zahlungsbilanzsituation voraus. (Vgl. Kapitel 8, 9 und 10).

Andererseits verändert sich die Exportchance mit den Preisen in der Autarkielage. Ob diese Preise in beiden Volkswirtschaften steigen oder sinken, hängt von folgenden Faktoren ab: Wie verändert sich die Nachfrage nach diesem Produkt? Wie variiert die Gewinn- und Kostensituation? Dies wird wiederum davon bestimmt, wie sich die Produktionsbedingungen verschieben, z. B. ob die Menge der vorhandenen Produktionsfaktoren zunimmt, ob technischer Fortschritt vorliegt, aber auch wie die Löhne durch die Tarifpartner gesetzt werden, und ferner von wirtschaftspolitischen Maßnahmen des Staates wie Steuern, Infrastrukturausgaben z. B. vorwiegend zugunsten eines Sektors, sowie Exportsubventionen. Die Güterpreise werden auch von dem Geldangebot (und damit der Geldpolitik) in beiden Volkswirtschaften beeinflußt. Angenommen Land I vermehrt sein Geldangebot und wir unterstellen, daß mit zunehmendem Geldangebot die Güterpreise in diesem Land steigen. Dann kann sich bei gegebenem Wechselkurs der absolute Preisvorteil eines Landes verändern. Schließlich werden die Exportchancen eines Sektors auch von Bedingungen beeinflußt, die nicht in der Veränderung des absoluten Preisvorteils erfaßt werden können, wie z. B. die Einführung nichttarifärer Handelshemmnisse.

4. In Schaubild 3.3 ist der Fall dargestellt, daß das Ausland für Gut 2 einen absoluten Preisvorteil hat, also $p_2 > p_2^* w$. Schaubild 3.3 a gibt die Nachfrage- und Angebotskurve des Inlandes wieder. OC ist der Autarkiepreis des Inlandes. In Schaubild 3.3 b sind die Nachfrage- und Angebotskurven des Auslandes eingezeichnet. O*C* ist der Autarkiepreis des Auslandes. Das Ausland hat einen absoluten Preisvorteil für Gut 2.

Auch in diesem Fall sind die Nachfrage- und Angebotskurven des Auslandes (Schaubild 3.3 b) in Abhängigkeit von Preisen in DM ausgedrückt. Der Leser kann in der Außenhandelstheorie manches Stolpern umgehen, wenn er sich klar macht, daß die Nachfrage- und Angebotsfunktion Mengenreaktionen der Haushalte und Unternehmen beschreiben. Die Mengenreaktionen sind zunächst immer in bezug auf heimische Preise definiert. Die Nachfragekurve der Amerikaner ist also in Abhängigkeit von Preisen in $ gegeben. Aus Gründen der Vergleichbarkeit müssen diese Mengenreaktionen für unsere Analyse in Abhängigkeit von DM-Preisen ausgedrückt werden.

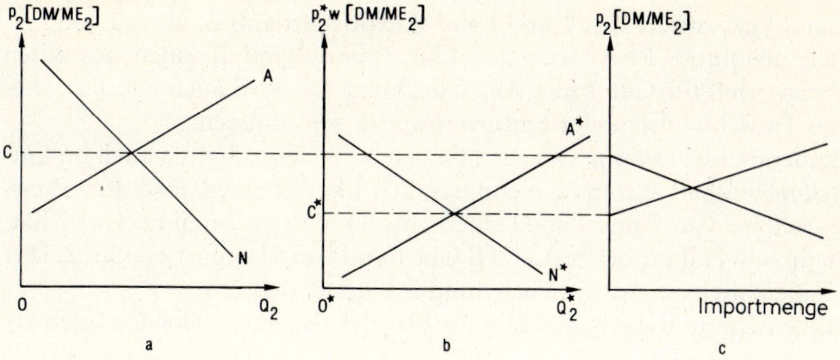

Schaubild 3.3

Schaubild 3.3c gibt die Überschußnachfrage des Inlandes und das Überschußangebot des Auslandes, also die Importmengen des Inlandes an.

3.1.2 Die Entsprechung der Tauschwünsche: Bedingung für Handel

Angenommen, Land I hat bei gegebenem Wechselkurs einen absoluten Preisvorteil bei Gut 1 und auch bei Gut 2, d. h. Land I würde in diesem Fall beide Güter exportieren. Im Zwei-Länder-Zwei-Güter-Fall, der hier unterstellt ist, würde nur Land I exportieren, und zwar beide Güter – ein Handel oder Austausch kommt nicht zustande. Außenhandel oder Tausch verlangen aber, daß ein Land für seine Exporte eine Gegenleistung erhält, d. h. die Tauschwünsche der Länder müssen reziprok sein.

Damit ein Austausch zwischen Land I und Land II zustande kommt, muß bei gegebenem absolutem Preisvorteil des Inlandes für Gut 1 das Ausland einen absoluten Preisvorteil bei Gut 2 haben. Inländische Wirtschaftssubjekte werden Gut 2 aus dem Ausland nachfragen, wenn der Preis dieses Gutes vor Handel im Ausland unter Berücksichtigung des Wechselkurses niedriger ist als im Inland. Formt man die beiden bisher abgeleiteten Bedingungen für einen absoluten Preisvorteil des Landes 1 bei Gut 1 und des Landes 2 bei Gut 2 um, so erhält man

$$\frac{p_1}{p_1^*} < w \text{ und } w < \frac{p_2}{p_2^*} \text{ oder}$$

$$\frac{p_1}{p_1^*} < w < \frac{p_2}{p_2^*} \qquad (3.1)$$

Land I exportiert Gut 1 und Land II exportiert Gut 2, wenn Land I einen absoluten Preisvorteil für Gut 1 und Land II einen absoluten Preisvorteil für Gut 2 hat. Aus Gleichung 3.1 wird auch deutlich, daß die Tauschwünsche der Länder reziprok sein müssen.
Außenhandel kommt zwischen beiden Volkswirtschaften auch im umgekehrten Fall zustande, wenn nämlich Land II einen absoluten Preisvorteil bei Gut 1 und Land I einen absoluten Preisvorteil bei Gut 2 hat. In diesem Fall exportiert Land II Gut 1 und Land I exportiert Gut 2. Das Ungleichheitszeichen in Gleichung 3.1 dreht sich um.
Allgemein muß die Bedingung für Handel also geschrieben werden als

$$\frac{p_1}{p_1^*} \lesseqgtr w \lesseqgtr \frac{p_2}{p_2^*}$$

3.1.3 Bedingung für Handel und Wechselkurs

1. Wir haben bereits gezeigt, daß absolute Preisvorteile sich verändern, wenn die Wirtschaftspolitik den Wechselkurs als Instrumentvariable variiert. Auch die Bedingung für Handel wird von der Höhe des Wechselkurses beeinflußt. Angenommen in Schaubild 3.2 kennzeichne Punkt B die absoluten Güterpreise des Gutes 1 vor Handel in beiden Ländern und Punkt C die absoluten Preise des Gutes 2. Legt die Wirtschaftspolitik einen Wechselkurs w_0 fest, so liegt der Wechselkurs zwischen den Preisverhältnissen p_1/p_1^* und p_2/p_2^*, und Bedingung 3.1 ist erfüllt. Angenommen aber, die Wirtschaftspolitik setzt einen Wechselkurs w_1 fest, dann gilt $p_1/p_1^* > w_1$ (absoluter Preisvorteil des Auslandes bei Gut 1) und $p_2/p_2^* > w_1$ (absoluter Preisvorteil des Auslandes bei Gut 2). Es kann kein Austausch zustande kommen. Diese Überlegung zeigt, daß die Wirtschaftspolitik den Wechselkurs in den Grenzen $p_1/p_1^* < p_2/p_2^*$ zu setzen hat, wenn Außenhandel zustande kommen soll.
2. In Schaubild 3.4 ist die Rolle des Wechselkurses für den Ausweis absoluter Preisvorteile bei zwei Gütern dargestellt. In den Schaubildern a und d sind die Märkte für Gut 1 dargestellt; in den Schaubildern c und f sind die Märkte für Gut 2 illustriert. Das Schaubild b enthält mit tg α wegen $w = p_1/p_1^*$ den Wechselkurs. Bei einem Wechselkurs w läßt sich der Autarkiepreis O*B* für Gut 1 im Ausland in den DM-Preis OD umrechnen: das Inland hat einen absoluten Preisvorteil bei Gut 1. Bei Gut 2 stellt sich bei dem Wechselkurs tg α ein absoluter Preisnachteil für Gut 2 ein.
Der Wechselkurs w kann sich – wenn Handel in der angenommenen

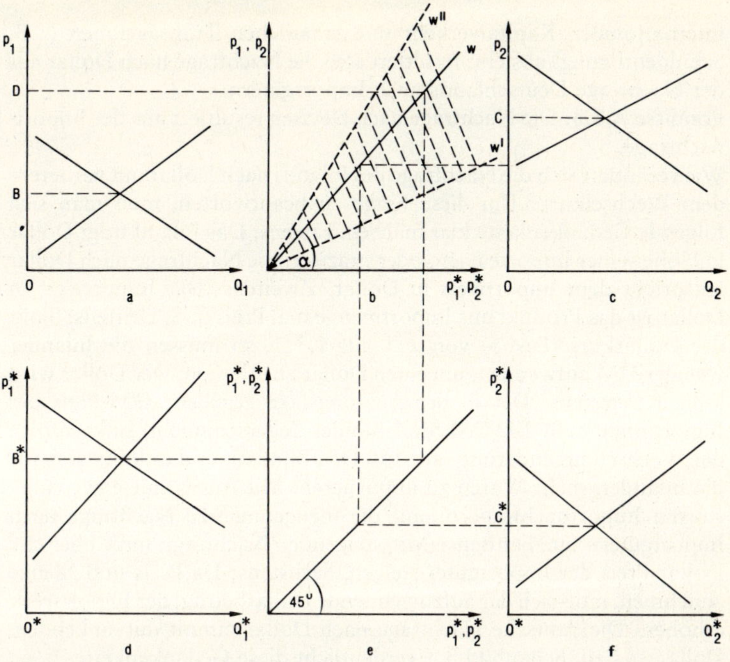

Schaubild 3.4

Richtung zustande kommen soll – nur in dem schraffierten Korridor in Schaubild b einpendeln. Denn bei einem Wechselkurs w′ (höher bewertete DM) verschwindet der absolute Preisvorteil des Inlandes für Gut 1. Und bei einem Wechselkurs w″ verschwindet der absolute Preisnachteil des Inlandes bei Gut 2.

3. Der Wechselkurs ist in der bisherigen Überlegung als eine exogen vorgegebene Größe behandelt worden. Bei flexiblen Wechselkursen wird der Wechselkurs jedoch als Preis der Devisen im System bestimmt. Es läßt sich zeigen, daß der auf dem Markt determinierte Wechselkurs in den Grenzen der Güterpreisverhältnisse in nationalen Währungen vor Handel bleibt. Um diese Frage zu klären, muß diskutiert werden, wie der Wechselkurs w auf dem Markt bestimmt wird. Der Wechselkurs ist der Preis für Devisen. Er bildet sich durch das Zusammentreffen von Devisenangebot und Devisennachfrage auf dem Devisenmarkt. Unterstellen wir, Importe seien jeweils in der Währung ihres Herkunftslandes zu bezahlen. Deutsche Importeure benötigen dann für die Begleichung ihrer Rechnung Dollar. Wenn man vom

internationalen Kapitalverkehr und staatlichen Transaktionen (z. B. Schuldentilgung) absieht, resultiert also die Nachfrage nach Dollar aus der Nachfrage Deutschlands nach Importgütern.

Prämisse A.3.3: Die Nachfrage nach Devisen resultiert aus der Importnachfrage.

Wie verändert sich die Nachfrage des Inlands nach Dollar mit variierendem Wechselkurs? Um diese Frage zu beantworten, muß man sich folgende Gedankenkette klar machen. Erstens: Das Inland fragt Dollar in Höhe seiner Importe nach, oder präziser: die Nachfrage nach Dollar entspricht dem Importwert in Dollar. Zweitens: Der Importwert in Dollar ist das Produkt aus Importmenge mal Preis in \$. Drittens: Sinkt der Dollarkurs (DM/\$) von 2:1 auf 1,5:1, so müssen die Inländer weniger DM aufwenden, um einen Dollar zu erhalten. Der Dollar wird billiger. Viertens: Der in der Ausgangslage gegebene DM-Preis der Importgüter (z. B. 200 DM für 1 Bündel Zederschindeln) sinkt infolge der Wechselkursänderung (auf 150 DM/Bündel), und es lohnt sich für die Inländer, mehr Waren zu importieren. Mit Ausnahme einer völlig starren Importnachfrage nimmt die mengenmäßige Nachfrage nach Importgütern zu. Fünftens: Mit steigender Nachfrage muß aber der Dollar-Preis der Importgüter steigen. Sechstens: Da Preis und Menge zunehmen, muß sich der aufzuwendende Dollarbetrag, der Importwert, erhöhen. Die deutsche Nachfrage nach Dollar nimmt mit sinkendem Dollarkurs zu. Schaubild 3.5 verdeutlicht diese Gedankenkette.

Die Nachfragefunktion nach Dollar in Abhängigkeit vom Dollarkurs ist durch die Kurve UU' in Schaubild 3.6 dargestellt.

Wer bietet Dollar an? Nach unseren Annahmen müssen die USA ihre Importe in DM bezahlen. Sie fragen DM nach und bieten Dollar an, um DM zu erhalten. Das Devisenangebot an Dollar bestimmt sich also durch die Importnachfrage der USA. Es wird im folgenden angenommen, daß das Dollarangebot der USA mit steigendem Dollar-Kurs zunimmt. Diese Prämisse liegt der Angebotsfunktion SS' in Schau-

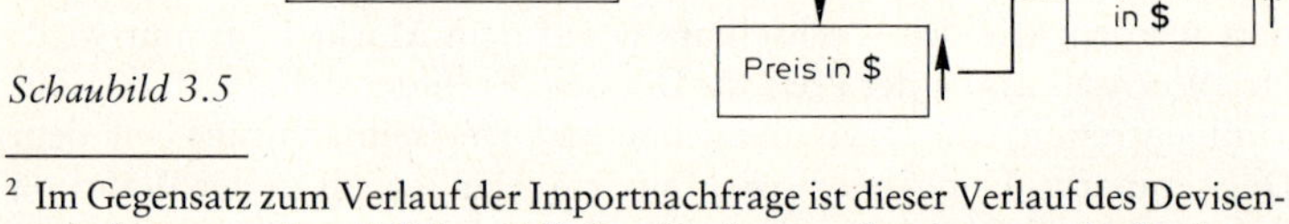

Schaubild 3.5

---

[2] Im Gegensatz zum Verlauf der Importnachfrage ist dieser Verlauf des Devisenangebots nur *ein* möglicher Fall. Das Devisenangebot kann auch abnehmen oder konstant bleiben. Vgl. dazu Abschnitt 10.1.

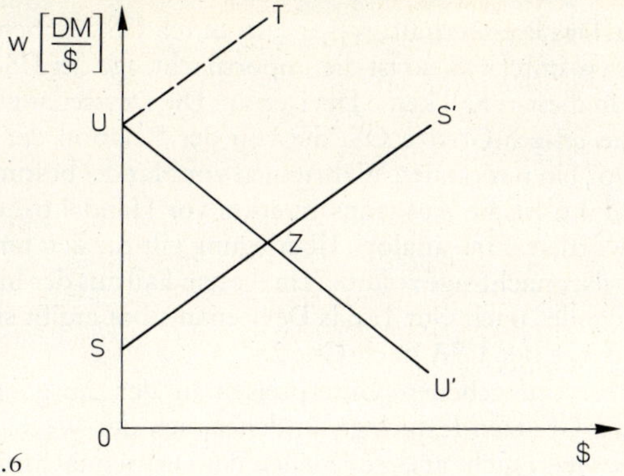

Schaubild 3.6

bild 3.6 zugrunde[2]. In Punkt Z ist der gleichgewichtige Dollarkurs bestimmt.

4. Wir unterstellen gegebene Güterpreise vor Handel in nationalen Währungen. Es gelte in der Ausgangslage

$$p_1/p_1^* < p_2/p_2^*.$$

Deutschland importiert Gut 2, solange $w < p_2/p_2^*$. Stellt die Strecke OU in Schaubild 3.6 das in der Autarkiesituation herrschende Preisverhältnis p_2/p_2^* dar, so ist bei einem Wechselkurs w: OU die Importnachfrage des Inlandes (und damit die Devisennachfrage) null. Die Kurve der Devisennachfrage beginnt also in Punkt U. Liegt der Wechselkurs w über der anfänglich herrschenden Preisrelation OU, so wird Land I (Deutschland) Gut 2 nicht mehr importieren. Die Devisennachfrage hat also eine obere Grenze, die durch die Relation der Autarkiepreise bestimmt ist. Bei einem Wechselkurs $w > OU$ würde Land I einen komparativen Preisvorteil für Gut 2 haben; folglich würde das Ausland die inländische Währung nachfragen und Dollar anbieten (gestrichelte Kurve UT). Ein Wechselkurs $w > OU$ würde also bedeuten, daß das Ausland sowohl Gut 2 als auch Gut 1 importieren will. Das gesamte Devisenangebot des Auslandes ergibt sich also in diesem Fall durch eine Horizontaladdition der Kurven SS' (Devisenangebot des Auslandes für den Import des Gutes 1) und UT (Devisenangebot des Auslandes für den Import des Gutes 2).
Bei gegebenen Güterpreisen vor Handel importieren die USA Gut 1. Wenn der Wechselkurs so stark sinkt, daß für die Preisrelationen der Ausgangslage $p_1/p_1^* > w$ gilt, so wird Land II (USA) Gut 1 nicht mehr

importieren. Das Preisverhältnis p_1/p_1^* sei durch OS gegeben. Sinkt der Wechselkurs w unter OS, so ist die Importnachfrage der USA null. Die USA bieten in diesem Fall keine Devisen an. Die Devisenangebotskurve hat also eine untere Grenze OS, die von der Relation der Preise des Gutes 1 (p_1/p_1^*) in nationalen Währungen vor Handel bestimmt wird.
In Schaubild 3.6 ist die Ausgangssituation vor Handel $p_2/p_2^* > p_1/p_1^*$ unterstellt worden. Eine analoge Überlegung gilt für den umgekehrten Fall. Die Devisennachfrage resultiert in diesem Fall aus der Importnachfrage des Inlandes nach Gut 1; das Devisenangebot ergibt sich aus der Importnachfrage der USA nach Gut 2.
Aussage: Bei vorgegebenen Güterpreisen in der Ausgangssituation sind auch die Grenzen festgelegt, in denen sich der Wechselkurs einspielen muß, wenn nicht andere Quellen der Devisennachfrage und des Devisenangebots berücksichtigt werden.

3.1.4 Komparative Preisvorteile

1. Wenn sich der Wechselkurs in den Grenzen der Autarkiepreise einpendelt, so reduziert sich die Bedingung für Handel mit der in Gleichung 3.1 angebenen Handelsrichtung (Land I exportiert Gut 1 und importiert Gut 2) auf

$$\frac{p_1}{p_1^*} < \frac{p_2}{p_2^*}$$

Schreibt man diese Bedingung um, so ergibt sich

$$\frac{p_1}{p_2} < \frac{p_1^*}{p_2^*} \quad \text{oder} \quad \frac{p_2^*}{p_1^*} < \frac{p_2}{p_1} \tag{3.2}$$

Aussage: Außenhandel kommt dann zustande, wenn ein Land komparative Preisvorteile hat.
2. Um den Übergang von Bedingung 3.1 zu Bedingung 3.2 zu verstehen, muß man sich folgendes vergegenwärtigen: Absolute Preisvorteile (Bedingung 3.1) sind durch den Vergleich absoluter Güterpreise definiert, die in der Währung eines Landes – etwa DM – pro Mengeneinheit (ME) angegeben sind. Diese absoluten Güterpreise haben also z.B. die Dimension (DM/ME_1). Schreibt man Bedingung 3.1 unter Berücksichtigung der Dimensionen, so erhält man

$$\frac{p_1\,[DM/ME_1]}{p_1^*\,[\$/ME_1]} < w\left[\frac{DM}{\$}\right] < \frac{p_2\,[DM/ME_2]}{p_2^*\,[\$/ME_2]}$$

Komparative oder relative Preisvorteile sind dagegen durch den Vergleich relativer Güterpreise oder der Güterpreisrelation definiert. Das Güterpreisverhältnis p_1/p_2 hat die Dimension

$$\left[\frac{DM/ME_1}{DM/ME_2}\right] = \left[\frac{ME_2}{ME_1}\right]$$

d.h. es gibt an, welche Mengen des Gutes 2 man für eine Einheit des Gutes 1 erhält. Die Dimension DM kürzt sich heraus. Schreibt man die Bedingung 3.2 mit Dimensionen, so lautet sie

$$\frac{p_1}{p_2}\left[\frac{ME_2}{ME_1}\right] < \frac{p_1^*}{p_2^*}\left[\frac{ME_2}{ME_1}\right]$$

Bedingung 3.2 bezieht sich auf den Fall, daß im Inland das Gut 1 relativ billiger ist, d.h. in der Autarkielage erhält man im Inland für eine Mengeneinheit des Gutes 1 eine geringere Menge des Gutes 2 als im Ausland. Anders formuliert: Man muß pro Einheit des Gutes 1 im Inland weniger Einheiten des Gutes 2 hergeben. Dies ist z.B. darauf zurückzuführen, daß im Inland Gut 1 kostengünstiger erstellt werden kann oder nicht so stark nachgefragt wird. Andererseits sagt die Bedingung 3.2 aus, daß im Ausland Gut 2 relativ billiger ist.

3. Durch unsere Überlegung haben wir gezeigt, daß absolute Preisvorteile als Bedingung für Handel in komparative Preisvorteile überführt werden können. Unter der Prämisse, daß sich der Wechselkurs in den Grenzen der absoluten Güterpreise der Autarkielage einpendelt, ist hinreichende Bedingung für das Zustandekommen von Außenhandel, daß komparative Preisvorteile in der Autarkielage vorliegen. Dies kann man sich auch an folgendem Zahlenbeispiel klar machen. Seien in der Autarkielage die absoluten Güterpreise $p_1 = 1\,DM/ME_1$, $p_2 = 3\,DM/ME_2$, $p_1^* = 0{,}8\,\$/ME_1$ und $p_2^* = 1{,}8\,\$/ME_2$ und seien die komparativen Preisverhältnisse damit gegeben mit

$$\frac{1}{3} < \frac{0{,}8}{1{,}8},$$

d.h. wir erwarten, daß Land I Gut 1 und Land II Gut 2 exportiert. Bei einem Dollarkurs (DM/\$) von 2:1 hat aber Land I einen absoluten Preisvorteil bei beiden Gütern, nämlich $1 < 0{,}8 \times 2 = 1{,}6$ für Gut 1 und $3 < 1{,}8 \times 2 = 3{,}6$ für Gut 2. Land I würde also beide Güter exportieren, und dies scheint im Widerspruch zur Aussage über die komparativen Preisvorteile zu stehen.

Daß dieser Widerspruch nicht auftritt, kann man sich bei flexiblem Wechselkurs wie folgt verdeutlichen. Wenn in der oben geschilderten

Lage Land I bei beiden Gütern absolut billiger ist, entfalten die USA eine große Nachfrage nach DM, d.h. sie bieten bei gegebenem Kurs eine große Menge $ an, während die Devisennachfrage des Inlandes null ist. Der Dollarkurs muß sinken. Dann aber müssen die Amerikaner mehr $ aufwenden, um DM zu erhalten. Die DM wird für sie teurer. Bei einem Dollarkurs von 1,5 : 1 hat die Bundesrepublik immer noch einen absoluten Preisvorteil bei Gut 1 ($1 < 1{,}5 \times 0{,}8 = 1{,}2$). Bei Gut 2 haben die USA dagegen jetzt einen absoluten Preisvorteil ($3 > 1{,}8 \times 1{,}5 = 2{,}7$). Man beachte, daß in diesem Zahlenbeispiel der Wechselkurs w 1,5 : 1 zwischen den relativen Autarkiepreisen liegt, also $p_1/p_1^* = 1/0{,}8 < w < 3/1{,}8 = p_2/p_2^*$.

Aussage: Der Wechselkurs setzt komparative Preisvorteile in absolute Preisvorteile um. Dabei ist unterstellt, daß die Devisennachfrage eines Landes allein auf seine Importnachfrage zurückgeht.

4. Angenommen, beide Länder haben das gleiche Preisverhältnis, aber ein Land habe einen absoluten Preisvorteil bei beiden Gütern. Dann kann kein Handel zustande kommen. Sei $p_1 = 1$ und $p_2 = 2$; sei $p_1^* = 0{,}8$ und $p_2^* = 1{,}6$. Der Relativpreis in Autarkie in beiden Ländern ist gleich. Das Inland würde bei einem Wechselkurs von 2 : 1 beide Güter exportieren; folglich müßte die DM aufgewertet werden. Diese Aufwertung geschieht so lange, bis der absolute Preisvorteil des Inlandes verschwunden ist.

5. Es ist uns gelungen, absolute Güterpreise, die in Währungseinheiten pro Mengeneinheit notiert sind, auf komparative oder relative Preisvorteile zurückzuführen, die als Verhältnis von Gütermengen definiert sind. Während absolute Güterpreise, die auch als Geldpreise bezeichnet werden, durch die Geldmenge beeinflußt werden, ist der Relativpreis oder Realpreis definiert, ohne daß Geld explizit eingeführt wird. In den folgenden Abschnitten des Kapitels 3 und in den Kapiteln 4–7 begnügen wir uns mit einem Modellsystem, in dem absolute Güterpreise und damit auch Geld keine Rolle spielen. Wir sprechen deshalb von der güter- oder realwirtschaftlichen oder auch *reinen Außenhandelstheorie.* In den Kapiteln 8–14 dagegen werden Geld und die absoluten Güterpreise (Geldpreise) im Vordergrund stehen. Wir sprechen von der *monetären Außenhandelstheorie.*

6. Die Bedingung für Handel. Bedingung 3.1 ist ein zentraler Ausgangspunkt der Außenhandelstheorie; sie ist unabhängig vom Wirtschaftssystem und wird in ähnlicher Form auch von Vertretern der sozialistischen Außenhandelsliteratur erhoben (Siebert A1972). In den folgenden Abschnitten dieses Kapitels wird versucht, Bedingung 3.1 näher zu analysieren und Konstellationen der wirtschaftlichen Wirklichkeit anzugeben, unter denen die Bedingung für Handel erfüllt ist.

3.2 Außenhandels- und Standorttheorie

1. Wenn ein Land komparative Preisvorteile für ein Gut hat, so wird es dieses Gut exportieren und sich auf die Produktion dieses Gutes spezialisieren. Relative Preisvorteile signalisieren damit zugleich, wo der Standort einer Produktion sein wird. Die Produktion findet in den Ländern statt, die einen relativen Preisvorteil haben. Wenn ein Land einen relativen Preisvorteil für ein Gut und damit eine Exportchance hat, so hat es auch einen Standortvorteil. Die Fragen nach den Handelsströmen und nach dem Standort sind zwei nicht trennbare Probleme: beide Fragen werden simultan gelöst. Die Frage nach der internationalen Arbeitsteilung ist als ein Allokationsproblem aufzufassen, dessen Lösung eine Antwort für die Handelsströme *und* für die Standorte verlangt.
2. Unterschiede in den Standortvorteilen können Faktorwanderungen bedingen. Diese Problematik wird zunächst ausgeschlossen.
Prämisse A.3.4: Produktionsfaktoren sind international immobil.

3.3 Ricardos Theorem der komparativen Kosten

1. Fragestellung und Annahmen. Der Engländer Ricardo[3] hatte 1817 bereits erkannt, daß relative Preisvorteile durch komparative Kostenvorteile erklärt werden können. Unter vereinfachenden Annahmen gelingt es Ricardo, relative Preisvorteile auf Produktionsvorteile zurückzuführen. Dieser Ricardo-Fall ist durch die folgenden Prämissen gekennzeichnet:
Prämisse A.3.5: *Produktionsfunktion:* Die Produktionsfunktionen sind linear. Einziger Produktionsfaktor in beiden Ländern ist Arbeit. Die Produktionsverfahren des Sektors i in den beiden Ländern sind unterschiedlich; d.h. also, daß die Arbeitsproduktivitäten unterschiedlich sind.
Die Produktionsfunktionen sind gegeben durch

$$Q_i = \frac{1}{a_i} A_i \quad \text{und} \quad Q_i^* = \frac{1}{a_i^*} A_i^* \qquad i = 1,2 \tag{3.3}$$

Die Konstanten a_i, a_i^* drücken den Einsatz an Arbeit pro Produktionseinheit i in den jeweiligen Ländern aus. Diese Verbrauchskoeffizienten sind also definiert als $a_i = A_i/Q_i$. Die Produktionsfunktion

[3] D. Ricardo, The Principles of Political Economy and Taxation, 1817.

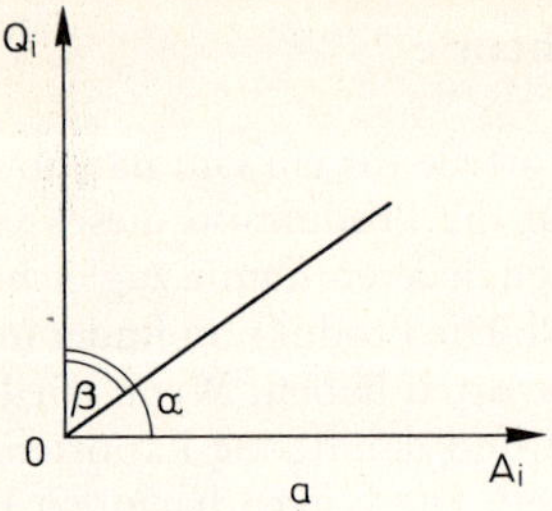

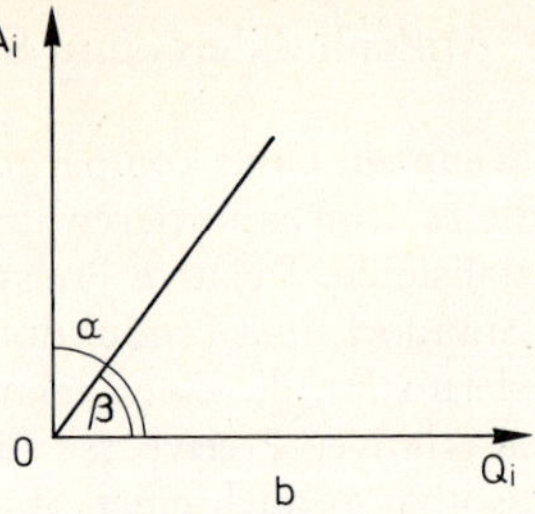

Schaubild 3.7

(Schaubild 3.7 a) mit tg $\alpha = 1/a_i$ ist die Umkehrfunktion zu einer Verbrauchsfunktion $A_i = a_i Q_i$, die in Schaubild 3.7 b dargestellt ist, mit tg $\beta = a_i$. Die Arbeitsproduktivität ist definiert als $1/a_i = Q_i/A_i$.

Für den Arbeitsbestand gilt:

Prämisse A.3.6: *Faktorausstattung:* Es wird sowohl der Fall zugelassen, daß beide Länder den gleichen Arbeitsbestand haben ($\bar{A} = \bar{A}^*$), als auch der Fall, daß der Arbeitsbestand in den Ländern unterschiedlich ist ($\bar{A} \neq \bar{A}^*$).

Prämisse A.3.7: *Vollbeschäftigung:* Der Produktionsfaktor Arbeit ist vollbeschäftigt, d.h. es gilt $A_1 + A_2 = \bar{A}$.

Prämisse A.3.8: *Marktform:* Es gilt die Marktform der vollständigen Konkurrenz. Ziel der Unternehmen ist die Gewinnmaximierung. Unternehmen verhalten sich also als Mengenanpasser.

2. Implikationen für die Bedingung für Handel. Die Marktform der vollständigen Konkurrenz impliziert, daß die Güter- und Faktorpreise für ein einzelnes Unternehmen gegeben sind. Ferner impliziert vollständige Konkurrenz, daß der Lohnsatz für die Arbeit in beiden Sektoren eines Landes identisch ist, d.h.

$$l_1 = l_2 = l.$$

Da in vollständiger Konkurrenz langfristig keine Gewinne auftreten, ist der Preis einer Einheit des Gutes 1 gegeben durch den physischen Einsatz an Arbeit pro Outputeinheit multipliziert mit dem Lohnsatz l, der im Inland gezahl wird. Damit gilt:

$$p_1 = a_1 \cdot l$$

und für das Güterpreisverhältnis vor Handel

$$\frac{p_1}{p_2} = \frac{a_1 l}{a_2 l}$$

Da sich l herauskürzt, vereinfacht sich Bedingung 3.2 zu

$$\frac{p_1}{p_2} < \frac{p_1^*}{p_2^*} \rightarrow \frac{a_1}{a_2} < \frac{a_1^*}{a_2^*} \tag{3.4}$$

Aussage: Land I (Inland) exportiert Gut 1, wenn in Land 1 relativ weniger Arbeit zur Produktion dieses Gutes aufgewendet werden muß. Land II (Ausland) exportiert Gut 2, wenn es für dieses Gut relativ weniger Arbeit aufwendet.

Da der Verbrauchskoeffizient als $a_i = A_i/Q_i$ definiert ist, stellt er den Kehrwert der Arbeitsproduktivität v_i dar. Aus $a_i = 1/v_i$ ergibt sich für Gleichung 3.4

$$\frac{v_1}{v_1^*} > \frac{v_2}{v_2^*} \tag{3.4'}$$

Aussage: Land I (Inland) exportiert Gut 1, wenn Land I in bezug auf Gut 1 eine relativ höhere Arbeitsproduktivität hat.

3. Opportunitätskosten. Bedingung 3.4 läßt sich mit Hilfe der Transformationskurve verdeutlichen. Die Transformationskurve ist der geometrische Ort aller Gütermengenkombinationen, die eine Volkswirtschaft mit gegebener Technologie und gegebenem Faktorbestand maximal erstellen kann. Sie begrenzt die Produktionsmöglichkeiten einer Volkswirtschaft und wird daher auch Produktionsmöglichkeitskurve genannt.

Betrachten wir das Inland mit dem gegebenen Arbeitsbestand $\bar{A}$. Aus $A_2 = a_2Q_2$ und dem Faktoreinsatz in Sektor 1 $A_1 = \bar{A} - A_2$ folgt für den Arbeitseinsatz in Sektor 1

$$A_1 = \bar{A} - a_2Q_2$$

Durch Einsetzen dieses Ausdrucks für A_1 in die Produktionsfunktion 3.3 des Sektors 1 erhält man eine Beziehung zwischen Q_1 und Q_2, die Transformationskurve:

$$Q_1 = \frac{1}{a_1}\bar{A} - \frac{a_2}{a_1}Q_2$$

Da die Koeffizienten konstant sind, ist im Ricardo-Fall die Transformationskurve eine Gerade.

Das Steigungsmaß der Transformationskurve, die Grenzrate der Transformation dQ_1/dQ_2, gibt an, um welche Mengen die Produktion des Gutes 1 reduziert werden muß, wenn die Produktion des Gutes 2 um eine infinitesimal kleine Einheit vermehrt wird. Die Grenzrate der Transformation gibt die Opportunitätskosten (oder auch: Alternativkosten) an. Darunter versteht man die Kosten einer «entgangenen Gelegenheit»[4]. Die Opportunitätskosten einer zusätzlichen Einheit des Gutes 2 bestehen in dem Verzicht auf die Produktion des Gutes 1. Im Ricardo-Fall ist die Grenzrate der Transformation gegeben durch

$$\frac{dQ_1}{dQ_2} = - \frac{a_2}{a_1}$$

Durch Einsetzen dieses Ausdrucks für die Grenzrate der Transformation in 3.4 ergibt sich als alternative Formulierung für die Bedingung für Handel:

$$\left|\frac{dQ_2}{dQ_1}\right| < \left|\frac{dQ_2^*}{dQ_1^*}\right|$$

Diese Bedingung kann durch den Vergleich zweier Winkel graphisch dargestellt werden, also in Schaubild 3.8 $\text{tg}\,\alpha < \text{tg}\,\alpha^*$.
Aussage: Land I (Inland) exportiert Gut 1, wenn es vor Handel bei Ausbringung einer zusätzlichen Einheit des Gutes 1 auf relativ weniger Einheiten des Gutes 2 verzichten muß als Land II (Ausland), also günstigere Opportunitätskosten für Gut 1 vor Handel hat.
4. Zahlenbeispiel. Anhand eines Zahlenbeispiels soll diese Aussage verdeutlicht werden. Die Verbrauchs-Koeffizienten seien durch die folgende Tabelle gegeben.

Tabelle 3.1

	1	2	Preisverhältnis $p_1 : p_2$ vor Handel
Land I	0,3	1,2	1:4
Land II	0,2	0,4	1:2

Man beachte, daß Land II (Ausland) zur Herstellung einer Mengeneinheit bei beiden Produkten absolut weniger Arbeit einsetzen muß und damit bei gegebenem Arbeitsbestand beide Güter günstiger pro-

[4] Die präzise Definition lautet: Kosten der nächstbesten entgangenen Gelegenheit. Im Zwei-Güter-Modell existiert jedoch nur *eine* nächstbeste Verwendung.

duzieren kann. Dennoch kommt Außenhandel zustande. Die Bedingung für das Zustandekommen des Handels

$$\frac{0{,}3}{1{,}2} < \frac{0{,}2}{0{,}4}$$

ist erfüllt, d.h. Land I exportiert Gut 1 und Land II exportiert Gut 2. Bei identischem Faktorbestand von 18 Arbeitseinheiten in beiden Volkswirtschaften lauten die Transformationskurven

$$Q_1 = \frac{18}{0{,}3} - \frac{1{,}2}{0{,}3} Q_2 \text{ und } Q_1^* = \frac{18}{0{,}2} - \frac{0{,}4}{0{,}2} Q_2^*$$

Diese Transformationskurven sind in Schaubild 3.8 dargestellt.

5. Gewinne aus Außenhandel. Nach Aufnahme des Handels wird sich für beide Länder ein einheitliches Preisverhältnis auf dem Weltmarkt einspielen, da annahmegemäß keine Handelshemmnisse existieren.

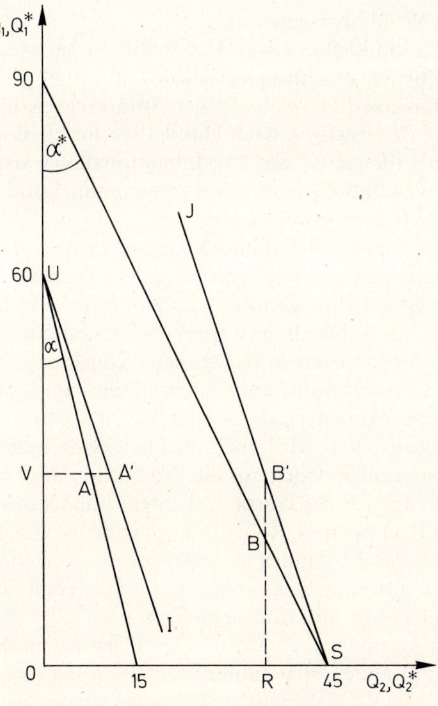

Schaubild 3.8

Das Weltmarktpreisverhältnis muß zwischen den Preisverhältnissen vor Handel liegen. Wie sich dieses Preisverhältnis bestimmt, wird in Kapitel 5 diskutiert. Im folgenden sei unterstellt, daß das neue Preisverhältnis 1:3 betrage.

Im Beispiel muß Land I vor Handel für eine Mengeneinheit des Gutes 2 auf vier Mengeneinheiten des Gutes 1 verzichten, nach Eröffnung des Handels nur noch auf drei Mengeneinheiten. Die Gerade UI gibt die Tauschrelation nach Eröffnung des Handels wieder und definiert die maximale Konsummöglichkeit des Landes I, wenn das Inland nur Gut 1 herstellt und entsprechend der internationalen Tauschrelation Gut 2 eintauschen kann. Die Kurve SJ gibt die maximale Konsummöglichkeit des Landes II an, wenn sich das Ausland auf Gut 2 spezialisiert. Das Ausland konnte vor Aufnahme des Handels anstatt einer Mengeneinheit des Gutes 2 durch eine Reallokation der Produktionsfaktoren zwei Mengeneinheiten des Gutes 1 erstellen, erhält durch Handel aber drei Einheiten.

Aussage: Durch Außenhandel kann ein Land ein Konsumniveau erreichen, das außerhalb seiner Produktionsmöglichkeiten liegt. Außenhandel bringt Wohlfahrtsgewinne.

6. Gewinne für ein kleines Land. Die Wohlfahrtsgewinne sind für ein Land bei gegebenen Nachfrageverhältnissen um so größer, je weiter die Preisrelation nach Handel von der Autarkiepreisrelation entfernt ist. Da sich die Preisrelation nach Handel für ein kleines Land stärker ändern wird als für ein großes Land, kann man erwarten:

Aussage: Die Wohlfahrtsgewinne aus Außenhandel sind für ein kleines Land höher als für ein großes Land.

7. Anpassungsprozesse. Schaubild 3.8 erlaubt eine erste Aussage über die Anpassungsprozesse nach Eröffnung des Handels. Angenommen, vor Handel liege der Produktions- und Konsumpunkt in Land I in A und in Land II bei B. Das Inland spezialisiert sich auf die Produktion des Gutes 1 und produziert in U. Der neue Konsumpunkt sei A'. Konsumpunkt und Produktionspunkt fallen auseinander. Die Menge UV des Gutes 1 wird exportiert, die Menge VA' des Gutes 2 wird importiert. Das Dreieck UVA' wird auch als Handelsdreieck bezeichnet.

Das Ausland spezialisiert sich auf die Produktion des Gutes 2 und exportiert die Menge RS des Gutes 2, die dem Import des Landes I entspricht. Land II importiert RB', die Exportmenge des Landes I. Das Handelsdreieck des Auslandes ist SRB'.

Aussage: Nach Öffnung der Grenzen spezialisieren sich die Länder vollständig auf die Produktion desjenigen Gutes, bei dessen Herstellung sie einen komparativen Kostenvorteil haben (anders jedoch im Fall des großen Landes, siehe unten).

Übrigens kann man aus Schaubild 3.8 auch erkennen, daß Ricardos Theorem der komparativen Kosten auch gilt, wenn die beiden Länder unterschiedliche Faktorausstattungen haben. Die Faktorausstattung beeinflußt nicht das Steigungsmaß der Transformationskurven.

8. Gleichgewicht. Die Konsistenz der Tauschpläne der beiden Volkswirtschaften ($Export_i = Import_i^*$) ist für Schaubild 3.8 unterstellt worden. Sie ist (ex-ante!) nicht bei jedem beliebigen realen Tauschverhältnis sichergestellt. Vielmehr muß sich der Relativpreis so einstellen, daß Mengenkonsistenz existiert, d.h. daß Gleichgewicht auf dem Export- und Importmarkt herrscht und damit die Pläne der Anbieter den Plänen der Nachfrager auf dem Weltmarkt entsprechen. Anders formuliert: Man kann sich einen Relativpreis vorstellen, bei dem etwa das Inland mehr Exportgüter anbietet als das Ausland bei diesem Preisverhältnis nachfragen will. Bei welchem Austauschverhältnis diese Mengenkonsistenz vorliegt, wird bei der Bestimmung des Tauschverhältnisses in Kapitel 5 deutlich. Für Schaubild 3.8 bedeutet die Forderung nach Konsistenz, daß die Handelsdreiecke der beiden Länder identisch sind.

9. Absolute versus relative Preisvorteile. Im vorliegenden Zahlenbeispiel ist der auf den ersten Blick verblüffende Fall dargestellt, daß Land II (Ausland) in der Produktion beider Güter einen absoluten Kostenvorteil hat, da das Ausland beide Güter mit geringeren Arbeitsmengen produzieren kann. Trotz absoluter Vorteile eines Landes in beiden Gütern kommt internationaler Austausch zustande, wenn komparative Kostenunterschiede vorliegen. Diese Behauptung von der Relevanz der komparativen Kosten ist dem Studenten oft unverständlich. Es wird argumentiert, daß sich z.B. ein Außenhandelskaufmann bei seinen Dispositionen nicht nach komparativen, sondern absoluten Preisunterschieden richtet. Was ist dazu zu sagen?

Unterstellen Sie, Land II habe wie im Zahlenbeispiel in beiden Gütern Q_1 und Q_2 einen absoluten Vorteil in dem Sinn, daß es beide Güter mit gegebenem Arbeitsbestand in größerer Menge produzieren kann. Ferner sei angenommen, daß der Lohnsatz in beiden Ländern identisch ist. Ob nun ein absoluter Preisvorteil vorliegt, hängt – wie wir bereits gesehen haben – von dem in der Anfangssituation herrschenden Wechselkurs ab. Unterstellt sei ein z.B. behördlich deklarierter Wechselkurs, der den absoluten Kostenvorteil des Landes II bei beiden Gütern nicht beeinträchtigt, z.B. 1:1. In dieser Ausgangssituation wird Land I (Deutschland) beide Güter in Land II (USA) nachfragen. Die Nachfrage des Landes I nach Gütern des Landes II führt zu einer Zunahme der Nachfrage nach ausländischen Devisen. Die Devisen des Landes II werden für Land I teurer. Der Wechselkurs – definiert pro

Währungseinheit des Landes II (Dollar-Kurs) – steigt. Infolge des gestiegenen Wechselkurses wird der absolute Preisvorteil reduziert. Gleichzeitig verringert sich der absolute Preisnachteil des Landes I, da die Produkte des Inlandes für das Ausland infolge der Wechselkursänderung billiger werden. Steigt der Dollarkurs auf 1,6 : 1, so erhält Land I einen absoluten Preisvorteil bei Gut 1 ($0,3 < 0,2 \cdot 1,6 = 0,32$), während Land II weiterhin einen absoluten Preisvorteil bei Gut 2 hat ($1,2 > 0,4 \cdot 1,6 = 0,64$).

Aussage: Liegt in einer Ausgangslage bei gegebenem Wechselkurs ein absoluter Preisvorteil bei zwei Gütern für Land II vor, hat das Inland aber einen komparativen Preisvorteil für eines der beiden Güter, so sorgt der Wechselkursmechanismus dafür, daß dieser komparative Preisvorteil in einen absoluten Preisvorteil transferiert wird.

10. Eine alternative Darstellung. Die Aussagen des Ricardo-Modells sind in anderer Weise in Schaubild 3.9 dargestellt. Dieses Schaubild arrangiert die Transformationskurve des Auslandes in einer anderen Form: die Transformationskurve des Auslandes aus Schaubild 3.8 wird um 180° gedreht. Die Produktionsmengen des Auslandes werden

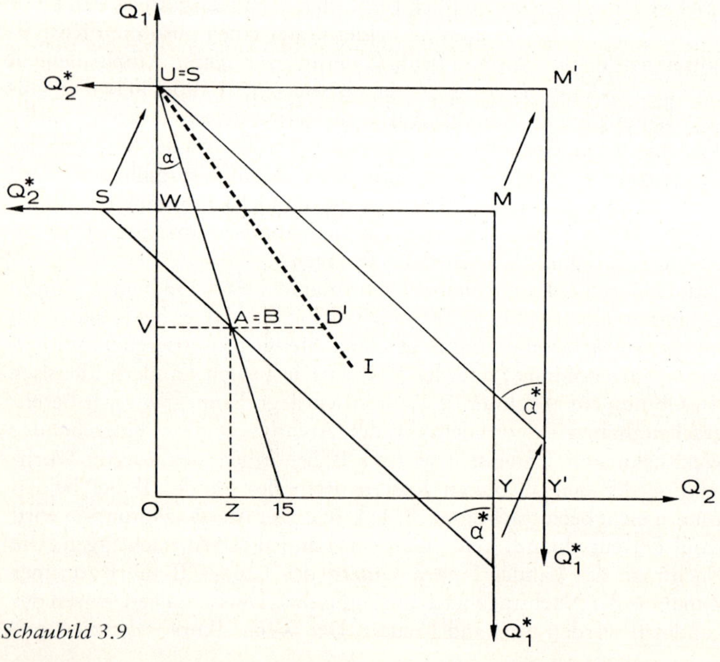

Schaubild 3.9

jetzt vom Ursprungspunkt M aus abgelesen. Das Produktionsdreieck des Auslandes wird so in Schaubild 3.9 eingezeichnet, daß die Produktionspunkte des Inlandes (Punkt A) und des Auslandes (Punkt B) (jeweils in Autarkie) zusammenfallen.

In der Autarkielage produzieren beide Länder zusammen die Menge OW des Gutes 1 (Inland: OV; Ausland: VW) und die Menge WM = OY des Gutes 2 (Inland: OZ; Ausland: ZY). Wird Handel eingeführt, so kann die Welt als Ganzes mehr produzieren, indem sich die beiden Länder gemäß ihren komparativen Preisvorteilen (vollständig) spezialisieren. Die Transformationskurve des Auslandes wird derart verschoben, daß die Punkte U und S aus Schaubild 3.8 zusammenfallen. Das Inland produziert nach der Aufnahme von Handel die Menge OU des Gutes 1, und das Ausland produziert die Menge OY' des Gutes 2. Von jedem Gut wird in der Welt mehr produziert.

Die Kurve UI gibt – wie in Schaubild 3.8 – das neue Tauschverhältnis nach Aufnahme des Handels an. Diese Kurve signalisiert, daß beide Länder nach der vollständigen Spezialisierung ein Konsumbündel erreichen können, das außerhalb ihrer Produktionsmöglichkeitskurve liegt. Das Dreieck UVD' kennzeichnet das Handelsdreieck.

11. Großes Land. Im Fall des großen und des kleinen Landes (USA – Luxemburg) impliziert die Mengenkonsistenz, daß das große Land mit seinem Autarkie-Preisverhältnis das Weltmarktpreisverhältnis dominiert; denn das kleine Land kann bei vollständiger Spezialisierung nur eine relativ kleine Menge im- und exportieren. Je größer das Land, desto näher liegt das Weltmarktpreisverhältnis am Autarkie-Preisverhältnis des großen Landes. Im Grenzfall hat das große Land also keine Wohlfahrtsgewinne.

12. Beschränkung der Spezialisierung. Anhand des Ricardo-Modells lassen sich auch Eingriffe in den internationalen Handel darstellen. Einige Fälle werden in Schaubild 3.10 gezeigt.

In Schaubild 3.10a ist der Fall dargestellt, daß ein Land (hier Land I) nicht die vollständige Spezialisierung (Punkt U) erlaubt. Nehmen wir z. B. an, daß das Land nur eine teilweise Spezialisierung zuläßt, also die Produktionsmenge des Sektors 2 nicht unter OR sinken lassen will. Dann liegt der Produktionspunkt bei P. In diesem Fall erreicht das Land nur einen Konsumpunkt C' anstelle von C mit einem niedrigeren Nutzenniveau.

13. Importzoll. Schaubild 3.10b verdeutlicht die Auswirkung eines Importzolls des Landes I auf die Handelssituation. Punkt C stellt die Freihandelssituation dar. Es sei der Fall des kleinen Landes unterstellt; d. h. das Land kann also das Weltmarktpreisverhältnis p nicht beeinflussen. Ein Importzoll wirkt sich so aus, daß für die inländischen

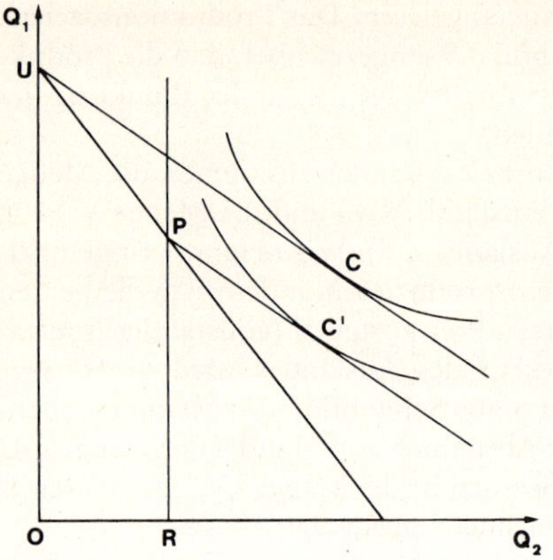

Schaubild 3.10a

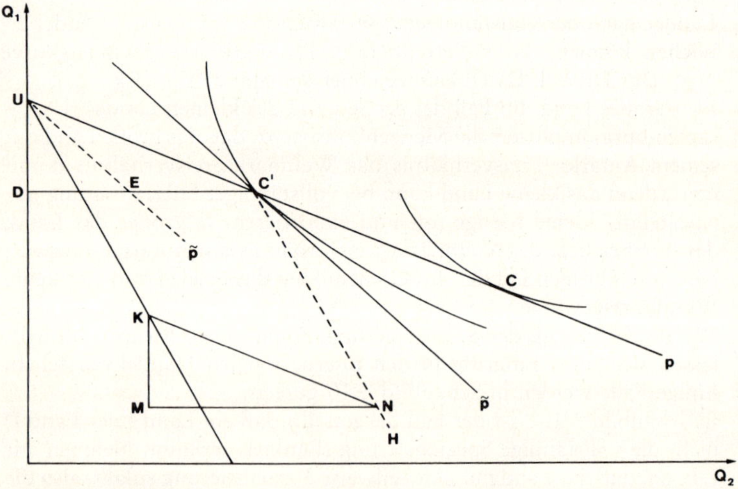

Schaubild 3.10b

Nachfrager der Preis des Importgutes 2 verteuert wird. Es findet also eine Preisspaltung zwischen Weltmarktpreis und nationalem Preis statt. Das für die inländische Nachfrage relevante Preisverhältnis $\tilde{p} = p_1/p_2$ sinkt. Das Inland erreicht infolge des Importzolls ein geringeres Nutzenniveau (Punkt C').

In Schaubild 3.10b stellt die Strecke DC' die Importe dar; EC' sind die Zolleinnahmen. Der Zollsatz beträgt EC'/DE. Es ist unterstellt worden,

daß die Zolleinnahmen als «lump sum payment» an die Haushalte transferiert werden.
Man beachte, daß der Konsumpunkt C' dadurch bestimmt wird, daß die Grenzrate der Substitution gleich dem im Inland herrschenden Preisverhältnis $\tilde{p}$ ist.
Das Inland tauscht auf dem Weltmarkt die Gütermenge UD (Export des Gutes 1) gegen DC' (Import des Gutes 2). Im Inland gilt das Preisverhältnis $\tilde{p}$ = DE/UD.
In der vorliegenden Darstellung bleibt das Inland voll auf die Produktion des Gutes 1 spezialisiert (Punkt U). Dies folgt daraus, daß sich bei dem Preisverhältnis $\tilde{p}$ die Spezialisierung für die inländischen Produzenten lohnt. Falls der Importzoll sehr groß ist, wird die vollständige Spezialisierung in der Produktion aufgegeben. Wird der Importzoll mehr und mehr vergrößert, so nähert sich der Konsumpunkt C' dem (nicht eingezeichneten) Autarkiepunkt. Die Gerade $\tilde{p}$ verläuft dann steiler.
Die Darstellung in Schaubild 3.10b ist in dem Sinn vereinfacht, daß folgender Effekt in der Zeichnung nicht berücksichtigt ist: Ist das Inland nicht klein, so muß durch die geringere Nachfrage des Inlandes infolge des Zolls der Weltmarktpreis für Gut 2 sinken (im Schaubild nicht eingezeichnet). Diesen Effekt können wir also durch die Annahme des kleinen Landes ausschalten. Das kleine Land hat keinen Einfluß auf das Weltmarktpreisverhältnis p_1/p_2.
14. Importkontingent. In Schaubild 3.10b kann auch die Auswirkung eines Importkontingents auf die Situation nach Handel dargestellt werden. Die maximal zulässige Importmenge DC' = MN beeinflußt im Fall des kleinen Landes nicht das Weltmarktpreisverhältnis p_1/p_2. Aber das Handelsdreieck wird bei gegebenem Weltmarktpreisverhältnis infolge des Mengenkontingents auf UDC' = KMN eingeschränkt. Die Gerade C'H entsteht durch Verschiebung des verringerten Handelsdreiecks entlang der Transformationskurve. Anstatt des Punktes C erreicht das Land nur Punkt C'. Punkt C' ist dadurch gekennzeichnet, daß erstens die Importrestriktion erfüllt ist, zweitens das inländische Preisverhältnis $\tilde{p}$ tangential zur Indifferenzkurve ist, also das inländische Preisverhältnis der Grenzrate der Substition gleich ist, und schließlich das inländische Preisverhältnis nach Erhebung des Kontingents zwischen Autarkie-Preisverhältnis und Weltmarktpreisverhältnis bei Freihandel liegt (vgl. Kapitel 7).
Es ist für die Argumentation unterstellt worden, daß Genehmigungen für Importkontingente nicht kostenlos vergeben, sondern beispielsweise auf einer Auktion versteigert werden. Ferner ist angenommen worden, daß die Einnahmen aus der Versteigerung der Importlizenzen

an die Haushalte transferiert werden. Das Schaubild gilt nicht mehr, wenn die mit den Importkontingenten verbundenen Renten im Ausland entstehen, wie dies bei den freiwilligen Selbstbeschränkungsabkommen der Fall ist.
Die Analyse der Importkontingente und der Zölle zeigt, daß beide Instrumente – unter Bedingungen – äquivalent sind.
15. Die Bedeutung des *relativen* Preisvorteils wird daraus ersichtlich, daß ein Exportsektor seinen Preisvorteil verlieren kann, ohne daß sich seine Produktivität verschlechtert. Sei Sektor 1 des Inlandes der Exportsektor. Produktivitätsfortschritt in Sektor 1 des Auslandes kann den relativen Preisvorteil des inländischen Sektors zerstören und Gut 1 zu einem Importgut machen. Ebenso kann technischer Fortschritt im inländischen Sektor der Importsubstitute (Sektor 2) den relativen Preisvorteil von Sektor 1 beseitigen. Ein Sektor kann also nur wettbewerbsfähig bleiben, wenn er seine relative Position behält.
Wirtschaftspolitische Eingriffe zugunsten eines Sektors müssen also letzten Endes wirkungslos bleiben, wenn der Verlust der Wettbewerbsfähigkeit dieses Sektors dadurch zustande kommt, daß der entsprechende Sektor im Ausland wettbewerbsfähiger wird oder andere Sektoren des Inlandes ihre relative Position verbessern.
16. Das Ricardo-Modell als Prototyp. Anhand des Ricardo-Modells kann man sich die entscheidenden Fragen der realwirtschaftlichen Außenhandelstheorie (der internationalen Arbeitsteilung) *«in nuce»* klar machen. Ein alternativer Ansatz der Außenhandelstheorie besteht darin, daß man im Gegensatz zu Ricardo andere, realistischere Produktionsfunktionen unterstellt.

3.4 Bestimmungsfaktoren komparativer Preisvorteile

Außenhandel kommt zustande, wenn in einer Autarkielage Unterschiede in den relativen Preisen vorliegen, d.h. In- und Ausland bei unterschiedlichen Gütern Preisvorteile haben. Im Ricardo-Fall sind Preisvorteile für den einfachen Fall eines Produktionsfaktors und einer linearen Produktionsfunktion auf Unterschiede in Arbeitsproduktivitäten zurückgeführt worden. Im folgenden werden diese Annahmen des Ricardo-Falls, insbesondere die Prämisse der linearen Produktionsfunktion und die Annahme, Arbeit sei einziger Produktionsfaktor, aufgegeben. Von welchen Faktoren hängen dann relative (d.h. komparative) Preisvorteile ab? Um diese Frage beantworten zu können, ist es wichtig zu wissen, von welchen Faktoren die relativen Preise in der Autarkielage bestimmt werden. Erst dann kann die Frage diskutiert werden, wie sich die Bestimmungsfaktoren relativer Preise zwischen Volkswirtschaften unterscheiden.

3.4.1 Relative Preise in der Autarkielage

Relative Preise in der Autarkielage hängen von einer ganzen Reihe von Faktoren ab, wie z.B. von wirtschaftspolitischen Maßnahmen des Staates. Im folgenden konzentrieren wir uns auf Produktions- und Nachfragebedingungen. Die Produktionsbedingungen werden wie folgt konkretisiert.

Prämisse A.3.5': *Produktionsfunktion:* Produktionsfaktoren sind Arbeit und Kapital. Die Produktionsfunktion ist substitutional und linear-homogen. Sie weist positive, aber sinkende Grenzproduktivitäten auf. Die Produktionsfunktionen lauten:

$$Q_i = F_i\ (A_i, K_i) \text{ für } i = 1, 2 \qquad (3.5)$$

wobei Q_i den Output, A_i den Arbeits- und K_i den Kapitaleinsatz des Sektors i kennzeichnen. Ein Beispiel für diese Produktionsfunktionen ist die Cobb-Douglas-Funktion.

Prämisse A.3.6': *Faktorausstattung:* Die Ausstattung mit den Faktoren Arbeit und Kapital ist gegeben, das gesamtwirtschaftliche Faktorangebot ist unabhängig von den Faktorpreisen.

Prämisse A.3.7': *Vollbeschäftigung:* Die Produktionsfaktoren sind voll beschäftigt, d.h. es gilt

$$A_1 + A_2 = \bar{A} \quad \text{und} \quad K_1 + K_2 = \bar{K}.$$

Bei gegebener Produktionstechnologie und gegebener Faktorausstattung ist auch die Transformationskurve bestimmt. Die Transformationskurve eines Landes läßt sich unter den Prämissen A.3.6' und A.3.7' mit Hilfe der sogenannten Edgeworth-Box ableiten. In den Schaubildern 3.11a und 3.11b sind die gegebenen Isoquanten der Aktivitäten 1 und 2 im A-K-Raum gezeichnet. Gegeben sind die Faktorbestände $\bar{A}$ und $\bar{K}$.

Durch Drehung des Isoquantensystems des Sektors 2 um 180° erhält man die sogenannte Edgeworth-Box (Schaubild 3.11c), deren Ausmaße die Faktorausstattung eines Landes wiedergeben. Die Lage des Ursprungspunktes des Isoquantensystems des Sektors 2 (O_2) ist also eindeutig durch die Faktorausstattung festgelegt.

In jedem Punkt der Edgeworth-Box kann produziert werden. Aber nur bestimmte Punkte stellen ein Produktionsmaximum sicher. In Punkt E können die Outputniveaus d der Aktivität 1 und u der Aktivität 2 er-

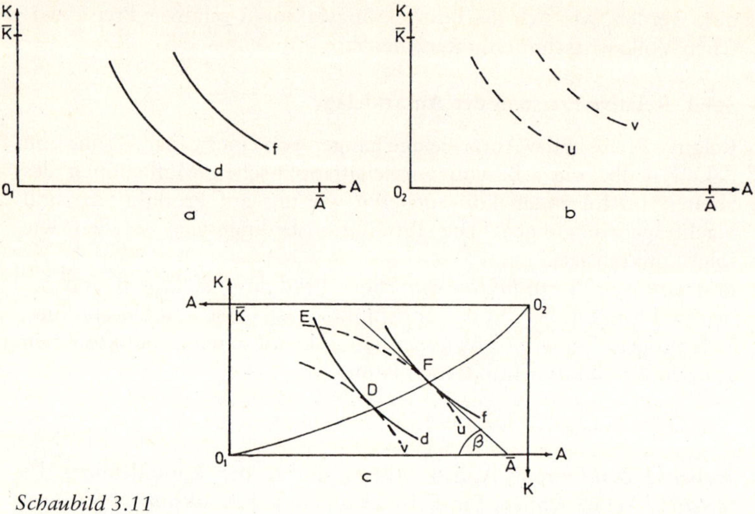

Schaubild 3.11

stellt werden. Durch eine Reallokation der Faktoren kann bei gleichbleibendem Produktionsniveau d des Gutes 1 das höhere Outputniveau v der Aktivität 2 erreicht werden. D ist ein produktionsmaximaler Punkt. F ist ein weiterer produktionsmaximaler Punkt. Man beachte, daß tg β einer Tangente an die Produktionsisoquante in F das Lohnzinsverhältnis l/r ausdrückt.

Den geometrischen Ort aller dieser Tangentialpunkte bezeichnen wir als Effizienzkurve. Die Effizienzkurve O_1DFO_2 definiert die maximalen Produktionsmöglichkeiten des Gutes 1 bei vorgegebenen Mengen des Gutes 2. Jeder Punkt der Effizienzkurve kennzeichnet einen Outputvektor (Q_1, Q_2). In Punkt O_1 wird die Menge Null von Gut 1 erzeugt. Alle Faktoren werden in der Produktion des Gutes 2 eingesetzt. Der Punkt D kennzeichnet einen Outputvektor (d, v) und der Punkt F das Güterbündel (f, u). Im Punkt O_2 wird nur Gut 1, dagegen nicht Gut 2 hergestellt. Überträgt man die Outputvektoren in den Q_1-Q_2-Raum, so ergibt sich die Transformationskurve in Schaubild 3.12. Die korrespondierenden Punkte zu Schaubild 3.11 c sind durch einen Beistrich gekennzeichnet. Einer Bewegung auf der Effizienzkurve von O_1 über D und F nach O_2 in Schaubild 3.11 c entspricht eine Bewegung auf der Transformationskurve von O_1' über D' und F' nach O_2' in Schaubild 3.12.

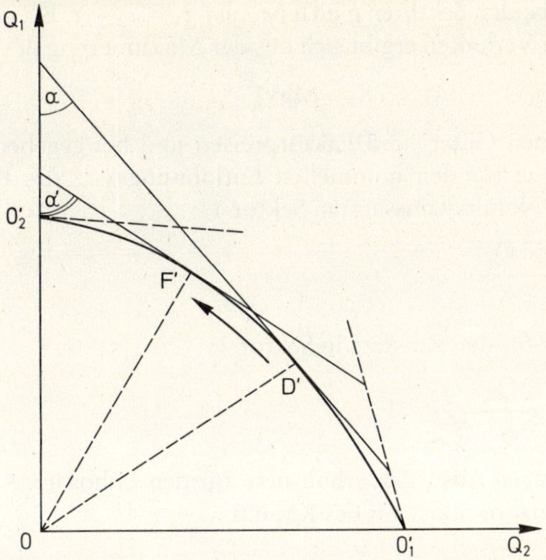

Schaubild 3.12

Die Grenzrate der Transformation erhält man, indem man die totalen Differentiale von 3.5 bildet:

$$dQ_1 = \frac{\partial F_1}{\partial A_1} dA_1 + \frac{\partial F_1}{\partial K_1} dK_1$$

Für Q_2 ergibt sich unter Beachtung von $dA_2 = -dA_1$ infolge $\bar{A}$ und $dK_2 = -dK_1$ wegen $\bar{K}$

$$dQ_2 = -\left(\frac{\partial F_2}{\partial A_2} dA_1 + \frac{\partial F_2}{\partial K_2} dK_1\right)$$

Damit ist die Grenzrate der Transformation definiert durch:

$$\frac{dQ_1}{dQ_2} = -\frac{\dfrac{\partial F_1}{\partial A_1} dA_1 + \dfrac{\partial F_1}{\partial K_1} dK_1}{\dfrac{\partial F_2}{\partial A_2} dA_1 + \dfrac{\partial F_2}{\partial K_2} dK_1} \tag{3.6}$$

Es gilt weiterhin die Annahme der vollständigen Konkurrenz (Prämisse A. 3.8). Diese Annahme impliziert, daß der Lohnsatz in beiden Sektoren gleich ist, also $l_1 = l_2 = l$, und daß der nominelle Entlohnungssatz für

Kapital in beiden Sektoren gleich ist, also $r_1 = r_2 = r$. Bei gewinnmaximierendem Verhalten ergibt sich aus der Maximierung des Gewinns G

$$G_1 = p_1 Q_1 - lA_1 - rK_1 \quad \text{Max!}$$

bei gegebenen Güter- und Faktorpreisen und bei gegebener Produktionsfunktion für den nominellen Entlohnungssatz des Kapitals (im folgenden: Nominalzinssatz) in Sektor 1

$$r = p_1 \frac{\partial Q_1}{\partial K_1} \tag{3.7}$$

und analog für den Zinssatz in Sektor 2:

$$r = p_2 \frac{\partial Q_2}{\partial K_2} \tag{3.7'}$$

Einen analogen Ausdruck erhält man für den Lohnsatz. Aus 3.7 folgt für die Grenzproduktivität des Kapitals

$$\frac{\partial Q_1}{\partial K_1} = \frac{\partial F_1}{\partial K_1} = \frac{r}{p_1}$$

Setzt man diesen und die analogen Ausdrücke in 3.6 ein, so erhält man für die Grenzrate der Transformation:

$$\frac{dQ_1}{dQ_2} = -\frac{\frac{l}{p_1} dA_1 + \frac{r}{p_1} dK_1}{\frac{l}{p_2} dA_1 + \frac{r}{p_2} dK_1}$$

Nach Ausklammern resultiert für die Grenzrate der Transformation:

$$-\frac{dQ_1}{dQ_2} = \frac{p_2}{p_1} \quad \text{bzw.} \quad -\frac{dQ_2}{dQ_1} = \frac{p_1}{p_2} \tag{3.8}$$

Die Grenzrate der Transformation ist also gleich dem reziproken negativen Preisverhältnis. Ist das Preisverhältnis p_1/p_2 z.B. durch tg α in Schaubild 3.12 gegeben, so liegen damit auch die Grenzrate der Transformation und der Produktionspunkt der Volkswirtschaft (D') fest. Steigt das Preisverhältnis auf tg α', so verlagert sich der Produktionspunkt von D' auf F'. Ein steigendes Preisverhältnis p_1/p_2 bedeutet, daß Gut 1 höher und Gut 2 niedriger bewertet wird. Das System paßt sich mit einer Produktionseinschränkung bei Gut 2 an. Diese Produktionsumstellung (bzw. diese Änderung der sektoralen Struktur) wird von einer Reallokation der Produktionsfaktoren begleitet. Faktoren wandern von Sektor 2 nach Sektor 1.

Bei dem in Schaubild 3.12 unterstellten Verlauf der Transformationskurve bedeutet ein Anstieg des Preisverhältnisses p_1/p_2, daß die Grenzrate der Transformation (dQ_2/dQ_1) betragsmäßig zunimmt. Das heißt: Man muß bei zunehmender Produktion des Gutes 1 auf relativ mehr Mengeneinheiten des Gutes 2 verzichten. Die Opportunitätskosten für Gut 1 steigen. Man kann sich übrigens leicht klar machen, an welchem Winkel das Preisverhältnis und die Grenzrate der Transformation gemessen werden. Z. B. hat das Preisverhältnis p_1/p_2 die Dimension $\frac{DM}{ME_1}/\frac{DM}{ME_2} = ME_2/ME_1$. Die gleiche Dimension hat die Grenzrate der Transformation (dQ_2/dQ_1).

Der Produktionspunkt wird also von dem relativen Güterpreisverhältnis und damit von den Nachfragebedingungen festgelegt. Die Nachfragebedingungen werden in vereinfachter Analyse durch einen Fahrstrahl vom Nullpunkt in Schaubild 3.12 dargestellt. Dies ist bei linearlimitationalen Nutzenfunktionen der Fall.

Aussage: Relative Autarkiepreise werden von den Produktionsbedingungen, d. h. den Produktionsfunktionen und der Faktorausstattung und den Nachfragebedingungen bestimmt.

Noch ein Hinweis: In Schaubild 3.12 ist ein maximales und ein minimales Preisverhältnis eingezeichnet. Die Tangente an die Transformationskurve in O_2' ist das maximale Preisverhältnis p_1/p_2. Die Volkswirtschaft ist vollständig auf die Produktion des Gutes 1 spezialisiert. Würde das Preisverhältnis in dieser Situation noch ansteigen, so kann die Produktion des Gutes 1 nicht mehr ausgedehnt werden. Die Tangente an die Transformationskurve in Punkt O_1' stellt das minimale Preisverhältnis p_1/p_2 und die Situation einer vollständigen Spezialisierung auf Gut 2 dar.

3.4.2 Übersicht über Unterschiede in den komparativen Preisvorteilen

Im folgenden werden relative Preisvorteile eines Landes auf ihre Bestimmungsfaktoren zurückgeführt, und zwar auf unterschiedliche Nachfragebedingungen in beiden Ländern, unterschiedliche Produktionsverfahren und auf unterschiedliche Faktorausstattungen. Tabelle 3.2 gibt diese drei Fälle an und kennzeichnet die Abschnitte, in denen sie behandelt werden.

Tabelle 3.2

Nachfrage-verhältnisse	Faktor-ausstattung	Produktions-verfahren	Abschnitt
Unterschiedlich	Identisch	Identisch	3.5
Identisch	Identisch	Unterschiedlich	3.6
Identisch (oder unterschiedlich)	Unterschiedlich	Identisch	3.7 (Heckscher-Ohlin-Fall)

3.5 Bedingung für Handel bei unterschiedlichen Nachfrageverhältnissen

1. Grundidee. Die relativen Güterpreise werden von der Nachfrage beeinflußt. Es ist deshalb zu erwarten, daß *eine* Ursache für die Erfüllung der Bedingung für Handel Unterschiede in den Nachfrageverhältnissen in beiden Ländern liegt. Hat etwa das Inland in der Autarkiesituation eine relativ geringe Nachfrage nach einem Gut, so wird der Relativpreis dieses Gutes im Vergleich zum Ausland gering sein. Eine relativ geringe Nachfrage begründet einen Preisvorteil.
2. Annahmen. Es werden folgende Annahmen gemacht.
Prämisse A.3.5": *Produktionsfunktion:* Die Produktionsfunktion des Sektors i ist in beiden Ländern identisch, d.h. es gilt $F_i = F_i^*$; zwischen den sektoralen Produktionsfunktionen besteht jedoch ein Unterschied, also z.B. $F_1 \neq F_2$.
Prämisse A.3.6". *Faktorausstattung:* Die Faktorausstattung in beiden Ländern ist identisch.
3. Einfluß der Nachfrage. Aus diesen Annahmen folgt, daß die Effizienz- und damit die Transformationskurve für beide Länder identisch ist. Wegen 3.8 können wir Bedingung 3.2 wie folgt umformulieren:

$$\left|\frac{dQ_2}{dQ_1}\right| < \left|\frac{dQ_2^*}{dQ_1^*}\right| \quad \text{oder} \quad \text{tg}\,\alpha < \text{tg}\,\alpha^*$$

Bei identischen Transformationskurven ist die Bedingung tg $\alpha <$ tg α^* dann erfüllt, wenn tg $\beta <$ tg β^* (Schaubild 3.13) oder, wenn in der Autarkielage von der Nachfrageseite her gilt:

$$\frac{C_1}{C_2} < \frac{C_1^*}{C_2^*}$$

wobei C_i, C_i^* die nachgefragten Mengen kennzeichnen.

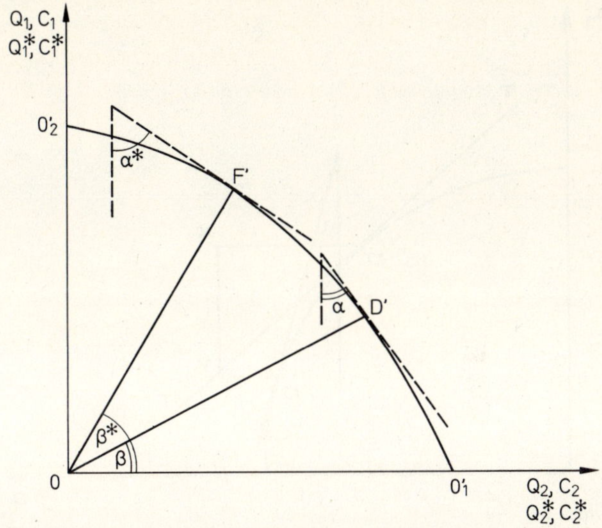

Schaubild 3.13

Gut 1 ist also bei identischen Transformationsfunktionen dann relativ billiger in Land I (Inland), wenn die Nachfrage nach diesem Gut in der Ausgangslage relativ geringer ist.

Aussage: Bei identischen Produktionsbedingungen und identischer Faktorausstattung exportiert ein Land dasjenige Gut, das vor Handel in diesem Land weniger stark und im anderen Land stärker nachgefragt wird[5].

4. Anpassungsprozesse. In Schaubild 3.14 kennzeichnet D den Produktionspunkt des Inlandes in Autarkie; tg α ist das Preisverhältnis p_1/p_2 in Autarkie. Nach Handel muß das Preisverhältnis des Inlandes steigen; der Produktionspunkt verschiebt sich nach D'. Das gestiegene Preisverhältnis (Gerade TT) kennzeichnet die Tauschmöglichkeiten nach Handel. Y kennzeichnet den Konsumpunkt nach Handel. D'X sind die Importe, XY die Exporte des Inlandes.

---

[5] Im Ricardo-Fall spielen Nachfrageverhältnisse für die Bestimmung des Relativpreises keine Rolle. Der Relativpreis hängt allein vom Verhältnis der Inputkoeffizienten ab.

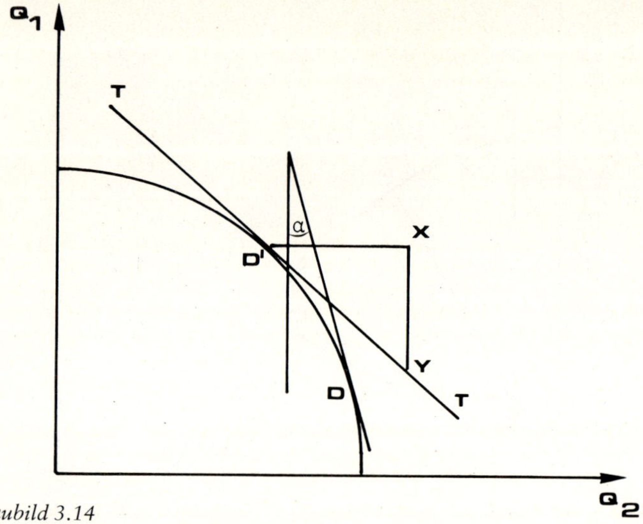

Schaubild 3.14

3.6 Bedingung für Handel bei unterschiedlichen Produktivitäten

1. Grundidee. Relative Preisvorteile können auch in Produktivitätsunterschieden begründet sein. Für den Fall limitationaler Produktionsfunktionen und für einen einzigen Produktionsfaktor Arbeit haben wir dies schon im Ricardo-Fall gezeigt. Eine mögliche Erscheinungsform von Produktivitätsvorteilen ist, daß die Faktoren unterschiedlich effizient produzieren, also mit einem spezifischen Qualitätsfaktor gewichtet werden müssen. Schließlich kann man sich vorstellen, daß der Produktionsprozeß eines Sektors «ein höheres technisches Niveau» hat. Von diesem Fall gehen wir im folgenden aus. Wenn zwei Länder gleiche Faktorausstattungen und gleiche Nachfrageverhältnisse haben, wird ein Land einen komparativen Preisvorteil für dasjenige Gut haben, bei dessen Produktion das Land ein höheres technisches Niveau hat.

2. Annahmen. Es werden folgende Annahmen gemacht.

Prämisse A.3.5''': *Produktionsfunktion:* Produktionsfaktoren sind in beiden Ländern Arbeit und Kapital. Die Produktionsfunktion sei substitutional und linear-homogen. Die Produktionsfunktionen der beiden Länder unterscheiden sich im Effizienzparameter.

Ein Unterschied im Effizienzparameter bedeutet, daß ein gegebener Faktorbestand in beiden Ländern eine unterschiedliche totale Produktivität hat. Kennzeichnet λ den Effizienzparameter, so sind die Produktionsfunktionen des Inlandes definiert durch

$$Q_i = \lambda_i F_i \, (A_i, K_i) \text{ mit } \lambda_i \geqq 1 \tag{3.9}$$

Für das Ausland ergibt sich die analoge Funktion mit $F_i = F_i^*$ und $\lambda_i \neq \lambda_i^*$ und $\lambda_i^* \geqq 1$.

Ferner wird unterstellt:

Prämisse A.3.6''': *Faktorausstattung:* Beide Länder haben den gleichen Arbeits- und Kapitalbestand.

Auch in diesem Fall suchen wir danach, wie die Bedingung für Handel gemäß 3.2 mit Hilfe anderer Variablen und Konstellationen ausgedrückt werden kann. Dies läßt sich wieder mit Hilfe der Transformationskurve ableiten. Auch hier gelte Prämisse A.3.8.

3. Beweisidee. Die Beweisidee ist folgende: Für $\lambda_i, \lambda_i^* = 1$ haben beide Länder eine identische Transformationskurve. Für eine gegebene Faktorallokation Z haben beide Länder die gleiche Grenzrate der Transformation. Läßt man Effizienzparameter λ_i,, $\lambda_i^* > 1$ zu, so verschiebt sich die Transformationskurve für beide Volkswirtschaften nach rechts. Die maximale Produktionsmenge des Gutes 1, in Schaubild 3.15 dargestellt durch Punkt T, wird in Land I um einen Faktor λ_1 und

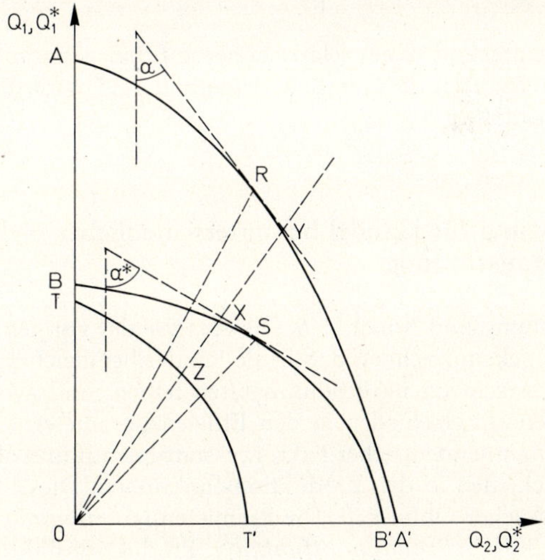

Schaubild 3.15

in Land II um einen Faktor λ_1^* hinausgeschoben. Der Punkt T′ der maximalen Produktionsmöglichkeit des Gutes 2 für $Q_1 = O$ verschiebt sich um einen Faktor λ_2 in Land I und um λ_2^* im Ausland. AA′ sei die Transformationskurve des Inlandes, BB′ sei die Kurve des Auslandes unter Berücksichtigung der Effizienzparameter.

Als Vorüberlegung betrachten wir den Fall, daß absolute Vorteile in den Effizienzparametern bestehen, daß etwa gilt $\lambda_1 > \lambda_1^*$ und $\lambda_2 < \lambda_2^*$. Dann verschiebt sich der maximale Produktionspunkt des Gutes 1 für das Inland stärker als für das Ausland. Für das Ausland dagegen verschiebt sich der maximale Produktionspunkt des Gutes 2 stärker.

Für «komparative» Preisvorteile sind aber nicht absolute Effizienzvorteile notwendig. Es reichen relative Effizienzvorteile. Wenn die Verschiebung der Transformationskurve für Gut 1 im Inland relativ stärker ist als im Ausland und für Gut 2 stärker im Ausland als im Inland, erhält das Inland eine niedrigere Grenzrate der Transformation (dQ_2/dQ_1). Dieser «bias» in der Verschiebung der Transformationskurve begründet bei identischen Nachfragebedingungen komparative Preisvorteile für das Inland in bezug auf Gut 1.

4. Effizienzparameter und Bedingung für Handel. In Anhang 3 A wird gezeigt, daß die Bedingung für Handel 3.2 geschrieben werden kann als

$$\frac{\lambda_2}{\lambda_2^*} < \frac{\lambda_1}{\lambda_1^*} \quad \rightarrow \quad \frac{p_1}{p_2} < \frac{p_1^*}{p_2^*} \quad \leftrightarrow \quad \text{tg}\,\alpha < \text{tg}\,\alpha^* \qquad (3.10)$$

Land I hat aufgrund seines relativ höheren Effizienzparameters einen relativen Preisvorteil für Gut 1. In Schaubild 3.15 wird dies dadurch verdeutlicht, daß tg $\alpha <$ tg α^*.

3.7 Bedingung für Handel bei unterschiedlicher Faktorausstattung

1. Fragestellung und Annahmen. Die Analyse des vorigen Abschnitts ist dadurch gekennzeichnet, daß beide Länder bei gleicher Faktorausstattung unterschiedliche Produktivitäten haben, und zwar in Form von relativen Unterschieden in den Effizienzparametern. Wir heben nun die Annahme identischer Faktorausstattung auf und abstrahieren von Unterschieden in den Produktionsfunktionen. Dies ist der sogenannte Heckscher-Ohlin-Fall. Die Prämissen lauten nun:

Prämisse A.3.5′′′′: *Produktionsfunktion:* Produktionsfaktoren sind in beiden Ländern Arbeit und Kapital. Die Produktionsfunktion ist substitutional und linear-homogen. Die Produktionsfunktionen für den Sektor i sind in beiden Ländern identisch, also $F_i = F_i^*$. Andererseits gibt es Unterschiede in den Produktionsfunktionen der beiden Sektoren, also $F_1 \neq F_2$.

Prämisse A.3.6''''. *Faktorausstattung:* Beide Länder haben eine unterschiedliche Ausstattung mit Arbeit und/oder Kapital, also $\bar{A} \neq \bar{A}^*$ und $\bar{K} \neq \bar{K}^*$.

Die Prämissen der Vollbeschäftigung (A.3.7) und der vollständigen Konkurrenz (A.3.8) bleiben erhalten. Auch in diesem Fall wollen wir wieder diskutieren, unter welchen Konstellationen in bezug auf die Faktorausstattung die Bedingung für Handel 3.2 erfüllt ist.

2. Grundidee. Wenn ein Land kapitalreich ist, sollte man erwarten, daß Kapital relativ preiswerter als Arbeit ist und daß damit das kapitalintensiv produzierte Gut in diesem Land kostengünstiger hergestellt werden kann. Man sollte also vermuten, daß das kapitalreiche Land einen Produktionsvorteil für das kapitalintensiv produzierte Gut hat. Oder: Das kapitalreiche Land exportiert das kapitalintensiv produzierte Gut.

Analog kann man sich eine Aussage über die Arbeitsreichlichkeit eines Landes und die Arbeitsintensität eines Produkts vorstellen: Man sollte vermuten, daß das arbeitsreiche Land einen Produktionsvorteil für das arbeitsintensiv produzierte Gut hat und dieses exportiert. Erweitert man die Palette der Produktionsfaktoren, so kann man die folgenden Aussagen erwarten: Das bodenreiche Land exportiert das bodenintensiv produzierte Gut (landwirtschaftliches Produkt). Oder: Das rohstoffreiche Land exportiert das rohstoffintensiv hergestellte Produkt. Oder: Das umweltreiche Land exportiert das umweltintensiv produzierte Gut. Und: Das mit landschaftlicher Schönheit reichlich ausgestattete Land exportiert das landschaftsintensive Produkt (Tourismus). Das humankapitalreiche Land exportiert das humankapitalintensive Produkt. Schließlich (weniger faßbar): Das innovationsfreudige Land exportiert das innovationsintensive Produkt (neues Produkt, siehe Produktzyklus in Kapitel 4). Entscheidend ist also für die Heckscher-Ohlin-Aussage, die Faktorreichlichkeit eines Landes mit der Faktorintensität der Produktion zu kombinieren.

3. Messung der Faktorreichlichkeit. Wie kann man diese Sätze ableiten? Um zu operationalisierbaren Aussagen zu kommen, muß eine Meßvorschrift für die Faktorreichlichkeit angegeben werden. Dazu bieten sich zwei unterschiedliche Variablen an:

1. Land II (Ausland) ist kapitalreich im Vergleich zu Land I (Inland), wenn die Kapitalausstattung pro Arbeiter, $k = K/A$ größer ist, also

$$k^* > k \tag{3.11}$$

2. Die alternative Meßvorschrift lautet: Land II ist kapitalreich im Vergleich zu Land I, wenn in Land II Kapital relativ billiger und Arbeit relativ teurer als in Land I ist, also

$$\left(\frac{l}{r}\right)^* > \left(\frac{l}{r}\right) \text{ bzw. } \left(\frac{r}{l}\right) > \left(\frac{r}{l}\right)^* \tag{3.11'}$$

Es wird zu diskutieren sein, ob beide Formulierungen der Faktorreichlichkeit zu identischen Ergebnissen führen.

3.7.1 Messung der Faktorreichlichkeit durch die globale Kapitalintensität

1. Edgeworth-Box. Wird die Faktorreichlichkeit an der gesamtwirtschaftlichen Kapitalintensität gemessen, so kann mit Hilfe der Effizienz- und Transformationskurve argumentiert werden. In Schaubild 3.16a ist die Faktorausstattung des Landes I gegeben mit O_1T: Kapital und O_1Y: Arbeit.
Die Isoquanten c, 2c, 5c kennzeichnen Outputniveaus des Gutes 1. Bei linear-homogenen Produktionsfunktionen ist ein Punkt der Isoquante 2c auf einem Fahrstrahl vom Nullpunkt O_1 doppelt so weit entfernt wie ein Punkt der Isoquante c vom Nullpunkt. Die Isoquanten für Gut 2 mit den Niveaus 2u und 4u werden von O_2 aus abgetragen.
Unterstellt, Land I produzierte (vor Handel) in B. Dann ist die Kapitalintensität in der Produktion von Gut 1 in Land I durch den Tangens

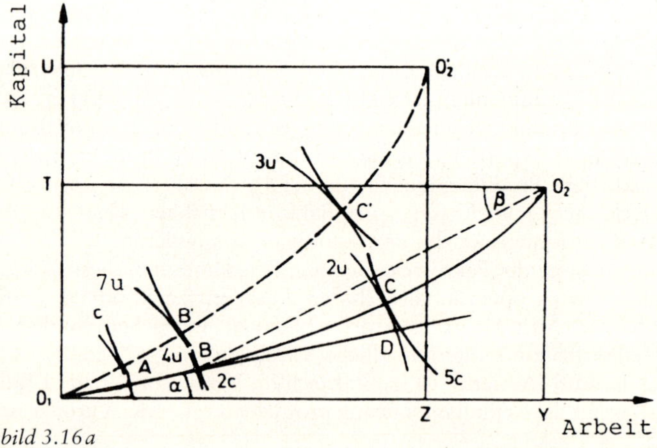

Schaubild 3.16a

des Winkels α gegeben und k_2 durch den Tangens des Winkels β. Da tg $\beta >$ tg α, gilt $k_2 > k_1$. Die Kapitalintensität in der Produktion des Gutes 2 ist größer als in der Produktion des Gutes 1. Wandert Punkt B entlang der Effizienzkurve O_1BCO_2, so bleibt bei dem hier unterstellten Verlauf der Effizienzkurve die Bedingung $k_2 > k_1$ erhalten. Die Produktion des Gutes 1 ist arbeitsintensiv, die des Gutes 2 kapitalintensiv. $k_2 > k_1$ stellt eine Krümmung der Effizienzkurve nach unten sicher.

Land II habe eine Faktorausstattung $O_1UO_2'Z$. Im Vergleich zu Land I bleiben die Isoquanten der 1-Produktion in der gleichen Lage, der Ursprung des Isoquantensystems der zweiten Aktivität verschiebt sich dagegen nach O_2'. Damit verlagern sich die Tangentialpunkte. Die Effizienzkurve des Landes II ist gegeben durch $O_1B'C'O_2'$.

2. Transformationskurven. Die Transformationskurven der beiden Volkswirtschaften erhalten wir, indem die Niveaus der Produktionsisoquanten punktweise in ein neues Schaubild übertragen werden. In Schaubild 3.16 a ist unterstellt worden, daß Land I absolut eine größere Menge des arbeitsintensiven Gutes 1 erstellen kann. Für $Q_2 = O$ muß die Transformationskurve des Landes I also weiter außerhalb liegen als die Kurve des Landes II. Umgekehrt kann Land II für $Q_1^* = O$ eine größere Menge des Gutes 2 erstellen.

Ferner sehen wir, daß bei einem Outputniveau von Gut 1 in Höhe von 2c die Länder unterschiedliche Niveaus von Gut 2 erreichen: Land I produziert 4u-Einheiten des Gutes 2, Land II dagegen 5u-Einheiten. In Schaubild 3.16b muß deshalb Punkt B' weiter rechts liegen als Punkt B. Durch Übertragen weiterer Punkte ergibt sich der in Schaubild 3.16b dargestellte Verlauf der beiden Transformationskurven. VV ist die Transformationskurve des Landes I, WW die Kurve des Landes II.

3. Faktorreichlichkeit und Bedingung für Handel. Unsere Frage lautet, ob die Messung der Faktorreichlichkeit an der Kapitalintensität eine zwingende Aussage über die Richtung des internationalen Handels ermöglicht. Die Bedingung für Handel läßt sich mit Hilfe der Grenzraten der Transformation ausdrücken. Da

$$-\frac{p_1}{p_2} = \frac{dQ_2}{dQ_1}$$

lautet die Bedingung für Handel mit der in 3.2 angenommenen Handelsrichtung

$$\left|\frac{dQ_2}{dQ_1}\right| < \left|\frac{dQ_2^*}{dQ_1^*}\right| \qquad (3.12)$$

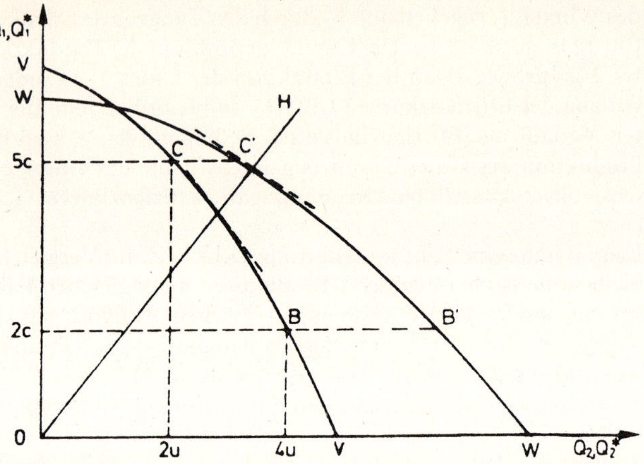

Schaubild 3.16 b

Ohne die Konkretisierung der Nachfragebedingungen läßt sich Bedingung 3.12 nicht überprüfen. Es muß deshalb wie in der Aussage über die Effizienzparameter eine zusätzliche Annahme über die Nachfrageverhältnisse aufgenommen werden. Unterstellen wir identische Mengenrelationen C_1/C_2 der Nachfrage vor Handel – ausgedrückt durch den Fahrstrahl OH –, so ist Bedingung 3.12 erfüllt. Jetzt läßt sich eine eindeutige Aussage formulieren. Es gilt folgendes *Aussagesystem:*

1. *Aussagebedingungen:* Die Mengenrelationen der Nachfrage vor Handel seien in beiden Ländern identisch ($C_1/C_2 = C_1^*/C_2^*$)
   Das Ausland (Land II) sei kapitalreich, $k^* > k$.
   Die Produktion des Gutes 2 sei kapitalintensiv, $k_2 > k_1$.
2. *Aussage oder Implikation:* Land II exportiert das kapitalintensive Gut 2.

Ohne Konkretisierung der Nachfrage vor Handel kann die Implikation, daß das kapitalreiche Land das kapitalintensive Gut exportiert, nicht mehr zwingend abgeleitet werden. In diesem Fall läßt sich nur noch die Aussage machen, daß Land II einen Produktionsvorteil für das kapitalintensive Gut in dem Sinn hat, daß es bei vergleichbarer Nachfragesituation relativ mehr von diesem Gut produzieren kann. Unterstellen Sie jedoch, die Nachfrage nach diesem kapitalintensiv produzierten Gut sei in Land II vor Handel sehr stark. Dann kann auch der relative Güterpreis hoch sein. Dann ist es auch denkbar, daß Land II trotz der mengenmäßig größeren Produktionsmöglichkeit infolge des relativ hohen Preises dieses Gut importieren muß.

Die Messung des Kapitalreichtums an der relativen Kapitalausstattung k führt also zu keiner eindeutigen Aussage über die Richtung des internationalen Handels, wenn nicht zusätzliche Annahmen über die Nachfrageverhältnisse vor Handel gemacht werden. Oder anders ausgedrückt: Selbst wenn ein Land für ein Gut einen Produktionsvorteil hat, können die Nachfragebedingungen diesen Vorteil aufheben. Um eindeutige Aussagen machen zu können, wenden wir im folgenden die alternative Meßvorschrift für die Faktorreichlichkeit an.
Noch ein Hinweis: In Schaubild 3.16 ist unterstellt worden, daß $\bar{A} > \bar{A}^*$. Man kann auch den umgekehrten Fall zulassen, und dennoch ist das Inland arbeitsreich. Entscheidend ist allein die Kapitalausstattung pro Arbeiter $k^* > k$.

3.7.2 Messung der Faktorreichlichkeit durch das Faktorpreisverhältnis

Darstellung mit Effizienz- und Transformationskurve. Unterstellt sei, daß in der Situation vor Handel $(l/r)^* > (l/r)$. Das Lohnzinsverhältnis ist in Land II höher als in Land I. Da der Zins im Ausland relativ niedriger ist, ist Land II kapitalreich im Vergleich zum Inland.
Diese Ausgangssituation kann in Schaubild 3.16a verdeutlicht werden. Tangenten an die Produktionsisoquanten stellen das Faktorpreisverhältnis dar. Dies folgt daraus, daß die Minimalkostenkombination bei vorgegebenem Faktorpreisverhältnis dadurch gekennzeichnet wird, daß eine Isokostenkurve der Form

$$A \cdot l + K \cdot r = \bar{a} \quad \text{oder} \quad K = \frac{\bar{a}}{r} - \frac{l}{r} \cdot A$$

die Produktionsisoquante tangiert. Die Steigung der Isoquante im Punkt der Minimalkostenkombination kennzeichnet also das Lohnzinsverhältnis.
Jedem Punkt der Effizienzkurve entspricht ein bestimmtes Faktorpreisverhältnis. Bei linear-homogenen Produktionsfunktionen gilt, daß die Steigung der Isoquanten entlang einem Fahrstrahl vom Nullpunkt identisch ist. In Schaubild 3.16a ist ein solcher Fahrstrahl ABD eingezeichnet. Die Grenzrate der Faktorsubstitution und damit das Lohnzinsverhältnis ist auf allen Isoquanten in den Punkten A, B und D identisch.
Im Vergleich zu Punkt D hat aber die Isoquante in C eine absolut größere Steigung. Damit hat Punkt C auch ein höheres Lohnzinsverhältnis als Punkt D und damit auch als Punkt B. Das Lohnzinsverhältnis steigt bei einer Bewegung entlang der Effizienzkurve von B nach C. Dies ist

leicht erklärlich: Die Produktion des arbeitsintensiven Gutes 1 wird erhöht. Damit steigt die Nachfrage nach Arbeit relativ stärker als nach Kapital. Gleichzeitig wird die Produktion des kapitalintensiven Gutes reduziert. Damit wird relativ mehr Kapital als Arbeit freigesetzt. Da Gut 1 arbeitsintensiv ist, muß das Faktorpreisverhältnis l/r aber gestiegen sein. Wir wissen:

1. Jedem Punkt der Effizienzkurve entspricht ein bestimmtes Faktorpreisverhältnis.
2. Jeder Punkt der Effizienzkurve entspricht einem Punkt auf der Transformationskurve.
3. Jedem Punkt der Transformationskurve entspricht ein bestimmtes Güterpreisverhältnis.

Daraus folgt: Jedem Güterpreisverhältnis entspricht ein bestimmtes Faktorpreisverhältnis und vice versa.
Es besteht also eine Zuordnung

$$\frac{p_1}{p_2} = g\left(\frac{l}{r}\right) \tag{3.13}$$

Eine Konkretisierung der Nachfrageverhältnisse vor Handel ist jetzt nicht mehr erforderlich. Dies ist verständlich: Die Faktornachfrage ist eine abgeleitete Nachfrage, da sie mit der Nachfrage nach Produkten variiert. Der Faktorpreis hängt deshalb davon ab, wie stark das Produkt nachgefragt wird. Wird das arbeitsintensive Gut relativ stark nachgefragt, so wird der Preis dieses Gutes und die Entlohnung des stark beanspruchten Faktors, der Arbeit, ebenfalls relativ hoch sein. Die Aussage $(l/r)^* > (l/r)$ enthält also implizit bereits Information über die Nachfrageverhältnisse vor Handel. Damit wird auch deutlich, daß in der ökonomischen Argumentation das Lohnzinsverhältnis aus dem Güterpreisverhältnis abgeleitet ist. Zerlegt man die simultane Bestimmung von Güter- und Faktorpreisen gedanklich in eine zeitliche Folge, so werden «zuerst» auf den Gütermärkten die Güterpreise bestimmt und «dann» die Faktorpreise ermittelt. Die Faktorpreise werden von der Güternachfrage her abgeleitet. Da aber einem beobachteten Faktorpreisverhältnis ein bestimmtes Güterpreisverhältnis zugeordnet ist, können wir aus dem Faktorpreisverhältnis auf das Güterpreisverhältnis schließen.

Ohne diese Funktion genau zu kennen, erlaubt uns der bestehende Zusammenhang die Vermutung, daß die Messung der Faktorreichlichkeit am Faktorpreisverhältnis zu einer eindeutigen Aussage über die Handelsbedingung führt. Denn: Sind in beiden Ländern die Faktorpreisverhältnisse in der Ausgangssituation vor Handel festgelegt, so liegen auch eindeutig die realisierten Produktionspunkte auf den jeweiligen Effizienzkurven fest. Diesen Punkten sind eindeutig Punkte auf den Transformationskurven der beiden Volkswirtschaften zugeordnet, denen ein bestimmtes Güterpreisverhältnis entspricht.

3.7.3 Zusammenhang zwischen Güter- und Faktorpreisverhältnis

Um Bedingung 3.2 mit Hilfe der Lohnzinsrelationen auszudrücken, muß die Zuordnung 3.13 konkretisiert werden. Wir bedienen uns dazu der Pro-Kopf-Produktionsfunktion.

1. Die Pro-Kopf-Produktionsfunktion. Da die Produktionsfunktion linear-homogen ist, d. h. $\mu Q_1 = F_1(\mu A_1, \mu K_1)$, kann $\mu = 1/A_1$ gesetzt werden. Dann gilt

$$Q_1 = A_1 F_1 (1, K_1/A_1) \text{ oder } q_1 = f_1(k_1) \qquad (3.14)$$

wobei q_1 den Output pro Kopf und k_1 die Kapitalintensität des Sektors 1 kennzeichnen. Aus der Annahme des ertragsgesetzlichen Verlaufs der Produktionsfunktion folgt[6]

$$\frac{\partial Q_1}{\partial K_1} = \frac{df_1(k_1)}{dk_1} = f_1'(k_1) > o \text{ und}$$

$$\frac{\partial^2 Q_1}{\partial K_1^2} = \frac{1}{A_1} f_1'' < o, \text{ d.h. } f_1'' < o$$

Die Pro-Kopf-Produktionsfunktion ist in Schaubild 3.17 dargestellt.

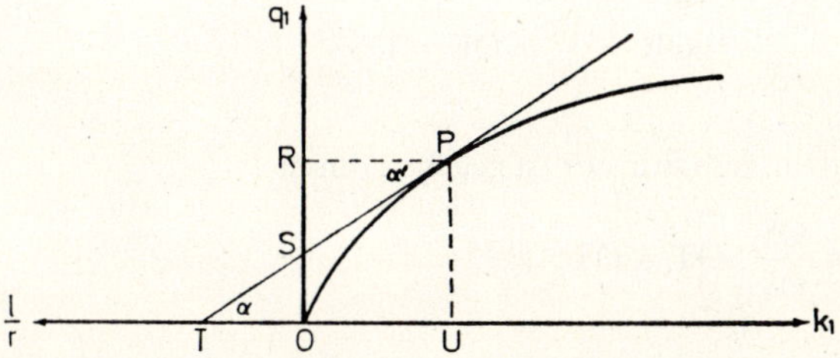

Schaubild 3.17

---

[6] Dies folgt aus

$$\frac{\partial Q_1}{\partial K_1} = A_1 \frac{\partial f_1}{\partial k_1} \frac{dk_1}{dK_1} = A_1 f_1'(k_1) \frac{\partial \left(\frac{K_1}{A_1}\right)}{\partial K_1} = A_1 f_1'(k_1) \frac{1}{A_1}$$

Betrachten wir eine Tangente an diese Funktion im Punkt P. Die Steigung einer Tangente an die Kurve gibt die Grenzproduktivität des Kapitals an:

$$t_g \alpha = t_g \alpha' = \frac{\partial Q_1}{\partial K_1} = \frac{OS}{OT} = \frac{RS}{RP}$$

Bei gewinnmaximierendem Verhalten der Unternehmen und bei gegebenen Güterpreisen (vollständige Konkurrenz) muß der Ausdruck

$$G_1 = p_1 Q_1 - l_1 A_1 - r_1 K_1$$

ein Maximum werden. Dieses Maximum liegt vor, wenn der Grenzgewinn Null ist und damit für den Nominalzins r_1 gilt[7]:

$$r_1 = p_1 \cdot f_1'(k_1)$$

Der Realzins $r_1^R = r_1/p_1$ ist unter diesen Annahmen gleich der Grenzproduktivität des Kapitals. Er wird durch das Streckenverhältnis RS/RP bzw. RS/OU angegeben.
Für die Grenzproduktivität der Arbeit gilt:

$$\frac{\partial Q_1}{\partial A_1} = f_1(k_1) - k_1 f_1'(k_1)$$

Gewinnmaximierendes Verhalten der Unternehmer in vollständiger Konkurrenz impliziert, daß Grenzproduktivität und Reallohn gleich sind, d.h.

$$l^R = \frac{\partial Q_1}{\partial A_1} = OR - \frac{RS}{OU} \cdot OU = OS$$

Das Lohnzinsverhältnis l/r ist gegeben durch

$$l/r = \frac{OS}{OS} \cdot OT = OT$$

---

[7] Dies folgt aus

$$\frac{\partial G_1}{\partial K_1} = p_1 \frac{\partial Q_1}{\partial K_1} - r = o \text{ und } \frac{\partial Q_1}{\partial K_1} = f_1'(k_1)$$

2. Kapitalintensität und Lohnzinsverhältnis. Bei gewinnmaximierendem Verhalten der Unternehmen besteht also eine Zuordnung von Lohnzinsverhältnis und Kapitalintensität. Die Unternehmen passen sich an Änderungen des Lohnzinsverhältnisses mit einer Variation der Kapitalintensität an. Schaubild 3.18 a verdeutlicht, daß mit zunehmendem Lohnzinsverhältnis die Kapitalintensität steigt: die relativ teurer werdende Arbeit wird durch das relativ billigere Kapital substituiert. Die Zuordnung zwischen k_1' und $(l/r)'$ sowie k_1'' und $(l/r)''$ kann punktweise in Schaubild 3.18 b übertragen werden. Aus Abbildung 3.18 a erkennt man, daß die Kapitalintensität steigt, falls l/r zunimmt. Dieser Zusammenhang wird in Schaubild 3.18 b dargestellt.

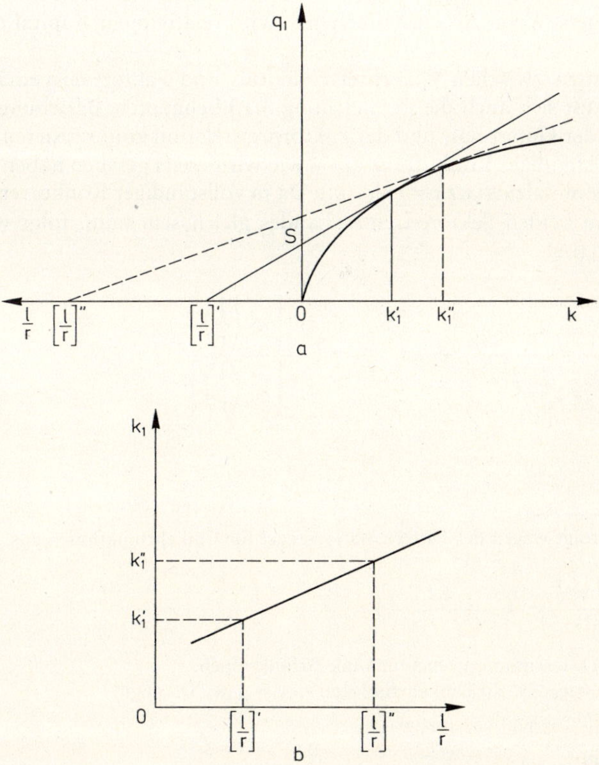

Schaubild 3.18

Um die in Schaubild 3.18 b dargestellte Beziehung abzuleiten, gehen wir davon aus, daß

$$\frac{l}{r} = \frac{f_i(k_i) - k_i \cdot f_i'(k_i)}{f_i'(k_i)} = \frac{f_i(k_i)}{f_i'(k_i)} - k_i \tag{3.15}$$

Die Beziehung zwischen l/r und k_i wird deutlich, wenn wir bilden[8]

$$\frac{dk_i}{d\left(\frac{l}{r}\right)} = \frac{-(f_i')^2}{f_i'' \cdot f_i} \tag{3.15'}$$

Da $f_i' > o$ und $f_i'' < o$, ist $dk_i/d(l/r) > o$. Damit ist bekannt, welches Vorzeichen die Beziehung $k_i = k_i(l/r)$ hat. Mit zunehmendem l/r muß auch k_i steigen. Wenn Arbeit teurer wird, wird relativ mehr Kapital eingesetzt.

Beziehung zwischen Güterpreisverhältnis und Faktorpreisverhältnis. Nun läßt sich auch die in Gleichung 3.13 behauptete Beziehung zwischen der Güterpreis- und der Faktorpreisrelation konkretisieren.

In vollständiger Konkurrenz gilt – wie wir bereits gesehen haben – für den Nominalzinssatz $r = p_i f_i'(k_i)$. Da in vollständiger Konkurrenz der Zins in beiden Sektoren eines Landes gleich sein muß, folgt wegen $k_i = k_i(l/r)$

$$\frac{p_1}{p_2} = \frac{f_2'(k_2)}{f_1'(k_1)} \quad \text{oder} \quad \frac{p_1}{p_2} = \frac{f_2'\left[k_2\left(\frac{l}{r}\right)\right]}{f_1'\left[k_1\left(\frac{l}{r}\right)\right]} \tag{3.16}$$

---

[8] Dies folgt wegen der Differentiationsregel für Umkehrfunktionen aus 3.15

$$\frac{d\left(\frac{l}{r}\right)}{dk_i} = \frac{f_i' f_i' - f_i f_i''}{(f_i')^2} - 1 = \frac{(f_i')^2}{(f_i')^2} - \frac{f_i f_i''}{(f_i')^2} - 1 = -\frac{f_i f_i''}{(f_i')^2}$$

Zur Differentiationsregel für Umkehrfunktionen:
Sei $x = g^{-1}(y)$ die Umkehrfunktion zu $y = g(x)$. Dann gilt

$$\frac{dy}{dx} = \frac{1}{\frac{dx}{dy}}$$

Leitet man 3.16 nach l/r ab[9], so gilt

$$\frac{d\left(\frac{p_1}{p_2}\right)}{d\left(\frac{1}{r}\right)} = \frac{p_1}{p_2} \frac{(k_2 - k_1)}{\left(\frac{1}{r} + k_1\right)\left(\frac{1}{r} + k_2\right)} \qquad (3.16')$$

[9] Es ergibt sich

$$\frac{d\left(\frac{p_1}{p_2}\right)}{d\left(\frac{1}{r}\right)} = \frac{f_1' \frac{d\left\{f_2'\left[k_2\left(\frac{1}{r}\right)\right]\right\}}{d\left(\frac{1}{r}\right)} - f_2' \frac{d\left\{f_1'\left[k_1\left(\frac{1}{r}\right)\right]\right\}}{d\left(\frac{1}{r}\right)}}{(f_1')^2}$$

Es ist

$$\frac{d\left\{f_2'\left[k_2\left(\frac{1}{r}\right)\right]\right\}}{d\left(\frac{1}{r}\right)} = \frac{df_2'}{dk_2} \cdot \frac{dk_2}{d\left(\frac{1}{r}\right)} = f_2'' \frac{dk_2}{d\left(\frac{1}{r}\right)}$$

Unter Beachtung von 3.15′

$$\frac{d\left\{f_2'\left[k_2\left(\frac{1}{r}\right)\right]\right\}}{d\left(\frac{1}{r}\right)} = \frac{f_2'' \cdot - (f_2')^2}{f_2'' f_2} = - \frac{(f_2')^2}{f_2} \text{ und}$$

$$\frac{d\left\{f_1'\left[k_1\left(\frac{1}{r}\right)\right]\right\}}{d\left(\frac{1}{r}\right)} = \frac{df_1}{dk_1} \cdot \frac{dk_1}{d\left(\frac{1}{r}\right)} = \frac{f_1'' \cdot - (f_1')^2}{f_1'' f_1} = - \frac{(f_1')^2}{f_1}$$

Damit ist

$$\frac{d\left(\frac{p_1}{p_2}\right)}{d\left(\frac{1}{r}\right)} = \frac{- f_1' (f_2')^2}{f_2 \cdot (f_1')^2} - \frac{f_2' \cdot - (f_1')^2}{f_1 (f_1')^2} = \frac{f_2'}{f_1} - \frac{(f_2')^2}{f_1' f_2}$$

$$\frac{d\left(\frac{p_1}{p_2}\right)}{d\left(\frac{1}{r}\right)} = \left[\frac{f_2' f_1'}{f_1 f_2'} - \frac{(f_2')^2}{f_1' f_2} \cdot \frac{f_1'}{f_2'}\right] \frac{f'_2}{f'_1} = \left[\frac{f_1'}{f_1} - \frac{f_2'}{f_2}\right] \frac{f_2'}{f_1'}$$

Setzt man für f_1'/f_1 gemäß 3.15 ein und beachtet man, daß $f_2'/f_1' = p_1/p_2$, so ergibt sich 3.16′.

Gleichung 3.16′ drückt eine Zuordnung zwischen der Veränderung des Güterpreisverhältnisses und des Faktorpreisverhältnisses aus. Es gilt

$$\frac{d\left(\frac{p_1}{p_2}\right)}{d\left(\frac{l}{r}\right)} \gtrless o \leftrightarrow k_2 \gtrless k_1$$

Um den Zusammenhang zwischen Güterpreis- und Lohnzinsverhältnis diskutieren zu können, muß eine Fallunterscheidung gemacht werden.

Fall 1: $k_2 > k_1$: Die Kapitalintensität des Sektors 2 ist bei jedem Lohnzinsverhältnis größer als die des Sektors 1. Kurve RR′ in Schaubild 3.19 verdeutlicht unter der Annahme $k_2 > k_1$ die eindeutige Zuordnung zwischen Güterpreisverhältnis und Faktorpreisverhältnis. Steigt der Relativpreis des arbeitsintensiv produzierten Gutes, so nimmt die Nachfrage nach Arbeit zu, das Lohnzinsverhältnis wird größer. Oder: Ein höheres beobachtetes Lohnzinsverhältnis impliziert ein höheres Güterpreisverhältnis. Diesen Zusammenhang hatten wir bereits bei der Effizienz- und Transformationskurve kennengelernt.

Fall 2: $k_1 > k_2$: Die Produktion des Sektors 1 ist bei jedem Faktorpreisverhältnis kapitalintensiver als in Sektor 2. Einem höheren Güterpreisverhältnis ist jetzt ein niedrigeres Lohnzinsverhältnis zugeordnet: Steigt das Güterpreisverhältnis, so wird der Produktionsanreiz für das kapitalintensiv produzierte Gut größer; es wird relativ mehr Kapital nachgefragt, der Zinssatz steigt. Das Lohnzinsverhältnis nimmt ab. Die Beziehung zwischen p_1/p_2 und l/r, dargestellt durch SS′ in Schaubild 3.19, hat einen fallenden Verlauf.

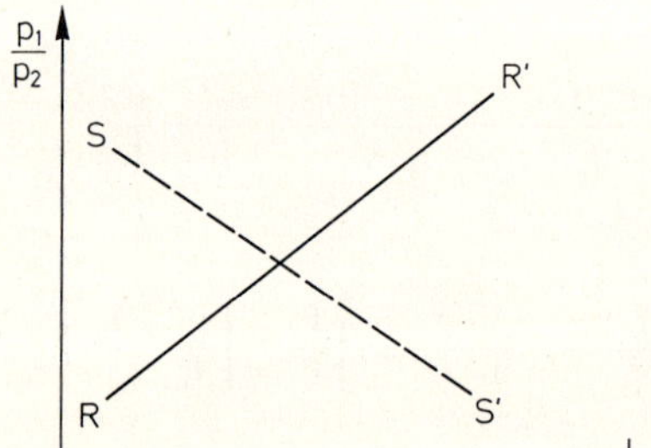

Schaubild 3.19

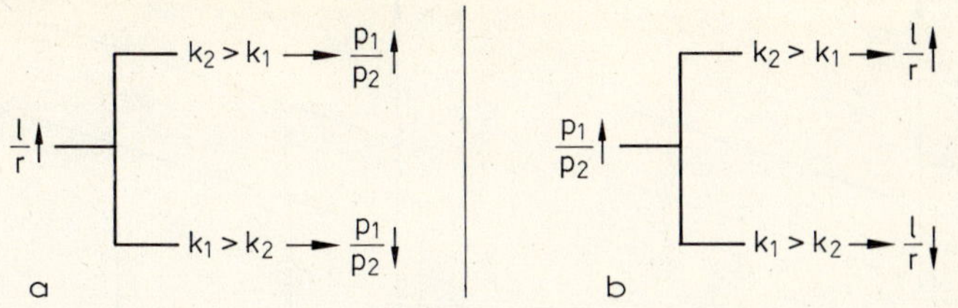

Schaubild 3.20

Fall 3: $k_1 = k_2$: Wird in beiden Sektoren mit der gleichen Kapitalintensität produziert, so ändert sich das Güterpreisverhältnis mit zunehmendem Faktorpreisverhältnis nicht. Da in beiden Sektoren bei jedem Faktorpreisverhältnis mit der gleichen Kapitalintensität produziert wird, sind die Produktionsfunktionen beider Sektoren identisch. Die Güter 1 und 2 unterscheiden sich nicht. Dieser Fall kann also als ökonomisch nicht relevant außer Betracht bleiben.
Die Beziehungen zwischen Güterpreisverhältnis und Lohnzinsverhältnis sind in Schaubild 3.20 nochmals festgehalten.

3.7.4 Die Heckscher-Ohlin-Aussage

Mit Hilfe der beiden Beziehungen 3.15 und 3.16 und der beiden entsprechenden Schaubilder 3.18 b und 3.19 läßt sich nun die Fragestellung wieder aufgreifen, welches Land welches Gut bei Aufnahme des Handels exportiert. Diese Fragestellung wird mit Hilfe des Schaubildes 3.21 (Harrod-Johnson-Diagramm) erörtert.
Land II sei kapitalreich, Land I arbeitsreich. Der Faktorreichtum werde am Lohnzinsverhältnis gemessen. Die Lohnzinsverhältnisse vor Handel seien mit OA (Land I) und OB (Land II) gegeben. Es gilt also $(l/r) < (l/r)^*$. Wir greifen nun auf die Fallunterscheidung zurück und unterstellen $k_2 > k_1$. Gut 2 wird in beiden Ländern relativ kapitalintensiv, Gut 1 arbeitsintensiv produziert.
Beziehung 3.15 ist für ein Land abgeleitet worden. Nach Prämisse A.3.5 sind die Produktionsfunktionen *eines* Sektors in beiden Ländern identisch. Da Beziehung $k_i = k_i\ (l/r)$ laut 3.15 nur mit Hilfe der Pro-Kopf-Produktionsfunktion und ihrer ersten Ableitung dargestellt ist, muß auch diese Zuordnung in dem entsprechenden Sektor identisch sein. Im ersten Quadranten des Schaubildes 3.21 a ist die Beziehung $k_i = k_i\ (l/r)$ nochmals dargestellt. Diese Funktion des Sektors 1 gilt also für beide Länder.
Auch für Sektor 2 läßt sich eine solche Zuordnung $k_i = k_i\ (l/r)$ darstel-

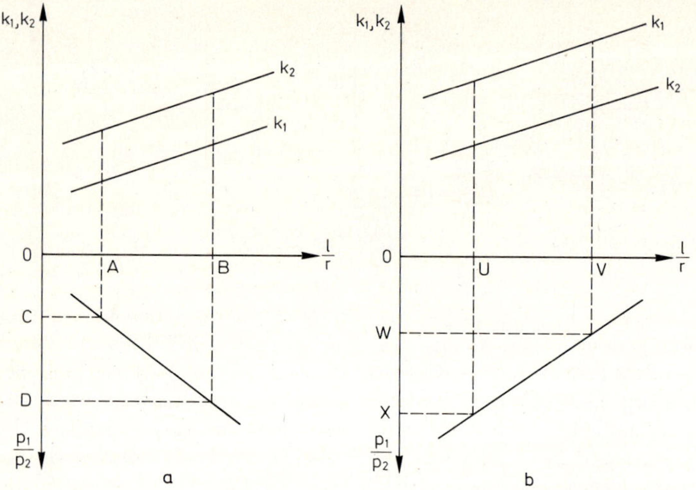

Schaubild 3.21

len. Auch in diesem Sektor muß nach 3.15′ diese Funktion einen steigenden Verlauf haben: Wenn das Lohnzinsverhältnis steigt, wird Arbeit durch Kapital substituiert. Die Kapitalintensität steigt. Da der Sektor 2 annahmegemäß kapitalintensiver produziert, d.h $k_2 > k_1$ für jedes beliebige Lohnzinsverhältnis, muß die k_2-Funktion immer oberhalb der k_1-Funktion verlaufen. Da die k_2-Funktion nach 3.15 durch die Pro-Kopf-Produktionsfunktion und ihre erste Ableitung beschrieben wird und da die Produktionsfunktionen des Sektors 2 in beiden Ländern nach Prämisse A.3.5′′′′ identisch sind, muß auch die k_2-Funktion für beide Länder identisch sein. Die k_1-, k_2-Funktionen im ersten Quadranten des Schaubilds 3.21 a beschreiben also die Anpassung der Kapitalintensität der Sektoren 1 und 2 an das Lohnzinsverhältnis in den Ländern I und II.

Unter der Annahme der größeren Kapitalintensität der Produktion des Sektors 2 in Vergleich zu Sektor 1, $k_2 > k_1$, kennen wir die Zuordnung des Güterpreisverhältnisses zum Faktorpreisverhältnis. Beziehung 3.16 ist nur durch f_i' beschrieben. Da bei identischen sektoralen Produktionsfunktionen f_i' für beide Länder identisch ist, muß auch die Zuordnung zwischen dem Güterpreis- und dem Faktorpreisverhältnis in beiden Ländern identisch sein. Aus 3.16′ wissen wir, daß für $k_2 > k_1$ das Güterpreisverhältnis mit steigendem Faktorpreisverhältnis steigt. Diese Funktion ist im unteren Quadranten des Schaubilds 3.21 a dargestellt.

Die Bedingung $(l/r) < (l/r)^*$ läßt sich nach Schaubild 3.21 a umformulieren in: $(p_1/p_2) < (p_1/p_2)^*$, wobei das Preisverhältnis des Landes I durch OC und das des Landes II durch OD ausgedrückt wird. Damit ist die Bedingung für Handel 3.2 erfüllt, und zwar für den Fall, daß Land I Gut 1 exportiert und Land II Gut 2 exportiert. Es ergibt sich folgende *Aussage:*

1. *Aussagebedingungen:* Land II ist das kapitalreiche Land.
   Fall 1: Gut 2 wird kapitalintensiv produziert.
2. *Aussage oder Implikation:* Land II exportiert Gut 2.
   Oder: Das kapitalreiche Land exportiert das kapitalintensive Gut.

Wie verändert sich diese Aussage, wenn unterstellt wird, daß die Produktion des Gutes 1 jeweils kapitalintensiver ist, also $k_1 > k_2$? Es gilt weiter, daß $(l/r) < (l/r)^*$. Im ersten Quadranten des Schaubilds 3.21 b muß nun die k_1-Funktion aber oberhalb der k_2-Kurve verlaufen.
Aus 3.16′ wissen wir, daß für $k_1 > k_2$ das Güterpreisverhältnis mit zunehmendem Lohnzinsverhältnis abnehmen muß. Dies ist in Schaubild 3.21 b dargestellt. Damit ist das niedrigere Lohnzinsverhältnis OU dem höheren Güterpreisverhältnis OX zugeordnet. Es gilt: $(p_1/p_2) > (p_1/p_2)^*$. Land II exportiert jetzt Gut 1; dieses Gut ist kapitalintensiv. Es ergibt sich folgende *Aussage:*

1. *Aussagebedingungen:* Land II ist das kapitalreiche Land.
   Fall 2: Gut 1 wird kapitalintensiv produziert.
2. *Aussage oder Implikation:* Land II exportiert Gut 1.
   Oder: Das kapitalreiche Land exportiert das kapitalintensive Gut.

In beiden Fällen, $k_2 \gtrless k_1$, erhalten wir eine eindeutige Implikation. Verallgemeinert gilt:
Aussage: Ein Land exportiert dasjenige Gut, dessen Produktion faktorintensiv ist in bezug auf den relativ reichlich vorhandenen Produktionsfaktor. Das ist die *Heckscher-Ohlin-Aussage.*

3.7.5 Umschlagende Faktorintensitäten

Bisher ist unterstellt worden, daß die Kapitalintensität eines Sektors für beliebige Faktorpreisverhältnisse immer größer (oder kleiner) als die des anderen Sektors ist. Es kann auch der Fall eintreten, daß zwei Produktionsfunktionen dadurch gekennzeichnet sind, daß die Bedingung $k_2 \gtrless k_1$ nicht durchgängig für alle Faktorpreisverhältnisse definiert ist. Es ist denkbar, daß in einem Bereich $k_1 > k_2$ und in einem anderen Bereich $k_2 > k_1$ gilt. Wir sprechen in diesem Fall von umschlagenden Faktorintensitäten.
Im Schaubild 3.22 ist ein solcher Verlauf der k_1, k_2-Funktionen unterstellt worden, so daß die Bedingung $k_2 > k_1$ nicht durchgängig für alle

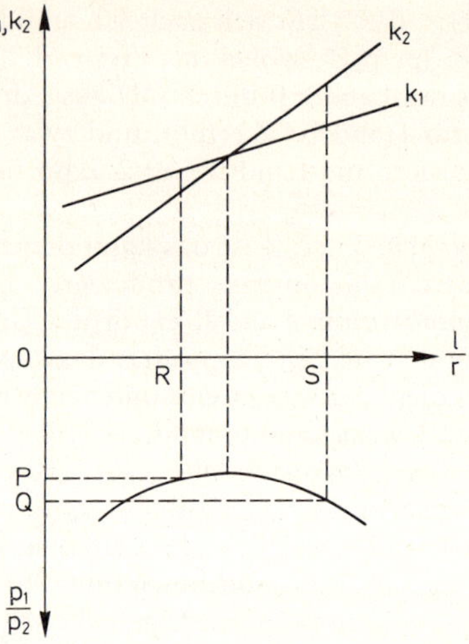

Schaubild 3.22

Lohnzinsverhältnisse erfüllt ist. Wir wissen bereits aus 3.16', daß die Steigung der Funktion $(p_1/p_2) = g\ (l/r)$ von $k_1 \gtreqless k_2$ abhängt. Diese Funktion hat für den Bereich $k_1 > k_2$ eine negative Steigung. Für $k_1 = k_2$ wird die Steigung Null und für $k_2 > k_1$ ist die Steigung positiv. Eine solche Funktion ist im unteren Quadranten des Schaubilds 3.22 dargestellt.

Es ergibt sich folgende *Aussage:*

1. *Aussagebedingungen:* Land II ist kapitalreich, Land I arbeitsreich, da $(l/r)^* > (l/r)$, wobei OR das Lohnzinsverhältnis des Landes I und OS das des Landes II kennzeichnen.
   Gut 1 wird relativ kapitalintensiv in Land I produziert.
2. *Aussage:* Da $(p_1/p_2)^* > (p_1/p_2)$, ist Gut 1 in Land I relativ billiger. Land I exportiert Gut 1. Gut 1 ist kapitalintensiv für Land I.

Land I ist arbeitsreich, d.h. das arbeitsreiche Land exportiert das kapitalintensive Gut 1. Diese Aussage wird von Heckscher-Ohlin ausgeklammert.

Land II exportiert Gut 2, da der Preis dieses Gutes vor Handel in Land II niedriger ist. Gut 2 ist für Land II das kapitalintensive Gut. Land II ist kapitalreich. Für Land II gilt die Heckscher-Ohlin-Aussage also noch. Wir halten fest:

Aussage: Im Fall umschlagender Faktorintensitäten läßt sich die Heckscher-Ohlin-Aussage nicht ableiten.

3.8 Anpassungsprozesse nach Aufnahme von Handel

Welche Anpassungsprozesse erfolgen in den beiden Volkswirtschaften, wenn die Grenzen geöffnet sind? Da annahmegemäß keine Handelsschranken existieren, müssen sich wegen des Gesetzes der Unterschiedslosigkeit der Preise die Relativpreise anpassen, d. h. es muß gelten $p_1/p_2 = p_1^*/p_2^*$. Sieht man vom Sonderfall des kleinen Landes[10] ab, muß unter der Annahme, daß in der Ausgangslage $p_1/p_2 < p_1^*/p_2^*$ war, die Preisrelation im Inland steigen und im Ausland sinken. Wie passen sich die anderen ökonomischen Variablen wie z. B. die Faktorallokation an diese Relativpreisänderungen an?

1. Spezialisierungsproblem. Die im Inland gestiegene Preisrelation p_1/p_2 stellt geänderte Produktionsanreize für die Unternehmen dar. Es lohnt sich, die gewinnmaximale Produktionsmenge des Gutes 1 auszudehnen und des Gutes 2 zu reduzieren. Die Ökonomie paßt sich mit einer Bewegung entlang der Transformationskurve und einer Spezialisierung in Richtung auf Gut 1 an. In Schaubild 3.13 ist diese Anpassung durch eine Bewegung von D' nach F' dargestellt.

Aussage: Die Produktion des Gutes, dessen Relativpreis gestiegen ist, nimmt zu; die Produktion des anderen Gutes sinkt.

Das Inland dehnt also nach Aufnahme von Handel die Produktion seines Exportgutes aus und schränkt die Herstellung seines Importgutes ein.

2. Reallokation der Faktoren. Die Produktionsspezialisierung des Inlandes geht einher mit einer Reallokation der Produktionsfaktoren. Mit steigendem Güterpreisverhältnis p_1/p_2 muß unter der Annahme $k_2 > k_1$ nach Gleichung 3.16 auch das Lohnzinsverhältnis im Inland steigen.

Mit zunehmendem Lohnzinsverhältnis nimmt die Kapitalintensität in beiden Sektoren zu. Die Mehrproduktion des arbeitsintensiven Gutes 1 verlangt eine Zunahme des Arbeitseinsatzes A_1. Da die Kapitalintensität k_1 steigt – und da $k_1 = K_1/A_1$ – folgt, daß auch K_1 zunehmen muß. In Sektor 1 wird mehr Arbeit und mehr Kapital eingesetzt. In Sektor 2 nehmen die Faktoreinsätze ab (k_2 aber steigt!).

Aussage: Der Einsatz der Produktionsfaktoren nimmt in der Produktion desjenigen Gutes zu, dessen Relativpreis gestiegen ist. Der Faktoreinsatz nimmt in der Produktion desjenigen Gutes ab, dessen Relativpreis gesunken ist.

---

[10] Ist z. B. das Inland sehr klein und das Ausland sehr groß, so wird im Grenzfall das Weltmarktpreisverhältnis nach Handel durch das Autarkiepreisverhältnis des Auslandes bestimmt.

3. Die bisherigen Aussagen ergeben sich aus der Produktions- und Allokationsseite (ohne Berücksichtigung der Nachfrage) des neoklassischen Modells. Wir erhalten folgendes Gleichungssystem, wobei $K_i/A_i = k_i$, $\omega = l/r$ und $p = p_1/p_2$. Da wir den Ansatz noch für die Ableitung des Rybczinski-Theorems brauchen, wollen wir für die Entwicklung des Ansatzes A und K als Variable betrachten.

$$
\begin{aligned}
&Q_i = F_i\,(A_i, K_i)\\
&A_1 + A_2 = A\\
&K_1 + K_2 = K\\
&\frac{K_i}{A_i} = k_i\,(\omega) \quad \text{mit } k_i' > o\\
&\omega = g\,(p) \quad \text{mit } g' \gtrless o : k_2 \gtrless k_1
\end{aligned}
\tag{3.17}
$$

Bildet man das totale Differential dieser Funktion, so ergibt sich nach Substitution[11]

$$
\begin{bmatrix}
1 & o & -\partial F_1/\partial A_1 & -\partial F_1/\partial K_1\\
o & 1 & \partial F_2/\partial A_2 & \partial F_2/\partial K_2\\
o & o & -k_1/A_1 & 1/A_1\\
o & o & k_2/A_2 & -1/A_2
\end{bmatrix}
\cdot
\begin{bmatrix}
dQ_1\\ dQ_2\\ dA_1\\ dK_1
\end{bmatrix}
$$

$$
=\begin{bmatrix}
o\\
\dfrac{\partial F_2}{\partial A_2}dA + \dfrac{\partial F_2}{\partial K_2}dK\\
k_1'\,g'\,dp\\
\dfrac{k_2}{A_2}dA - \dfrac{1}{A_2}dK + k_2'\,g'\,dp
\end{bmatrix}
\tag{3.17'}
$$

Nimmt man an, daß die Faktorbestände gegeben sind, d.h. $dA, dK = o$, so gibt Gleichungssystem 3.17′ eine Antwort auf die Frage, wie sich die Produktionsmengen Q_1 und Q_2 und die Faktoreinsätze im Sektor 1 (und damit auch im Sektor 2) verändern, wenn das Güterpreisverhältnis exogen variiert wird. Als Resultat ergibt sich z.B.

---

[11] Zur Lösung wird die Cramersche Regel angewandt. Der Leser möge sich mit dieser Lösungstechnik unbedingt vertraut machen. Vgl. Alpha C. Chiang, Fundamental Methods of Mathematical Economics, Singapore, 3. Auflage, 1984, S. 108f.

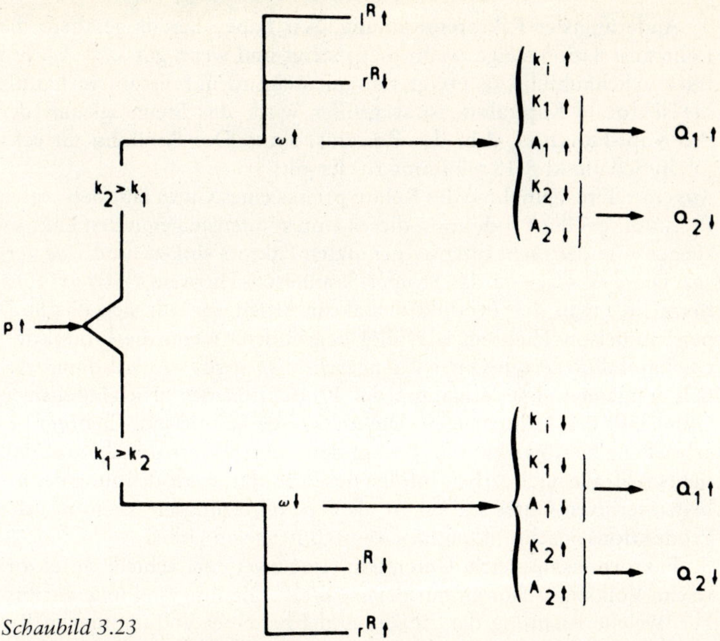

Schaubild 3.23

$$\frac{dQ_1}{dp} = \frac{-g'\,(k_1'M + k_2'N)}{k_1 - k_2}$$

wobei M und N positive Konstante sind[12].

Wenn $k_2 > k_1$, ist Gut 1 das arbeitsintensiv produzierte Gut. Dann gilt $g' > o$ und die Produktion des Gutes 1 nimmt zu, wenn der Relativpreis des Gutes 1 steigt. Unter den gleichen Prämissen muß Q_2 sinken, d.h. die sektorale Faktorallokation verschiebt sich zugunsten des Sektors 1 (Bewegung von D′ nach F′ in Schaubild 3.12). Es läßt sich zeigen, daß in diesem Fall $dA_1, dK_1 > o$. Wegen $dA, dK = o$ gilt $dA_2, dK_2 < o$.

Die Auswirkung eines Anstiegs des Relativpreises p nach Aufnahme von Handel ist in Schaubild 3.23 zusammengefaßt.

---

[12] Dabei sind

$$M = A_1 \left(\frac{\partial F_1}{\partial A_1} + k_2 \frac{\partial F_1}{\partial K_1} \right) \text{ und } N = A_2 \left(\frac{\partial F_1}{\partial A_1} + k_1 \frac{\partial F_1}{\partial K_1} \right)$$

4. Änderung der Faktorentlohnung. Wir haben bereits gesehen: die Lohnzinsrelation steigt, wenn p_1/p_2 steigt und wenn gilt $k_2 > k_1$. Ein Blick in Schaubild 3.18 a zeigt, daß mit steigendem Lohnzinsverhältnis die sektorale Kapitalintensität größer wird; das Steigungsmaß der Pro-Kopf-Funktion, d.h. der Realzins, sinkt. Der Reallohn (Strecke OS in Schaubild 3.18 a) nimmt zu. Es gilt:
Aussage: Eine Zunahme des Relativpreises eines Gutes läßt den realen Preis des (bei der Produktion dieses Gutes) intensiv genutzten Faktors steigen und des nicht intensiv genutzten Faktors sinken (und vice versa). Diese Aussage ist das Stolper-Samuelson-Theorem.
Betrachtet man den Produktionsfaktor Arbeit, so läßt sich das Stolper-Samuelson-Theorem wie folgt begründen: Wenn die Produktion des kapitalintensiven Gutes 2 eingeschränkt wird, so wird damit Arbeit freigesetzt. Die Zunahme der Produktion des arbeitsintensiven Gutes läßt den Lohn steigen. Die im Stolper-Samuelson-Theorem beschriebene Nettowirkung (z.B.) auf den Lohn erklärt sich daraus, daß die Nachfrage nach Arbeit infolge der Produktionsausdehnung des arbeitsintensiven Gutes stärker ist als der Freisetzungseffekt infolge der Produktionseinschränkung des kapitalintensiven Gutes.
5. Faktorpreisausgleich. Unterstellt seien zwei unterschiedlich faktorreiche Volkswirtschaften mit $(l/r) < (l/r)^*$. Die Fragestellung war bisher, welche Richtung der Außenhandel bei einer vollkommenen Reduktion der Handelshemmnisse zwischen beiden Volkswirtschaften annimmt. Ein Abbau der Transportkosten und sonstiger Mobilitätsschranken kann jedoch auch einen anderen Anpassungsprozeß auslösen: Ist Arbeit international mobil und sind relative Lohnunterschiede die entscheidende Determinante für Wanderungen der Arbeitskräfte, so wandert der Produktionsfaktor Arbeit vom arbeitsreichen in das arbeitsarme Land. Im arbeitsreichen Land verringert sich das Arbeitsangebot, der Lohn muß dort steigen. Im arbeitsarmen Land steigt das Arbeitsangebot. Der Lohn sinkt. Durch die Wanderung der Arbeitskräfte müssen sich die Lohnsätze in beiden Volkswirtschaften anpassen. Eine analoge Überlegung zeigt, daß sich bei Wanderung von Kapital auch die Zinssätze angleichen.
Aussage: Die Mobilität der Fakoren sorgt für eine Angleichung – oder im Grenzfall - für einen Ausgleich des Faktorpreisverhältnisses.
Durch die Wanderung wird auch die unterschiedliche Faktorausstattung der beiden Volkswirtschaften beseitigt. Damit ist die Bedingung für Handel im Heckscher-Ohlin-Fall nicht mehr erfüllt. Die Mobilität der Faktoren beseitigt dann die Notwendigkeit des internationalen Güteraustausches. Aus dieser Überlegung wird deutlich, daß die Außenhandelstheorie zumindest partiell eine internationale Immobilität

der Faktoren unterstellen muß. Wir haben in Prämisse A.3.4 unterstellt, daß die Produktionsfaktoren international völlig immobil sind. Eine interessante Frage ist, ob sich unter Prämisse A.3.4 dennoch eine Angleichung der Faktorpreisrelation nach Eröffnung des Handels ergeben wird. Prämissen A.3.5'''' und A.3.6'''' bleiben weiterhin erhalten. Neben $(l/r) < (l/r)^*$ soll auch $k_2 > k_1$ gelten.

Unter diesen Bedingungen haben wir abgeleitet, daß Land II sich stärker auf die Produktion des kapitalintensiven Gutes 2 und Land I sich auf die Produktion des arbeitsintensiven Gutes 1 spezialisiert. Mit Hilfe des Schaubilds 3.24 läßt sich zeigen, daß sich das Lohnzinsverhältnis in beiden Volkswirtschaften anpassen muß.

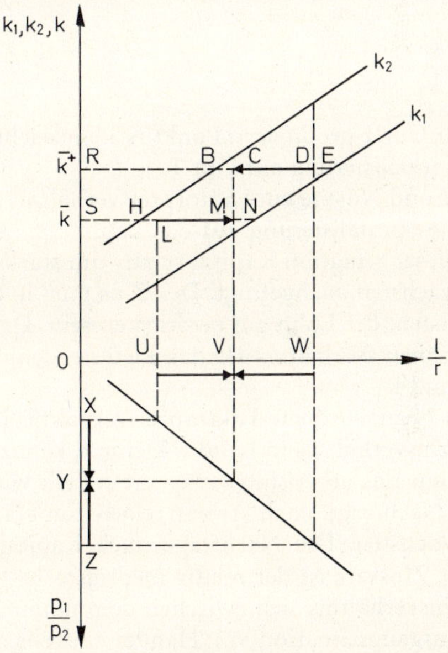

Schaubild 3.24

Die Ausgangssituation des Landes I vor Handel ist wie folgt definiert: Die Kapitalausstattung $\bar{k}$ des Inlandes ist durch OS gegeben. Land I kann entweder nur Gut 1, nur Gut 2 oder eine Kombination beider Güter in der Ausgangslage vor Handel produzieren. Angenommen Land I produzierte Gut 2 mit einer Kapitalintensität $k_2 = \bar{k}$. Diese Situation wird durch Punkt H dargestellt.

Aufgrund der Beziehung[13]

$$\frac{A_1 k_1}{A} + \frac{A_2 k_2}{A} = \bar{k} \text{ und aus } \frac{A_2}{A} = 1 - \frac{A_1}{A} \text{ folgt:}$$

$$\frac{A_1}{A} = \frac{\bar{k} - k_2}{k_1 - k_2}$$

Wenn $k_2 = \bar{k}$, so gilt $A_1/A = o$, d.h. der Arbeitseinsatz im Sektor 1 ist Null. Dann ist aber auch die Produktion des Gutes 1 Null. Punkt H kennzeichnet den Punkt der vollständigen Spezialisierung des Landes I auf die Produktion des Gutes 2.

Produziert Land I das relativ arbeitsintensive Gut 1 (Punkt N), so daß $\bar{k} = k_1$, so gilt $A_2/A = O$ aus

$$\frac{A_2}{A} = \frac{\bar{k} - k_1}{k_2 - k_1},$$

d.h. es wird nur Gut 1 produziert. Punkt N kennzeichnet den Fall der vollständigen Spezialisierung auf Gut 1.

Den Punkten H und N ist je ein Faktorpreisverhältnis zugeordnet. Da der Punkt H die Spezialisierung auf das kapitalintensive Gut 2 darstellt, wird in dieser Situation Kapital relativ am stärksten und Arbeit relativ am schwächsten nachgefragt. Der Zins muß in dieser Situation relativ am höchsten, der Lohn am niedrigsten sein. Das dem Punkt H zugeordnete Lohnzinsverhältnis ist das kleinste denkbare Lohnzinsverhältnis in Land I.

Das dem Punkt N zugeordnete Faktorpreisverhältnis ist das maximal mögliche Lohnzinsverhältnis in Land I. Denn N kennzeichnet eine Situation, in der nur das arbeitsintensive Gut erstellt wird. In dieser Situation ist die Nachfrage nach Arbeit relativ am stärksten und der Lohnsatz am höchsten. Die Nachfrage nach Kapital ist die relativ schwächste. Der Zinssatz ist der relativ niedrigste[14].

Welches Lohnzinsverhältnis sich zwischen dem minimalen und maximalen in der Ausgangssituation vor Handel einstellt, hängt von den

---

13 Diese Definition folgt aus

$$\frac{A_1}{A}\frac{K_1}{A_1} + \frac{A_2}{A}\frac{K_2}{A_2} = \frac{K}{A}$$

14 Minimales und maximales Lohnzinsverhältnis schränken auch den Bereich der Kurve p = g (l/r) ein. Dieser Tatbestand ist in den Schaubildern jedoch nicht berücksichtigt worden.

Nachfragerelationen des arbeits- und kapitalintensiven Gutes in der Ausgangslage ab. In Schaubild 3.24 ist für das Inland das Lohnzinsverhältnis OU unterstellt worden, so daß Land I in der Ausgangslage relativ viel des kapitalintensiven Gutes produziert. Punkt L liegt nahe bei dem Punkt der vollständigen Spezialisierung des Landes I auf das kapitalintensive Gut.

Nach Öffnen der Grenzen exportiert das arbeitsreiche Land das arbeitsintensive Gut 1. Dazu ist eine vermehrte Produktion dieses Gutes erforderlich. Land I spezialisiert sich von Punkt L in Richtung auf Punkt M. Damit muß das Faktorpreisverhältnis steigen.

In Land II liegt in der Ausgangssituation eine relative Spezialisierung auf das arbeitsintensive Gut (Punkt D) mit einem zugeordneten Lohnzinsverhältnis OW vor. Nach Öffnen der Grenzen exportiert das kapitalreiche Land das kapitalintensive Gut 2. Es spezialisiert sich auf die Produktion des kapitalintensiven Gutes, d. h. in Richtung auf Punkt C. Da in Land II die Produktion des kapitalintensiven Gutes ausgedehnt und die Erstellung des arbeitsintensiven Gutes reduziert wird, muß der Zins relativ steigen und der Lohn sinken: das Lohnzinsverhältnis sinkt.

Wir haben gezeigt, daß sich das Lohnzinsverhältnis in beiden Ländern nach Öffnung der Grenzen anpassen muß. Aufgrund einer relativ einfachen Überlegung läßt sich verdeutlichen, daß unter den hier unterstellten Prämissen sich das Lohnzinsverhältnis beider Volkswirtschaften vollständig angleicht.

1. Nach Aufnahme des Handels muß sich das Güterpreisverhältnis angleichen, da ohne Existenz von Handelsschranken das Gesetz der Unterschiedslosigkeit der Preise gilt, d. h.

$$\left(\frac{p_1}{p_2}\right) = \left(\frac{p_1}{p_2}\right)^*$$

2. Bilden wir die Umkehrfunktion zu Gleichung 3.15, so gilt:

$$\left(\frac{l}{r}\right) = g^{-1}\left(\frac{p_1}{p_2}\right)$$

3. Da diese Funktion wegen identischer Produktionsfunktionen des Sektors i für beide Länder identisch sein muß, folgt:

$$\left(\frac{l}{r}\right) = \left(\frac{l}{r}\right)^*$$

Nun läßt sich auch leicht zeigen, daß sich nicht nur die Faktorpreisrelationen anpassen, sondern daß auch die realen Faktorpreise nach

Handel identisch sind. Herrscht in beiden Ländern die gleiche Lohnzinsrelation, so muß auch die Kapitalintensität des Sektors i in beiden Ländern identisch sein. Dies folgt auch aus Schaubild 3.15. Bei einem Faktorpreisverhältnis (l/r) = (l/r)* folgt

$$k_1 = k_1^*.$$

Da der reale Zinssatz gleich der Grenzproduktivität ist, folgt für r_1 und r_1^* aus

$$r_1^R = f_1{}'(k_1) \text{ und } r_1{}^{R*} = f_1{}'(k_1^*)$$

für $k_1 = k_1^*$ zwingend, daß $r_1{}^R = r_1{}^{R*}$. Der reale Zins ist in beiden Ländern nach Handel absolut gleich. Ein analoger Beweis gilt für den Lohn.

Aussage: Die Faktorpreisrelationen gleichen sich nach Handel zwischen den Volkswirtschaften an. Auch die realen Faktorpreise gleichen sich an[15].

6. Einkommensverteilung. Der Güteraustausch hat also in bezug auf die Angleichung der Faktorpreise eine ähnliche Wirkung wie die Mobilität der Faktoren. Nach dieser Erkenntnis läßt sich auch eine Aussage über die Änderung der Einkommensverteilung machen.

Als Ergebnis über die Spezialisierung wurde abgeleitet, daß das arbeitsreiche Land das arbeitsintensive Gut exportiert und die Lohnzinsrelation in diesem Land steigt und das kapitalreiche Land das kapitalintensive Gut exportiert und die Lohnzinsrelation in diesem Land sinkt.

Die Einkommensverteilung ist definiert als

$$z = \frac{l}{r} \cdot \frac{A}{K} = \frac{l}{r} \cdot \frac{1}{k}$$

Da die relativen Faktorausstattungen $\bar{k}$, $\bar{k}^*$ konstant sind, gilt für das arbeitsreiche Land: z steigt, da die Lohnzinsrelation steigt. Im arbeitsreichen Land steigt der Anteil des Lohneinkommens. Dagegen geht im kapitalreichen Land z* zurück, da die Lohnzinsrelation sinkt. Im kapitalreichen Land sinkt der Anteil des Lohneinkommens, d. h. der Anteil

---

[15] Nach Aufnahme des Außenhandels muß also gelten

$$r^R = r^{R*} \text{ und } \left(\frac{l}{p_1}\right) = \left(\frac{l}{p_1}\right)^*$$

Dies impliziert jedoch nicht, daß sich die Nominallöhne aneinander angleichen.

des Kapitaleinkommens steigt. Die Aufnahme des Außenhandels hat also Rückwirkungen auf die Einkommensverteilung. Es ergibt sich:
Aussage: Nach Öffnung der Grenzen steigt der Einkommensanteil des relativ reichlich vorhandenen Faktors.
7. Zusammenfassung. Unter der Annahme, daß $k_2 > k_1$ und daß in der Ausgangslage $p_1/p_2 < p_1^*/p_2^*$, ergeben sich die folgenden Anpassungsprozesse für das Inland: 1. Das arbeitsreiche Inland spezialisiert sich in Richtung auf das arbeitsintensiv produzierte Gut. Die Produktion des kapitalintensiven Gutes wird eingeschränkt. 2. Die Faktoren wandern von der Produktion des kapitalintensiven Gutes in den arbeitsintensiven Sektor. 3. Der Reallohn im Inland steigt, der Realzins sinkt. 4. Die Einkommensverteilung ändert sich zugunsten des reichlicher vorhandenen Faktors. Ferner gleichen sich relative und reale Faktorpreise zwischen den Ländern an.

3.9 Umweltknappheit

Relative Preisvorteile werden auch von wirtschaftspolitischen Maßnahmen beeinflußt wie z. B. Produktsteuern, Zöllen, aber auch Infrastrukturausgaben oder Exportförderungen. Wirtschaftspolitische Maßnahmen wirken sich dann auf relative Preisvorteile aus, wenn die Wirtschaftszweige eines Landes in unterschiedlicher Weise von diesen Maßnahmen betroffen werden.
Ein Beispiel ist die Umweltpolitik. Angenommen das Inland erhebt eine Emissionssteuer (d. h. eine Steuer auf eine Mengeneinheit – z. B. Tonnen – von Schadstoffen, die an die Umwelt abgegeben werden). Sei ferner unterstellt, daß Sektor 1 schadstoffintensiver produziert als Sektor 2. Dann kann man erwarten, daß ein bestehender relativer Preisvorteil des Inlandes für Gut 1 durch Umweltpolitik reduziert und denkbarerweise «umgedreht» wird. Die Umweltpolitik beeinflußt also den relativen Preisvorteil eines Landes – und damit auch die Warenströme (Siebert 1978, Kap. 10). Da sich das umweltreiche Land auf die Produktion emissionsintensiver Güter spezialisiert, steigt dort die Umweltbelastung, während das umweltarme Land seine Emissionen zurückdrängt. Damit verlagert sich sozusagen die Umweltbelastung auf das umweltreiche Land (Verschmutz den Nachbar über Handel).

3.10 Übersicht über das Heckscher-Ohlin-Modell

Wir haben das Zustandekommen von Außenhandel durch absolute Preisvorteile erklärt. Absolute Preisvorteile sind auf komparative Preisvorteile zurückzuführen. Die Analyse ist aus didaktischen Gründen ceteris paribus vorgegangen, indem jeweils nur eine Ursache für Unterschiede in den Güterpreisrelationen vor Handel in den beiden Ländern untersucht wurde. In einer umfassenden Analyse müssen alle Determinanten des Preisverhältnisses simultan erfaßt werden. Unterschiedliche Preisverhältnisse vor Handel sind zurückzuführen auf:

1. Unterschiedliche Nachfrageverhältnisse.
2. Unterschiedliche sektorale Produktionsverfahren bei identischer Faktorausstattung.
3. Unterschiedliche Faktorausstattung bei identischen Produktionsverfahren.

Absolute Preisvorteile werden auch von einem politisch festgesetzten Wechselkurs beeinflußt. Da sich absolute Preisvorteile auf absolute Preise oder sogenannte Geldpreise beziehen, wirkt sich auch die Geldpolitik auf die absoluten Preisvorteile aus. Schaubild 3.25 gibt einen Überblick über diese Bestimmungsfaktoren absoluter Preisvorteile.

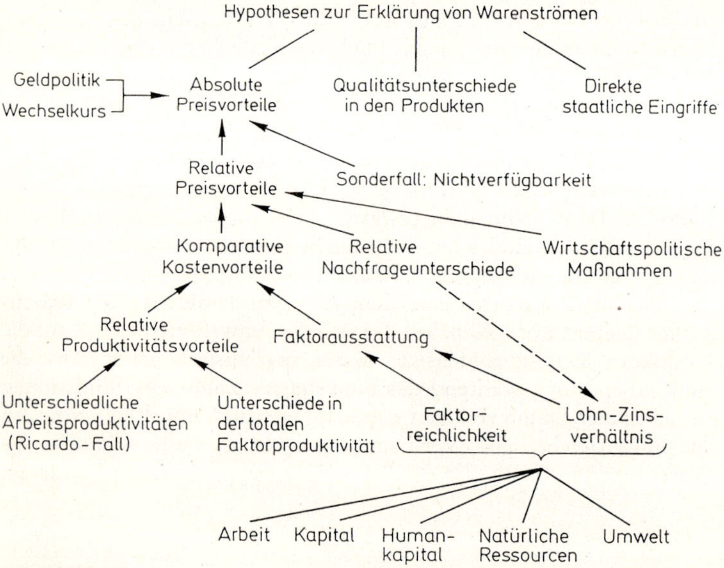

Schaubild 3.25

3.11 Exkurs. Rybczinski-Theorem

Im Zusammenhang mit den Anpassungsprozessen nach Aufnahme des Außenhandels sind auch einige Eigenschaften der neoklassischen Ökonomie diskutiert worden, die – bis auf den Faktorpreisausgleich zwischen zwei Ländern – auch für eine geschlossene Volkswirtschaft gelten. Eine weitere Eigenschaft dieser neoklassischen Ökonomie erhält man, wenn man sich fragt, wie sich eine exogene Zunahme der Faktorbestände ($dK, dA > 0$) auswirkt. Eine Antwort auf diese Frage bietet Gleichung 3.17′. Es wird unterstellt, daß sich die Güterpreisrelation nicht ändert.

Angenommen der Kapitalstock nehme zu, d.h. $dK > 0$ und das Arbeitsangebot bleibe konstant, d.h. $dA = 0$. Dann ergibt sich die Lösung von 3.17′

$$\frac{dQ_1}{dK} = \frac{(\partial F_1/\partial A_1 + k_1 \cdot \partial F_1/\partial K_1)}{k_1 - k_2}$$

d.h. der Output des arbeitsintensiv produzierten Gutes ($k_2 > k_1$) nimmt bei $dp = 0$ ab, wenn Kapital zunimmt. Ferner erhält man

$$\frac{dQ_2}{dK} = \frac{-(\partial F_2/\partial A_2 + k_2 \cdot \partial F_2/\partial K_2)}{k_1 - k_2}$$

d.h. der Output des kapitalintensiv produzierten Gutes nimmt zu.

Aussage: Bei konstanten Güterpreisen und bei Zunahme eines Faktors nimmt der Output desjenigen Gutes zu, das den zunehmenden Faktor intensiv nutzt. Der Output des anderen Gutes nimmt ab. Dies ist das *Rybczinski*-Theorem.

Diese Aussage kann mit Hilfe der Edgeworth-Box in Schaubild 3.26 verdeutlicht werden. In Schaubild 3.26 kennzeichnet OD eine gegebene Kapitalausstattung und OC eine gegebene Arbeitsausstattung. Da das Preisverhältnis konstant gesetzt ist, muß auch das Lohnzinsverhältnis konstant bleiben, d.h. das Faktoreinsatzverhältnis ist konstant. Damit sind die Expansionspfade gegeben. Ferner sei $k_2 > k_1$, d.h. $\text{tg}\,\alpha > \text{tg}\,\beta$. Die Strecke OS kennzeichnet die produzierte Menge des Gutes 1. Diese Menge kann auch an der Strecke BT gemessen werden, da OS = BT. Die Strecke OT = SB mißt die Produktionsmenge des Gutes 2.

Angenommen der Kapitalbestand nimmt um DD′ zu. Da die Güterpreise sich annahmegemäß nicht verändern, muß auch die Faktorpreisrelation konstant bleiben. Damit bleiben auch die Kapitalintensi-

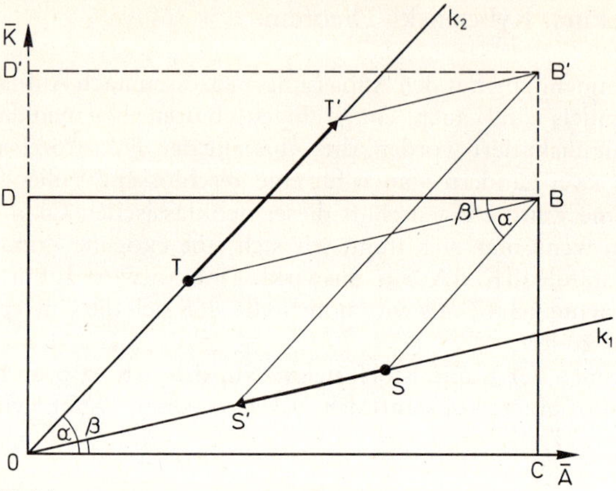

Schaubild 3.26

täten gegeben, d.h. die Winkel tg α und tg β verändern sich nicht. Die neue Produktionsmenge des Gutes 1 ist OS' = B'T' und des Gutes 2: OT' = B'S'. Wie die Pfeile zeigen, nimmt die Produktion des (kapitalintensiven) Gutes 2 zu und des (arbeitsintensiven) Gutes 1 ab, wenn der Kapitalbestand sich erhöht.

3.12 Das Bild einer integrierten Weltwirtschaft

In Schaubild 3.27 ist das Handelsgleichgewicht dargestellt. Dixit und Norman (1982, S. 114) sprechen von einer «integrierten Weltwirtschaft».

Auf der vertikalen Achse ist der Kapitalstock der Welt (K^W), auf der horizontalen Achse ist das Arbeitsangebot der Welt (A^W) aufgetragen. Das Viereck ONO*M kennzeichnet die Faktorausstattung der Welt; ein beliebiger Punkt in dieser Faktorausstattungsbox der Welt, z.B. E beschreibt die Aufteilung der Weltfaktorbestände auf die beiden Länder, z.B. OE' Kapital im Inland und E'M Kapital im Ausland.

Im Handelsgleichgewicht sind die Güterpreise und die Faktorpreise bestimmt, z.B. die Relativpreise (Gleichung 3.13). Damit sind auch die Faktorintensitäten k_1^W und k_2^W der beiden Sektoren 1 und 2 in der Welt festgelegt. Jeder Punkt der Faktorintensitätskurve (beispielsweise k_1^W) ist dadurch gekennzeichnet, daß das Lohnzinsverhältnis l/r tangential zu den Produktionsisoquanten ist (tg β). Auf den Faktorintensitätskur-

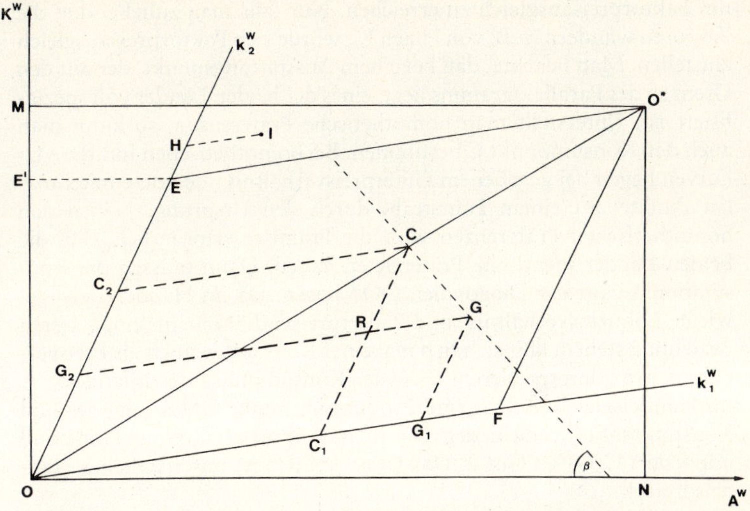

Schaubild 3.27

ven kann als Entfernung vom jeweiligen Ursprung die Gesamtmenge der Produktion (als Skalar) abgelesen werden. Beispielsweise würde bei einer Ausstatung E das Inland die gesamte Weltproduktion von Gut 2 (OE) und das Ausland die gesamte Weltproduktion von Gut 1 (O*E) produzieren.

Die Abstände auf den Faktorintensitätsstrahlen messen aber auch die Konsummengen. Bei einem Handelsgleichgewicht müssen die insgesamt produzierbaren Mengen (O*E an Gut 1 und OE an Gut 2) auch nachgefragt werden.

Ein Punkt G ist in dem Sinn ein zulässiges Gleichgewicht, daß das Inland die Menge OG_2 und das Ausland die Menge G_2E des Gutes 2 produziert; entsprechend produziert das Inland die Menge OG_1 und das Ausland die Menge G_1F des Gutes 1. Bei einer Faktorausstattung G stellt sich also ein Handelsgleichgewicht mit Faktorpreisausgleich ein.

Dagegen ist Punkt I kein Gleichgewicht bei Güterhandel. Bei dieser Faktorausstattung würde das Inland die Menge OH des Gutes 2 und HI des Gutes 1 produzieren. Das Ausland könnte nur eine relativ unbedeutende Menge des Gutes 1 herstellen (nicht eingezeichnete Verlängerung der Geraden HI bis zur Strecke MO*). Von daher kann Punkt I kein Gleichgewicht sein. In diesem Fall ist Güterhandel nicht ausreichend,

um Faktorpreisausgleich zu erreichen. Nur falls man zuließe, daß die Faktoren wandern (z. B. von I nach E), würde sich Faktorpreisausgleich einstellen. Man beachte, daß bei einem Ausstattungspunkt, der auf den Grenzen des Parallelogramms liegt, eines der beiden Länder voll spezialisiert ist. Unterstellt man homothetische Präferenzen, so kann man auch den Konsumpunkt C bestimmen. Bei homothetischen Indifferenzkurven liegen bei gegebenem Güterpreisverhältnis alle nutzenmaximalen Punkte auf einem Fahrstrahl durch den Ursprung. Neben den homothetischen Präferenzen wird die Prämisse erforderlich, daß die beiden Länder identische Präferenzen haben. Dann müssen die Konsumpunkte auf der Diagonalen OO* liegen. Da im Handelsgleichgewicht Lohnzinsverhältnis und Güterpreisverhältnis in einer festen Beziehung stehen, läßt sich tg β mal einer Konstanten auch als Preisverhältnis p_1/p_2 interpretieren. C ist der Konsumpunkt des Inlandes.
Im Handelsgleichgewicht sind Produktionspunkt G des Inlandes und Konsumpunkt C verschieden. Das Inland exportiert C_1G_1 an Gut 1 und importiert C_2G_2 an Gut 2. Das Dreieck CRG ist unser übliches Handelsdreieck.

3.13 Implikationen für die deutsche Außenhandelsposition

Wendet man die in diesem Kapitel entwickelten Hypothesen auf die deutsche Außenhandelsposition an, so läßt sich zunächst leicht erkennen, bei welchen Produktionen die Bundesrepublik *keinen* komparativen Preisvorteil hat. Dies ist der Fall bei lohnintensiven Produkten, die in Massenproduktion hergestellt werden. Denn bei diesen Produkten haben lohnreiche Länder einen komparativen Preisvorteil, es sei denn, deutschen Firmen gelingt es, sich durch Produktdifferenzierung Marktanteile zu verschaffen. Auch bei rohstoffintensiven Produkten hat die Bundesrepublik keinen Preisvorteil. Schließlich bedeutet die dichte Besiedlung auch eine relativ knappe Ausstattung mit Umweltgütern, so daß wir auch in schadstoffintensiven Produktionen keinen Produktionsvorteil haben. Die Produktionsvorteile können dagegen gesehen werden in einem hochqualifizierten Produktionsfaktor Arbeit (Humankapital), in kapitalintensiver Produktion und in höherem technischen Niveau. Der technische Fortschritt läßt sich einmal wiederum auf die Qualifikation der Arbeitskräfte, zum anderen auf organisatorische Lösungen (Organisationswissen) und schließlich auf frühe Stadien im Produktzyklus (neue Produkte, neue Verfahren der Produktion, Innovationen) zurückführen.

Anhang 3 A: Effizienzparameter und Bedingung für Handel

Das Resultat aus Abschnitt 3.6 läßt sich wie folgt ableiten.

1. Totale Faktorproduktivitäten und Grenzrate der Transformation. Legt man die Produktionsfunktionen 3.9 zugrunde, so ergibt sich für Grenzrate der Transformation im Unterschied zu Gleichung 3.6

$$\frac{dQ_1}{dQ_2} = -\frac{\lambda_1}{\lambda_2} \frac{\dfrac{\partial F_1}{\partial A_1} dA_1 + \dfrac{\partial F_1}{\partial K_1} dK_1}{\dfrac{\partial F_2}{\partial A_2} dA_1 + \dfrac{\partial F_2}{\partial K_2} dK_1} \qquad (3\,A.1)$$

Bei gewinnmaximalem Verhalten der Unternehmen und unter der Annahme vollständiger Konkurrenz erhalten wir durch Differentiation von 3.9 nach K_i

$$\frac{\partial Q_i}{\partial K_i} = \frac{r}{p_i} \text{ und } \frac{\partial Q_i}{\partial K_i} = \lambda_i \frac{\partial F_i}{\partial K_i} \text{ bzw. } \frac{\partial F_i}{\partial K_i} = \frac{r}{\lambda_i p_i}$$

Ein entsprechender Ausdruck gilt für die Grenzproduktivität der Arbeit. Durch Einsetzen in 3 A.1 ergibt sich für die Grenzrate der Transformation:

$$\frac{dQ_1}{dQ_2} = -\frac{\lambda_1}{\lambda_2} \frac{\dfrac{1}{\lambda_1 p_1} dA_1 + \dfrac{r}{\lambda_1 p_1} dK_1}{\dfrac{1}{\lambda_2 p_2} dA_1 + \dfrac{r}{\lambda_2 p_2} dK_1}$$

Damit resultiert für die Grenzrate der Transformation:

$$\frac{dQ_1}{dQ_2} = -\frac{p_2}{p_1}$$

Für Bedingung 3.2 ergibt sich:

$$\left|\frac{dQ_2}{dQ_1}\right| < \left|\frac{dQ_2^*}{dQ_1^*}\right| \text{ oder } \left|\frac{dQ_1^*}{dQ_2^*}\right| < \left|\frac{dQ_1}{dQ_2}\right| \qquad (3\,A.2)$$

Aussage: Land I (Inland) exportiert Gut 1, wenn in der Autarkielage die Grenzrate der Transformation zwischen Gut 2 und 1 im Inland niedriger ist als im Ausland. Dies bedeutet, daß Land I bei Preisgabe einer Einheit des Gutes 1 eine geringere Menge des Gutes 2 produzieren kann als Land II. Das Ausland hat einen Produktionsvorteil in bezug auf Gut 2. Das Inland hat dagegen niedrigere Opportunitätskosten für die Produktion des Gutes 1 als das Ausland.

2. Komparative Vorteile in den totalen Faktorproduktivitäten. Bedingung 3 A.2 läßt sich durch folgende Überlegung auf Vorteile in der totalen Faktorproduktivität zurückführen. Da die Faktorausstattung identisch ist und da $F_i = F_i^*$, haben beide Volkswirtschaften für $\lambda_i = \lambda_i^* = 1$ (keine Unterschiede in den Effizienzparametern) eine identische Transformationskurve. In Schaubild 3.15 ist diese Kurve durch TT′ gegeben. Sei auch die Faktorallokation in beiden Volkswirtschaften identisch, also $A_i = A_i^*$ und $K_i = K_i^*$. Dann haben beide Länder auch einen identischen Produktionspunkt, dargestellt als Punkt Z′ in Schaubild 3.27. Die Grenzrate der Transformation in Z (dQ_1/dQ_2) ist für beide Länder identisch.

Wir lassen jetzt $\lambda_i, \lambda_i^* > 1$ zu. Gesucht sind die Grenzraten der Transformation, die der gegebenen Faktorallokation Z zugeordnet sind. In den Gleichungen 3.6 und in 3.10 beziehen sich die partiellen Grenzproduktivitäten auf die gleiche Faktorallokation, so daß die partiellen Grenzproduktivitäten identisch sind. Bezeichnet man $(dQ_1/dQ_2)_Z$ als Grenzrate der Transformation für die Allokation Z mit $\lambda_i = 1$, so folgt für die Grenzrate der Transformation für den Fall $\lambda_i > 1$

$$\frac{dQ_1}{dQ_2} = \frac{\lambda_1}{\lambda_2}\left(\frac{dQ_1}{dQ_2}\right)_z \text{ und } \frac{dQ_1^*}{dQ_2^*} = \frac{\lambda_1^*}{\lambda_2^*}\left(\frac{dQ_1}{dQ_2}\right)_z$$

Damit erhält man für (3.10)

$$\frac{dQ_2}{dQ_1} < \frac{dQ_2^*}{dQ_1^*} \quad \leftrightarrow \quad \frac{\lambda_2}{\lambda_1} < \frac{\lambda_2^*}{\lambda_1^*} \quad \rightarrow \quad \frac{\lambda_2}{\lambda_2^*} < \frac{\lambda_1}{\lambda_1^*} \qquad (3\ A.3)$$

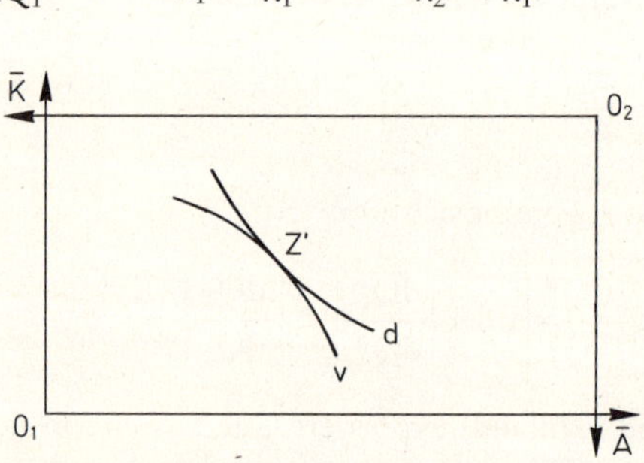

Schaubild 3.28

Diese Bedingung ist in den Schaubildern 3.15 und 3.26 dargestellt. Sei die gegebene Faktorallokation in der Edgeworth-Box Z′ (in 3.26) mit den Outputs $Q_1 = d$ und $Q_2 = v$. Die Mengenrelation ist also $Q_1/Q_2 = d/v$; sie ist im Schaubild 3.15 durch die Steigung des Fahrstrahls OZ abgebildet. Die Effizienzparameter bedingen eine neue Benennung der Isoquanten in 3.27 und zwar $\lambda_1 d$ und $\lambda_2 v$ für das Inland und $\lambda_1^* d$ und $\lambda_2^* v$ für das Ausland. Damit erhalten wir die Mengenrelationen $Q_1/Q_2 = \lambda_1 d/\lambda_2 v$ für das Inland und $Q_1^*/Q_2^* = \lambda_1^* d/\lambda_2^* v$ für das Ausland. Die Gleichung 3 A.3 bedingt, daß die Kurven so verschoben werden müssen, daß bei unveränderten Faktorallokationen gilt

$$\frac{Q_1}{Q_2} > \frac{Q_1^*}{Q_2^*}, \qquad (3\ A.4)$$

d.h. die Verschiebung der Transformationskurven muß in Land I einen «bias» zugunsten des Gutes 1 haben. In Schaubild 3.15 ist ein Fall dargestellt, daß der Punkt Z für das Inland nach R verschoben wird und für das Ausland nach S. Die Bedingung 3 A.3 ist erfüllt und kann überführt werden in $\operatorname{tg} \alpha < \operatorname{tg} \alpha^*$. In Schaubild 3.15 ist auch denkbar, daß beide Punkte rechts von dem ursprünglichen Fahrstrahl OZ liegen. Damit 3 A.4 und damit 3 A.3 erhalten bleibt, ist aber erforderlich, daß der Fahrstrahl OR eine größere Steigung hat als der Fahrstrahl OS. Das stellt den «bias» für den Sektor 1 sicher.

Die bisherige Argumentation bezieht sich auf die Verschiebung der Transformationskurve und damit auf die Produktionsrate des Systems. Wir wissen aber bereits, daß auch die Nachfrageseite vor Handel die Autarkiepreisrelation beeinflußt. Die Verschiebung der Transformationskurven mit der unterstellten relativen Begünstigung des Inlandes bei Gut 1 und des Auslandes bei Gut 2 ist dann hinreichend, wenn wir identische Nachfrageverhältnisse in beiden Ländern unterstellen. Dies können wir etwa darstellen, wenn wir den Fahrstrahl OZ über Z verlängern. Vergleichen wir die Punkte X und Y, so gilt auch für diese Punkte, daß die Bedingung für Handel $\operatorname{tg} \alpha < \operatorname{tg} \alpha^*$ erfüllt ist. Denn bei einer Bewegung von R nach Y wird $\operatorname{tg} \alpha$ kleiner, und bei einer Bewegung von S nach X wird $\operatorname{tg} \alpha^*$ größer. Da aber die Kurvenverschiebung sicherstellt, daß $(\operatorname{tg} \alpha)_R < (\operatorname{tg} \alpha^*)_S$, muß auch gelten $(\operatorname{tg} \alpha)_Y < (\operatorname{tg} \alpha^*)_X$.

3. Gleich starke Vorteile. Hat das Ausland in beiden sektoralen Effizienzparametern einen Vorteil gleicher Stärke, so kommt es bei identischen Nachfrageverhältnissen vor Handel zu keinem internationalen Austausch. Unterstellt sei

$$\lambda_i^* = \cdot\, \alpha \lambda_i \text{ mit } \alpha > 1$$

Land II kann also sowohl von Gut 1 als auch Gut 2 mehr produzieren. Die Bedingung für Handel 3.2 lautet:

$$\frac{\lambda_2}{\alpha \cdot \lambda_2} < \frac{\lambda_1}{\alpha \cdot \lambda_1}$$

Das Ungleichheitszeichen ist verletzt. Beide Länder haben vor Handel das gleiche Preisverhältnis. Diese Überlegung verdeutlicht, daß komparative Preisunterschiede die entscheidende Ursache des internationalen Handels sind.
Aussage: Hat ein Land einen gleich starken Vorteil in der totalen Faktorproduktivität beider Sektoren, so kommt kein Handel zustande. Entscheidende Bedingung für Handel sind komparative Vorteile.

Weiterführende Fragen

1. Erörtern Sie, welche Probleme auftreten, wenn das Modell der zwei Länder, der zwei Güter und der zwei Faktoren auf mehrere Länder, mehrere Güter und mehrere Faktoren generalisiert werden soll (Ethier 1984).
2. Beschreiben Sie den Dualitätsansatz in der Außenhandelstheorie (Dixit und Norman 1982).
3. Diskutieren Sie die Theorie der Faktorproportionen mit Hilfe des Konzepts des integrierten Weltmarktgleichgewichtes (Helpman und Krugman 1985, Kapitel 1).

4. Hypothesen zur Erklärung des Güteraustausches: Alternative Ansätze

«But all was not well with the theory of international trade.»
*Henryk Kierzkowski**

Ein so wichtiges Phänomen wie der internationale Güteraustausch hat zahlreiche Aspekte, die nicht alle in einem einzigen Modellansatz erfaßt werden können. In diesem Kapitel werden diese alternativen Ansätze dargestellt. Ausgehend von der empirischen Überprüfung des Heckscher-Ohlin-Modells durch Leontief (Abschnitt 4.1) werden Erweiterungen des Heckscher-Ohlin-Modells diskutiert (Abschnitt 4.2). Im einzelnen werden als Erweiterung des Heckscher-Ohlin-Modells Zwischenprodukte (Abschnitt 4.3), handelbare und nicht-handelbare Güter (Abschnitt 4.4), Handel mit Dienstleistungen (Abschnitt 4.5), sektorgebundene Produktionsfaktoren (Abschnitt 4.6), spezialisierte Produktion (Abschnitt 4.7), Unsicherheit (Abschnitt 4.8) und die Rolle von Märkten bzw. der vertikalen Integration (Hierarchie) betrachtet (Abschnitt 4.9). Während man diese Aspekte bei großzügiger Interpretation noch als eine Erweiterung des Heckscher-Ohlin-Modells bezeichnen kann, stellen differenzierte Produkte und Produktvielfalt (Abschnitt 4.10), unvollständiger Wettbewerb (Abschnitt 4.11) und intrasektoraler Handel (Abschnitt 4.12) alternative Ansätze dar, die unvollständigen Wettbewerb in den Vordergrund rücken. Dynamische Aspekte des internationalen Handels werden in Abschnitt 4.13 behandelt. Die restlichen Abschnitte beschäftigen sich mit Faktorwanderungen (Abschnitt 4.14), mit dem Zusammenhang von Güterbewegungen und Faktorwanderung (Abschnitt 4.15) und intertemporalem Handel mit Kapitalverkehr (Abschnitt 4.16).

4.1 Das Leontief-Paradoxon

Will man die empirische Aussagekraft des Heckscher-Ohlin-Modells testen, so lautet nach dem Popper-Kriterium die Frage, ob die Hypothesen ein konkretes Ereignis erklären bzw. ein bestimmtes Ereignis in der Zukunft prognostizieren können. Oder: Wird die Implikation eines Modells von der Realität falsifiziert?

* Recent Advances in International Trade Theory. A Selective Survey, Oxford Review of Economic Policy, 3 (1987), S. 1.

Als alternative Testmöglichkeit wird oft von Studenten empfohlen, die Prämissen zu überprüfen und die theoretischen Aussagensysteme dann zu verwerfen, wenn die Prämissen nicht mit der Realität übereinstimmen. Diese Vorgehensweise ist nicht akzeptabel. Denn man kann a priori nicht erkennen, welche Relevanz eine Prämisse für das prognostizierte Ergebnis hat. Will man diskutieren, inwieweit die Aussagekraft eines Modells von der Prämisse abhängt, braucht man Informationen darüber, wie sich eine Prognose mit Variation dieser Annahme verändert. Man braucht also empirische Informationen über die Aussagekraft. Damit führt die Analyse der Sensitivität zum Popper-Kriterium zurück.

Will man die Aussagen der güterwirtschaftlichen Außenhandelstheorie empirisch überprüfen, so sind folgende Größen zu messen:

1. die Faktorreichlichkeit von Ländern,
2. die Faktorintensität einzelner Sektoren in diesen Ländern und
3. die Güterströme zwischen Ländern.

Bei empirischen Tests stehen diese Informationen nicht zur Verfügung (Deardorff A1985). Es muß deshalb auf andere meßbare Größen zurückgegriffen werden. Ein sehr schönes Beispiel für diese Problematik ist der bahnbrechende Test der Heckscher-Ohlin-Aussage durch Leontief (A1953) für die USA.

Die Heckscher-Ohlin-Aussage prognostiziert, daß das kapitalreiche Land das kapitalintensive Gut exportiert und arbeitsintensive Güter importiert. Man hat die Vorstellung, daß die USA relativ hohe Löhne zahlen und über viel Kapital verfügen, also ein *kapitalreiches* Land sind. Man sollte deshalb nach Heckscher-Ohlin erwarten, daß die USA kapitalintensive Güter exportieren und arbeitsintensive Güter importieren.

Ein Test wäre leicht durchführbar, wenn eine Beobachtungsfeststellung darüber möglich wäre, daß die Exporte kapitalintensiv und die Importe arbeitsintensiv sind. Eine solche Beobachtungsfeststellung ist jedoch infolge fehlenden statistischen Materials nicht möglich. Man muß deshalb versuchen, auf andere Weise eine Aussage über die Faktorintensität der Exporte und Importe zu erhalten.

Leontief versuchte, den Arbeits- und Kapitaleinsatz bei den Export- und Importgütern zu ermitteln. Die Fragestellung lautet: Wenn die USA sowohl ihre Exporte als auch ihre Importe um 1 Million $ verringern, welche Faktormengen werden dann freigesetzt? Diese Frage wurde mit Hilfe eines 200-Sektoren-Input-Output-Modells des Jahres 1947 analysiert. Da die Frage lautet, wieviel Faktoren im Ex- und Import gebunden sind, spricht man auch von der Faktorgehaltsthese.

Die Kapitalintensität der Importgüter hätte man idealerweise mit Daten aus den Lieferländern der USA bestimmen müssen. Da aber nur Daten für die USA vorlagen, führt Leontief die *Hilfshypothese* ein, daß die Kapitalintensität der Importgüter an den heimischen Importsubstituten gemessen werden kann. Die Erwartung bei diesem Vorgehen ist, daß die Produktion der Importsubstitute durch eine ähnliche Faktorintensität gekennzeichnet ist wie die der Importgüter. Bei den Importgütern trifft diese Annahme dann nicht zu, wenn es in den USA keine Importsubstitute gibt: z. B. bei Tee, Kaffee und Jute. Diese Güter wurden deshalb aus der Betrachtung ausgeschlossen.

Ferner muß eine zweite Hilfshypothese eingeführt werden (Proportionalitätsannahme): Die Anteile einzelner Güter an der Export- und Importstruktur bleiben konstant. Wenn Autos 20% der Gesamtexporte ausmachen, nehmen Autoexporte bei einer Abnahme der Gesamtexporte um eine Million $ um 200000 $ ab.

Konzentrieren wir uns auf die Exporte, so müssen die Reduzierungen der sektoralen Outputs ermittelt werden, die sich aus einem Exportrückgang um 1 Million $ ergeben. Dann kann man auf die freigesetzten Faktoren zurückschließen.

Kennzeichnen X_i die Rückgänge der Exportnachfrage und beschreiben die Input-Output-Koeffizienten a_{ik} die Produktionsstruktur (3. Hilfshypothese), so ergibt sich:

$$\begin{bmatrix} Q_1 \\ Q_2 \\ \cdot \\ \cdot \\ \cdot \\ Q_n \end{bmatrix} - \begin{bmatrix} a_{11}\, a_{12}\, a_{13} \ldots a_{1n} \\ a_{21}\, a_{22}\, a_{23} \ldots a_{2n} \\ \cdot \\ \cdot \\ \cdot \\ a_{n1}\, a_{n2}\, a_{n3} \ldots a_{nn} \end{bmatrix} \cdot \begin{bmatrix} Q_1 \\ Q_2 \\ \cdot \\ \cdot \\ \cdot \\ Q_n \end{bmatrix} = \begin{bmatrix} X_1 \\ X_2 \\ \cdot \\ \cdot \\ \cdot \\ X_n \end{bmatrix}$$

oder in Matrixschreibweise

$$(I - \mathfrak{A})\, q = \mathfrak{X}$$

und als Lösung: $q = (I - \mathfrak{A})^{-1}\, \bar{\mathfrak{X}}$

q ist die Reduktion der Outputniveaus der Sektoren 1 … n, die sich nach dem Rückgang der Exportnachfrage ergibt.

Unterstellt man, daß pro Outputeinheit eines Sektors ein fixer Arbeits- und Kapitaleinsatz (4. Hilfshypothese) – definiert durch $a_i^{L,\,K}$ – erforderlich ist, so kann man für ein gegebenes q den Faktoreinsatzvektor B_X errechnen, und zwar

$$B_x = \begin{pmatrix} a_1^L & a_2^L & \dots & a_n^L \\ a_1^K & a_2^K & \dots & a_n^K \end{pmatrix} \begin{pmatrix} Q_1 \\ Q_2 \\ \cdot \\ \cdot \\ \cdot \\ Q_n \end{pmatrix} = \mathfrak{A}^{L,K} \cdot q$$

Damit lautet der Ansatz zur Bestimmung der Freisetzung der Faktoren bei Rückgang des Exports:

$$B_X = \mathfrak{X}^{L,K} q = \mathfrak{A}^{L,K} (I - \mathfrak{A})^{-1} \bar{\mathfrak{X}}$$

Analog ergibt sich für die Importsubstitute

$$B_M = \mathfrak{A}^{L,K} q = \mathfrak{A}^{L,K} (I - \mathfrak{A})^{-1} \bar{\mathfrak{m}}$$

wobei B_M die freigesetzten Faktormengen und $\bar{\mathfrak{m}}$ die reduzierten Importmengen darstellen.

Leontief kam zu folgendem Ergebnis: Der gesamte Arbeitsinput für die Produktion der Exportgüter (A_X) ist größer als für die Produktion der Importsubstitute (A_M),

$$A_X > A_M \text{ und } K_X < K_M$$

d.h. der Kapitaleinsatz für die Exportgüter (K_X) ist niedriger als für die Importsubstitute (K_M). Damit ergab sich

$$\frac{K_X}{A_X} < \frac{K_M}{A_M}, \text{ d.h. } k_X < k_M$$

Die Kapitalintensität des Sektors der Importsubstitute ist größer als die des Exportsektors. Fazit: Die USA exportieren arbeitsintensive Güter und importieren kapitalintensive Güter. Da dieses Ergebnis konträr zum Heckscher-Ohlin-Modell steht, bezeichnet man er auch als Paradoxon, und zu Ehren Leontiefs als *Leontief-Paradoxon.*

Auf den ersten Blick stellt das Leontief-Paradoxon eine Falsifikation der Heckscher-Ohlin-Aussage dar. Diese Schlußfolgerung kann jedoch bei genauer Analyse bestritten werden.

1. Leontief muß eine Reihe von Hilfshypothesen einführen, um sein Paradoxon abzuleiten. Zu nennen sind die Messung der Faktorintensität der Importgüter an den Importsubstituten, die Hypothese der Proportionalität, aber auch die Hypothesen des Input-Output-Ansatzes.

Da die Heckscher-Ohlin-Hypothese nicht durch eine Beobachtungsfeststellung, sondern mit Hilfe anderer Hypothesen falsifiziert werden soll, muß sichergestellt sein, daß diese anderen Hypothesen einen höheren Verläßlichkeitsgrad haben.

2. Der Leontief-Untersuchung liegt keine klare eindeutige Operationalisierung der «Faktorreichlichkeit» zugrunde. Solange dieser Begriff relativ intuitiv und lax gefaßt ist, kann keine Falsifikation des Heckscher-Ohlin-Ansatzes erfolgen.

Ein besonderes Problem bei der Definition der Faktorreichlichkeit ist, daß Arbeits*mengen* und Kapital*mengen* technisches Wissen verkörpern. Der Embodiment-Effekt des technischen Wissens kann in den einzelnen Ländern durchaus unterschiedlich sein. Folglich kann die Berücksichtigung des Humankapitals und der Effizienz des Kapitals die Aussage über die relative Ausstattung mit $k^* > k$ beeinflussen und möglicherweise ins Gegenteil umdrehen. Eine hohe Effizienz z. B. der Arbeit führt zu einer niedrigen Kapitalintensität.

Die Definition der Faktorreichlichkeit ist unter Berücksichtigung des Humankapitals und eines Effizienzterms für Kapital durchzuführen[1]. In diesem Fall muß ein Widerspruch zu den Ergebnissen von Heckscher-Ohlin nicht auftreten.

Der Heckscher-Ohlin-Ansatz und auch der Leontief-Test basieren auf einem Zwei-Faktoren-Modell. Leontief selbst weist darauf hin, daß eine Menge anderer Faktoren in Betracht gezogen werden müßten, wie Boden, Rohstoffe, aber letzten Endes auch das Wirtschafts- und Gesellschaftssystem .

Einige Untersuchungen zeigen, daß der Anteil der Exporte eines Wirtschaftszweiges an der US-Gesamtproduktion sowohl vom Anteil der hochqualifizierten Arbeitnehmer an der gesamten Arbeitnehmerschaft als auch vom Anteil der Forschungs- und Entwicklungsausgaben an den Umsätzen dieses Wirtschaftszweiges abhängt. Diese Untersuchungen legen den Schluß nahe, daß U.S. Exporte humankapitalintensiv sind (Stern und Markus A1981) und daß eine adäquat umformulierte Heckscher-Ohlin-Hypothese, welche die Effizienz der Produktionsfaktoren berücksichtigt, mit der Realität in Einklang stehen kann.

3. Die Leontief-Studie ist auf ein Land bezogen. Idealerweise sollten aber die Handelsströme *zwischen* Volkswirtschaften betachtet werden. Mittlerweile liegen eine Reihe von Untersuchungen über den Außenhandel Indiens, der DDR, Japans und Kanadas vor, die insoweit einen

---

[1] Im Gegensatz zu Abschnitt 3.6 wird jetzt nicht ein allgemeiner Effizienzparameter für beide Faktoren, sondern differenziert nach Faktoren eingeführt.

Fortschritt darstellen, als jeweils die Beziehungen zwischen zwei Ländern untersucht werden (Deardorff A1984, S. 492). Einige dieser Studien haben das Leontief-Paradoxon bestätigt, andere nicht (Gandolfo 1986, S. 98).

4. Wir wissen, daß bei der Definition der Faktorreichlichkeit $k^* > k$ Nachfragebedingungen die Heckscher-Ohlin-Aussage zerstören können. Angenommen, das kapitalreiche Land ziehe vor Handel kapitalintensive Güter vor. Dann kann seine Nachfrage so stark sein, daß das kapitalreiche Land das kapitalintensive Gut importiert. In diesem Fall kann das Heckscher-Ohlin-Theorem nicht zutreffen. Eine Berücksichtigung des Nachfragefaktors würde die modifizierte Heckscher-Ohlin-Aussage mit der Realität in Einklang bringen. Auch das Umschlagen der Faktorintensitäten kann eine Rolle spielen.

5. Die meisten Importgüter der USA waren 1947 Rohöl, Kupfer, Metallrohstoffe und Papierwaren, also natürliche Rohstoffe. Diese Güter werden kapitalintensiv produziert. Diese Produkte wurden importiert, weil die USA sie nicht oder nicht in hinreichender Menge produzieren konnten. Daß sie importiert wurden, ist also nicht darauf zurückzuführen, daß sie kapitalintensiv sind, sondern, daß sie ressourcenintensiv sind.

6. Empirische Untersuchungen kommen zu dem Ergebnis, daß sich das Leontief-Paradoxon seit etwa 1972 nicht mehr einstellt (Deardorff A1984, S. 485).

Als Fazit ergibt sich, daß bei einer Änderung der Konzepte, z. B. der Definition der Faktorreichlichkeit und der Berücksichtigung anderer Faktoren wie der Nachfragebedingungen und der außenhandelspolitischen Maßnahmen die Heckscher-Ohlin-Aussage zutreffen könnte. Die empirische Überprüfung der Heckscher-Ohlin-Hypothese durch Leontief war aber in dem Sinn stimulierend, daß nach weiteren Erklärungsansätzen gesucht wurde. Über diese Ansätze wird im folgenden berichtet.

4.2 Erweiterung des Heckscher-Ohlin-Modells

1. Viele Faktoren. Obwohl wir vorwiegend mit den beiden Faktoren Arbeit und Kapital argumentiert haben, kann sich die unterschiedliche Faktorausstattung auf eine Vielzahl von Produktionsfaktoren beziehen. Ein Land kann relativ reichlich mit Arbeit, Kapital, technischem Wissen (einschließlich Humankapital und organisatorischer Effizienz), Boden, natürlichen Rohstoffen oder Umwelt ausgestattet sein. Zu dieser Faktorreichlichkeit zählt auch die soziale und politische Stabilität

eines Landes (etwa geringe Anzahl von Streiktagen). Bei einer großzügigen Interpretation des Begriffes «Faktorreichlichkeit» deckt also das Heckscher-Ohlin-Modell zahlreiche empirisch relevante Bestimmungsfaktoren des internationalen Güteraustauschs ab.

2. Viele Güter. Betrachtet man mehr als zwei Güter, so lassen sich die Güter in eine Rangordnung des Wettbewerbsvorteils einordnen. Güter mit starkem relativen Preisvorteil stehen oben auf der Liste; mit sinkender Rangordnung wird der relative Preisvorteil geringer. Wenn kein relativer Preisvorteil mehr existiert, besteht Indifferenz darüber, ob das Gut ex- oder importiert wird. Wandert man weiter entlang der Rangordnung, so gibt es einen relativen Preisnachteil für das Inland. Das betreffende Gut wird importiert.

Diese Vorstellung einer Rangskala relativer Preisvorteile ist in dem Sinn ein interessantes Konzept, als sichtbar wird, daß geringe Veränderungen im In- oder Ausland, etwa in der Nachfrage, der sektoralen Produktionstechnik oder auch der Faktorausstattung in der Rückwirkung über die Faktorpreise die Trennungslinie zwischen Ex- und Importgut verschieben. In der Literatur wird diskutiert, inwieweit die Rangordnung der Güter auf die Rangordnung der Faktorintensität in der Produktion zurückgeführt werden kann (Ethier A1984).

Die Vorstellung einer Rangskala kann auch auf absolute Preisvorteile bezogen werden. Dann beeinflußt der Wechselkurs die Trennungslinie zwischen Exportgütern und Importsubstituten.

Werden mehrere Güter betrachtet, so liegt es nahe, verschiedene Typen von Gütern zu betrachten. Natürliche Rohstoffe werden oft als Ricardo-Güter bezeichnet und mit dem Ricardo-Modell erklärt. Industrieprodukte können als Heckscher-Ohlin-Güter behandelt und mit Hilfe eines erweiterten Heckscher-Ohlin-Ansatzes (mit Humankapital, Technologieunterschieden) erklärt werden. Bei Produkten mit starkem technischen Fortschritt (z. B. Halbleiter) kann man von Produktzyklus-Gütern sprechen (Abschnitt 4.13). Schließlich stellen Dienstleistungen eine besondere Güterkategorie dar.

3. Viele Länder. Unsere Darstellung des Außenhandels beruhte bisher auf einem Zwei-Länder-Modell mit zwei Gütern: In der Realität ist dieses Modell auf viele Güter und viele Länder zu generalisieren. Handel ist nicht bilateral, sondern multilateral. In einem solchen Ansatz ist zu bestimmen, welches der vielen Länder für welches der zahlreichen Produkte einen komparativen Preisvorteil hat. Jedes Land wird sich – im Vergleich zur Autarkielage – auf dasjenige Produkt spezialisieren, bei dem es einen komparativen Preisvorteil hat. Tendenziell bestätigt sich das Heckscher-Ohlin-Theorem.

4. Verfügbarkeit. Die Verfügbarkeitsthese von Kravis (A1956) führt

die Zusammensetzung der Handelsströme auf die Verfügbarkeit bzw. Nichtverfügbarkeit von Gütern zurück. Es werden Güter importiert, die im Inland nicht verfügbar sind, und es werden Güter exportiert, die im Inland hergestellt werden können. Die Nichtverfügbarkeit kann z. B. auf einen Mangel an Ressourcen, an technischem Wissen und an Produktdifferenzierung zurückgeführt werden, die eine zeitliche Vorrangstellung auf einzelnen Märkten mit sich bringen kann. Die Nichtverfügbarkeit stellt keine konkurrierende Hypothese zu den absoluten Preisvorteilen dar. Die Verfügbarkeit von Gütern – wie immer dieser Begriff operationalisiert werden sollte – muß sich in aboluten Preisvorteilen ausdrücken. Im Extrem völliger Nichtverfügbarkeit gehen die Preise der Güter gegen unendlich.

5. Elastisches Faktorangebot. Die Faktorausstattung ist als gegeben angenommen worden. Variieren aber die Faktorpreise nach Aufnahme von Handel, so kann sich die Faktorausstattung eines Landes verändern (vermehrtes Arbeitsangebot, Kapitalbildung).

6. Art der Güter. Unser Modell diskriminiert auch nicht danach, ob es sich um sog. Massenproduktionsgüter (Auto) oder Einzelfertigung (Großanlagen) handelt. Diese beiden Typen von Gütern verlangen andere Organisationen der Produktion.

7. Transportkosten. In der bisherigen Analyse ist von Transportkosten abstrahiert worden. Transportkosten müssen in der Bedingung der absoluten Preisvorteile berücksichtigt werden; sie können zu einer Segmentierung von Märkten führen. Als Extremfall werden die Güter nicht handelbar.

8. Staatliche Eingriffe in Nachfrage und Produktion. Staatliche Maßnahmen wirken sich auf die Relativpreise in Autarkie aus, etwa durch Besteuerung, Subvention, aber auch durch die Bereitstellung von Infrastruktur (Häfen, Verkehrsanlagen). Damit beeinflussen staatliche Maßnahmen die komparativen Preisvorteile und die Warenströme.

9. Staatliche Eingriffe in den Handel. Der Staat greift durch Zölle, Kontingente und andere administrative Maßnahmen (administrative Handelsschranken) direkt in den internationalen Güteraustausch ein. Bei der Erklärung empirisch beobachteter Handelsströme ist also immer zu fragen, inwieweit die Handelsströme durch Interventionen in den Güteraustausch beeinflußt werden.

10. Andere Erweiterungen. In den folgenden Abschnitten werden andere Erweiterungen und alternative Ansätze diskutiert.

4.3 Zwischenprodukte

Im Gegensatz zu der bisherigen Darstellung kann sich Außenhandel nicht nur auf Endprodukte, sondern auch auf Zwischenprodukte beziehen. Hier sind zwei Fälle zu unterscheiden. Ein Gut kann sowohl End- als auch Zwischenprodukt sein (wie Erdöl: Konsumgut für Heizungszwecke; Zwischenprodukt für die industrielle Produktion). Oder ein Gut ist ein reines Zwischenprodukt (Eisenerz).

Ist ein Gut (z. B. Gut 2) sowohl Endprodukt wie auch Zwischenprodukt und besteht das Volkseinkommen aus den Gütern 1 (Endprodukt) und 2 (soweit Gut 2 Endprodukt ist), so ist die Menge des Gutes 2, die als Zwischenprodukt eingesetzt wird, nicht Bestandteil des Volkseinkommens. Ist das betrachtete Gut ein reines Zwischenprodukt und muß das Zwischenprodukt importiert werden, so bewirkt der Import eine Verschiebung der Transformationskurve nach außen. Ist das Inland arbeitsreich und wird für die Produktion des kapitalintensiven Gutes 2 das importierte Zwischengut verwendet, so kann das arbeitsreiche Land einen komparativen Vorteil bei der Produktion des kapitalintensiven Gutes erhalten.

4.4 Handelbare und nicht-handelbare Güter

Einige Güter sind wegen ihrer Beschaffenheit (lokale Dienstleistungen) oder wegen hoher Transportkosten (z. B. Wohnungen) immobil. Wir sprechen auch von nicht-handelbaren Gütern. Handelbare Güter sind Produkte, die zwischen Ländern ausgetauscht werden; es sind Exportgüter und Importe bzw. Importsubstitute. Im Gegensatz zu den handelbaren Gütern muß bei den nicht-handelbaren Gütern die inländische Nachfrage durch das inländische Angebot bedient werden.

Steigt der Relativpreis der nicht-handelbaren zu den handelbaren Gütern p_{NH}/p_H, etwa weil sich die Präferenz zugunsten des nicht-handelbaren Gutes verlagert, so bindet der Bereich der nicht-handelbaren Güter mehr Produktionsfaktoren, die dem Bereich der handelbaren Güter entzogen werden müssen. Der Sektor der handelbaren Güter muß schrumpfen. In aller Regel sind die handelbaren Güter Industrieprodukte und die nicht-handelbaren Güter bestehen aus (auf den nationalen Raum begrenzten) Dienstleistungen. Damit ergibt sich bei einer Präferenzverlagerung zugunsten der nicht-handelbaren Güter eine De-Industrialisierung.

Ein interessanter Fall der De-Industrialisierung ist in der Literatur unter dem Stichwort der «holländischen Krankheit» diskutiert worden. In diesem Ansatz wird erörtert, wie sich ein Ressourcenboom in einem ressourcenexportierenden Land auswirkt (Erdgas in Holland, Erdöl in Norwegen und England, Rohstoffe in Australien). Im einfachsten Fall des kleinen Landes ist der Relativpreis zwischen Ressourcen und Exportgütern (Industriegütern) gegeben, so daß die handelbaren Güter aggregiert werden können als

$$Q_H = \frac{p_R}{p_X} Q_R + Q_X$$

wobei Q_H die Menge der handelbaren Güter, Q_R die Menge der Ressourcen (und p_R den Ressourcenpreis) und Q_X die Menge der Exportgüter (und p_X den Preis der Exportgüter) kennzeichnen. Ein Ressourcenboom verschiebt die Transformationskurve nach oben.

In der Ausgangslage befindet sich das Ressourcenland in Punkt A, wobei $\text{tg}\,\alpha = p_H/p_{NH}$ $[ME_{NH}/ME_H]$ das Preisverhältnis zwischen handelbaren und nicht-handelbaren Gütern kennzeichnet. Zur Vereinfachung nimmt man an, daß der Ressourcensektor eine Exportenklave ist und daß bei seiner Expansion keine Produktionsfaktoren aus den anderen Sektoren abgezogen werden. Würde der Relativpreis zwischen handelbaren und nicht-handelbaren Gütern der Ausgangslage bestehen bleiben, so würde sich der Produktionspunkt A' einstellen. Da infolge des Ressourcenbooms das Volkseinkommen steigt und bei positiver Einkommenselastizität die Nachfrage nach nicht-handelbaren Gütern zunimmt, fallen Produktionspunkt (A') und Konsumpunkt (C) auseinander. Da aber nicht-handelbare Güter nicht importiert werden können, impliziert ein Marktgleichgewicht bei nicht-handelbaren Gütern, daß der Relativpreis p_H/p_{NH} fallen muß, der Produktionsanreiz für nicht-handelbare Güter muß sich erhöhen. Das neue Gleichgewicht liegt also in Punkt D. Der Sektor der nicht-handelbaren Güter expandiert, aber der Industriebereich schrumpft (Punkt D'). Es findet eine De-Industrialisierung statt.

Die Unterscheidung zwischen handelbaren und nicht-handelbaren Gütern spielt auch bei Wechselkursänderungen eine Rolle; beispielsweise verteuert eine Abwertung der heimischen Währung die handelbaren Güter in Inlandswährung (Exportgut und Importsubstitut). Damit aber steigt der Relativpreis zugunsten der handelbaren Güter, die nominelle Abwertung wird von einer realen Abwertung begleitet. Die Sektorstruktur verschiebt sich zugunsten der handelbaren Güter.

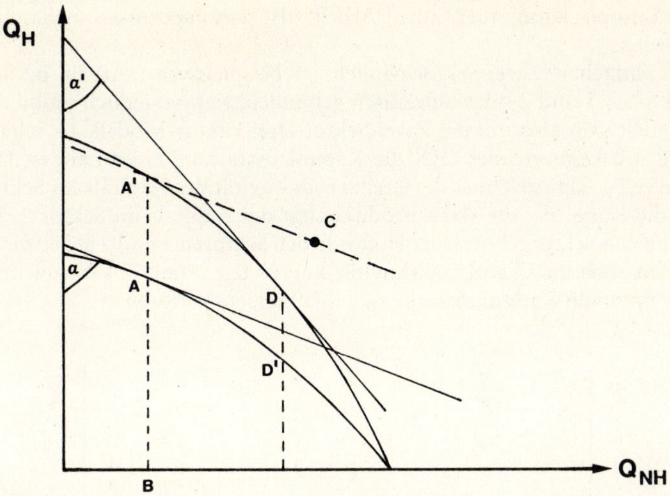

Schaubild 4.1

4.5 Handel in Dienstleistungen

Ein Teil der Dienstleistungen ist nicht handelbar; aber eine Reihe von Dienstleistungen (Bankwesen, Versicherungen) sind handelbar. Die internationale Mobilität von Dienstleistungen ist oft mit der Mobilität der Arbeit verknüpft, wird aber auch durch neue Kommunikationsmittel erleichtert.

Dienstleistungen unterliegen oft nationalen Regulierungen wie Genehmigungsverfahren (z. B. Zulassungsregeln für Anwälte, Genehmigung von Versicherungstarifen). Der internationale Austausch von Dienstleistungen würde also durch Deregulierung gefördert.

4.6 Sektorgebundene Produktionsfaktoren

In dem üblichen Heckscher-Ohlin-Modell wird vollständige Mobilität der Produktionsfaktoren innerhalb eines Landes unterstellt. In der Realität kann aber einer der Produktionsfaktoren sektorspezifisch sein und in der kurzen Frist an den Sektor gebunden sein. Die internationale Literatur betrachtet in der Regel Kapital als sektorspezifischen Faktor;

in Europa kann aber auch Arbeit als sektorspezifisch behandelt werden.

Im einfachen Zwei-Sektor-Modell ist beispielsweise Arbeit in den Sektoren 1 und 2 sektorspezifisch gebunden, Kapital jedoch mobil. Es handelt sich also um ein Zwei-Sektor-Drei-Faktor-Modell. In Schaubild 4.2 kennzeichnet OO' die Kapitalausstattung eines Landes. Die Kurve F_{K_1} kennzeichnet die Grenzproduktivität des Kapitals im Sektor 1; die Kurve F_{K_2} die Grenzproduktivität des Kapitals im Sektor 2. Ist Arbeit als sektorgebundener Faktor in den Sektoren 1 und 2 gegeben, so liegen auch die Grenzproduktivitätskurven fest. Punkt S kennzeichnet die optimale Kapitallokation zwischen beiden Sektoren.

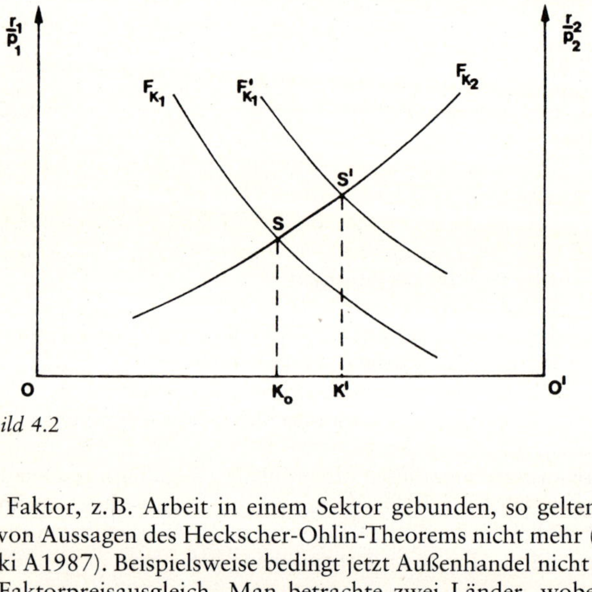

Schaubild 4.2

Ist ein Faktor, z. B. Arbeit in einem Sektor gebunden, so gelten eine Reihe von Aussagen des Heckscher-Ohlin-Theorems nicht mehr (Kierzkowski A1987). Beispielsweise bedingt jetzt Außenhandel nicht mehr einen Faktorpreisausgleich. Man betrachte zwei Länder, wobei das arbeitsreiche Ausland mehr Arbeit in Sektor 1 gebunden hat. Dann hat Sektor 1 im Ausland eine höhere Grenzproduktivität des Kapitals, und im Ausland würde sich die Kapitallokation K' einstellen. Der Realzins im Ausland wäre höher (Punkt S') als im Inland (Punkt S).

Ist ein Faktor sektorgebunden, so besteht ein stärkeres Interesse daran, günstige Regelungen für den betreffenden Sektor durchzusetzen (Rent Seeking), denn dem sektorgebundenen Faktor fällt dann eine Rente zu (Protektionismus).

4.7 Spezialisierte Produktion

Im Heckscher-Ohlin-Modell wird in der Regel der Fall diskutiert, daß sich die Länder nicht voll spezialisieren. Betrachtet man ein Land, das über Produktionstechnologien für mehrere Güter verfügt, so lassen sich die Einheitsisoquanten wie im Schaubild 4.3 darstellen. Das Produktionsverfahren 1 ist relativ arbeitsintensiv, das Verfahren 4 ist relativ kapitalintensiv. Der Fahrstrahl k kennzeichnet die relative Faktorausstattung. Bei geringem k ist das betrachtete Land relativ arbeitsreich. Zur Vereinfachung unterstellt man ein kleines Land mit gegebenen Güterpreisen. Wird nur im Sektor 1 produziert ($k_1 = \bar{k}$), so befindet sich das Land auf der Einheitsisoquante im Punkt R mit dem zugeordneten (nicht eingezeichneten) Lohnzinsverhältnis (vollständige Spezialisierung). Ist die Faktorausstattung gegeben, so ist damit bei vollständiger Spezialisierung das Lohnzinsverhältnis bestimmt. Findet nun Kapitalakkumulation statt, so steigt das Lohnzinsverhältnis, und die Produktion wandert von R nach S. Ist das Lohnzinsverhältnis hinreichend gestiegen (Punkt S), so lohnt sich auch die Produktion des Gutes 2 (Punkt T). Zwischen S und T ist das Land nicht vollständig spezialisiert. Jetzt bestimmt die Faktorausstattung nicht mehr das Lohnzinsverhältnis; bei gegebenen Güterpreisen ist wie bei Heckscher-Ohlin das Lohnzinsverhältnis an das gegebene Güterpreisverhältnis festgezurrt.

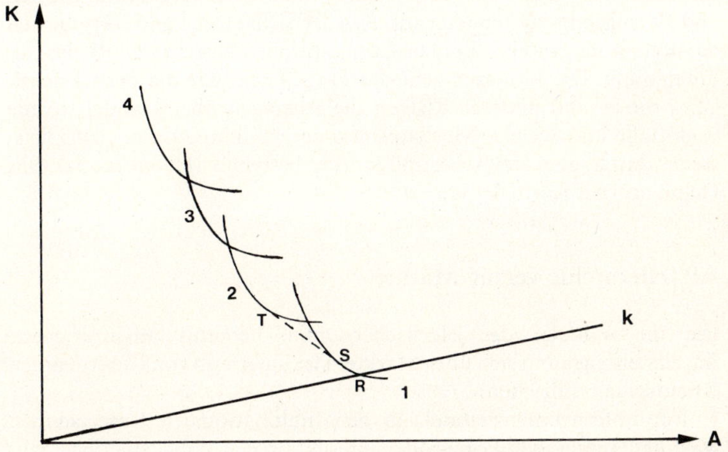

Schaubild 4.3

Bei weiterer Kapitalakkumulation im Inland kann sich eine Situation einstellen, in der der vermehrte Kapitalbestand bei dem in Punkt T herrschenden Faktorpreisverhältnis nicht ausgelastet ist; der Realzins sinkt weiter, das Lohnzinsverhältnis steigt. Das Land spezialisiert sich vollständig auf die Produktion des Gutes 2; bei weiterer Kapitalakkumulation ergibt sich eine Produktion der beiden Güter 2 und 3. Das Land durchläuft also bei Kapitalakkumulation einen Prozeß der Kapitalintensivierung und wechselt von vollständiger Spezialisierung zu Nicht-Spezialisierung.

4.8 Unsicherheit

Die bisher erörterten Erklärungsansätze für internationale Güterbewegungen beziehen sich auf eine Welt der Sicherheit. In der Realität jedoch spielen Risiken eine große Rolle. Dies gilt für einzelne Akteure wie auch für ein Land. Dabei haben Wahrscheinlichkeiten für verschiedene Zustände der Welt unterschiedliche Bedeutung, je nachdem welchen Akteur wir betrachten (Unternehmen, Regierung) und welche Zielfunktion und welche Restriktion ein Akteur hat.
Risiken kann es für den Exporteur geben, etwa über die Produktionsfunktion, die Verfügbarkeit von Produktionsfaktoren, über die Faktorpreise, über die Nachfrage im Ausland, über den Wechselkurs und über handelspolitische Maßnahmen des Auslandes. Für den Importeur und für die Produzenten von Importsubstituten sind Wechselkursrisiken und Versorgungsrisiken relevant. Aus der Sicht eines Landes ergibt sich das Versorgungsrisiko. Bei Direktinvestitionen besteht das Risiko der Enteignung. Die Literatur geht der Frage nach, wie die Berücksichtigung dieser und anderer Risiken die Aussagen über Handelsströme beeinflußt und welche Mechanismen der Risikoreduktion, beispielsweise durch den Devisenterminmarkt, bestehen (Hesse u. a. 1985; Helpman und Razin 1978).

4.9 Hierarchie versus Märkte

Die im Rahmen des Heckscher-Ohlin-Theorems angesprochene Arbeitsteilung kann sich über Märkte oder innerhalb von Unternehmen (Hierarchie) vollziehen.
1. Intraunternehmenshandel. In den multinationalen Unternehmen wird heutzutage das Prinzip der internationalen Arbeitsteilung realisiert; sieht man von Verzerrungen durch die nationale Besteuerung und

Erwägungen über politische Risiken ab, so realisieren multinationale Unternehmen das Prinzip der internationalen Arbeitsteilung.
2. Internationalisierung der Produktion. Im Zusammenhang mit dem Intra-Unternehmenshandel, aber auch durch die Auslagerung von Teilaspekten der Produktion (etwa Computer-Chips in Hongkong) spricht man auch von einer Internationalisierung der Produktion.
3. Vertikale Integration. In der vertikalen Hierarchie der Produktionsstufen können die verschiedenen Produktionsprozesse unterschiedlich auf die Länder verteilt sein. So ist etwa zu beobachten, daß primäre Produktionsprozesse wie die Rohstoffgewinnung in einigen Ländern angesiedelt sind (z. B. upstream bei Erdöl), während die Weiterverarbeitung in anderen Ländern lokalisiert ist (z. B. Raffinerien, Weiterverarbeitung von Erdöl in der Chemie, sog. downstream). Es läßt sich beobachten, daß die späteren Produktionsstufen in der vertikalen Produktionskette mit einer höheren Wertschöpfung verbunden sind. Aus diesem Grund bemühen sich eine Reihe von Ländern heute, eine Politik der vertikalen Integration zu betreiben und weiterverarbeitende Produktionsprozesse an ihre Primär-Aktivitäten zu binden.
Die bisher angesprochenen Aspekte können als eine Erweiterung des Heckscher-Ohlin-Modells angesprochen werden. Die im folgenden zu behandelnden Probleme der Produktvielfalt, des unvollständigen Wettbewerbs und des intrasektoralen Handels stellen jedoch einen Bruch mit Heckscher-Ohlin dar.

4.10 Differenzierte Produkte und Produktvielfalt

In der bisherigen Argumentation sind wir von einem homogenen Produkt ausgegangen, das im Inland und Ausland in gleicher Qualität erstellt werden kann. In der Wirklichkeit bestehen Qualitätsunterschiede, die auf objektive Gegebenheiten (Zuverlässigkeit, Vertriebsnetz, Servicesystem) oder subjektive Einschätzungen zurückzuführen sind. Ordnet man Güter auf einem Kontinuum der Ähnlichkeit an, so bestehen aus Sicht der Nachfrager Substitutionslücken zwischen verschiedenen Gütern.
In Schaubild 4.4 ist ein Kontinuum der Güter a, b, c, d aufgetragen. Man kann sich vorstellen, daß jeder Punkt dieser Achse mit einem Nachfrager besetzt ist, der gerade eine Einheit nachfragt. Wieviel dieser Nachfrage ein Unternehmen U_1 nun bedient, hängt von einer Reihe von Faktoren ab. Neben Transportkosten spielt eine Rolle, welchen Preis die Unternehmung U_1 setzt. Ein Konsument in b, der bei gleichem Preis des Gutes b und c das Gut b präferiert, entscheidet sich bei hinreichend

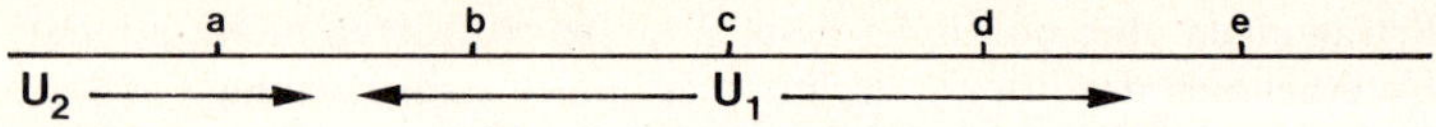

Schaubild 4.4

niedrigem Preis von c für c. Ist nun die Unternehmung U_1 durch sinkende Durchschnittskosten (economies of scale) gekennzeichnet, so kann sie infolge einer günstigen Preissetzung einen relativ großen Markt auf sich ziehen. Das Marktsegment einer Unternehmung variiert also einerseits mit den Produktionsbedingungen und andererseits mit der Präferenzsituation (Substitutionslücken).
Die Öffnung von Grenzen bedeutet, daß Märkte expandieren. Damit können einzelne Firmen die Größendegression besser ausnutzen und die Produktionsmengen der bisher erzeugten Güter erhöhen; die Preise dieser Güter fallen. Gleichzeitig entsteht eine größere Produktvielfalt. Die Konsumenten haben eine größere Auswahl (Helpman A1981).

4.11 Unvollständiger Wettbewerb

Produktvielfalt ist ein Faktor, der unvollständigen Wettbewerb begründet. Ein weiterer Grund für unvollständigen Wettbewerb sind sinkende Durchschnittskosten (economies of scale). Bei unvollständigem Wettbewerb sind folgende Aspekte zu unterscheiden.
1. Monopol. Begründen sinkende Durchschnittskosten ein Monopol, das nicht einer Substitutionskonkurrenz ausgesetzt ist und auch nicht durch potentiellen Markteintritt anderer, etwa ausländischer Anbieter eingeschränkt wird, so kann das Land mit der monopolistischen Unternehmung für ein Exportgut durch Mengenpolitik seine Terms of Trade verbessern und einen Monopolgewinn erzielen (vgl. Optimalzoll).
2. Kartell. Eine Mengenpolitik wird auch in einem Kartell durchgeführt. Ein Kartell ist ein Zusammenschluß mehrerer Anbieter zur Kontrolle wichtiger Marktparameter. Ein Beispiel bieten die Versuche zur Kartellierung des Angebots natürlicher Ressourcen (Erdöl, Kupfer, Zinn).
3. Dumping. Besteht im Inland ein Monopol, so kann der Monopolist regionale Preisdifferenzierung betreiben und die Exportmengen zu Grenzkosten auf dem Weltmarkt anbieten – also zu einem niedrigeren Preis als im Inland.
4. Außenhandel als Wettbewerbspolitik. Die Öffnung der Grenzen kann auch als eine Art von Monopolpolitik interpretiert werden, wenn

das Monopol sich auf das potentielle Importgut bezieht. Ist z. B. der Importsektor des Inlandes monopolisiert, so ist der Preis des Gutes 2 in Autarkie zu hoch, und es wird zu wenig des Gutes 2 produziert (Punkt M in Schaubild 4.5). Punkt D kennzeichnet die Autarkiesituation in vollständiger Konkurrenz. Der Monopolist verlangt einen zu hohen Preis p_2 (tg α ist klein) und bietet eine kleinere Menge als in vollständiger Konkurrenz an. Wird das Monopol z. B. durch Außenhandel abgebaut, so werden der Produktionspunkt D' und der Konsumpunkt Y erreicht. Die Bewegung MD' kennzeichnet den Effizienzgewinn in der Produktion durch den Abbau des Monopols infolge Außenhandel.

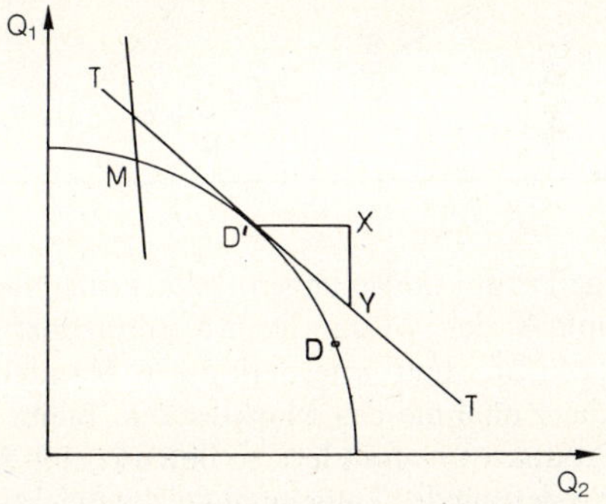

Schaubild 4.5

5. Bestreitbare Märkte. Sinkende Durchschnittskosten und differenzierte Produkte müssen nicht notwendigerweise einen einzigen Anbieter zur Folge haben. Wettbewerb stellt sich im Sinne der Theorie bestreitbarer Märkte auch dann ein, wenn der Markteintritt eines anderen Anbieters möglich ist. Bezeichnen in Schaubild 4.6 cc die Durchschnittskostenkurve einer einzelnen Unternehmung und N ihre Preisabsatzfunktion, so stellt S eine Situation mit einem Durchschnittsgewinn SD dar. Eine solche Situation, bestimmt durch die (hier nicht eingezeichnete) Gleichheit von Grenzerlös und Grenzkosten der Unternehmung, ist auf Dauer nicht möglich, wenn andere Firmen auf den Markt eintreten können. Denn dann verschiebt sich die Preisabsatzfunktion der betrachteten Unternehmung nach unten (auf N'N'); die Preisabsatzfunktion wird dabei elastischer (verläuft flacher). Treten genug Unternehmungen auf den Markt, so ergibt sich das Tangentenphänomen nach Chamberlain. Die Preisabsatzfunktion N'N' tangiert die Durchschnittskostenkurve cc im Punkt S'. Nimmt man an, daß sinkende Durchschnittskosten nur

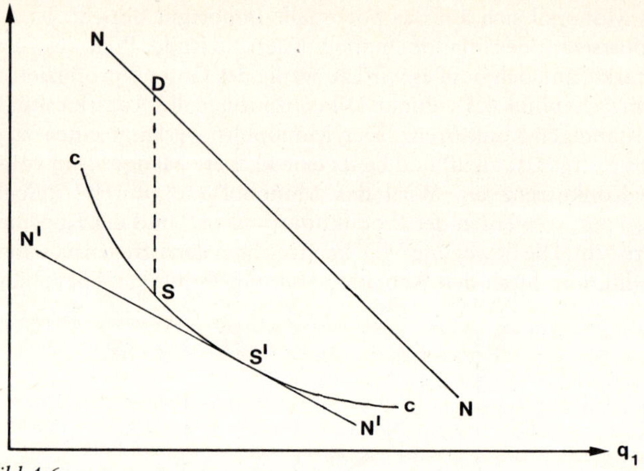

Schaubild 4.6

für relativ geringe Produktionsmengen (relativ zur Nachfrage) gelten, so entspricht Punkt S' der vollständigen Konkurrenz.

6. Bestreitbare Märkte und internationaler Handel. Außenhandel wirkt sich wie die Zunahme des Marktes aus. Bleibt die Menge der differenzierten Produkte unverändert, so bewirkt eine Ausdehnung der Märkte eine Veränderung des Tangentengleichgewichts von S' nach S" (Schaubild 4.7). Die Ausbringungsmenge der einzelnen Unternehmung nimmt zu. Allerdings ist kein Land in der Lage, das gesamte Spektrum der Produkte zu erstellen (vgl. Intrasektoraler Handel).

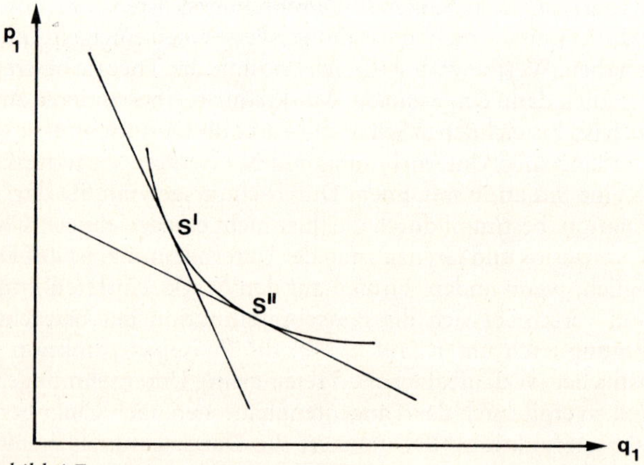

Schaubild 4.7

7. Dyopol. Ein einfaches Grundmuster einer an der Theorie bestreitbarer Märkte orientierten Außenhandelstheorie sind Dyopolmodelle des Brander-Spencer-Typs (A1985, Siebert A1988a), in denen im einfachsten Fall je ein Anbieter im In- und Ausland einen dritten Markt beliefern.

Der Ansatz, bei dem wir gleich eine Exportsubvention zulassen wollen, hat folgende Struktur. Bezeichnen q und q* die Produktionsmengen der inländischen und der ausländischen Unternehmung, $p(q + q^*)$ den Preis, p' die Ableitung der Nachfragefunktion, c(q) die variablen Produktionskosten und s die Subvention pro Mengeneinheit, so ist der Gewinn G des inländischen Unternehmens definiert durch

$$G(q,q^*,s) = qp(q + q^*) - [c(q) - sq].$$

Der inländische Anbieter betrachtet die Produktionsmenge der Rivalen und die Subvention pro Mengeneinheit als gegeben. Die notwendige Bedingung für ein Gewinnmaximum lautet damit

$$G_q = qp'(q + q^*) + p(q + q^*) - c_q + s = 0.$$

Analoge Gleichungen gelten für die ausländische Unternehmung. Die Gewinnfunktionen können graphisch als Isogewinnlinien dargestellt werden (Schaubild 4.8). Die notwendigen Bedingungen definieren implizit einen Zusammenhang zwischen q und q*, nämlich die Reaktionsfunktionen

$$q = R(q^*)$$
$$q^* = R^*(q).$$

Ein Punkt der Reaktionsfunktion ist dadurch gekennzeichnet, daß die Gewinnfunktion eines Unternehmens ein Maximum erreicht, also $G_q(\cdot) = 0$.

In Schaubild 4.8 sind die Reaktionsfunktionen des inländischen Anbieters (RR) und des ausländischen Anbieters (R*R*) dargestellt. Als Stabilitätsbedingung wird verlangt, daß die Reaktionsfunktion der heimischen Unternehmung steiler verläuft als die Reaktionsfunktion der ausländischen Unternehmung.

Ohne Subvention ergibt sich im Handelsgleichgewicht die Cournot-Lösung C. Erhält die inländische Unternehmung eine Subvention pro Mengeneinheit, so verschiebt sich die Reaktionskurve des inländischen Anbieters RR nach rechts. Bei gegebener Angebotsmenge des ausländischen Anbieters q* bietet der inländische Anbieter jetzt mehr an (Bewegung von B nach B'). Die Cournot-Lösung verschiebt sich nach C'; das Inland erreicht ein höheres Gewinniveau (gestrichelte Isogewinnkurve).

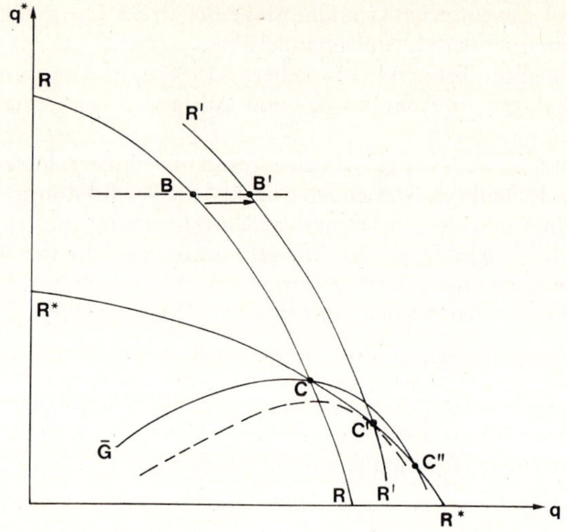

Schaubild 4.8

8. Strategische Handelspolitik. Modelle mit unvollständigem Wettbewerb sind der Ausgangspunkt für strategische Handelspolitik. Das oben diskutierte Dyopolbeispiel mit Subventionierung des inländischen Anbieters zeigt einen möglichen Ansatz zur Rentenumlenkung. Eine andere Fragestellung ist, wie man im Ausland bei einem Monopolisten anfallende Renten (z.B. OPEC) durch einen Importzoll umlenken kann. Neben der Rentenumlenkung spielt auch die Rentenschaffung eine Rolle. So können Länder versuchen, temporär monopolistische Positionen zu erreichen, indem sie etwa bei Lerneffekten sich früh auf einem Markt positionieren.

4.12 Intrasektoraler Handel

Die These des *intrasektoralen Handels* (Grubel und Lloyd 1975) geht von der empirischen Beobachtung aus, daß ein beachtlicher Teil der Warenströme zwischen Ländern mit hohem Pro-Kopf-Einkommen nicht ein Austausch der Produkte des Sektors i mit den Gütern des Sektors j ist, sondern daß der Austausch zwischen ähnlichen Produkten des gleichen Sektors stattfindet. Franzosen importieren deutsche Autos; Deutsche importieren französische Autos. Dieses Phänomen wird als

intrasektoraler Handel bezeichnet. Nach dieser Beobachtung findet also die Außenhandelsspezialisierung nicht zwischen Sektoren statt, sondern zwischen den Subsektoren eines Wirtschaftszweiges. Beispielsweise kommt Grubel (1977, S. 72) zu dem Resultat, daß das Handelsvolumen von zehn wichtigen Industrienationen zur Hälfte aus intraindustriellem Handel besteht.
Grubel mißt den intraindustriellen Handel an dem Index

$$B_i = 1 - \frac{|X_i - M_i|}{X_i + M_i},$$

wobei B = 1 ($X_i = M_I$) einen maximalen intraindustriellen Handel kennzeichnet und $B_i = 0$ bedeutet, daß kein intraindustrieller Handel stattfindet. Grubel berechnet für zehn Industrieländer einen Durchschnitt von 0.48; für die chemische Industrie ergibt sich ein Wert von 0.66. Die empirischen Beobachtungen legen den Schluß nahe, daß der intraindustrielle Handel weniger stark bei den Rohstoffen und landwirtschaftlichen Sektoren und stärker im verarbeitenden Gewerbe ausgeprägt ist. Schließlich zeigt sich, daß der intraindustrielle Handel in der Vergangenheit zugenommen hat.
Die empirische Überprüfung der These des intrasektoralen Handels wirft die Frage nach der Sektorabgrenzung auf. Die Grubel'schen Resultate basieren auf der 3-digit-Ebene der Standard Industrial Trade Classification (SITC). Eine stärker disaggregierte Analyse sollte ein geringeres Ausmaß des intraindustriellen Handels ausweisen.
Soweit intraindustrieller Handel nicht ein statistisches Problem ist, muß unterschieden werden, ob die Güter im Urteil des Nachfragers homogen oder differenziert sind. Bei homogenen Gütern kann dann intraindustrieller Handel zustande kommen, wenn hohe Transportkosten die Ursache für räumlich eng begrenzte Absatzgebiete sind (Raffinerie) und damit je nach Standort sich die Absatzgebiete von Aktivitäten in unterschiedlicher Weise über die nationalen Grenzen ausdehnen. Auch unterschiedliche Produktions- (Getreide auf der Nord- und Südhalbkugel) oder Nutzungszeiten (Elektrizität) bei sehr hohen Lagerkosten können intraindustriellen Handel bei homogenen Gütern begründen. Schließlich kann intraindustrieller Handel auf Distribution und Marketing zurückzuführen sein.
Neben homogenen Gütern können differenzierte Produkte intraindustriellen Handel begründen (vgl. Abschnitt 4.10). Güter werden dann in der gleichen statistischen Kategorie erfaßt, wenn sie entweder enge Substitute in der Verwendung sind oder wenn sie durch ähnliche Produktionsprozesse gekennzeichnet sind. Dann lassen sich drei Güter-

kategorien unterscheiden: Erstens: Güter mit ähnlicher Verwendung und unterschiedlicher Produktionstechnologie (Möbel aus Holz oder Stahl) können gemäß Heckscher-Ohlin erklärt werden. Zweitens: Güter mit geringer Substitution in der Verwendung und mit ähnlicher Produktionsweise (z. B. Teer und Benzin) können dann mit Heckscher-Ohlin erklärt werden, wenn sie Kuppelprodukte sind und technische Bedingungen zu Überschüssen eines Produkts in einem Land führen. Drittens: Güter mit ähnlicher Verwendung und ähnlicher Produktion (verschiedene Automarken) unterscheiden sich in der Regel durch den Firmennamen. Hierbei handelt es sich um differenzierte Produkte, für die die These des intraindustriellen Handels herangezogen werden kann.

Für diese differenzierten Produkte ist Linders (1964) *Ähnlichkeitsthese* der Nachfrage von Interesse. Diese These akzeptiert die Heckscher-Ohlin-Aussage für Primärprodukte, geht aber bei Industrieprodukten von der These aus, daß ein Gut sich erst dann zu einem Exportgut entwickeln kann, wenn es zuerst für die heimische Nachfrage produziert wird. Die heimische Nachfrage bestimmt also das Exportpotential eines Landes. Folglich kann es nur zu Außenhandel kommen, wenn sich die Exportpotentiale von Ländern überlappen. Dies setzt aber voraus, daß sich die Nachfrageverhältnisse in den Ländern ähneln. Da die Ähnlichkeit der Nachfrage u. a. auch von dem Pro-Kopf-Einkommen abhängt, kann man die These vertreten, daß das Handelsvolumen zwischen zwei Ländern um so größer ist, desto näher die Pro-Kopf-Einkommen aneinander liegen. Dieser Hinweis auf die Bedeutung der Nachfrage kann vielleicht erklären, warum etwa die Hälfte des Welthandels zwischen den Industrienationen stattfindet.

Ferner kann für die Erklärung des intraindustriellen Handels auf den Intraunternehmenshandel, die Internationalisierung der Produktion und auf die vertikale Integration verwiesen werden. Zentral ist aber wohl die Kombination von sinkenden Stückkosten in der Produktion und der Differenziertheit der Produkte: Die Größendegression hat starke Spezialisierung in der Produktion, in der Regel zwischen Ländern, zur Folge. Die Heterogenität der Produkte oder die Vorteile der Produktvielfalt im Urteil der Haushalte verhindern eine allzu starke Spezialisierung zugunsten eines Landes und führen anstelle von monopolistischen Positionen zu unvollständigem Wettbewerb (heterogene Oligopole, bestreitbare Märkte).

4.13 Dynamische Aspekte internationalen Handels

Das Heckscher-Ohlin-Modell betrachtet in der Regel die internationale Spezialisierung in dem Sinne als ein statisches Problem, als sich die Bestimmungsfaktoren des Güteraustauschs in der Zeit nicht verändern. Eine dynamische Betrachtungsweise kann zusätzliche Aspekte der internationalen Güterbewegungen erschließen.

1. Veränderung in den Ausstattungsbedingungen. Die Ausstattungsvorteile eines Landes bleiben in der Zeit nicht stehen: Interne Kapitalbildung, Bevölkerungswachstum, Humankapitalbildung, die Bildung von Infrastrukturkapital, neue Organisationsformen der Produktion, der Distribution sowie der Märkte und schließlich neues technisches Wissen verändern absolute und relative Preisvorteile.

2. Exportbasis. Die *These der Exportbasis,* die auch für Regionen als räumliche Teileinheiten von Volkswirtschaften und z.B. für Städte entwickelt (vgl. z.B. Siebert 1969) wurde, betrachtet die historische Dimension von Handelsströmen und sucht eine Antwort auf die Frage, wie sich über einen längeren Zeitraum eine «Exportbasis» entwickelt. Dieser Ansatz ist in dem Sinn mit unserer bisherigen Fragestellung integrierbar, als die These der Exportbasis die Frage stellt, wie sich in einem historischen Prozeß die Konstellationen für den Export von Gütern verändert haben, d.h. z.B. wie sich die absoluten Preisvorteile in der Zeit verändert haben.

In der zeitlichen Entwicklung kann man beobachten, daß sich die Exportaktivitäten eines Landes aus der heimischen Produktion entwikkeln müssen. Ehe ein Produkt zum Exportgut wird, muß es zuerst für den heimischen Markt produziert werden. Der Aufbau einer Exportindustrie wird sich im Zeitablauf also über den heimischen Markt vollziehen. Erst wenn ein Unternehmen Produktionserfahrung für kleinere Mengen für den heimischen Markt hat, kann das Unternehmen in größere Märkte hineinwachsen. Das Bündel der nationalen Produkte bestimmt damit im Zeitablauf die potentielle Menge der Exportgüter. Die These der Exportbasis wirft im übrigen die Frage auf, unter welchen Bedingungen sich Exportaktivitäten stimulierend für das Wachstum einer Volkswirtschaft auswirken oder ob der Exportsektor hoch entwickelt wird und die übrigen Sektoren der Wirtschaft auf einem niedrigeren Entwicklungsniveau bleiben (Problem der «dualen Wirtschaft» in Entwicklungsländern). Ferner bietet sich eine Integration mit der Theorie des sektoralen und des Unternehmenswachstums an.

3. Steigende Skalenerträge. Mit zunehmender Produktion kann ein Land in steigende Skalenerträge hineinwachsen und langfristig sin-

kende Durchschnittskosten erreichen. Die komparativen Vorteile entwickeln sich also in der Zeit. Außenhandel bewirkt eine Ausdehnung des Marktes; eine Unternehmung oder eine Industrie kann sich auf einer langfristigen Durchschnittskostenkurve nach unten bewegen und zunehmende Skalenerträge ausnutzen (vgl. Abschnitt 4.11).

4. Vertikale Integration. Auch die vertikale Integration kann als ein in der Zeit ablaufender Prozeß interpretiert werden, etwa wenn Rohstoffländer versuchen, in die in der vertikalen Produktionskette nachgelagerten Produktionsstufen vorzudringen.

5. Produktzyklus. Die Produktzyklusthese (Vernon A1966) behandelt die Durchsetzung und Verbreitung (Diffusion) eines neuen Produktverfahrens oder eines neuen Produkts, die in der Regel der (in Schaubild 4.9) gezeigten Kurve folgen. In einer ersten Phase (Innovationsphase) wird ein neues Produkt entwickelt, und es wird zunächst für den heimischen Markt hergestellt, wo die Unternehmen Produktions- und Absatzerfahrung sammeln (siehe auch die These der Exportbasis). In einer zweiten Phase (Exportphase) kann das neue Gut in ausländische Märkte eindringen, da im Ausland keine Produktionserfahrung vorliegt. Im Verlaufe der Zeit werden in einer dritten Phase (Imitationsphase) die Produktionsprozesse standardisiert und effizienter gestaltet. Das Produktionsverfahren des Innovators wird bekannt. Der technologische Vorsprung des Innovators geht langsam verloren, da Imitatoren in anderen Ländern auftreten, die wettbewerbsfähig werden. Schließlich verliert das innovierende Land seinen Vorteil und beginnt, das Gut zu importieren (Importphase).

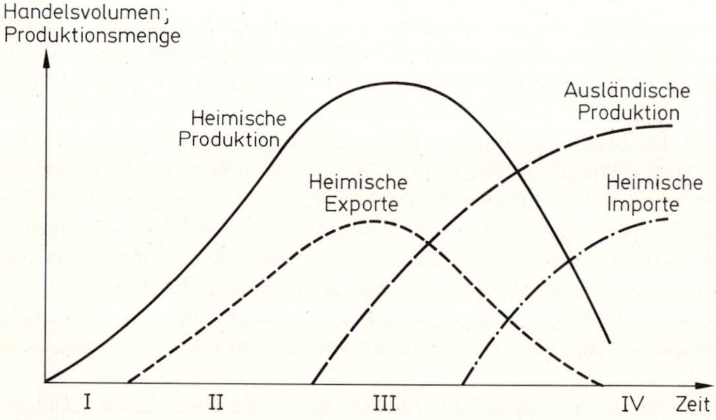

Schaubild 4.9

Die Produktzyklusthese weist darauf hin, daß entwickelte Industrienationen «neue» Produkte exportieren, während Schwellenländer in späteren Phasen konkurrenzfähig werden. Beispiele sind etwa die Herstellung von Automobilen, Fernsehapparaten oder Kameras. Die Produktzyklusthese steht nicht im Widerspruch zu Heckscher-Ohlin; sie weist lediglich auf die Bedeutung technischen Fortschritts (know how), der Innovation und des Humankapitals in den früheren Phasen bei der Diffusion eines Produkts hin. Die These deckt sich im übrigen mit den Schumpeterschen Ideen der Innovation und Imitation (Schumpeter 1975) und mit dem Konzept der Marktphasen.

6. Wachstumsstufen. Die von Rostow (1960) aufgestellte These der Wachstumsstadien zeichnet für Entwicklungsländer eine Sequenz von Wachstumsstufen auf (Traditionelle Gesellschaft, Voraussetzungen für den wirtschaftlichen Aufstieg, Wirtschaftlicher Aufstieg, Entwicklung zur Reife, Zeitalter des Massenkonsums).

Diesen unterschiedlichen Stufen wirtschaftlichen Wachstums sind unterschiedliche Funktionen des Außenhandels zugeordnet. So wird etwa für den take-off der Import von Kapitalgütern erforderlich, während im self-sustained growth die Länder der Dritten Welt in der Produktion der industriellen Massengüter wettbewerbsfähig werden.

4.14 Faktorwanderungen

Neben Güterbewegungen spielen in der Weltwirtschaft Faktorwanderungen eine große Rolle.

1. Effiziente Faktorallokation. In Schaubild 4.10 ist die Allokation des Kapitalstocks der Welt auf zwei Länder dargestellt. Die Nachfrage nach Kapital hängt vom Realzins r^R ab. Die Gerade F_K kennzeichnet die Nachfrage nach Kapital im Inland. Da mit steigendem Kapitaleinsatz die Grenzproduktivität des Kapitals sinkt, hat die Nachfragekurve nach Kapital einen fallenden Verlauf. Die Gerade F_K^* kennzeichnet die Nachfrage nach Kapital des Auslandes, gemessen von O' aus. Die Strecke OO' stellt den Kapitalstock der Welt dar. Punkt S zeigt eine optimale Allokation des Kapitalstocks der Welt. Kapital wird so eingesetzt, daß die Grenzproduktivitäten im Inland und im Ausland gleich sind. Damit sind in Punkt S auch die Realzinssätze in In- und Ausland gleich.

Eine Allokation des Weltkapitalstocks, wie sie der Punkt W kennzeichnet, ist nicht optimal. Im Ausland besteht eine höhere Grenzproduktivität (WU) als im Inland (WV). Es lohnt sich, den Kapitaleinsatz im Inland zu verringern und im Ausland zu vergrößern. Die Situation W bleibt jedoch bestehen, wenn die nationalen Kapitalmärkte segmentiert

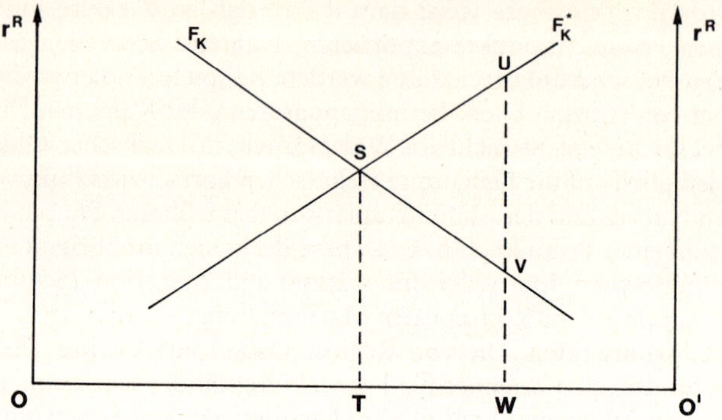

Schaubild 4.10

sind, etwa weil Kapitalverkehrskontrollen vorliegen und das Inland sein Kapital nicht herausläßt. Eine Segmentierung kann auch auf Grund von Transaktionskosten (einschließlich Informationskosten) gegeben sein. Allerdings haben durch die zunehmende Internationalisierung der Kapitalmärkte die Transaktionskosten an Bedeutung verloren.

2. Veränderung der Allokation. Technischer Fortschritt etwa im Inland erhöht die Grenzproduktivität des Kapitals und verschiebt die F_K-Kurve nach rechts. Das Inland vergrößert seinen Anteil am Weltkapitalbestand. Auch eine Zunahme des Arbeitsangebots würde die F_K-Kurve nach rechts verschieben. Dies gilt auch für eine Reduzierung der Kapitalbesteuerung. Länder können also durch steuerliche Regelungen die Allokation des Weltkapitalbestandes beeinflussen. Importiert das Inland Energie und steigen die Energiepreise, so wird der Kapitalstock entwertet, und die F_K-Kurve des Inlands verschiebt sich nach links.
In der Zeit kann der Weltkapitalstock steigen; dann verschiebt sich der Punkt O' nach rechts, und die F_K-Kurve wandert entsprechend mit.
Ein analoges Schaubild kann für den Faktor Arbeit entwickelt werden. Dann stellt ein Punkt analog zu S die Allokation des Arbeitsangebots der Welt auf die beiden Länder dar. Bei Arbeit spielen Mobilitätshemmnisse eine wesentlich größere Rolle.
Die bisherige Argumentation hat auf den Einsatz des Kapitals abgestellt. Schaubild 4.10 kann auch dazu benutzt werden, die Nachfrage nach Finanzmitteln für die Kapitalbildung und das Angebot an neuem Kapital darzustellen. Beträgt beispielsweise das Angebot an «neuem» Kapital im Sinne der loanable funds des Inlandes OW und des Auslandes O'W, so läßt sich der optimale Einsatz des Kapitals in der Welt

dadurch darstellen, daß das Inland Kapital in Höhe von TW ans Ausland exportiert. Eine solche Situation ist etwa darauf zurückzuführen, daß das Inland eine höhere Sparneigung (eine geringere Zeitpräferenzrate) hat als das Ausland. Der Kapitalexport kann etwa in Form einer Direktinvestition erfolgen; dann bleibt das Inland Eigentümer des im Ausland plazierten Kapitals (Beteiligungskapital). Oder das Inland kann dem Ausland einen Kredit gewähren (Verschuldung). In beiden Fällen findet Kapitalexport an das Ausland statt (Schmid A1987).

3. Mobilität des Kapitals oder der Arbeit. Betrachtet man explizit die Mobilität zweier (oder mehrerer) Produktionsfaktoren, so stellt sich die Frage, welcher der Faktoren zur Effizienzsteigerung in der Welt wandern soll. Man kann die Reallöhne zwischen zwei Ländern anpassen, indem Arbeit in das arbeitsarme Land wandert (von der Türkei in die Bundesrepublik) oder indem Kapital in das kapitalarme Land wandert.

4. Auswirkung der Faktormobilität. In der bisherigen Analyse ist deutlich geworden, daß die Mobilität der Faktoren zu einer Angleichung der realen Faktorpreise führt. Der Zustrom eines Faktors verschiebt die Transformationskurve nach außen. Wandert beispielsweise Kapital zu, so verschiebt sich die Transformationskurve zugunsten des kapitalintensiven Gutes nach außen. Es stellen sich ein neuer Produktions- und Konsumpunkt ein. Es ist zu beachten, daß das Land Zinsen oder Dividenden zahlen muß, so daß der neue Konsumpunkt gegebenenfalls innerhalb der neuen Transformationskurve liegt (Gandolfo 1986, S. I232).

4.15 Güterbewegungen und Faktorwanderung

Güterbewegungen sind in der bisherigen Analyse unabhängig von Faktorwanderungen betrachtet worden. Es ist noch kurz auf die Interdependenz beider Austauschmechanismen hinzuweisen.

1. Substitutive Beziehung. Wären Produktionsfaktoren unendlich teilbar und international völlig mobil, so wären Güterbewegungen nicht erforderlich. Die Faktoren würden dann an diejenige Stelle wandern, an der sie am meisten «gebraucht» werden, wo sie also das größte Wertgrenzprodukt erzielen. Die Faktorenwanderung kann also die Güterbewegung ersetzen. Umgekehrt gilt: Bei Immobilität der Faktoren wandern die Güter.

Die Betrachtung der substitutiven Beziehung zwischen Güterbewegungen und Faktorwanderung ist insbesondere in Bezug auf den Faktorpreisausgleich relevant. Der Ausgleich der Faktorpreise – also Effizienz der Produktion – kann im Modell sowohl durch Güterbewegungen als auch durch Faktorwanderung erreicht werden.

2. Kopplungsthese. Eine alternative Hypothese betont eine eher komplementäre Beziehung zwischen Güterbewegungen und Faktorwanderung. Hat eine Region einen Standortvorteil für die Produktion und den Export eines Gutes, so lockt die Produktion zusätzliche Produktionsfaktoren an. Durch den Zustrom dieser Faktoren verbessern sich die Produktionsbedingungen und damit der Standortvorteil der Region.

3. Polarisierungstendenz. Dieser Kopplungseffekt zwischen Güterbewegungen und Faktorwanderungen kann polarisierend in der Weltwirtschaft wirken. Es bilden sich Agglomerationen heraus, deren Standortgunst durch die Zuwanderung von Faktoren verstärkt wird. Eine solche Polarisierung kann sich auch dann einstellen, wenn einer der Produktionsfaktoren – wie technisches Wissen – immobil ist, und die anderen Faktoren mobil sind und zum technischen Wissen wandern. Die Polarisierung der Agglomeration kann von der Entleerung der Peripherie begleitet sein (Myrdal 1974).

4.16 Intertemporaler Handel mit Kapitalverkehr

Eine interessante Verknüpfung zwischen Güterbewegungen und Kapitalverkehr ergibt sich in einem intertemporalen Kontext. Man betrachte ein Gut Q, das konsumiert werden kann und dessen Nicht-Konsum Kapitalbildung bedeutet. Bei Konsumverzicht in der Periode 0 (Investition) ist es möglich, in der nächsten Periode die Konsummenge zu vergrößern. Das betrachtete Gut ist also sowohl Konsum- als auch Investitionsgut (malleable capital, «Kuh-Wirtschaft»). Es ist möglich, durch Konsumverzicht von TM in der Periode 0 ein Konsumgut von MP in der Periode 1 bereitzustellen (Schaubild 4.11a). Die Kurve TT' kennzeichnet also eine Transformationskurve in der Zeit.

In Schaubild 4.11 ist unterstellt, daß das Inland eine relativ günstige Transformationsmöglichkeit in der Zeit hat (Schaubild 4.11a), das Ausland dagegen eine ungünstigere Transformationsmöglichkeit. Gleichzeitig ist angenommen worden, daß Inland und Ausland ähnliche Präferenzen haben.

Dann können beide Länder ihre Wohlfahrt steigern, indem sich das Inland auf die Produktion desjenigen Gutes spezialisiert, bei dem es einen Vorteil hat, nämlich in der Periode 1 und die Mengen PK exportiert. In der Periode 0 importiert es die Menge KC. Dies ist aber nur möglich, wenn es sich in der Periode 0 verschuldet (in Höhe von KC) und diese Schuld in der Periode 1 zurückzahlt.

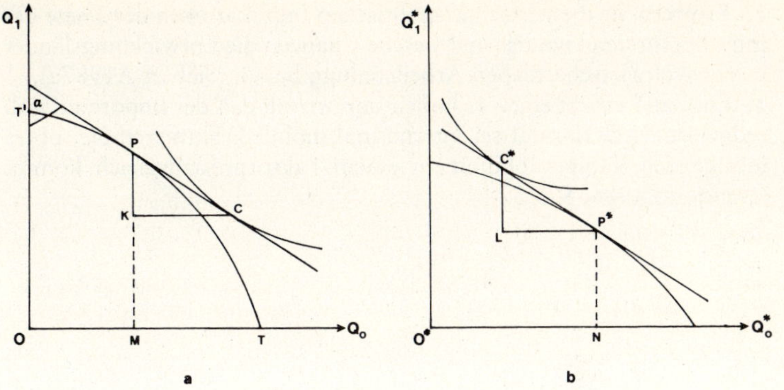

Schaubild 4.11

Der tg α kennzeichnet die intertemporalen Terms of Trade, also den Relativpreis in der Zeit. Dieser Relativpreis ist gleich der zeitlichen Grenzrate der Transformation und ebenfalls gleich der Grenzrate der Substitution in der Zeit.

Für das Ausland ergibt sich das Gegenbild. Das Ausland spezialisiert sich auf die Produktion in der Periode 0 und exportiert das Gut in der Periode 0 (LP*). Es importiert in der Periode 1 die Menge LC*. Das Ausland gewährt in der Periode 0 einen Kredit, der in der Periode 1 zurückgezahlt wird.

Schaubild 4.11 verdeutlicht intertemporale Eigenschaften der Handels- und Kapitalverkehrsbilanz. Das Inland hat eine defizitäre Handelsbilanz in der Periode 0, die durch einen positiven Kapitalverkehrsbilanzsaldo (Kapitalimport, Verschuldung) finanziert wird. In der Periode 1 dagegen ist die Handelsbilanz des Inlandes positiv; die Kapitalverkehrsbilanz ist negativ (Kapitalexport, Schuldentilgung). Über beide Perioden hinweg ist die Handelsbilanz ausgeglichen. In diesem intertemporalen Ansatz stehen Güterverkehr und Kapitalverkehr also in dem Sinn in einem Zusammenhang, daß Güterströme über Kapitalverkehr ermöglicht werden.

Weiterführende Fragen

1. Erörtern Sie eine Exportsubvention in einem Ansatz der strategischen Handelspolitik (Brander, Spencer A1985) und diskutieren Sie die wirtschaftspolitischen Empfehlungen des Ansatzes (Siebert A1988a).

2. Erörtern Sie die wirtschaftspolitischen Implikationen der These des intra-sektoralen Handels und welche Chancen die Entwicklungsländer in der weltwirtschaftlichen Arbeitsteilung haben (Siebert A1987a).

3. Ein Land erhebt einen so hohen Importzoll, daß der Import auf null reduziert wird. Kapital sei internatinal mobil. Diskutieren Sie, ob es infolge der Kapitalmobilität zu einem Faktorpreisausgleich kommt (Gandolfo 1986, S. I232).

5. Reales Tauschverhältnis und Handelsgleichgewicht

Wenn jedes Land nur eine Ware aus- und einführt, bestimmen die komparativen Kosten nur die Grenzen, zwischen denen das Austauschverhältnis liegen muß; die genaue Lage in diesem Bereich hängt von der Nachfrage jedes der beiden Länder nach den Exportwaren des anderen ab. Gottfried Haberler*

In diesem Kapitel diskutieren wir die Bestimmung des Tauschverhältnisses unter statischen Bedingungen und seine Veränderung in der Zeit. Welche Bedeutung dem Tauschverhältnis zukommt, wird in Abschnitt 5.1 erörtert; wie es bestimmt wird, ist Gegenstand des Abschnitts 5.2. In Abschnitt 5.3 werden einige Eigenschaften des Tauschgleichgewichts diskutiert. Abschnitt 5.4 behandelt die Frage, wie sich die Aussagen über das neoklassische System ändern, wenn Geld als drittes Gut in die Analyse eingeführt wird. Damit werden bereits die Grundlagen der monetären Außenhandelstheorie entwickelt. In Abschnitt 5.5 wird die Frage der Verschlechterung der Terms of Trade der Entwicklungsländer und in 5.6 der Industrienationen angesprochen. Abschnitt 5.7 vergleicht den Terms of Trade Ansatz und das Theorem der relativen Kosten- oder Preisvorteile. Zur Vereinfachung der Argumentation gehen wir wieder von einem Zwei-Länder-Fall aus. Abschließend wird die Transfertheorie behandelt.

5.1 Wirtschaftspolitische Relevanz des Tauschverhältnisses

In Kapitel 3 sind Hypothesen zur Erklärung des internationalen Güteraustausches dargestellt worden. Bei der Darstellung des Ricardo- und Heckscher-Ohlin-Modells wurde deutlich, daß sich nach Eröffnung des Handels in beiden Ländern ein gemeinsames Faktorpreisverhältnis und ein gemeinsames Güterpreisverhältnis herausstellen. Dabei blieb die Frage offen, wie dieses Tauschverhältnis bestimmt wird. Dieser Frage gehen wir im folgenden nach.
Das Güterpreisverhältnis p_1/p_2 hat die Dimension

$$\frac{DM/ME_1}{DM/ME_2} = \frac{ME_2}{ME_1}$$

Es kennzeichnet die Mengeneinheiten des Gutes 2, die man im Tausch für eine Mengeneinheit des Gutes 1 erhält.

* Der internationale Handel; Berlin 1933; S. 110.

Als Terms of Trade eines Landes bezeichnet man das Verhältnis von Exportgüter – Importgüterpreisindex in heimischer Währung[1]. Die Terms of Trade eines Landes, die auch als reales Tauschverhältnis eines Landes bezeichnet werden, geben an, welches Importgüterbündel man für ein gegebenes Exportgüterbündel erhält. Betrachten wir den Zwei-Länder-Zwei-Güter-Fall und nehmen wir an, daß Land I Gut 1 exportiert und Gut 2 importiert, so ist das reale Tauschverhältnis definiert durch das Güterpreisverhältnis p_1/p_2. Für das Ausland ist im Zwei-Länder-Fall das Austauschverhältnis als Kehrwert des Preisverhältnisses p_1/p_2 definiert.

Das Tauschverhältnis ist von eminenter wirtschaftspolitischer Bedeutung: Jede Volkswirtschaft wird an einer Verbesserung ihrer Terms of Trade interessiert sein, da ein Anstieg der Terms of Trade bedeutet, daß für eine gegebene Menge von Exportgütern eine größere Menge von Gütern importiert werden kann. Die Verbesserung des Tauschverhältnisses impliziert also eine stärkere Verfügbarkeit von Gütern für Konsum und Investition; seine Verschlechterung bedeutet eine Reduzierung der für den Konsum (und für die Produktion) verfügbaren Güter. Entwicklungsländer haben in der Vergangenheit für eine Reihe von Produkten abnehmende Terms of Trade erfahren; sie mußten also die Produktion dieser Exportgüter laufend erhöhen, um ein gegebenes Niveau von Importgütern aufrecht zu erhalten. Eine solche Verschlechterung des Tauschverhältnisses ist unter entwicklungspolitischen Gesichtspunkten besonders problematisch, da diese Länder im Interesse ihrer wirtschaftlichen Entwicklung Kapitalgüter importieren müssen und ein gegebenes Importniveau von wachstumsnotwendigen Kapitalgütern nur aufrecht erhalten werden kann, wenn die Exportproduktion verstärkt wird.

Die beiden Erdölkrisen 1973/74 und 1979/80 haben die Bedeutung der Terms of Trade-Entwicklung deutlich gemacht. So haben sich durch die Erhöhung der Erdölpreise die Terms of Trade z. B. der OPEC-Länder seit 1973 verbessert, während sich das Tauschverhältnis für einige Länder der Dritten Welt ohne starke Rohstoffbasis verschlechterte (vgl. Tabelle 5.1 in Abschnitt 5.5). Auch die Terms of Trade der Länder der Europäischen Gemeinschaft sanken von 113 (1973) auf 100 (1974) und von 104 (1979) auf 96 (1981) (vgl. Tabelle 5.1).

Die Bundesrepublik mußte von 120 (1973) eine Verringerung ihrer Terms of Trade auf 110 (1974) und von 113 (1978) auf 93 (1981)

---

[1] Zu anderen Definitionen der Terms of Trade vgl. z. B. Findlay, R., Terms of Trade, in: The New Palgrave, Vol. 4, London 1987, S. 623f.

hinnehmen. Die Terms of Trade stiegen danach auf 99 (1983) (vgl. Tabelle 5.1). 1984 sanken die Terms of Trade auf 96. Sinkende Terms of Trade bedeuten, daß die Bundesrepublik eine größere Menge Exportgüter (z. B. Volkswagen) hergeben muß, um eine gegebene Menge des Importgutes Erdöl (oder anderer Rohstoffe) zu erhalten. Aus diesen Überlegungen wird deutlich, daß eine Analyse der Bestimmungsfaktoren des realen Tauschverhältnisses von besonderem wirtschaftspolitischem Interesse ist.
Im System der Außenhandelstheorie resultiert der Stellenwert des realen Tauschverhältnisses auch aus folgender Überlegung: Wie beim Ricardo-Fall gezeigt wurde, gestattet die Aufnahme von Handel einem Land, auf eine Konsummöglichkeitskurve zu gelangen, die außerhalb der eigenen Produktionsmöglichkeitskurve liegt. Außenhandel ermöglicht also Wohlfahrtsgewinne für die beteiligten Länder. Die Höhe der Wohlfahrtsgewinne für das einzelne Land hängt aber – wie in Kapitel 6 gezeigt wird – von dem realen Tauschverhältnis ab, das sich nach Aufnahme von Handel einstellt[2].

5.2 Tauschverhältnis und Konsistenz der Tauschpläne

Das Tauschverhältnis muß auf den (Tausch-)Märkten so bestimmt werden, daß die Tauschwünsche der beiden Länder übereinstimmen. Dies ist nicht bei jedem beliebigen Tauschverhältnis der Fall, denn die beiden Länder (genauer: die Wirtschaftssubjekte dieser Länder) planen autonom diejenigen Gütermengen, die sie als Exporte gegen Importgüter tauschen wollen. Da diese Planungen unabhängig voneinander erfolgen, tritt das Problem auf, ob die von den Ländern bei einem gegebenen Tauschverhältnis angebotenen und nachgefragten Tauschmengen konsistent sind, d. h. ob Land I genau die Tauschmenge hergeben will, die Land II zu erwerben gedenkt[3]. Zur Bestimmung der Tauschverhältnisse ist also die Kenntnis der Konsistenzbedingungen erforderlich.

---

[2] Neben dem Relativpreiseffekt ist dabei ein Mengeneffekt zu berücksichtigen.

[3] Um den Tauschakt gedanklich in eine Nachfrage- und eine Angebotskomponente zu zerlegen, kann man sich eine Ökonomie vorstellen, in der ein Auktionator die Preise ausruft und die Anbieter ihre Angebotsmengen auf einen Stapel legen und die Nachfrager die nachgefragten Mengen aus dem Stapel entnehmen (sog. Stapel-Ökonomie).

5.2.1 Konsistenzbedingungen

Das Inland wird dem Ausland Gut i zum Tausch anbieten, wenn die produzierte Menge des Gutes i seine Eigennachfrage nach diesem Gut übersteigt. Dagegen wird das Inland das Gut i vom Ausland nachfragen, wenn seine Eigennachfrage größer ist als die heimische Produktion. Die Differenz zwischen heimischer Nachfrage und heimischer Produktion ist die Überschußnachfrage oder Tauschmenge. Bezeichnet man die produzierten Mengen weiterhin mit Q_i und die Eigennachfrage mit C_i (von Investitionen wird in unserer Analyse abgesehen), so ist die Überschußnachfrage definiert als

$$E_i = C_i - Q_i. \qquad (5.1)$$

Wenn $E_i = C_i - Q_i > 0$, ist die Eigennachfrage größer als die heimische Produktion. E_i kennzeichnet dann die nachgefragte Tauschmenge. Die Überschußnachfrage ist positiv. Das Land beabsichtigt, das Gut zu importieren. Wenn $E_i = C_i - Q_i < 0$, ist die Eigennachfrage kleiner als die heimische Produktion. E_i kennzeichnet dann die angebotene Tauschmenge. Die Überschußnachfrage ist negativ. Das Land beabsichtigt, das Gut zu exportieren.

1. Gleichgewicht auf den Gütermärkten. Die Tauschpläne der beiden Länder sind nicht konsistent, wenn Land I eine andere Menge des Gutes i anbietet als Land II nachfragt. Folglich gilt: Die Tauschpläne der beiden Länder sind konsistent, wenn für Gut i die Überschußnachfrage des Inlandes (z.B. die angebotene Tauschmenge) mit der Überschußnachfrage des Auslandes (z.B. nachgefragte Tauschmenge) übereinstimmt, also

$$E_i + E_i^* = 0 \text{ für } i = 1,2. \qquad (5.2)$$

Diese Bedingung bezieht sich auf das Gleichgewicht der beiden Gütermärkte, also auf das Weltmarktgleichgewicht. Bezeichnet man mit E_i^w die Weltüberschußnachfrage nach dem Gut i, so kann man dieses Gleichgewicht auch dadurch kennzeichnen, daß die Weltüberschußnachfrage null ist, d.h.

$$E_i^w = E_i + E_i^* = 0$$

2. Budgetrestriktionen. Die Budgetrestriktion verlangt, daß der Wert der nachgefragten Gütermengen eines Landes (Sozialprodukt von der Verwendungsseite) dem Volkseinkommen (Sozialprodukt von der Entstehungsseite) entspricht. Das Faktoreinkommen ist identisch dem Wert der produzierten Gütermengen. Es gilt für Land I

$$p_1C_1 + p_2C_2 = p_1Q_1 + p_2Q_2 \text{ bzw.}$$

$$p_1 (C_1 - Q_1) + p_2 (C_2 - Q_2) = p_1E_1 + p_2E_2 = o \qquad (5.3)$$

3. Leistungsbilanzausgleich: Die Budgetrestriktion impliziert, daß die Leistungsbilanz[4] ausgeglichen ist. Der Leistungsbilanzsaldo Z^L in heimischer Währung ist definiert als die Differenz von Exportwert (X^{DM}) und Importwert (Im^{DM}) oder

$$Z^L = X^{DM} - Im^{DM} = -[p_1E_1 + p_2E_2] \qquad (5.4)$$

Es ist leicht einzusehen, daß die rechte Seite die Differenz von Exportwert und Importwert in heimischer Währung angibt:
(1) Sei Gut 1 das Exportgut des Inlandes und Gut 2 sein Importgut. Dann gilt

$$E_1 < o \text{ und } -p_1E_1 = X^{DM} > o \text{ sowie}$$

$$E_2 > o \text{ und } -p_2E_2 = -Im^{DM} < o$$

(2) Sei Gut 2 das Exportgut des Inlandes und Gut 1 sein Importgut. Dann gilt

$$E_1 > o \text{ und } -p_1E_1 = -Im^{DM} < o \text{ sowie}$$

$$E_2 < o \text{ und } -p_2E_2 = X^{DM} > o$$

Aus einem Vergleich des Leistungsbilanzsaldos in 5.4 und der Budgetrestriktion 5.3 ist ersichtlich, daß die Budgetrestriktion eine ausgeglichene Leistungsbilanz impliziert. Die Bedingung des Leistungsbilanzausgleichs kann also als eine Konkretisierung der Budgetrestriktion aufgefaßt werden. Entsprechend folgt aus der Budgetrestriktion des Auslandes, daß auch die Leistungsbilanz des Auslandes ausgeglichen sein muß.

5.2.2 Die Bestimmung des Tauschverhältnisses

Die Überschußnachfrage (E_i) eines Landes wird von einer Reihe von Faktoren beeinflußt. Die Eigennachfrage (C_i) hängt ab von den Güterpreisen und dem Einkommen Y; die heimische Produktion hängt (bei gegebener Faktorausstattung) von den Güterpreisen ab.

$$E_i = C_i (p_1/p_2; Y) - Q_i (p_1/p_2)$$

---

[4] Zum Begriff der Leistungsbilanz vgl. Abschnitt 8.1. Exporte und Importe umfassen hier auch Dienstleistungen.

In vereinfachter Form kann unterstellt werden, daß die Überschußnachfrage vom Güterpreisverhältnis abhängt:

$$E_i = E_i\ (p_1/p_2) \tag{5.5}$$

Bezeichnet man im folgenden zur Vereinfachung das Güterpreisverhältnis p_1/p_2 mit p, so daß $p = p_1/p_2$, so ergeben die Gleichungen 5.2 und 5.3 folgendes Gleichungssystem (wobei Z^L in Einheiten des Gutes 2 ausgedrückt ist).

$$\begin{aligned} E_1\ (p) + E_1^*\ (p) &= o \\ E_2\ (p) + E_2^*\ (p) &= o \\ Z^L = -(pE_1 + E_2) &= o \end{aligned} \tag{5.6}$$

Die Güterpreisrelation p ist so zu bestimmen, daß die Gütermärkte geräumt werden und die Leistungsbilanz ausgeglichen ist.
Im folgenden sollen die Konsistenzbedingungen graphisch dargestellt werden. Zu diesem Zweck wird eine Analyse der Überschußnachfragekurven (Tauschkurven) erforderlich. Dazu kann man sich der Oniki-Uzawa- oder der Marshall-Mill-Tauschkurven bedienen.
1. Die Oniki-Uzawa-Tauschkurve. Der Verlauf der Überschußnachfragefunktion des Inlandes für Gut 1 hängt ab von

$$\frac{dE_1}{dp} = \frac{dC_1}{dp} - \frac{dQ_1}{dp} \gtrless o \tag{5.7}$$

Die Veränderung der Tauschmenge in Abhängigkeit des Güterpreisverhältnisses resultiert aus einem Produktionseffekt und einem Nachfrageeffekt. Der Produktionseffekt ist bei konkaver Transformationskurve positiv, d.h. die angebotene Menge des Gutes 1 nimmt mit steigendem Preisverhältnis p zu, es sei denn, der Punkt der vollständigen Spezialisierung (mit $Q_2 = o$) ist erreicht. Dann wird der Produktionseffekt null. Wie aus Schaubild 3.12 hervorgeht, ist dies dann der Fall, wenn das maximale Preisverhältnis erreicht wird. Ferner folgt aus der Konkavität der Transformationskurve, daß dQ_1/dp kleiner wird, je näher sich das Preisverhältnis an das maximale Preisverhältnis annähert. Der Nachfrageeffekt kann in einen Substitutionseffekt und einen Einkommenseffekt zerlegt werden.
Der Substitutionseffekt ist – auch in bezug auf den Relativpreis p – eindeutig negativ; der Einkommenseffekt kann negativ oder positiv sein und (im letzten Fall) möglicherweise den Substitutionseffekt überwiegen. Bei nicht-inferioren Gütern z. B. wird der Einkommensanstieg, der aus der Verbesserung des realen Tauschverhältnisses folgt, die heimi-

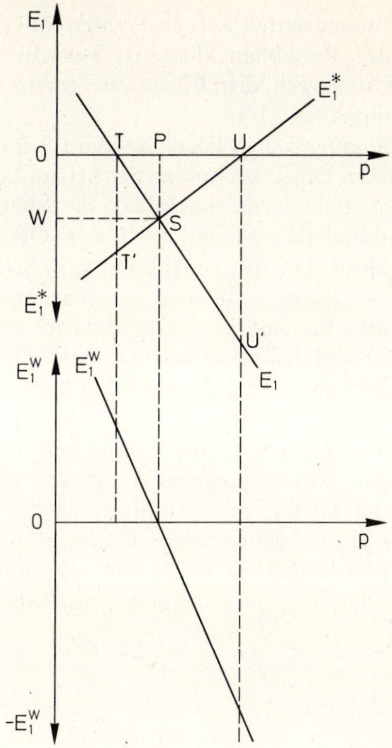

Schaubild 5.1

sche Nachfrage des Inlandes nach seinem (Export-)Gut 1 erhöhen. Wenn dieser Effekt stark genug ist, kann das Exportangebot als Folge der Zunahme des Preisverhältnisses und bei entsprechend geringem Produktionseffekt zurückgehen. Im folgenden gehen wir von der Annahme aus, daß $dE_1/dp < o$, d. h. daß die Tauschkurve E_1 die in Schaubild 5.1 angegebene negative Steigung hat[5]. Mit steigendem p_1/p_2 geht die Überschußnachfrage des Inlandes nach Gut 1 zurück. Bei einem Preisverhältnis OT beginnt das Inland, Gut 1 anzubieten, d. h. E_1 wird negativ. Die Kurve E_1 wird nach ihren Autoren als Oniki-Uzawa-Tauschkurve bezeichnet.

Auch bei der Tauschkurve des Auslandes sei $dE_1^*/dp < o$. Trägt man positive E_1^*-Werte (Nachfrage des Auslandes nach Gut 1) auf der Or-

[5] Es kann gezeigt werden, daß dies dann der Fall ist, wenn z. B. eine Cobb-Douglas Nutzenfunktion unterstellt wird. Vgl. A. Takayama, International Trade. An Approach to the Theory, New York 1972, S. 25.

dinate des unteren Quadranten auf, so kennzeichnet E_1^* die Tauschkurve des Auslandes. Bei einem kleineren Tauschverhältnis als OU fragt das Ausland Gut 1 nach, d.h. $E_1^* > 0$. Bei $p_1/p_2 > OU$ ist $E_1^* < 0$, d.h. das Ausland bietet Gut 1 an.
Die Konsistenzbedingung 5.2 in bezug auf Gut 1 kann in Schaubild 5.1 dargestellt werden. Die Tauschpläne der beiden Länder sind in bezug auf Gut 1 konsistent, wenn das Inland die Menge OW anbietet und das Ausland die gleiche Menge nachfragt. OP ist das gleichgewichtige Preisverhältnis. Die untere Abbildung in Schaubild 5.1 stellt die Weltüberschußnachfrage nach Gut 1 dar. Bei einem Preisverhältnis OP ist der Weltmarkt für Gut 1 im Gleichgewicht. Im vorliegenden Schaubild 5.1 ist der Fall diskutiert worden, daß Land I Gut 1 exportiert und Land II Gut 2 exportiert. Dies wird in Kapitel 5 zur Vereinfachung unterstellt:
Prämisse A.5.1: Land I exportiert Gut 1, und Land II exportiert Gut 2.
2. Es läßt sich zeigen, daß Gleichgewicht auf dem Weltmarkt für ein Gut unter Beachtung der Budgetrestriktionen beider Volkswirtschaften auch Gleichgewicht auf dem anderen Weltmarkt impliziert. Das ist das sogenannte Walras'sche Gesetz. Dieses Gesetz kann man sich wie folgt klar machen: Die Budgetrestriktionen für Inland und Ausland lauten

$$pE_1 + E_2 = 0$$

$$pE_1^* + E_2^* = 0$$

Herrscht Gleichgewicht auf dem Weltmarkt für Gut 1, d.h. $E_1 = -E_1^*$, so folgt $E_2 = -E_2^*$, d.h. daß auch der Gütermarkt 2 im Gleichgewicht sein muß. Ferner implizieren die Budgetrestriktionen – wie wir bereits gesehen haben – daß die Leistungsbilanzen ausgeglichen sind. Da die Bedingungen $dE_1/dp < 0$ und $dE_1^*/dp < 0$ (beachte Achsenbezeichnung) hinreichend sind für die Eindeutigkeit eines Gleichgewichts auf dem Weltmarkt des Gutes 1, sind diese Bedingungen auch hinreichend für die Eindeutigkeit eines internationalen Gleichgewichts.
Aussage: Ist einer der Weltgütermärkte im Gleichgewicht, so ist unter Beachtung der Budgetrestriktionen auch der zweite Weltgütermarkt im Gleichgewicht.
3. Stabilität. Das Gleichgewicht in Schaubild 5.1 ist in dem Sinn stabil, daß bei einem (geringen) Abweichen vom gleichgewichtigen Preisverhältnis ein Anpassungsmechanismus existiert, der den Preis auf den Gleichgewichtspreis zurückbringt.
Prämisse A.5.2: Das Preisverhältnis steige (falle), wenn die Summe der Überschußnachfrage beider Länder, d.h. (im Zwei-Länder-Fall) die

«Weltüberschußnachfrage» (E_1^w), bei einem gegebenen Relativpreis positiv (negativ) ist, also

$$E_1^w = E_1 + E_1^* \gtreqless 0 \rightarrow dp \gtreqless 0 \tag{5.8}$$

Ob das Gleichgewicht stabil ist, hängt von dem Verlauf der Überschußnachfragefunktionen beider Länder und damit der Weltüberschußnachfragekurve ab. Angenommen, die Weltüberschußnachfrage nach Gut 1 nehme mit steigendem Relativpreis ab:

$$\frac{dE_1^w}{dp} = \frac{dE_1}{dp} + \frac{dE_1^*}{dp} < 0 \tag{5.9}$$

Prämisse A.5.2 kennzeichnet eine institutionelle Eigenschaft des Marktes, d.h. sie gibt Antworten auf die Frage, wie der Relativpreis auf Ungleichgewichtssituationen reagiert. Bedingung 5.9 kennzeichnet dagegen das Mengenverhalten von Nachfragern und Anbietern auf alternative Preise. Bedingung 5.9 ist in Schaubild 5.1 dargestellt. Dann sind unter Prämisse A.5.2 zwei Fälle zu unterscheiden:

a) Sei das Preisverhältnis OT. Dann kennzeichnet TT′ in Schaubild 5.1 die positive Überschußnachfrage des Auslandes. Das Inland bietet bei diesem Preisverhältnis die Menge null an. Die Weltüberschußnachfrage ist positiv; nach Prämisse A.5.2 folgt aus $E_1^w > 0$ ein Anstieg des Relativpreises ($dp > 0$). Aufgrund der Eigenschaft 5.9 muß die Weltüberschußnachfrage abnehmen. Der Nachfrageüberhang wird abgebaut.

b) Sei der Preis OU. In diesem Fall fragt das Ausland nichts nach, während das Inland die Menge UU′ anbietet. Die Weltüberschußnachfrage ist negativ (Angebotsüberhang). Aus $E_1^w < 0$ folgt aber nach Prämisse A.5.2 $dp < 0$. Aufgrund der Eigenschaft 5.9 nimmt der Angebotsüberhang ab. Das System tendiert zu seinem Gleichgewicht zurück. Unter Bedingung 5.9 ist das Gleichgewicht (lokal) stabil[6]. Es läßt sich leicht zeigen, daß das Gleichgewicht instabil ist, wenn Bedingung 5.9 nicht erfüllt ist und wenn gilt $dE_1^w/dp > 0$.

Aussage: Das Gleichgewicht ist im Sinn der Prämisse A.5.2 stabil, wenn die Weltüberschußnachfrage mit steigendem Preisverhältnis abnimmt (Eigenschaft 5.9).

---

[6] Unter lokaler Stabilität (auch Marshall-Stabilität) versteht man die Stabilität eines einzelnen Marktgleichgewichts. Der Gegenbegriff ist die Systemstabilität, die eine Aussage über die Stabilität des Gleichgewichts eines Modellsystems macht.

Aus dieser Aussage folgt übrigens, daß unsere bisherige Annahme, daß sowohl $dE_1/dp < o$ als auch $dE_1^*/dp < o$, unnötig restriktiv ist. Es ist hinreichend, wenn die Summe in 5.9 kleiner als null ist.

4. Die Marshall-Mill-Tauschkurve. Eine alternative Darstellung der Konsistenzbedingungen und der Bestimmung des Tauschverhältnisses ergibt sich mit Hilfe der Marshall-Mill-Tauschkurve.

In Schaubild 5.2a ist die Tauschkurve des Inlandes $(-E_1)$ dargestellt. Es wird im folgenden angenommen, daß das Inland Gut 1 exportiert und Gut 2 importiert. Auf der Abszisse sind die Exporte des Inlandes $(-E_1)$ und die Importe des Auslandes (E_1^*) eingetragen. Auf der Ordinate sind die Importe des Inlandes (E_2) und die Exporte des Auslandes $(-E_2^*)$ eingezeichnet. Das Güterpreisverhältnis wird durch den tg des Winkels eines Fahrstrahls vom Nullpunkt angegeben, denn es gilt $p_1/p_2 : ME_2/ME_1$. Die Tauschkurve des Inlandes $(-E_1)$ gibt an, welche Mengen des Gutes 1 das Inland bei alternativen Preisverhältnissen zu exportieren bereit ist. Oder anders ausgedrückt: Die Tauschkurve des Inlandes gibt an, welche Mengen des Gutes 1 das Inland gegen welche Mengen des Gutes 2 zu tauschen bereit ist. Land I wird Gut 1 nur exportieren wollen, wenn es nach Öffnung der Grenzen für eine Mengeneinheit des (Export-)Gutes 1 eine größere Menge des (Import-)Gutes 2 erhält als in der Autarkielage. Kennzeichne der dem Fahrstrahl α zugeordnete Winkel tg α das Güterpreisverhältnis in Autarkie. Dann sind die Tauschmengen null. Steigt nach Öffnung der Grenzen das Güterpreisverhältnis von tg α auf tg α' (zugeordnet dem Fahrstrahl α'), so wird Außenhandel für das Inland interessant. Es bietet z.B. die Menge OD des Gutes 1 an, wenn es vom Ausland die Menge OF des Gutes 2 erhält.

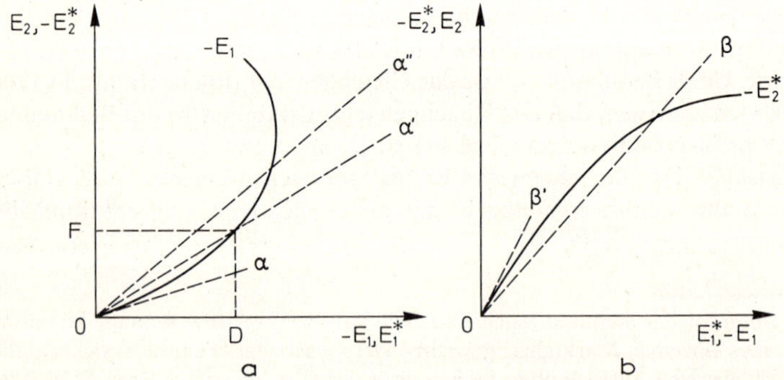

Schaubild 5.2

Steigt das Preisverhältnis p weiter (z.B. tg α''), so wird der Produktionseffekt infolge der Konkavität der Transformationskurve geringer. Im Grenzfall der vollständigen Spezialisierung wird der Produktionseffekt null. Mit zunehmendem p wird eine geringe Menge des Gutes 1 nachgefragt. Der Substitutionseffekt bewirkt also, daß mit zunehmendem p das Exportangebot steigt. Diesem Substitutionseffekt steht aber der Einkommenseffekt entgegen. Mit steigendem p, d.h. mit günstigeren Terms of Trade, steigt das Volkseinkommen $Y = pQ_1 + Q_2$, ausgedrückt in Mengeneinheiten des Gutes 2. Mit zunehmendem Einkommen steigt die Nachfrage nach Gut 1. Wenn der Einkommenseffekt hinreichend groß ist, kann bei steigendem Preisverhältnis p die angebotene Tauschmenge zurückgehen. Die $-E_1$-Kurve beugt sich zurück. Für die Oniki-Uzawa-Tauschkurve haben wir unterstellt, daß $dE_1/dp < o$. Dann muß die angebotene Gütermenge $(-E_1)$ des Inlands mit steigendem p zunehmen. Für die Marshall-Mill-Tauschkurve wollen wir dagegen auch den Fall zulassen, daß der Nachfrageeffekt wegen eines starken Einkommenseffekts insgesamt positiv und hinreichend groß ist, um den Produktionseffekt in 5.7 überzukompensieren.
Eine entsprechende Tauschkurve $-E_2^*$ läßt sich für das Ausland zeichnen. Sie gibt die Mengen des Gutes 2 an, die das Ausland als Exporte bei alternativen Güterpreisverhältnissen anzubieten bereit ist. Kennzeichne der dem Fahrstrahl β' zugeordnete Winkel tg β' das Autarkie-Preisverhältnis im Ausland, so bietet das Ausland nach Öffnung der Grenzen nichts an. Das Ausland ist erst bereit anzubieten, wenn das Preisverhältnis p_1/p_2 sinkt, z. B. auf tg β. Da die Terms of Trade des Auslandes als $p_2/p_1 = 1/p$ definiert sind, bedeutet ein geringerer tg β für das Ausland eine Verbesserung seines Tauschverhältnisses. Mit steigendem p_2/p_1, d.h. mit sinkendem tg β, wird für das Ausland der Einkommenseffekt wirksam, so daß sich die $-E_2^*$-Kurve nach unten zurückbeugt[7].
Die Konsistenzbedingungen kann man sich in Schaubild 5.3 wie folgt klar machen: Bei einem Preisverhältnis, das durch den Winkel des Fahrstrahls α'' dargestellt ist, ist der Weltmarkt für Gut 1 nicht im Gleichgewicht. Das Inland bietet die Menge OH des Gutes 1, und das Ausland fragt die Menge OI nach. Es besteht ein Nachfrageüberhang in Höhe von HI. Bei diesem Güterpreisverhältnis ist der Gütermarkt im Ungleichgewicht. Da $E_1^* > -E_1$ ist die Budgetrestriktion beider

[7] Im übrigen folgt aus der Bedingung für Handel in der Form 3.2 aus dem ersten Teil, daß tg $\alpha <$ tg β, d. h. damit das Inland Gut 1 exportiert und das Ausland das Gut 2 exportiert, muß das Autarkie-Preisverhältnis des Inlandes niedriger sein als das Autarkie-Preisverhältnis des Auslandes.

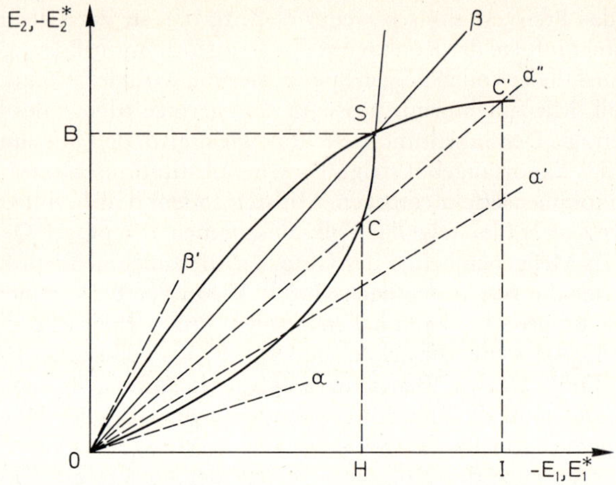

Schaubild 5.3

Länder verletzt, damit sind die Leistungsbilanzen nicht ausgeglichen. Angenommen das Preisverhältnis α″ würde sich einstellen, z.B. aufgrund politischer Intervention. Dann kennzeichnet die Strecke OH die Exporte des Inlandes und IC′ die Exporte des Auslandes, d.h. die Importe des Inlandes. Rechnet man die Strecke OH (Exporte des Inlandes) in Mengeneinheiten des Gutes 2 um, nämlich HC = p · OH, so zeigt sich, daß HC < IC′. Das Inland hat also bei diesem Preisverhältnis ein Leistungsbilanzdefizit.

Bei einem Preisverhältnis, das durch den Winkel des Fahrstrahls β dargestellt wird, sind die Konsistenzbedingungen erfüllt. Die Importe des Inlandes sind bei einem (dem Fahrstrahl β zugeordneten) Preisverhältnis tg β gegeben durch die Strecke OB. Die Exporte des Inlandes entsprechen der Strecke BS oder, umgerechnet in Mengeneinheiten des Gutes 2, dem Ausdruck tg β · BS. Es gilt aber OB = tg β · BS, d.h. bei einem Preisverhältnis tg β ist die Leistungsbilanz ausgeglichen. Es läßt sich zeigen, daß für jedes andere Preisverhältnis als tg β die Konsistenzbedingungen nicht erfüllt sind.

5. Marshall-Lerner-Bedingung. Mit Hilfe der Marshall-Mill-Tauschkurve kann die Stabilitätsbedingung 5.9 verdeutlicht werden. Aus der Budgetrestriktion des Inlandes folgt $E_1 = -E_2/p$. Damit kann Bedingung 5.9 auch geschrieben werden als

$$\frac{dE_1^w}{dp} = \frac{d}{dp}(E_1 + E_1^*) = \frac{d}{dp}(-E_2/p + E_1^*) < o \qquad (5.10)$$

Führt man die Differentiation von 5.10 aus, so erhält man durch Erweitern

$$\frac{dE_1{}^w}{dp} = -\left(\frac{dE_2}{dp}\frac{p}{E_2} - 1\right)\frac{E_2}{p^2} + \frac{dE_1^*}{dp}\frac{p}{E_1^*}\frac{E_1^*}{p} < o \qquad (5.10')$$

Nimmt man an, daß Land I Gut 1 exportiert und Land II Gut 2 exportiert (Prämisse A.5.2), so kennzeichnen

$$\tilde{\eta}_2 = \frac{dE_2}{dp}\frac{p}{E_2} \geqq o \quad \text{und} \quad \tilde{\eta}_1^* = \frac{dE_1^*}{dp}\frac{p}{E_1^*} \leqq o$$

die Importnachfrageelastizitäten beider Länder. Man beachte, daß diese Elastizitäten auf den Relativpreis $p = p_1/p_2$ bezogen sind. Wegen der Budgetrestriktion des Auslandes und wegen $- E_2^* = E_2$ gilt $E_1^* = - E_2^*/p = E_2/p$, so daß 5.10′ geschrieben werden kann als

$$\frac{dE_1{}^w}{dp} = -\frac{E_2}{p^2}(\tilde{\eta}_2 - \tilde{\eta}_1^* - 1) < o \qquad (5.11)$$

Aussage: Das Tauschgleichgewicht ist stabil, wenn die Summe der Nachfrageelastizitäten größer ist als 1, wenn also $\tilde{\eta}_2 - \tilde{\eta}_1^* > 1$. Dies ist die Marshall-Lerner-Bedingung für die Stabilität des Tauschgleichgewichts.

Die Aussage, daß ein Tauschgleichgewicht stabil ist, wenn die Summe der Elastizitäten (beachte: $\tilde{\eta}_2, - \tilde{\eta}_1^* > o$) größer 1 ist, ist in Schaubild 5.4 verdeutlicht. Um mit diesem Schaubild argumentieren zu können, sind die Elastizitäten der Importnachfrage in Elastizitäten der Tauschkurven umzuformen.

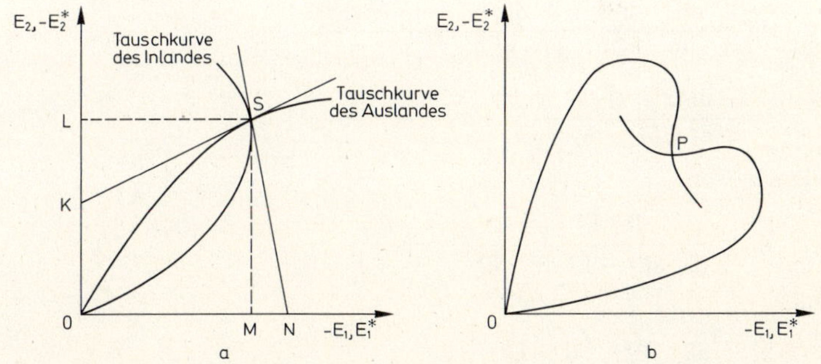

Schaubild 5.4

Für die Elastizität der Importnachfrage des Inlandes ($\tilde{\eta}_2$) und des Auslands($\tilde{\eta}_1^*$)gilt:

$$\tilde{\eta}_2 = \frac{1}{1-\tau} \text{ und } \tilde{\eta}_1^* = \frac{1}{\tau^* - 1}$$

wobei τ, τ^* die Elastizität der Tauschkurven des Inlandes und des Auslandes kennzeichnen[8].

---

[8] Da wegen der Budgetrestriktion gilt $p = -E_2/E_1$, kann man schreiben

$$\tilde{\eta}_2 = \frac{dE_2}{dp}\frac{p}{E_2} = \frac{dE_2}{d\,(-E_2/E_1)}\frac{(-E_2/E_1)}{E_2} = \frac{dE_2}{d\,(E_2/E_1)}\frac{E_2}{E_1\,E_2}$$

Setzt man

$$d\,(E_2/E_1) = \frac{1}{E_1{}^2}(E_1\,dE_2 - E_2\,dE_1) \text{ ein,}$$

so ergibt sich

$$\tilde{\eta}_2 = \frac{dE_2}{\frac{1}{E_1}(E_1\,dE_2 - E_2\,dE_1)} = \frac{1}{1 - \frac{dE_1}{dE_2}\frac{E_2}{E_1}} = \frac{1}{1-\tau}$$

mit

$$\tau = \frac{dE_1}{dE_2}\frac{E_2}{E_1} = \frac{d\,(-E_1)}{dE_2}\frac{E_2}{(-E_1)}$$

Wegen $p = -E_2^*/E_1^*$ (Budgetrestriktion) erhält man analog für die Elastizität der Importnachfrage des Auslandes

$$\tilde{\eta}_1^* = \frac{dE_1^*}{dp}\frac{p}{E_1^*} = \frac{dE_1^*}{d\,(-E_2^*/E_1^*)}\frac{(-E_2^*/E_1^*)}{E_1^*}$$

$$= \frac{dE_1^*}{d\,(E_2^*/E_1^*)}\frac{(E_2^*/E_1^*)}{E_1^*}.$$

Es gilt

$$\tilde{\eta}_1^* = \frac{dE_1^*\,E_2^*\,E_1^{*2}}{(E_1^*\,dE_2^* - E_2^*\,dE_1^*)\,E_1^{*2}} = \frac{1}{\tau^* - 1}$$

mit

$$\tau^* = \frac{dE_2^*}{dE_1^*}\frac{E_1^*}{E_2^*} = \frac{d\,(-E_2^*)}{dE_1^*}\frac{E_1^*}{(-E_2^*)}$$

Die Elastizität der in Schaubild 5.4a unterstellten Tauschkurve des Inlandes ist im Punkt S gegeben durch[9]

$$\tau = -\frac{MN}{MS}\frac{MS}{OM} = -\frac{MN}{OM}$$

Für $\tilde{\eta}_2$ erhält man

$$\tilde{\eta}_2 = \frac{1}{1+\frac{MN}{OM}} = \frac{OM}{ON}$$

Im vorliegenden Fall ist $\tilde{\eta}_2 < 1$. Die Tauschkurve des Inlandes hat drei Wertebereiche für die Preiselastizität der Importnachfrage: Im Bereich positiver Steigung der Kurve ist $\tilde{\eta}_2$ größer 1; im Bereich negativer Steigung (sich zurückbeugender Kurventeil) ist $\tilde{\eta}_2$ kleiner 1. Im Punkt der Tauschkurve, in dem eine Tangente vertikal verläuft, ist $\tilde{\eta}_2$ gleich 1. Ferner ergibt sich[10]

$$-\tilde{\eta}_1^* = \frac{LO}{KO} > o$$

Setzt man diese Elastizitäten in die Marshall-Lerner-Bedingung ein, so erhält man

---

[9] Es gilt

$$\frac{d(-E_1)}{dE_2} : -\frac{MN}{MS}$$

denn mit zunehmendem E_2 sinkt $-E_1$ (der Punkt S liegt im sich zurückbeugenden Bereich der Tauschkurve des Landes I). Ferner

$$\frac{E_2}{(-E_1)} : \frac{MS}{OM}$$

[10] Für die Elastizität der Tauschkurve des Landes II erhält man aus

$$\frac{d(-E_2^*)}{dE_1^*} : \frac{LK}{LS} \text{ und } \frac{E_1^*}{(-E_2^*)} = \frac{LS}{LO}$$

$$\tau^* = \frac{LK}{LS}\frac{LS}{LO} = \frac{LK}{LO}$$

Damit ergibt sich für die Elastizität der Importnachfrage

$$\tilde{\eta}_1^* = \frac{1}{\frac{LK}{LO}-1} = \frac{1}{\frac{LK-LO}{LO}} = -\frac{LO}{KO}$$

$$\tilde{\eta}_2 - \tilde{\eta}_1^* = \frac{OM}{ON} + \frac{LO}{KO} > 1, \text{ da } \frac{LO}{KO} > 1$$

In Schaubild 5.4a ist LO/KO > 1 bereits hinreichend, um die Marshall-Lerner-Bedingung zu erfüllen. Es reicht also für die Stabilität des Tauschgleichgewichts, wenn die Elastizität der Importnachfrage des Inlandes größer 1 ist[11]. Das Gleichgewicht in Punkt S ist stabil. Dagegen kann der Leser leicht überprüfen, daß der Punkt P in Schaubild 5.4b nicht stabil ist.

5.3 Einige Eigenschaften des Tauschgleichgewichts

Es lohnt sich, einige Eigenschaften des Tauschgleichgewichts zusammenfassend aufzuführen.

1. Die Konsistenzbedingungen fordern, daß das Tauschverhältnis $p = p_1/p_2$ so bestimmt wird, daß a) die Weltgütermärkte geräumt werden und b) die Budgetrestriktionen der beiden Länder nicht verletzt werden. Gleichgewicht auf einem Gütermarkt impliziert bei Beachtung der Budgetrestriktionen auch Gleichgewicht auf dem Markt des anderen Gutes.

2. Die Beachtung der Budgetrestriktionen für jedes Land impliziert eine ausgeglichene Leistungsbilanz. Bei einem ungleichgewichtigen Preisverhältnis sind die Gütermärkte nicht geräumt, und die Leistungsbilanz ist nicht ausgeglichen. Diese Situation kann nicht aufrecht erhalten werden. Eine Änderung des Preisverhältnisses sorgt dafür, daß die Gütermärkte geräumt werden und die Leistungsbilanzen beider Länder ausgeglichen sind.

3. Wenn das Preisverhältnis p nach Handel bestimmt ist, so sind damit simultan alle relevanten Variablen des neoklassischen Modells für beide Länder festgelegt. Das Güterpreisverhältnis p bestimmt, auf welchem Punkt auf der Transformationskurve produziert wird, d.h. es bestimmt die Produktionsmengen Q_1 und Q_2. Wir wissen, daß nach Gleichung 3.16 eine Zuordnung zwischen Güterpreis- und Faktorpreisverhältnis l/r besteht, wobei die Faktornachfrage eine aus der Güternachfrage abgeleitete Nachfrage darstellt. Ist das Faktorpreisverhältnis festgelegt, so ist damit auch die funktionelle Einkommensverteilung determiniert. Ferner sind die Kapitalintensitäten bestimmt,

---

[11] Diese Bedingung ist auch hinreichend für die Stabilität des Devisenmarktes und für die Normalreaktion der Leistungsbilanz auf Wechselkursänderungen. Vgl. Abschnitt 10.1.

mit denen die Sektoren produzieren. Das Güterpreisverhältnis determiniert auch die Konsummengen C_1 und C_2. Da die Tauschmengen E_i als Differenz von Konsum- und Produktionsmengen definiert sind, sind mit p auch die Tauschmengen festgelegt, d.h. Export- und Importmengen. Kennzeichnen ^{o}p und $^{o}p^*$ die Autarkiepreisrelationen der beiden Volkswirtschaften und p die Preisrelation des Handelsgleichgewichts, so gilt bei $^{o}p < p < {^{o}p^*}$, daß Land I Gut 1 exportiert und Land II Gut 2 exportiert. Mit diesen Überlegungen zeigt sich, daß die Bestimmung des gleichgewichtigen Tauschverhältnisses in diesem Kapitel eng mit dem Spezialisierungsproblem in Kapitel 3 verknüpft ist. *Aussage:* Nach Aufnahme des Außenhandels werden unter Beachtung der Konsistenzbedingungen die folgenden Variablen simultan bestimmt: p, Q_i, l/r, k_i, C_i und E_i.

4. Das Handelsgleichgewicht ist in Relativpreisen formuliert. Die Faktorpreise sind reale Preise. Absolute Güterpreise, d.h. die sog. Geldpreise, und der Wechselkurs spielen in diesem neoklassischen Ansatz keine Rolle. Dies kann man wie folgt zeigen. Beachtet man die absoluten Güterpreise, so muß das Handelsgleichgewicht dadurch gekennzeichnet sein, daß absolute Preisvorteile eines Landes nicht mehr bestehen, d.h. es muß im Handelsgleichgewicht gelten

$$p_1 = p_1^* \, w \quad \text{und} \quad p_2 = p_2^* \, w$$

bzw.

$$\frac{p_1}{p_1^*} = w \quad \text{und} \quad \frac{p_2}{p_2^*} = w \tag{5.12}$$

Daraus folgt

$$\frac{p_1}{p_1^*} = \frac{p_2}{p_2^*} \text{ bzw. } \frac{p_1}{p_2} = \frac{p_1^*}{p_2^*} \tag{5.12'}$$

d.h. das Handelsgleichgewicht verlangt eine Anpassung der Relativpreise; die absoluten Güterpreise und der Wechselkurs lassen sich in ihrer Höhe jedoch nicht bestimmen.

5. Über absolute Güterpreise und Wechselkurs können wir lediglich folgende Aussage machen: Einmal muß – damit Land I Gut 1 exportiert und Land II Gut 2 exportiert – bei gegebenem Wechselkurs ^{o}w für die Autarkie-Geldpreise $^{o}p_i$, $^{o}p_i^*$ gelten

$$\frac{^{o}p_1}{^{o}p_1^*} < {^{o}w} < \frac{^{o}p_2}{^{o}p_2^*} \tag{5.13}$$

Zum anderen wissen wir aus Kapitel 3, daß der Wechselkurs nach Aufnahme des Handels sich in den Grenzen der Autarkie-Preise einpendeln muß, also

$$\frac{{}^{\circ}p_1}{{}^{\circ}p_1^*} < w < \frac{{}^{\circ}p_2}{{}^{\circ}p_2^*} \qquad (5.13')$$

Schließlich folgt aus 5.12 für das Handelsgleichgewicht

$$\frac{p_1}{p_1^*} = w = \frac{p_2}{p_2^*} \qquad (5.13'')$$

Aus diesen drei Gleichungen resultiert

$$\frac{{}^{\circ}p_1}{{}^{\circ}p_1^*} < \frac{p_1}{p_1^*} = w = \frac{p_2}{p_2^*} < \frac{{}^{\circ}p_2}{{}^{\circ}p_2^*} \text{ und } {}^{\circ}w \neq w \qquad (5.13''')$$

Gleichung 5.13‴ besagt, daß *wenn* die absoluten Güterpreise des Handelsgleichgewichts festgelegt sind auch der Wechselkurs bestimmt ist. Ferner ergibt sich, daß das Verhältnis der Geldpreise nach Handel in den Grenzen der Autarkiegeldpreise liegen muß. Das Modell, das in Relativpreisen formuliert ist, erlaubt aber nicht die Bestimmung der absoluten Güterpreise. Dieses Resultat ist deshalb nicht überraschend, weil das neoklassische Modell auf komparative Preisvorteile bezogen ist. Die Festlegung absoluter Preisvorteile wird erst möglich, wenn auch der Geldmarkt berücksichtigt wird, der bisher vernachlässigt wurde.

Schaubild 5.5 verdeutlicht die simultane Bestimmung einer Reihe dieser Variablen.

In Schaubild 5.5 sind fünf Koordinatensysteme dargestellt: der $-E_1/-E_2^*$-Raum mit dem Ursprung O, der Produktionsraum des Inlandes mit den Achsen Q_1 und Q_2 und dem Ursprung T, der Produktionsraum des Auslandes mit den Achsen Q_1^* und Q_2^* und dem Ursprung T, der Konsumraum des Inlandes mit den Achsen C_1 und C_2 und dem Ursprung O und der Konsumraum des Auslandes mit den Achsen C_1^* und C_2^* und dem Ursprung O.

In Schaubild 5.5 ist das gleichgewichtige Tauschverhältnis in einem $-E_1/-E_2^*$-Raum mit dem Koordinatenursprung O durch den Tangens des Winkels α dargestellt. Die Strecke OU kennzeichnet die Menge des Gutes 1, die Land I exportiert; OA die Menge des Gutes 2, die Land II exportiert.

Wird der Ursprung der Transformationskurve des Landes I in T gewählt, so kennzeichnet C den Produktionspunkt des Landes I. In C

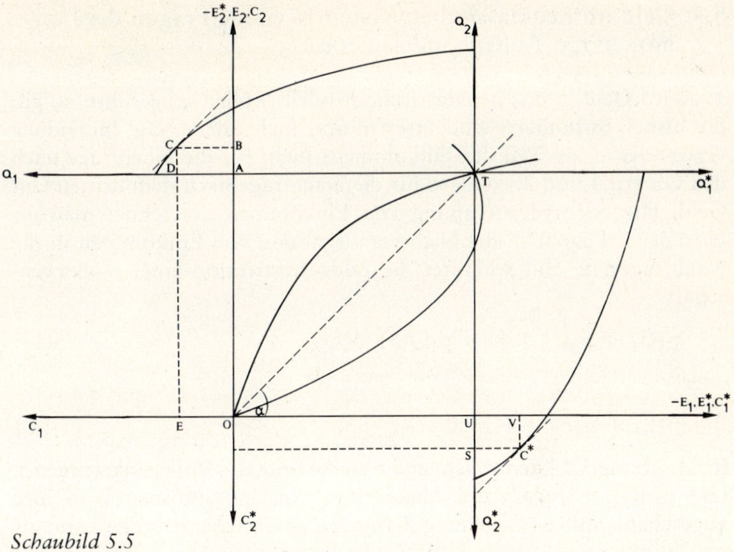

Schaubild 5.5

stimmt das Steigungsmaß der Transformationskurve mit dem Austauschverhältnis überein. Land I produziert die Menge DT des Gutes 1. Von dieser Menge wird AT = OU exportiert und DA = OE in Land I konsumiert. Die Strecke BA = CD beschreibt die Produktion des Gutes 2 in Land I. Land I hat sich auf die Erzeugung des Gutes 1 spezialisiert. Land I importiert die Menge AO des Gutes 2 aus Land II. Der Gesamtkonsum des Gutes 2 in Land I ist OA (Import) plus AB (heimische Produktion). Man beachte, daß der Produktionsraum des Inlandes seinen Ursprung in T, der Konsumraum dagegen in O hat. Produktions- und Konsummengen stimmen wegen Ex- und Import also nicht überein.

Wird T auch als Ursprungspunkt der Transformationskurve des Landes II gewählt, so kennzeichnet C* den Produktionspunkt des Landes II. Land II produziert die Menge ST des Gutes 2, von der UT exportiert und SU in Land II konsumiert wird. Land II produziert die Menge UV des Gutes 1, und importiert die Menge OU dieses Gutes. Der Konsum des Gutes 1 beträgt OU (Import) plus UV (heimische Produktion). Land II hat sich auf die Produktion des Gutes 2 spezialisiert.

5.4 Geld im neoklassischen System – einige Fragen der monetären Außenhandelstheorie

1. Wird Geld in das neoklassische Modell explizit eingeführt, so gilt die bisher formulierte Budgetrestriktion nicht mehr. Die Individuen verwenden einen Teil des Einkommens nicht für die Nachfrage nach den Gütern 1 und 2, sondern für die Nachfrage nach dem dritten Gut Geld. Die Nichtverausgabung von Einkommen bezeichnet man als Horten H. Fügt man die Nichtverausgabung von Einkommen in die Nachfrageseite ein, so lautet die Budgetrestriktion einer Volkswirtschaft

$$p_1C_1 + p_2C_2 + H = p_1Q_1 + p_2Q_2 \qquad (5.14)$$

oder

$$p_1E_1 + p_2E_2 + H = 0 \qquad (5.14')$$

In Gleichung 5.14 kennzeichnet die rechte Seite das Volkseinkommen Y und $p_1\ C_1 + p_2\ C_2$ die Absorption (von Investitionen wird hier abgesehen), so daß Gleichung 5.14 auch geschrieben werden kann als

$$\begin{aligned} \mathfrak{A} + H &= Y \text{ oder} \\ H &= Y - \mathfrak{A} \end{aligned} \qquad (5.14'')$$

Wie in den Kapiteln 9 und 14 noch diskutiert wird, wird Horten als proportional zur Überschußnachfrage nach Geldbeständen erklärt, also

$$H = f\ (L-M)$$

Aus der Budgetrestriktion einer Wirtschaft ohne Geld folgt eine ausgeglichene Leistungsbilanz. Wird Geld als drittes Gut berücksichtigt, so gilt dies nicht mehr. Beachtet man die Definition des Leistungsbilanzsaldos Z^L, so folgt aus Gleichung 5.14 und 5.4

$$Z^L = H = f\ (L-M) \qquad (5.15)$$

d. h. ein Ungleichgewicht auf dem Geldmarkt bedingt einen Saldo in der Leistungsbilanz. Werde z. B. das Geldmarktgleichgewicht in einer Periode durch eine Zunahme der Geldmenge gestört. Dann wollen die Wirtschaftssubjekte Kasse aufgeben und damit enthorten, um in ein neues Geldmarktgleichgewicht zu gelangen. Dann übersteigt die bewertete Güternachfrage eines Landes den Wert der heimischen Produktion; das Land «lebt über seine Verhältnisse»; die Leistungsbilanz ist defizitär. Wenn dagegen in einer Periode die Geldnachfrage größer ist als das Geldangebot, wenn also die Wirtschaftssubjekte horten, so ist die bewertete Güternachfrage eines Landes kleiner als das Angebot, der Saldo der Zahlungsbilanz ist positiv. Die in Gleichung 5.14 vorgenommene Erweiterung der Budgetrestriktion ist ein wichtiger Ausgangspunkt für Kapitel 9, in dem untersucht wird, wie Salden in der Leistungsbilanz zustande kommen und wie sie wirtschaftspolitisch beeinflußt werden können. Die Frage lautet: *Verursachen Ungleichgewichte auf dem Geldmarkt Salden in der Leistungsbilanz?*

2. Wenn man Geld in dem neoklassischen Ansatz berücksichtigt, so muß beachtet werden, daß die Geldmenge sich auf die absoluten Güterpreise (Geldpreise) auswirkt. Im folgenden gehen wir von der Annahme aus, daß die Geldpreise mit der zunehmenden Geldmenge steigen. Angenommen das Inland erhöht seine Geldmenge, so daß die Güterpreise p_1 und p_2 steigen. Zwei Fälle sind zu unterscheiden:

a) Wenn die Wirtschaftspolitik den Wechselkurs konstant hält, muß der Preisanstieg im Inland den absoluten Preisvorteil des Inlandes beeinflussen. Der Preis des inländischen Exportgutes steigt, und bei konstantem Wechselkurs wird der absolute Preisvorteil des Inlandes reduziert oder er verschwindet; das Inland ist dann mit seinem Exportgut weniger oder nicht mehr konkurrenzfähig. Ein Defizit in der Leistungsbilanz kann die Folge sein. Auch diese Frage wird uns in Kapitel 9 interessieren: Verursachen Änderungen in den absoluten Güterpreisen bei konstantem Wechselkurs Salden in der Leistungsbilanz?

b) Unterstellt man, daß sich der Wechselkurs auf dem Devisenmarkt bildet, so muß bei steigenden Güterpreisen im Inland nach Gleichung 5.13″ auch der Dollarkurs w steigen, d. h. Deutschland muß mehr DM aufwenden, um eine Einheit Dollar zu erhalten. Für die Amerikaner wird die DM billiger, sie fragen mehr deutsche Exportgüter nach. Während also die Erhöhung der deutschen Geldpreise die deutschen Exporte bei konstantem Wechselkurs reduziert, führt die Verbilligung der DM zu einer Zunahme der Exporte. Die Wechselkursänderung macht möglicherweise die Passivierung der Leistungsbilanz wieder rückgängig. Die Frage lautet: *Wie wirken sich Wechselkursänderungen auf die Salden der Leistungsbilanz aus?*

3. Bisher haben wir gefragt, wie sich der Wechselkurs gemäß Gleichung 5.13″ anpassen muß, wenn die Geldmenge verändert wird und dadurch die absoluten Güterpreise beeinflußt werden. Gleichung 5.13″ zeigt auch, daß eine wirtschaftspolitische Setzung des Wechselkurses, die nicht per Zufall den Gleichgewichtskurs trifft, sich auf die Geldpreise auswirkt. Angenommen in der Ausgangslage herrsche Gleichgewicht auf dem Geldmarkt $L = M$, so daß kein Grund zur Veränderung der Geldpreise besteht. Wenn der Wechselkurs höher als der Gleichgewichtskurs gesetzt wird, wird die DM für die Amerikaner relativ

billiger, sie werden eine hohe Importnachfrage haben, und die deutsche Leistungsbilanz kann einen Überschuß aufweisen. Es besteht also ein Zusammenhang zwischen Wechselkurs und Leistungsbilanzsaldo. Dem deutschen Leistungsbilanzüberschuß entspricht bei konstantem Wechselkurs ein Zustrom an Devisen, d.h. eine externe Vermehrung der Geldmenge, so daß im Endeffekt auch die absoluten Güterpreise im Inland steigen müssen und nach Ablauf aller Anpassungsprozesse Gleichung 5.13″ wieder gilt.

4. Zusammenfassend ergibt sich damit die Vermutung, daß in einem etwas komplizierteren System als dem neoklassischen Modell ohne Geld – und die Realität stellt ein solches System dar – Leistungsbilanzsalden auftreten können und der Saldo u.a. von folgenden Faktoren beeinflußt wird

$$Z^L = f(p_i, p_i^*, w, L, M, L^*, M^*) \quad (5.16)$$

Diese Fragen werden in den Kapiteln 9–16 behandelt, nämlich: *Wie wird die Leistungsbilanzsituation von Änderungen der absoluten Güterpreise, des Wechselkurses und von Störungen des Geldmarktgleichgewichts beeinflußt?*

5.5 Wachstum und Veränderung des Tauschverhältnisses

In Abschnitt 5.2 ist die Bestimmung des Tauschverhältnisses diskutiert worden. Die Analyse ging von gegebenen Produktionsbedingungen und gegebenen Nachfragebedingungen aus und war statisch orientiert. Ändern sich die Nachfragebedingungen, indem sich die Präferenzen verschieben, oder variieren die Produktionsbedingungen, indem die Faktorausstattung zunimmt oder eine neue Produktionstechnik eingeführt wird, so können auch das Tauschverhältnis und die anderen Variablen der Gleichgewichtslösung neue Werte annehmen.

Wie bereits betont, hat die Veränderung des Tauschverhältnisses (Terms of Trade) für ein Land erhebliche Relevanz. Angenommen p_1/p_2 sinke im Zeitablauf für Land I. Land I erhält dann für eine gegebene Menge seines Exportgutes 1 eine geringere Menge des Importgutes 2. Oder: Für ein gegebenes Volumen an Importgütern müssen mehr Güter exportiert werden. Nehmen Sie an, Land I sei ein Entwicklungsland, das dringend auf Importgüter wie Maschinen angewiesen ist. Das Entwicklungsland muß in diesem Fall seine Exportproduktion erhöhen, um ein bestimmtes Importniveau aufrecht zu erhalten. Trotz Zunahme der Exportproduktion ändert sich die Verfügbarkeit von Gütern im Inland nicht.

Die Verfügbarkeit von Gütern kann sogar abnehmen. Unterstellen Sie, die Wachstumsrate g des Sozialprodukts eines Landes setze sich aus einer internen (g^i) und externen (g^e) Komponente zusammen:

$$g = g^i + g^e$$

g^i ist diejenige Wachstumsrate der verfügbaren Güter, die der internen Zunahme der Kapazität bei nicht veränderten Terms of Trade entspricht. g^e kennzeichnet die Wachstumsrate der in Land I verfügbaren Güter infolge der Änderung der Terms of Trade. Nimmt das Tauschverhältnis in der Zeit für Land I ab, so wird g^e negativ.
Angenommen $g^i > o$ und $g^e < o$. Dann kann im Extrem der Fall eintreten, daß für Land I

$$|g^i| < |g^e|$$

Der Terms of Trade Effekt ist größer als die interne Wachstumsrate. Das gesamte inländische Kapazitätswachstum wird wegexportiert; das inländische Wachstum reicht sogar nicht einmal aus, um ein gegebenes Importniveau aufrecht zu erhalten. Land I hat trotz der internen Kapazitätszunahme eine negative Wachstumsrate. Die Literatur spricht in diesem Fall vom *verarmenden Wachstum.*
Ein sinkendes Tauschverhältnis p_1/p_2 für Land I, das Gut 1 exportiert, bedeutet steigende Terms of Trade p_2/p_1 für Land II, das Gut 2 exportiert. Für Land II ist $g^e > o$. Im Fall des verarmenden Wachstums des Landes I erreicht also Land II eine höhere Wachstumsrate g als es aufgrund seiner internen Wachstumsrate g^i zu erwarten wäre.

5.5.1 Terms of Trade der Entwicklungsländer

Aus diesen Ausführungen wird deutlich, daß die Frage, ob das Tauschverhältnis eines Landes im Zeitablauf steigt oder sinkt, eine eminente wirtschaftspolitische Bedeutung hat, da die Veränderung der Terms of Trade eine Aussage über die Verfügbarkeit von Gütern für den heimischen Verbrauch erlaubt. Um zu klären, wie sich das Austauschverhältnis in der Zeit verändert, wäre idealerweise eine dynamische Analyse erforderlich. Wir begnügen uns hier mit einer komparativ-statischen Vorgehensweise. Es wird unterstellt:
Prämisse A.5.2′: Land I exportiert Gut 1, Land II exportiert Gut 2. Jedes Gut wird in beiden Ländern nachgefragt. Ferner wird jedes Gut in beiden Ländern angeboten, d.h. jedes Land bietet zu dem von ihm importierten Gut ein Importsubstitut an. Dies ist der Fall der unvollständigen Spezialisierung. Land I sei das Entwicklungsland, Land II die industrialisierte Volkswirtschaft.

1. Bezeichnen wir das Tauschverhältnis mit $p = p_1/p_2$, so hängt die angebotene Menge eines Gutes i in Land I zum Zeitpunkt t vom Tauschverhältnis p im Zeitpunkt t und von den Faktorbeständen im Zeitpunkt t ab.

$$Q_i(t) = f[K(t), A(t), p(t)]$$

Zur Vereinfachung wird im folgenden eine Produktionsfunktion unterstellt, nach der der Output von der Zeit und vom Tauschverhältnis abhängt.

$$Q_i(t) = Q_i[t, p(t)] \tag{5.17}$$

Dabei bleibt offen, ob die Veränderung des Outputs in der Zeit auf eine Veränderung des technischen Wissens oder auf eine geänderte Faktorausstattung zurückzuführen ist.

Gleichung 5.17 gilt im Fall des Landes I sowohl für Exportgut 1 als auch für das Importsubstitut 2. Für Land II gilt entsprechend Funktion

$$Q_i^*(t) = Q_i^*[t, p(t)] \tag{5.17'}$$

wobei $p = p_1/p_2$. Die Nachfrage des Landes I nach dem Gut i hängt ab vom Einkommen und dem Tauschverhältnis. Einkommen und Tauschverhältnis variieren mit der Zeit.

$$C_i = C_i[Y(t), p(t)] \tag{5.18}$$

Für Land II gilt entsprechend

$$C_i^* = C_i^*[Y^*(t), p(t)] \tag{5.18'}$$

Im Gleichgewicht muß das Tauschverhältnis so bestimmt sein, daß Gesamtangebot und Gesamtnachfrage in bezug auf Gut i übereinstimmen:

$$Q_i + Q_i^* = C_i + C_i^* \tag{5.19}$$

Damit ergibt sich folgendes Gleichungssystem:

$$Q_i[t, p(t)] + Q_i^*[t, p(t)] = C_i[Y(t), p(t)] + C_i^*[Y^*(t), p(t)] \tag{5.19'}$$

2. Differenziert man 5.19′ nach der Zeit, so ergibt sich für die Veränderung des Tauschverhältnisses in der Zeit, $\dot{p} = \frac{dp}{dt}$, wenn man alle Veränderungen für das Gut 2 vernachlässigt:

$$\dot{p} = \frac{\left(\frac{\partial Q_1}{\partial t} - \frac{\partial C_1}{\partial Y} \cdot \frac{dY}{dt}\right) - \left(\frac{\partial C_1^*}{\partial Y^*} \cdot \frac{dY^*}{dt} - \frac{\partial Q_1^*}{\partial t}\right)}{\frac{\partial C_1}{\partial p} + \frac{\partial C_1^*}{\partial p} - \frac{\partial Q_1}{\partial p} - \frac{\partial Q_1^*}{\partial p}} \tag{5.20}$$

Durch Erweitern kann die Bedingung für die Veränderung der Terms of Trade in der Zeit mit Hilfe von Elastizitäten ausgedrückt werden. Zur Vereinfachung ist das Tauschverhältnis der Ausgangslage auf 1 normiert worden.

$$\dot{p} \gtreqless o: \frac{(Q_1\hat{Q}_1 - C_1\mu_1\,\hat{Y}) - (C_1^*\mu_1^*\,\hat{Y}^* - Q_1^*\,\hat{Q}_1^*)}{C_1\bar{\eta}_1 + C_1^*\bar{\eta}_1^* - Q_1\bar{\varepsilon}_1 - Q_1^*\bar{\varepsilon}_1^*} \gtreqless o \qquad (5.20')$$

$\hat{Q}_1$ kennzeichnet die Wachstumsrate des Outputs, $\mu_1 = \frac{\partial C_1}{\partial Y} \cdot \frac{Y}{C_1}$ die Einkommenselastizität der Nachfrage, $\bar{\eta}_1 = \frac{\partial C_1}{\partial p} \cdot \frac{p}{C_1}$ die Preiselastizität der Nachfrage und ε_1 die Preiselastizität des Angebots. Die Elastizitäten sind nicht wie in Abschnitt 5.2 auf den Preis des Gutes 1, sondern auf das Preisverhältnis p bezogen. Zur Unterscheidung von den üblichen Preiselastizitäten sind die Elastizitäten in bezug auf das Preisverhältnis durch einen Querstrich gekennzeichnet[12].

Um zu entscheiden, unter welchen Bedingungen sich die Terms of Trade für Land I (Entwicklungsland) verbessern ($\dot{p} > o$) oder verschlechtern ($\mathring{p} < o$), müssen die Vorzeichen der Elastizitäten des Nenners und des Zählers diskutiert werden.

Die Nachfrageelastizitäten $\bar{\eta}_1, \bar{\eta}_1^*$ nach dem Gut 1 sind bei Normalreaktion der Nachfrager negativ. Denn mit zunehmendem p, also $\hat{p} > o$, steigt p_1 stärker als p_2. Dies folgt[13] aus

$$\hat{p} = \hat{p}_1 - \hat{p}_2$$

Wenn sich Gut 1 relativ stärker verteuert, geht die Nachfrage nach Gut 1 zurück, falls die Güter 1 und 2 nicht komplementär sind. Damit folgt: $\bar{\eta}_1\ \bar{\eta}_1^* < o$.

Die Angebotselastizitäten $\bar{\varepsilon}_1, \bar{\varepsilon}_1^*$ des Gutes 1 sind positiv. Mit zunehmendem p nimmt bei Normalreaktion die angebotene Menge des Gutes 1 zu, also $\bar{\varepsilon}_1, \bar{\varepsilon}_1^* > o$. Als Fazit ergibt sich, daß der Nenner negativ ist.

---

12 Man beachte, daß $\tilde{\eta}$ die Preiselastizität der Überschußnachfrage (z. B. Elastizität der Importnachfrage des Inlandes) kennzeichnet, während $\bar{\eta}$ ($\bar{\varepsilon}$) die Elastizitäten der Nachfrage (des Angebots) sind, sich also nicht auf Überschußmengen beziehen.

13 Dies folgt aus

$$\dot{p} = \frac{d\,(p_1/p_2)}{dt} = \frac{p_2\dot{p}_1 - p_1\dot{p}_2}{p_2^{\,2}} \text{ und Division durch p.}$$

Aussage: Das Austauschverhältnis p verbessert sich für Land I, wenn

$$C_1^* \mu_1^* \hat{Y}^* - Q_1^* \hat{Q}_1^* > Q_1 \hat{Q}_1 - C_1 \mu_1 \hat{Y} \qquad (5.20'')$$

Die Terms of Trade verbessern sich für Land I, wenn die Überschußnachfrage des Landes II stärker zunimmt als das Überschußangebot des Landes I.

Ob eine Verbesserung oder eine Verschlechterung der Terms of Trade des Entwicklungslandes eintreten wird, hängt von dem Verhalten der Variablen in 5.20″ ab. Folgende Tendenzaussagen sind möglich:

Aussage: Die Terms of Trade werden sich verbessern, wenn ceteris paribus die Nachfrage des Industrielandes nach dem Exportgut des Entwicklungslandes stark zunimmt.

Eine Zunahme des Volkseinkommens im Industrieland ist wahrscheinlich, wenn man nicht die These der säkularen Stagnation unterstellt. Eine solche Zunahme des Volkseinkommens reicht jedoch für eine Verbesserung der Terms of Trade noch nicht aus, wenn nicht gleichzeitig hohe Einkommenselastizitäten vorliegen. Entwicklungsländer haben in der Vergangenheit oft landwirtschaftliche Produkte exportiert. Die Einkommenselastizität dieser Produkte ist relativ gering. Damit bestand von dieser Komponente her keine Tendenz zu einer Verbesserung der Terms of Trade. Eine Ausnahme ist Erdöl. Bei Erdöl hat sich in den Industrienationen vor 1973 die Nachfrage erhöht; die Terms of Trade der OPEC haben sich verbessert.

Aussage: Die Terms of Trade des Entwicklungslandes werden sich verbessern, wenn das Angebot des Importsubstituts des Industrielandes ceteris paribus sinkt oder nicht stark steigt.

Gerade diese Bedingung war in der Vergangenheit bei einer Reihe von Produkten nicht erfüllt: Die Industrieländer haben enge Substitute zu den Exportgütern der Entwicklungsländer selbst erstellen können (Kunstkautschuk) und haben damit die Weltüberschußnachfrage nach dem Gut reduziert.

Aussage: Die Terms of Trade des Entwicklungslandes werden sich verschlechtern, wenn die angebotene Menge seines Exportgutes ceteris paribus stark zunimmt.

Maßnahmen des Entwicklungslandes zur Vermehrung des Exportangebotes wie z.B. durch Rationalisierung, Schaffung von Incentives, neuen Produktionsorganisationen, Landreform usw. können also bei ungünstigen Konstellationen eine Verschlechterung der Terms of Trade bewirken. Zu beachten ist jedoch, daß diese Wirkung gebremst wird, falls die heimische Nachfrage des Entwicklungslandes nach seinem Exportprodukt z.B. infolge des Bevölkerungsdrucks stark zunimmt.

Als entwicklungspolitische Konsequenz dieser Überlegungen folgt, daß das Entwicklungsland zur Verbesserung seines Tauschverhältnisses solche Güter exportieren muß, bei denen eine starke Zunahme der Nachfrage im Industrieland zu erwarten ist und zum anderen keine Substitutionskonkurrenz vorliegt. Da die Abhängigkeit von einem einzigen Exportgut (Monokultur) für das Entwicklungsland mit einem hohen Risiko der Verschlechterung der Terms of Trade beladen ist, ergibt sich als wirtschaftspolitische Konsequenz die Strategie der Exportdiversifikation.

Ob sich die Terms of Trade verbessern oder verschlechtern, hängt also vom Zähler in 5.20′ ab. Die Stärke der Änderung des Tauschverhältnisses dagegen wird durch den Nenner bestimmt. Je größer absolut der Nenner, d.h. je größer die Nachfrage- und Angebotselastizitäten, um so geringer ist die Änderung des Tauschverhältnisses.

Hohe Werte der Nachfrageelastizitäten bedeuten bei kleinen Preisänderungen starke Mengenänderungen, d.h. eine schnelle Umstrukturierung der Nachfrage auf das andere Gut. Hohe Angebotselastizitäten kennzeichnen die Möglichkeit der schnellen Umstellung des Produktionsprogramms auf das andere Gut.

Aussage: Das Tauschverhältnis wird sich ceteris paribus um so weniger stark ändern, je schneller sich Nachfrage und Angebot an die Preisänderungen mengenmäßig anpassen können, je höher also Nachfrage- und Angebotselastizitäten sind. Geringe Mengenänderungen erfordern dagegen eine starke Variation des relativen Preisverhältnisses.

Über die Höhe der Nachfrage- und Angebotselastizitäten und damit über die Intensität der Verbesserung und Verschlechterung der Terms of Trade des Entwicklungslandes ist keine eindeutige Aussage möglich. Es ist zu erwarten, daß die Preiselastizität der Nachfrage des Industrielandes nach dem landwirtschaftlichen Exportprodukt des Entwicklungslandes bei Substitutionsgütern, die auch das entwickelte Land herstellt, groß ist und andererseits die Angebotselastizität des Industrielandes groß sein kann. Auch die Preiselastizität der Nachfrage des Entwicklungslandes nach seinem landwirtschaftlichen Produkt, zumindest in einem bestimmten Entwicklungsstadium, kann hoch sein. Diese Faktoren wirken auf eine weniger starke Änderung in den Terms of Trade. Andererseits lassen sich auch Konstellationen vorstellen, in denen die Elastizitäten gering und die dann erforderliche Änderung in den Terms of Trade stark sind.

3. Bisher wurde lediglich das Exportgut 1 des Entwicklungslandes betrachtet und von Änderungen bei Gut 2 abstrahiert. Im folgenden wird eine analoge Analyse für das Exportgut 2 des Industrielandes unter der vereinfachenden Annahme durchgeführt, daß sich in der Nachfrage und im Angebot des Gutes 1 keine Änderungen ergeben. Als Bedin-

gung für die Veränderung der Terms of Trade $p = p_1/p_2$ ergibt sich durch eine Differentiation von 5.19′ nach der Zeit analog zu 5.20:

$$\dot{p} = \frac{(Q_2 \hat{Q}_2 - C_2 \mu_2 \hat{Y}) - C_2^* \mu_2^* \hat{Y}^* - Q_2^* \hat{Q}_2^*)}{C_2 \overline{\eta}_2 + C_2^* \overline{\eta}_2^* - Q_2 \overline{\varepsilon}_2 - Q_2^* \overline{\varepsilon}_2^*} \qquad (5.21)$$

Die Nachfrage- und Angebotselastizitäten des Gutes 2 sind ebenfalls in bezug auf den Relativpreis $p = p_1/p_2$ definiert, z. B.

$\overline{\eta}_2 = \frac{\partial C_2}{\partial p} \cdot \frac{p}{C_2}$. Die Nachfrageelastizitäten $\overline{\eta}_2$, $\overline{\eta}_2^*$ sind infolge des

Bezugs auf den Relativpreis p_1/p_2 positiv. Unterstellen Sie, p steige, so daß $\hat{p} > 0$. Dann gilt aufgrund der Beziehung

$$\hat{p} = \hat{p}_1 - \hat{p}_2,$$

daß p_2 weniger stark steigt als p_1. Das Gut 2 wird relativ billiger. Die nachgefragten Mengen des Gutes 2 nehmen bei Normalreaktion zu. Die Angebotselastizitäten des Gutes 2 definiert auf den Relativpreis p_1/p_2 sind negativ, da eine Zunahme von p einen schwächeren Anstieg des Preises p_2 als des Preises p_1 bedeutet. Die angebotene Menge muß bei Normalreaktion mit sinkendem Preis des Gutes 2 abnehmen. Damit wird der Nenner positiv und es gilt als Bedingung für eine Verbesserung des Tauschverhältnisses p_1/p_2 des Entwicklungslandes:

$$\dot{p} \gtreqless 0: Q_2 \hat{Q}_2 - C_2 \mu_2 \hat{Y} \gtreqless C_2^* \mu_2^* \hat{Y}^* - Q_2^* \hat{Q}_2^* \qquad (5.21')$$

Aussage: Das Tauschverhältnis des Entwicklungslandes wird sich verbessern, wenn das Überschußangebot des Entwicklungslandes an Gut 2 (Industrieprodukt) stärker steigt als die Überschußnachfrage des Industrielandes. Im einzelnen ergeben sich die folgenden Aussagen:
Aussage: Das Tauschverhältnis verbessert sich – oder verschlechtert sich ceteris paribus weniger stark – für das Entwicklungsland:

1. wenn es die heimische Produktion des von ihm importierten Industriegutes steigern kann,
2. wenn die Nachfrage des Entwicklungslandes nach diesem Gut ceteris paribus weniger stark steigt,
3. wenn die heimische Nachfrage des Industrielandes nach dem von ihm exportierten Gut relativ gering zunimmt und
4. die angebotene Menge des Industrielandes an dem von ihm exportierten Gut relativ stark zunimmt.

Diese Bedingungen sind für eine Reihe von Produkten kaum erfüllt, so daß mit einer Verschlechterung der Terms of Trade für das Entwicklungsland gerechnet werden muß. Auch in diesem Fall entscheidet die

absolute Höhe des Nenners, d.h. die Größe der Angebots- und Nachfrageelastizitäten wieder über die Intensität der Änderung des Tauschverhältnisses.
Als entwicklungspolitische Konsequenz ergibt sich, daß das Entwicklungsland seine Überschußnachfrage nach dem Importgut abbauen muß. Eine geeigente Maßnahme hierzu ist die verstärkte heimische Produktion des Importgutes. Dies ist die Strategie der Importsubstitution.

5.5.2 Die These der peripheren Wirtschaft

Die vorstehenden Überlegungen sind in verwandter Form in der These der peripheren Wirtschaft enthalten, die Prebisch zur Explikation der Situation Südamerikas entwickelt hat[14]. Prebisch unterscheidet zwischen dem Zentrum der industrialisierten Länder, die Industrieprodukte exportieren und Rohstoffe (und begrenzt Agrarprodukte) importieren, und der Peripherie der Entwicklungsländer. Folgende Argumente werden von Prebisch dafür vorgebracht, daß sich die Terms of Trade für die Entwicklungsländer verschlechtern müssen.
1. Elastizitäten. Für die peripheren Länder gilt: Die Einkommenselastizität der Abnehmerländer für die Exportgüter der peripheren Länder ist gering. Damit steigt die Nachfrage nach diesen Produkten nicht wesentlich im Zeitverlauf an. Die Preiselastizität der Nachfrage nach Exportgütern der Entwicklungsländer ist im Zentrum ebenfalls relativ gering, d.h. es wird keine große Mengenänderung einsetzen, wenn eine Preisvariation erfolgt. Aufgrund des Bevölkerungsdrucks und der Notwendigkeit, sich zu industrialisieren, ist die Importmenge hoch, d.h. es besteht in der Peripherie eine starke Nachfrage nach Importgütern. Unter diesen Nachfrage- und Angebotskonstellationen müssen sich die Terms of Trade verschlechtern. Dieser Aspekt der Prebisch-These deckt sich mit unserer Analyse. Wenn die obengenannten Bedingungen erfüllt sind, wird sich das Tauschverhältnis der Entwicklungsländer verschlechtern. Prebisch fügt noch eine Reihe von Argumenten hinzu.
2. Marktformen. Im Zentrum sind die Industrien monopolisiert; in der Peripherie befinden sich die Exportindustrien in vollständiger Konkurrenz. Die These ist, daß monopolistische Marktbedingungen den Exportpreis erhöhen und damit die Terms of Trade für ein Land verbessern.

[14] United Nations, Economic Commission for Latin America (Autor: R. Prebisch), The Economic Development of Latin America and its Principal Problems, New York 1950.

Diese These kann nicht ohne weiteres akzeptiert werden. Richten sich nämlich die Nachfrager an Preisunterschieden aus, so bedeutet ein höherer Exportpreis nach Bedingung 3.2 eine geringere Exportchance für das Zentrum. Die Prebisch-Analyse trifft nur dann zu, wenn die Monopole auf eine relativ starre Nachfrage in der Peripherie treffen. In diesem Fall kann der Monopolist hohe Preise setzen. Damit führt diese Argumentation wieder auf die nachteiligen Nachfragebedingungen für das Entwicklungsland als entscheidendes Problem zurück.
Die Frage, inwieweit ein Monopol höhere Preise als Unternehmen in Konkurrenz zur Folge hat, bleibt in der Analyse offen. Zumindest sollte klar sein, daß der übliche statische Vergleich zwischen vollständiger Konkurrenz und Monopol (Preis = Grenzkosten) sehr naiv ist und die Kostensituationen keineswegs vergleichbar sind. Erforderlich ist hier eine Theorie der Marktformen und der wirtschaftlichen Entwicklung, in die auch die Frage aufgenommen werden müßte, wie die Marktform sich auf die Produktivitätsentwicklung auswirkt. Im übrigen hat die OPEC gezeigt, daß sich monopolistische Strukturen auch in der Peripherie einstellen können.
3. Gewerkschaften. Die Peripherie hat schwache Gewerkschaften, das Zentrum relativ starke Gewerkschaften. Da in der Peripherie die Gewerkschaften schwach sind, ist es den Unternehmern möglich, auf gedrückte Exportpreise durch Lohnreduzierungen zu reagieren. Durch Lohnsenkungen oder verhinderte Lohnerhöhungen können die Unternehmer in der Peripherie ihre Preise senken oder halten. Andererseits wirkt sich die Gewerkschaftstätigkeit im Zentrum in steigenden Preisen des Exportgutes aus, die an die Peripherie weitergegeben werden. Dies ist jedoch ebenfalls wieder nur bei entsprechenden Nachfragebedingungen möglich. Im übrigen hat sich in den 80er Jahren die Position der Gewerkschaften im Zentrum (USA, Großbritannien) geschwächt.
4. Konjunkturzyklus. In Zeiten der Hochkonjunktur steigen Preise, Gewinne und Löhne. Die Gewinne steigen infolge des Lohnlags stärker als die Löhne. Ein Teil der Gewinne gelangt in die Peripherie, da die Nachfrage nach Rohstoffen steigt. Da das Angebot in der Peripherie unelastischer als im Zentrum ist, steigen die Preise im Boom in der Peripherie stärker als im Zentrum. Die These ist also: Die Preise in der Peripherie steigen im Boom stärker.
Im Abschwung ergibt sich ein asymmetrisches Bild. Da die Löhne im Zentrum durch gewerkschaftliche Aktivität fixiert sind, fallen sie nicht oder kaum. Die Gewinne im Zentrum werden verringert. Die Unternehmer geben diese Gewinnreduktion weiter an die Peripherie, indem sie niedrigere Rohstoffpreise zahlen. Die Unternehmer der Peripherie können deshalb nachgeben, weil keine starken Gewerkschaften vorhanden

sind, die die Löhne auf dem gegebenen Niveau halten. Die Preise in der Peripherie sinken stärker als im Zentrum.

Diese Argumentation kann zwar zyklische Schwankungen im Tauschverhältnis des Entwicklungslandes begründen; es wird jedoch nicht zwingend aufgezeigt, daß am Ende eines Konjunkturzyklus das Tauschverhältnis für die Entwicklungsländer gefallen oder gestiegen ist.

5. Handelspolitik des Zentrums. Technischer Fortschritt wird im Zentrum nicht gleichmäßig in allen Sektoren realisiert. Die Sektoren mit hohem Produktivitätsfortschritt können höhere Löhne zahlen; die Lohnerhöhungen setzen sich auch in Sektoren durch, die keine starke Produktivitätszunahme erzielen. Diese Sektoren stehen in der Gefahr, wegen der steigenden Lohnkosten ihren komparativen Vorteil und ihre Konkurrenzfähigkeit zu verlieren. Diese Sektoren drängen dann politisch auf Importbeschränkungen und eine restriktive administrative Handelspolitik und beschränken die Exportmöglichkeiten der Peripherie. Dadurch sinken die Terms of Trade für die Entwicklungsländer.

5.5.3 Der empirische Befund

Die bisherige Analyse hat eine Reihe von Bedingungen formuliert, unter denen sich das Tauschverhältnis für ein Entwicklungsland verbessern oder verschlechtern kann. Bei der Ermittlung der Daten, vor allem für eine sehr lange Zeitreihe, ergeben sich eine Reihe von Problemen, die hier nicht behandelt werden können (Baldwin A1955, S. 259 f.). Auf eine Wiedergabe von Zeitreihen des Tauschverhältnisses in der Zeit vor 1960 wird deshalb hier verzichtet[15]. Die Veränderung der Tauschverhältnisse in der Zeit nach 1960 wird in Tabelle 5.1 dargestellt.

Tabelle 5.1 zeigt, daß sich die Terms of Trade in der Zeit nach 1960 für die Entwicklungsländer insgesamt verbessert haben. (Die OPEC-Länder werden den Entwicklungsländern zugerechnet.) Für die Entwicklungsländer ohne Öl ergibt sich für die Zeit von 1960–1973 eine Verbesserung der Terms of Trade und zwar für alle Kontinente, besonders aber für Asien. Ab 1973 erfahren dann die Entwicklungsländer ohne Öl eine Verschlechterung ihres Tauschverhältnisses.

[15] Angaben finden sich z. B. in United Nations, The Economic Development of Latin America and its Principal Problems, a.a.O., S. 9. Diese Daten sind in der Literatur heftig umstritten.

Tabelle 5.1: Veränderung des Tauschverhältnisses (1980: 100)[16]

	1960	1965	1970	1973	1974	1978	1979	1981	1984	1986
Entwickelte Länder	117	121	121	122	108	109	108	99	100	111
Nordamerika	128	132	136	127	115	110	107	102	107	109
Europa	108	110	111	110	100	102	104	97	98	109
EG[1]	111	110	114	113	100	103	104	96	97	109
Bundesrepublik	94	109	104	120	110	113	107	93	96	112
EFTA[2]	97	102	101	100	96	103	101	103	106	106
Übriges Europa[3]	90	91	103	120	94	85	88	88	..	..
Japan	206	156	171	177	136	149	125	103	109	156
Entwicklungsländer	44	47	50	50	54	80	86	100	96	..
Entwicklungsländer ohne Öl	..	115	120	119	112	108	106	93	95	–
– Afrika	62	61	64	72	100	80	87	104	95	–
– Asien	..	95	99	102	99	100	103	95	98	–

[1] ohne Griechenland (Beitritt 01. 01. 81), einschließlich Dänemark, United Kingdom und Irland
[2] ohne Dänemark und United Kingdom (Austritt Ende 1972)
[3] ohne Irland (EG-Beitritt 01. 01. 73)

[16] *Quelle:* United Nations: Monthly Bulletin of Statistics, Vol. 41, April 1987, New York 1987
International Monetary Fund: International Financial Statistics, August 1987.

5.6 Terms of Trade der Industrienationen

Die Erdölkrise hat deutlich gemacht, daß die Überlegungen über die Verschlechterung der Terms of Trade der Entwicklungsländer auch auf die Entwicklung der Terms of Trade der Industrienationen angewandt werden können.

Wir ersetzen jetzt Annahme A.5.2′ durch

Prämisse A.5.2″: Gut 1 ist das Exportgut der Industrienationen, Gut 2 ihr Importgut.

Indem wir unsere Überlegungen aus dem Abschnitt 5.5.1 analog anwenden, erhalten wir die folgende Aussage:

Aussage: Die Terms of Trade werden sich für die Industrienationen ceteris paribus verschlechtern,

1. wenn sie auf die Importe stark angewiesen sind und die heimische Produktion dieser Güter nicht stark ausdehnen können;
2. wenn die Nachfrage nach diesen Importen in den Industrienationen stark zunimmt;
3. wenn der Eigenverbrauch der Lieferländer stark zunimmt und
4. wenn das Angebot der Lieferländer nicht stark ausgedehnt werden kann (oder nicht erhöht wird).

Diese Aussage macht deutlich, daß Industrienationen von der Importseite her nur dann eine Verschlechterung ihrer Terms of Trade vermeiden können, wenn es ihnen gelingt, die Nachfrage nach diesen Gütern zu drosseln und das heimische Angebot, z. B. Substitute, auszudehnen. In diesem Zusammenhang spielt der Preismechanismus als Knappheitsindikator eine wichtige Rolle. Andererseits macht die Aussage deutlich, daß die Anbieter-Länder durch eine Kontrolle ihrer Produktions- und Angebotsmengen die Terms of Trade beeinflussen können. Dabei spielen auch Machtfaktoren eine wichtige Rolle. Inwieweit Preis- und Quotenkartelle der Rohstoffanbieter erfolgreich sein werden, muß hier offen bleiben.

Ob sich die Terms of Trade der Industrienationen verschlechtern oder verbessern werden, hängt im übrigen nicht allein von den Importpreisen ab, sondern auch davon, wie sich die Preise der Exportgüter der Industrieländer gestalten werden. Dies wird u. a. auch davon beeinflußt, wie sich die Angebotsbedingungen in den Entwicklungsländern und deren Nachfrage entwickeln.

5.7 Komparative Vorteile und Terms of Trade: Ein Vergleich zweier Ansätze

Wir haben zwei sehr unterschiedliche Erklärungsansätze der Außenhandelstheorie kennengelernt. In Teil 1 wurde in einer statischen Analyse bei gegebenen Produktions- und Nachfrageverhältnissen nach den komparativen Vorteilen und der daraus folgenden Produktionsspezialisierung der Tauschpartner gefragt. Ein Land spezialisiert sich auf die Produktion derjenigen Güter, bei denen es einen komparativen Preisvorteil hat, der z.B. auf die Faktorreichlichkeit zurückzuführen ist. Betrachten wir ein Entwicklungsland, so lautet die wirtschaftspolitische Handlungsanweisung aus diesem Ansatz: Spezialisierung auf bodenintensive und lohnintensive Produkte, also auf Rohstoffe, landwirtschaftliche Produkte und Produkte mit Massenfertigung.
Zum anderen wurde in den Abschnitten 5.5 und 5.6 in einer komparativstatischen Analyse gezeigt, daß die Terms of Trade sich in der Zeit verschlechtern können, wenn bestimmte Bedingungen erfüllt sind. Ein Land kann durch ein verschlechtertes Tauschverhältnis einen Teil seiner internen Wachstumszunahme wegexportieren.
Die wirtschaftspolitische Handlungsanweisung dieses Ansatzes lautet, solche Güter zu exportieren, deren Preise steigen und solche Güter zu importieren, deren Preise sinken bzw. nicht allzu stark steigen. Berücksichtigt man unsere Überlegungen zu den Elastizitäten, so sollte ein Entwicklungsland sich gerade nicht auf Rohstoffe und landwirtschaftliche Produkte spezialisieren.
Damit kommen beide Ansätze zu einer widersprüchlichen wirtschaftspolitischen Empfehlung. Dieser Widerspruch kommt allerdings dadurch zustande, daß wir die Theorie der komparativen Vorteile für die wirtschaftspolitische Handlungsanweisung überstrapaziert haben. Die Theorie der komparativen Vorteile ist rein statischer Natur und vergleicht lediglich zwei Volkswirtschaften zu einem Zeitpunkt miteinander. Bei wechselnden Produktions- und Nachfragebedingungen ändert sich auch die Spezialisierung. Haben sich die Produktions- und Nachfragebedingungen geändert, so muß der komparative Vorteil neu kalkuliert und die Spezialisierung neu bestimmt werden.
Der Widerspruch wird aufgehoben, wenn die Theorie der komparativen Vorteile dynamisch interpretiert wird. Dann lautet die Fragestellung: Wenn im Zeitpunkt t die Grenzen geöffnet werden, welche Spezialisierung ergibt sich dann im Zeitpunkt t + 1? Bei der Beantwortung dieser Frage muß berücksichtigt werden, wie sich die Produktions- und Nachfragebedingungen in der Zeit in den beiden Ländern verändern, d.h. für eine wirtschaftspolitische Handlungsanweisung

muß der komparative Vorteil des Zeitpunktes t + 1 antizipiert werden. Dabei wäre ebenfalls zu ermitteln, welche Terms of Trade sich für den Planungszeitraum t + 1 einstellen.

Eine solche dynamische Interpretation der komparativen Vorteile liegt in der Außenhandelstheorie vor (Bhardhan 1970), übersteigt aber die Möglichkeiten eines Lehrbuchs.

Im übrigen ist darauf hinzuweisen, daß eine konsequente Anwendung des Prinzips der komparativen Vorteile für die internationale Arbeitsteilung den Entwicklungsländern durchaus Exportchancen eröffnet. Denn bei einer konsequenten Anwendung des Prinzips der komparativen Vorteile für die internationale Arbeitsteilung müssen die Industrienationen auf die Produktion solcher Güter verzichten, in denen sich ihre Wettbewerbsposition verschlechtert hat. Dies sind landwirtschaftliche Produkte, umweltintensive Produkte aufgrund der in den Industrienationen bestehenden starken Übernutzung des Produktionsfaktors Umwelt, lohnintensive Produkte und schließlich auch Produktionszweige, in denen im Rahmen von Massenproduktionen mit einem nicht allzu hohen Ausbildungsstand der Arbeitskräfte Güter erstellt werden. In diesen Bereichen besteht durchaus ein komparativer Produktionsvorteil der Entwicklungsländer, der jedoch infolge der Strukturerhaltungspolitik der Industrienationen (vgl. Agrarpolitik, Werften, Stahl) nicht zum Zuge kommt. Derzeit schützen die Industrienationen nicht nur einige Wirtschaftszweige durch Kontingente und Zollschutz gegen ausländische Importe. Beim Agrarmarkt funktioniert die Preisstützung so, daß die Überschüsse zu Dumping-Preisen auf den Weltmärkten angeboten werden und den Entwicklungsländern Produktionschancen nehmen. Bei einigen wichtigen Produkten wie Milch, Butter, Fleisch und Zucker hat die Europäische Gemeinschaft Selbstversorgungsgrade von 120 bis 130 v.H. erreicht.

Wenn die Industrienationen bereit sind, auch ihren fußkranken Wirtschaftszweigen den freien Wind der Weltwirtschaft ins Gesicht blasen zu lassen, so kann eine Organisation der Weltwirtschaft nach dem Prinzip der komparativen Kosten durchaus befriedigende Resultate für die Entwicklungsländer bringen, und eine Reihe von Länderstudien bestätigen diese Aussage. Voraussetzung wäre allerdings, daß die Industrienationen bereit sind, den sich in der Weltwirtschaft vollziehenden sektoralen Strukturwandel voll wirksam werden zu lassen, auch wenn in den Industrienationen dadurch Kosten im Sinne von Zielverzichten, z.B. Arbeitslosigkeit, entstehen. Die Alternative zu einer konsequenten Anwendung des Prinzips der komparativen Kosten und damit marktwirtschaftlicher Vorstellungen für die Weltwirtschaft besteht in Marktordnungen mit Mindestpreisen, also einer Politik wie sie der

EG-Agrarmarktregelung ähnelt mit den bekannten Problemen insbesondere der Produktion von Überschüssen (Welt-«Reichsnährstand»).

5.8 Das Transferproblem

1. Transfer. Unter einem internationalen Transfer versteht man die Verlagerung von Kaufkraft von einem Land auf das andere. Als unmittelbare Auswirkung verschiebt sich die Budgetrestriktion des einen Landes um den Transfer T nach innen, die des anderen nach außen. Beispiele für einen solchen Transfer sind Hilfszahlungen einer Regierung an eine andere, Reparationszahlungen (z. B. des Deutschen Reiches nach Versailles), aber auch Kapitalverkehr wie der Verkauf von Wertpapieren an ein anderes Land bzw. Verschuldung oder Entschuldung.

Im Rahmen des sog. Transferproblems werden nur die direkten Auswirkungen eines Transfers auf der Nachfrageseite analysiert, nicht jedoch die indirekten Auswirkungen auf der Angebotsseite wie langfristige Kapazitätseffekte durch den Ressourcentransfer. Auch die intertemporalen Konsequenzen eines Transfers – wie Zinszahlung und Schuldentilgung – werden nicht betrachtet.

2. Realtransfer. Im Rahmen des Transferproblems wird untersucht, ob ein Finanztransfer T bei gegebenen Terms of Trade in gleicher Höhe einen Realtransfer zur Folge hat. Finanztransfer T und Realtransfer sind gleich groß, wenn dem Finanztransfer T (im Fall des Geschenks) ein Handelsbilanzüberschuß $X^{DM} - Im^{DM}$ entspricht (im Fall der Reparationszahlung ein Handelsbilanzdefizit), wenn also gilt

$$T = X^{DM} - Im^{DM}.$$

Wenn

$$T > X^{DM} - Im^{DM},$$

hat der Finanztransfer nicht voll einen Realtransfer zur Folge.

3. Terms of Trade. Eine weitere Frage lautet, wie sich ein Transfer auf die Terms of Trade auswirkt. Geht man von einem Handelsgleichgewicht mit gleichgewichtigen Terms of Trade aus, so bedeutet ein Transfer eine Störung des Gleichgewichts. Es muß also untersucht werden, wie sich der Relativpreis verändert.

4. Bedingungen. Wenn das Inland eine Transferzahlung T vornimmt, sinkt sein Einkommen um T; seine Importe fallen um mT. Im Ausland steigt das Einkommen um T, und Importe steigen um m^*T. Da die Importe des Auslandes den Exporten des Inlandes gleich sind, verbessert

sich die Handelsbilanz des Inlandes um $m^*T + mT$. Falls $T > m^*T + mT$ (d. h. $1 > m + m^*$), hat der Finanztransfer nicht voll einen Realtransfer zur Folge (beispielsweise steigt die Devisenreserve des Auslandes infolge des Transfers).
Die Veränderung der Terms of Trade hängt davon ab, wie sich die Überschußnachfrage als Folge des Transfers verändert. Im Inland sinkt die Nachfrage nach dem Importgut des Inlandes um mT. Im Ausland steigt die Nachfrage nach seinem Importgut um m^*T, die Nachfrage des Auslandes nach seinem Exportgut sinkt um $(1 - m^*)T$; das Angebot des Auslandes auf dem Weltmarkt des ausländischen Exportgutes steigt also um $(1 - m^*)T$. Die Nachfrage nach dem Importgut des Inlandes sinkt also um mT, und das Angebot steigt um $(1 - m^*)T$. Falls $mT < (1 - m^*)T$, d. h. $m + m^* < 1$, bewirkt der Transfer des Inlandes, daß die Nachfrage nach dem Importgut des Inlandes das Angebot übersteigt, d. h. die Terms of Trade des transferierenden Landes verschlechtern sich.

Weiterführende Fragen

1. Schreiben Sie den Gleichungssatz S. 17–S. 21 in Form der Überschußnachfrage E_i um.

$$E_i[t,p(t)] + E_i^*[t,p(t)] = 0$$ [17]

2. Krugman und Obstfeld (1987) stellen das Welthandelsgleichgewicht in einem Schaubild mit relativen Preisen und relativen Mengen dar. Entwickeln Sie dieses Konzept und erörtern Sie den Einfluß von Störungen.
3. Keynes und Ohlin haben über die deutschen Reparationszahlungen geschrieben. Diskutieren Sie die beiden Standpunkte (Ethier 1983, S. 266).

[17] Durch Lösung für dp/dt erhält man z. B. für Gut 1

$$\frac{dp}{dt} = - \frac{\frac{\partial E_1}{\partial t} + \frac{\partial E_1^*}{\partial t}}{\frac{\partial E_1}{\partial p} \quad \frac{\partial E_1^*}{\partial p}}.$$

6. Wohlfahrtsgewinne aus Außenhandel

«Under a system of perfectly free commerce, each country naturally devotes its capital and labour to such employments as are most beneficial to each. This pursuit of individual advantage is admirably connected with the universal good of the whole.»
*David Ricardo**

Außenhandel ist für Volkswirtschaften dann lohnend, wenn durch Exporte, d.h. die Weggabe eines Gutes, andere Güter importiert werden können, die im Inland überhaupt nicht oder nicht so preisgünstig erstellt werden können. Die bereits von den Klassikern erhobene wirtschaftspoltische Forderung nach Freihandel beruht auf der Hypothese, daß die Welt und die am internationalen Warenaustausch beteiligten Länder durch Außenhandel Wohlfahrtsgewinne erzielen. In diesem Kapitel wird gezeigt, daß infolge Außenhandel Wohlfahrtsgewinne für die Welt (6.1) und für die beteiligten Volkswirtschaften (6.2) auftreten. Schließlich werden einige Einschränkungen über die eintretenden Wohlfahrtseffekte (6.3) und dynamische Aspekte von Außenhandelsgewinnen diskutiert.

6.1 Wohlfahrtsgewinne für die Welt

Im folgenden vergleichen wir die Wohlfahrtssituation eines Zwei-Länder-Systems, d.h. der «Welt», in einer Situation vor und nach Außenhandel. Uns interessiert bei dieser Fragestellung, ob die Welt als Ganzes durch Außenhandel Wohlfahrtsgewinne erzielt. Eine Aussage über Wohlfahrtsgewinne setzt voraus, daß wir über Rangordnungsregeln oder Wohlfahrtsfunktionen verfügen, die es gestatten, alternative ökonomische Situationen in eine Rangordnung der Erwünschtheit zu bringen. In der Wohlfahrtsökonomie werden als Rangordnungsregeln diskutiert: 1. die Koopmans-Effizienz, 2. das Pareto-Kriterium, 3. Kompensations-Kriterien und 4. soziale Wohlfahrtsfunktionen z.B. des Bergson- oder Scitovsky-Typs. Für die Analyse der Frage, ob die Welt als Ganzes Wohlfahrtsgewinne aus Außenhandel erfährt, wird angenommen:
Prämisse A.6.1: Die Rangordnungsregel sei die Koopmans-Effizienz. Ein Outputvektor ist Koopmans-effizient, wenn keine andere Faktor-

* D. Ricardo, The Principles of Political Economy and Taxation, a.a.O., S. 81.

allokation existiert, in der bei gegebener Produktionsmenge eines Gutes von einem anderen Gut mehr produziert werden kann.
Die Koopmans-Effizienz besagt also, daß ein Mehr an Output ceteris paribus vorgezogen wird; sie bezieht sich auf das wirtschaftspolitische Ziel der Vermehrung des Güterangebots oder der optimalen Faktorallokation.
1. Ricardo-Fall. Im Ricardo-Fall haben wir gezeigt, daß für limitationale Produktionsfunktionen mit dem einzigen Produktionsfaktor Arbeit die Welt als Ganzes nach Handel mehr produziert. In Schaubild 3.9 verschiebt sich der Produktionspunkt für die Welt als Ganzes durch Handel von M auf M'. Im folgenden untersuchen wir die Frage nach Wohlfahrtsgewinnen für den Fall substitutionaler Produktionsfunktionen.
2. Situation ohne Außenhandel. Findet kein Außenhandel statt, so ist die Koopmans-Rangordnungsregel isoliert für jede Volkswirtschaft anzuwenden. Sei d die in einer gegebenen Situation produzierte Menge des Gutes 2, so ist der Output des Gutes 1 unter der Restriktion der Transformationskurve zu maximieren. Die Koopmans-Effizienz verlangt also, daß (nicht innerhalb der, sondern) auf der Transformationskurve produziert wird. Die Maximierungsaufgabe lautet

$$L = Q_1 - \lambda_1 [Q_1 - Q_1 (Q_2)] - \lambda_2 [d - Q_2] \tag{6.1}$$

Als notwendige Bedingungen erhält man u. a.

$$\frac{\partial L}{\partial Q_1} = 1 - \lambda_1 = 0$$

$$\frac{\partial L}{\partial Q_2} = \lambda_1 \frac{dQ_1}{dQ_2} + \lambda_2 = 0 \tag{6.1'}$$

Daraus folgt

$$\frac{\lambda_2}{\lambda_1} = - \frac{dQ_1}{dQ_2}$$

Da λ_1 und λ_2 die Schattenpreise der Güter angeben (wobei λ_1 gleich 1 gesetzt ist), ergibt sich der bereits bekannte Zusammenhang zwischen Güterpreisverhältnis und Grenzrate der Transformation. Bei gegebener Produktionsmenge d des Gutes 2 verlangt das Koopmans-Kriterium also, daß das Inland den Punkt P auf seiner Transformationskurve AA realisiert und nicht in einem Punkt F produziert (Schaubild 6.1). Für eine geschlossene Volkswirtschaft ist der Produktionspunkt P zugleich der Konsumpunkt des Inlandes.

3. Situation mit Außenhandel. Interessieren wir uns für die Frage, ob die Welt Wohlfahrtsgewinne aus Außenhandel erzielt, so ist im Sinne des Koopmans-Kriteriums die Summe der Produktionsmengen des Gutes 1 beider Länder bei gegebener Produktionsmenge des Gutes 2 $Q_2 + Q_2^* = d + d^* = h$ für die Welt zu maximieren. Dabei sind als Restriktion die Transformationskurven beider Volkswirtschaften zu beachten. Die Restriktion verlangt jetzt aber lediglich, daß die Menge $d + d^* = h$ produziert wird, wobei offen bleibt, welche Anteile der Menge h in den einzelnen Ländern erstellt werden. Da nicht $Q_2 = d$ und $Q_2^* = d^*$ gefordert wird, ist die Restriktion gegenüber der Situation einer geschlossenen Volkswirtschaft weniger restriktiv. Für die Maximierungsaufgabe besteht ein größerer «Spielraum». Das Maximierungsproblem lautet:

$$\begin{aligned} L = Q_1 + Q_1^* - \lambda_1 [Q_1 - Q_1 (Q_2)] \\ - \lambda_2 [h - Q_2 - Q_2^*] \\ - \lambda_3 [Q_1^* - Q_1^* (Q_2^*)] \end{aligned} \qquad (6.2)$$

Es ergeben sich im Vergleich zu 6.1′ die zusätzlichen Implikationen

$$\begin{aligned} \frac{\partial L}{\partial Q_1^*} &= 1 - \lambda_3 = O \\ \frac{\partial L}{\partial Q_2^*} &= \lambda_2 + \lambda_3 \frac{dQ_1^*}{dQ_2^*} = O \end{aligned} \qquad (6.2')$$

Wegen $\lambda_1 = \lambda_3 = 1$ folgt

$$\frac{dQ_1}{dQ_2} = \frac{dQ_1^*}{dQ_2^*}, \qquad (6.3)$$

d.h. die Koopmans-Effizienz verlangt, daß die Grenzraten der Transformation in beiden Ländern übereinstimmen. In Schaubild 6.1 wird gezeigt, daß diese Bedingung sicherstellt, daß Wohlfahrtsgewinne für die Welt aus Außenhandel im Sinn des Koopmans-Kriteriums auftreten.

Betrachtet wird eine Situation, in der beide Volkswirtschaften auf ihrer Transformationskurve produzieren. Das Inland stellt die Menge d (= OD) des Gutes 2 her, befindet sich also im Punkt P auf seiner Transformationskurve AA. Das Ausland produziert die Menge d^* des Gutes 2. Damit ist auch sein Produktionspunkt eindeutig bestimmt. In Schaubild 6.1 ist der Produktionsblock des Auslandes O′BB so gelegt worden, daß der in der Ausgangslage gegebene Produktionspunkt des Auslandes mit dem Produktionspunkt P des Inlandes zusammenfällt.

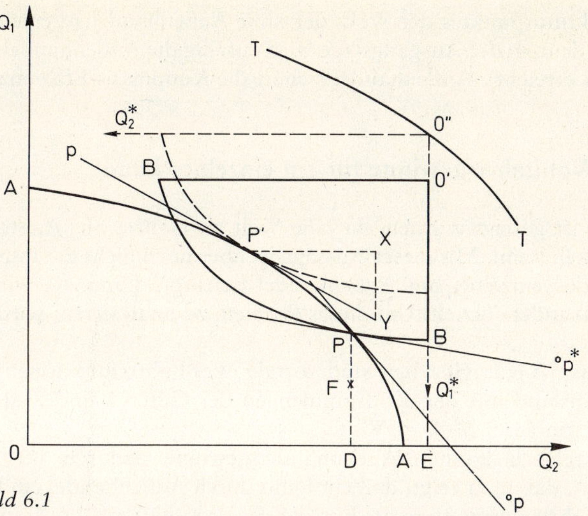

Schaubild 6.1

Die Strecke DE kennzeichnet die vom Ausland (in der Ausgangslage) produzierte Menge d* des Gutes 2. Die Strecke OE gibt an, welche Menge des Gutes 2 die Welt insgesamt in der Ausgangslage produziert. Der Punkt P ist nicht Koopmans-effizient, da die Grenzraten der Transformation in beiden Ländern nicht übereinstimmen. Eine Angleichung der Grenzraten der Transformation ist dagegen in Punkt P′ sichergestellt. Zeichnerisch wird Punkt P′ erreicht, indem der Transformationsblock des Auslandes so lange verschoben wird, bis er den Produktionsblock des Inlandes tangiert. Der Ursprungspunkt O′ des Transformationsblocks des Auslandes verschiebt sich nach O″. Beide Länder (die «Welt») können eine größere Menge des Gutes 1 herstellen (EO″ anstatt EO′). Im Sinne des Koopmans-Kriteriums treten Wohlfahrtsgewinne für die Welt in Form der zusätzlichen Produktion der Menge O′O″ des Gutes 1 auf.

P′ ist jedoch nicht der einzige Punkt, in dem die Produktionsblöcke sich tangieren. Die Kurve TO″T beschreibt die Ursprungspunkte der Transformationskurve des Zwei-Länder-Systems bei Außenhandel. Diese Kurve kennzeichnet die maximale Produktionsmöglichkeit der Welt in bezug auf ein Gut bei vorgegebener Menge eines anderen Gutes. Diese Kurve liegt außerhalb der Produktionspunkte, die ohne Außenhandel erreicht werden können.

Aussage: Außenhandel bringt Wohlfahrtsgewinne für die Welt: Die Transformationskurve der Welt liegt bei Außenhandel außerhalb des

Produktionspunktes der Welt, der ohne Außenhandel zu erreichen ist (es sei denn in der Ausgangslage wird zufällig die Außenhandelslösung bereits erreicht). Außenhandel sichert die Koopmans-Effizienz.

6.2 Wohlfahrtsgewinne für ein einzelnes Land

Bisher ist gezeigt worden, daß die Welt als Ganzes aus Außenhandel gewinnen kann. Mit dieser Aussage ist aber noch nicht garantiert, daß auch das einzelne, am Außenhandel beteiligte Land «Gewinne aus Außenhandel» erzielt. Um dieses Problem zu analysieren, wird unterstellt:

Prämisse A.6.2: Gegeben sind soziale Wohlfahrtsfunktionen für In- und Ausland mit den Konsummengen der Güter 1 und 2 als Argumentvariable, d.h. $W = W(C_1, C_2)$.

1. Graphisch können Außenhandelsgewinne dadurch verdeutlicht werden, daß man zeigt, daß ein Land durch Außenhandel ein höheres Wohlfahrtsniveau erreicht. Für den Ricardo-Fall mit linearen Transformationskurven haben wir im Abschnitt 3.3 gezeigt, daß ein Land durch Außenhandel eine höhere Konsumniveaukurve erreichen kann. Schaubild 6.1 zeigt für konkave Transformationskurven Wohlfahrtsgewinne für ein einzelnes Land. Die ursprünglichen Produktionspunkte der beiden Länder fallen in P zusammen. Für die Autarkielage gilt $^{o}p < p$. Nach Aufnahme von Außenhandel wird der Produktionspunkt P′ realisiert. Die Tangente in P′ ist das Preisverhältnis nach Handel. Der Konsumpunkt Y beider Länder wird durch die (hier nicht eingezeichneten) sich tangierenden Indifferenzkurven beider Länder bestimmt. Die Strecke XY kennzeichnet die Exporte des Inlandes (Gut 1) und zugleich die Importe des Auslandes. Die Strecke P′X stellt die Importe des Inlandes (Gut 2) und zugleich die Exporte des Auslandes dar. Beide Volkswirtschaften erreichen einen Konsumpunkt, der außerhalb ihrer Produktionsmöglichkeitskurven liegt. Im Inland hat die Produktion des Gutes 1 zugenommen und die des Gutes 2 abgenommen (Produktionsspezialisierung in Richtung auf das Exportgut 1). Im Ausland hat die umgekehrte Spezialisierung stattgefunden[1].

---

[1] Noch ein Hinweis: Schaubild 6.1 ist sowohl für die Interpretation der Koopmans-Effizienz als auch der sozialen Wohlfahrtsfunktion genutzt worden. Während bei der Koopmans-Effizienz die Menge OE vorgegeben ist, kann sich bei Maximierung der sozialen Wohlfahrtsfunktion ein solches Preisverhältnis im Handelsgleichgewicht einstellen, daß die gesamte Produktionsmenge des Gutes 1 zu- oder abnimmt.

2. Der Beweis für Gewinne aus Außenhandel für ein einzelnes Land kann wie folgt geführt werden. Die Veränderung der Wohlfahrt des Inlandes durch Übergang von Autarkie zu Außenhandel ist gegeben durch

$$dW = \frac{\partial W}{\partial C_1} dC_1 + \frac{\partial W}{\partial C_2} dC_2 = \frac{\partial W}{\partial C_2} \left[\frac{\frac{\partial W}{\partial C_1}}{\frac{\partial W}{\partial C_2}} dC_1 + dC_2 \right] \qquad (6.4)$$

Zu zeigen ist, daß $dW > O$.

Der Grenznutzen eines Gutes variiert mit der vorhandenen Gütermenge. Da wir eine Aussage über die Wohlfahrt im neuen Handelsgleichgewicht anstreben, muß sich das Grenznutzenverhältnis auf die Handelssituation beziehen. Kennzeichne p das Preisverhältnis der Handelssituation, so gilt wegen der Gleichheit von Grenznutzen und Güterpreisverhältnis

$$dW = \frac{\partial W}{\partial C_2} (pdC_1 + dC_2), \qquad (6.4')$$

d.h. die Veränderung der Wohlfahrt wird in Einheiten von Gut 2 gemessen.

Unter Berücksichtigung von $C_i = E_i + Q_i$ ergibt sich

$$dW = \frac{\partial W}{\partial C_2} (pdE_1 + pdQ_1 + dE_2 + dQ_2) \qquad (6.4'')$$

Wenn das Ausland keine Kredite gewährt, muß die Leistungsbilanz bei jedem Preisverhältnis ausgeglichen sein, d.h. $pE_1 + E_2 = O$. Auch die Veränderung des Leistungsbilanzsaldos ist null, also $pdE_1 + dE_2 + E_1dp = O$. In der Autarkielage findet definitionsgemäß kein Handel statt, so daß $E_1 = O$. Folglich gilt für den Übergang von Autarkie zu Außenhandel

$$pdE_1 + dE_2 = O \qquad (6.5)$$

Damit vereinfacht sich Ausdruck (6.4″) zu

$$dW = \frac{\partial W}{\partial C_2} (pdQ_1 + dQ_2) = \frac{\partial W}{\partial C_2} \left(p \frac{dQ_1}{dQ_2} + 1 \right) dQ_2 \qquad (6.6)$$

Im folgenden wird unterstellt, daß das Gut 2 positiv bewertet wird, d.h. $\partial W / \partial C_2 > O$. Zwei Fälle sind zu unterscheiden:

a) Sei $dQ_2 < O$, d.h. das Inland schränkt die Produktion des Gutes 2 nach Aufnahme von Handel ein. Aufgrund der Eigenschaften des Modells gilt in diesem Fall d $(p_1/p_2) > O$. Dies ist leicht zu erkennen, wenn man die Preisgerade entlang der Transformationskurve wandern läßt. Als hinreichende Bedingung für das Auftreten von Wohlfahrtsgewinnen aus Außenhandel ergibt sich für $dQ_2 < O$

$$dW > O \leftrightarrow (p\frac{dQ_1}{dQ_2} + 1) < O$$

oder (6.6′)

$$p > -\frac{dQ_2}{dQ_1} \text{ oder } \operatorname{tg}\beta > \operatorname{tg}\alpha$$

Bezeichnet man das Autarkiepreisverhältnis mit $^\circ p$, so treten Gewinne aus Außenhandel auf, wenn $^\circ p < p$, d.h. das Preisverhältnis der Ausgangslage ist geringer als das Preisverhältnis, das sich nach Außenhandel einstellt.

Bedingung 6.6′ ist in Schaubild 6.2 dargestellt. Sie ist für alle Punkte auf der Transformationskurve erfüllt, die links von P liegen. tg α kennzeichnet das Preisverhältnis in der Ausgangslage. Bedingung 6.6′ fordert für das Auftreten von Wohlfahrtsgewinnen, daß sich das Inland bei einer Ausgangslage $^\circ p < p$ (in Richtung) auf die Produktion des Gutes 1 spezialisiert. Da das Inland unter den gemachten Annahmen (vgl. Abschnitt 3.1) Gut 1 exportiert und sich auf Gut 1 spezialisiert, bringt die Aufnahme von Außenhandel Wohlfahrtsgewinne für das Inland. Eine analoge Überlegung gilt für das Ausland.

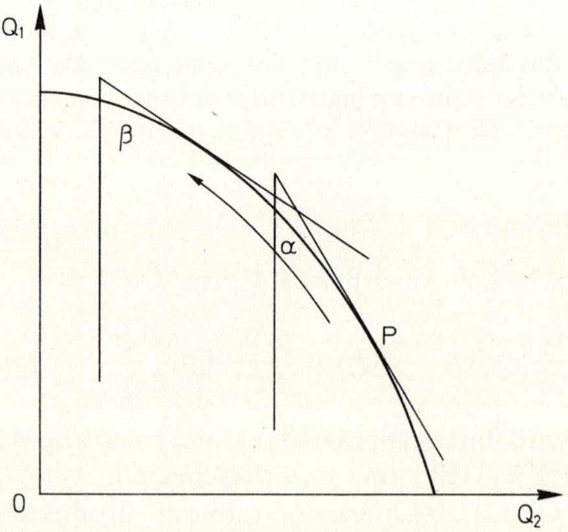

Schaubild 6.2

Die Bedingung $^{\circ}p < p$ stellt hier sicher, daß das Inland Wohlfahrtsgewinne erfährt. Im ersten Teil stellte die Bedingung $^{\circ}p < p < ^{\circ}p^{*}$ sicher, daß die Subsysteme der Ökonomien privates Interesse am Außenhandel haben (wegen absoluter Preisvorteile). Die Bedingung für gesellschaftliche Wohlfahrt und für private Außenhandelstätigkeit decken sich also. Oder anders ausgedrückt:

Aussage: Wenn Private nach dem Kriterium des absoluten Preisvorteils exportieren und importieren, erhöhen sie die gesellschaftliche Wohlfahrt des Inlandes.

b) Sei $dQ_2 > O$. Dann gilt $d(p_1/p_2) < O$. Hinreichende Bedingung für Wohlfahrtsgewinne ist

$$\left(p\frac{dQ_1}{dQ_2} + 1\right) > O \text{ bzw. } p < -\frac{dQ_2}{dQ_1} = {}^{\circ}p \qquad (6.6'')$$

Wenn das Autarkiepreisverhältnis in der Autarkielage größer ist als das sich nach Handel einstellende Preisverhältnis p, d.h. wenn $^{\circ}p > p$, so treten Wohlfahrtsgewinne dann auf, wenn sich das Inland in Richtung auf Gut 2 spezialisiert. Genau diese Bedingung ergibt sich aber auch aus unserer Bedingung für Handel aus Kapitel 3.

Aussage: Außenhandel bringt Wohlfahrtsgewinne für die am Außenhandel beteiligten Länder.

3. Aus der bisherigen Analyse wird auch deutlich, daß Wohlfahrtsgewinne aus Außenhandel dann nicht auftreten, wenn sich das Preisverhältnis nach Aufnahme des Außenhandels nicht verändert. In diesem Fall gilt $dp = O$ und damit auch $dQ_2 = O$. Dies ist dann der Fall, wenn beide Länder in der Autarkiesituation ein identisches Preisverhältnis haben. Wir wissen bereits, daß dann auch kein Außenhandel zustande kommt. Ferner gilt: Je stärker die Änderung des Preisverhältnisses, desto weiter verschiebt sich bei gegebener Ausgangslange auf der Transformationskurve die Konsummöglichkeit einer Volkswirtschaft nach außen, d.h. der Gewinn aus Außenhandel variiert mit der Stärke der Änderung des Preisverhältnisses. Ein kleines Land hat also die Chance, durch Öffnung seiner Grenzen einen größeren Wohlfahrtsgewinn zu erzielen als ein großes Land. Im Grenzfall verändert sich das Preisverhältnis für ein großes Land nicht. Dann erreicht ein großes Land auch keine Gewinne aus Außenhandel.

Aussage: Die Gewinne aus Außenhandel sind bei gegebenen Nachfragebedingungen für ein Land um so größer, desto stärker das Preisverhältnis nach Außenhandel vom Preisverhältnis dieses Landes in der Ausgangslage differiert. Ändert sich das Preisverhältnis nicht, ist der Wohlfahrtsgewinn null. Diese Aussage weist noch einmal auf die Bedeutung der Terms of Trade hin.

6.3 Kompensationsprobleme und andere Einschränkungen

1. Die Aussage über die Wohlfahrtsgewinne der Welt beruht auf dem Koopmans-Kriterium und berücksichtigt nicht, wie die Wohlfahrtsgewinne zwischen den Ländern verteilt sind. Die Aussage über die Wohlfahrtsgewinne eines einzelnen Landes basiert auf einer sozialen Wohlfahrtsfunktion und sagt nichts darüber aus, wie der Wohlfahrtsgewinn des Landes auf die verschiedenen Gruppen des Landes verteilt ist. Denn in der verwendeten Wohlfahrtsfunktion ist die Einkommensverteilung nicht berücksichtigt. Wir wissen aber aus dem Stolper-Samuelson-Theorem, daß nach Aufnahme von Außenhandel die Einkommensverteilung sich zuungunsten desjenigen Faktors ändert, der relativ knapp ist. Die Anbieter dieses Faktors werden also im Vergleich zur Autarkiesituation Einkommenseinbußen hinnehmen müssen. Hierbei tritt die Frage auf, ob Außenhandelsgewinne in dem Sinne entstehen, daß die «Verlierer» aus Außenhandel kompensiert werden könn(t)en und dennoch Gewinne für eine Gruppe verbleiben (Kompensationskriterium). Diese Überlegung macht deutlich, daß die Aussagen über Wohlfahrtsgewinne aus Außenhandel von dem verwendeten Wohlfahrtskriterium abhängen.
2. Die vorstehenden Aussagen über Wohlfahrtsgewinne ergeben sich aus einem statischen Optimierungsansatz, d.h. sie berücksichtigen nicht die Zeit. Um Aussagen über Wohlfahrtsgewinne aus Außenhandel für einen zeitlich begrenzten Planungszeitraum oder einen infiniten Zeitraum zu gewinnen, sind die Wohlfahrtsgewinne einer Reihe von Perioden zu ermitteln und auf den Gegenwartswert abzudiskontieren. Bei dieser Fragestellung sind solche Faktoren als Restriktionen zu berücksichtigen wie z.B. der Input von Kapitalgütern und die dadurch bedingten Kapazitätseffekte und Autarkieziele in wichtigen Bereichen (z.B. Energieversorgung). Nicht zuletzt muß eine dynamische Analyse der Wohlfahrtsgewinne aus Außenhandel auch die Veränderung des Tauschverhältnisses in der Zeit in Betracht ziehen. Es ist in den Abschnitten 5.5–5.6 gezeigt worden, daß aus einer (langfristigen) Verschlechterung der Terms of Trade negative Wohlfahrtseffekte resultieren.
3. Schließlich sollte betont werden, daß die Aussage über die Wohlfahrtsgewinne aus Außenhandel sich am neoklassischen Modell mit Vollbeschäftigung orientiert. Läßt man im Keynesschen System Unterbeschäftigung zu, so muß zur Bestimmung der Wohlfahrtsgewinne die Beschäftigungslage Argument der Wohlfahrtsfunktion sein und berücksichtigt werden, wie sich die Aufnahme von Außenhandel auf die Beschäftigungssituation auswirkt.

6.4 Dynamische Wohlfahrtsgewinne

In den vorstehenden Überlegungen sind im wesentlichen statische Effizienzgewinne behandelt worden. Wesentlich bedeutender sind aber diejenigen Wohlfahrtsgewinne aus Außenhandel, die sich im Verlauf der Zeit einstellen: Die Ausnutzung zunehmender skalarer Erträge durch größere Märkte, der Abbau inländischer monopolistischer Positionen durch den Wettbewerb von außen sowie die Notwendigkeit der permanenten Anpassung an geänderte Konkurrenzbedingungen, die eine Volkswirtschaft vital hält und gegen die institutionelle Sklerose (Olson 1982) schützt. Unternehmen werden durch die Ausweitung der Märkte, durch die Konkurrenz mit ausländischen Anbietern (sowohl bei Exporten als auch bei Importaktivitäten) gezwungen, technischen Fortschritt zu realisieren. Dies hat dann die Konsequenz, daß sich infolge der Öffnung der Grenzen die Transformationskurve eines Landes nach außen verschiebt. Schließlich ist als weiterer Wohlfahrtsgewinn zu verbuchen, daß Außenhandel etwa bei der Beschaffung wichtiger Importgüter die Möglichkeit bietet, Versorgungsrisiken zu streuen.

Weiterführende Fragen

1. Erörtern Sie, welche Implikationen aus der These des intrasektoralen Handels für die Gewinne aus Außenhandel folgen (Siebert A1987a).
2. Diskutieren Sie die Implikationen der Theorie des unvollständigen Wettbewerbs (Produktvielfalt, steigende Skalenerträge) für die Gewinne aus Außenhandel (Helpman A1981, A1984).

7. Zölle, Handelshemmnisse und Welthandelsordnung

An die Deputiertenkammer:
Wir sind dem unerträglichen Wettbewerb eines ausländischen Rivalen ausgesetzt, der über derart überlegene Lichterzeugungskapazitäten verfügt, daß er in der Lage ist, unseren nationalen Markt zu einem stark herabgesetzten Preis zu überschwemmen. Dieser Rivale ist kein anderer als die Sonne. Unser Antrag geht dahin, ein Gesetz zu erlassen, wonach alle Fenster, Öffnungen und Ritzen abzudichten sind, durch die das Sonnenlicht zum Nachteil der ertragsreichen Industrie, die wir unserem Lande schenken konnten, in unsere Wohungen einzudringen droht.
Gezeichnet: Die Kerzenmacher. *Frédéric Bastiat**

In diesem Kapitel wird ein kurzer Überblick über die Auswirkung von Zöllen und anderen Handelsrestriktionen auf Handelsströme und Preise gegeben. Es wird diskutiert, wie sich ein Zoll auf die Handelsmengen und den Inlandpreis (7.1) und auf den Relativpreis (7.2) auswirkt. Der Optimalzoll wird in Abschnitt 7.3 behandelt. Ferner werden nichttarifäre Handelshemmnisse (7.4) erörtert. Schließlich werden Zollunion (7.5) und Welthandelsordnung angesprochen (7.6).

7.1 Zollwirkungen

1. Mengenzoll. In Schaubild 7.1 ist dargestellt, wie sich ein Importzoll des Inlandes auf die Warenströme und die Güterpreise auswirkt. Findet kein Handel statt, so herrscht im Inland der Autarkiepreis P_a. Bei Handel bestimmt vor einer Zollerhebung der Schnittpunkt der Überschußnachfragekurve des Inlandes mit der Überschußnachfrage des Auslandes in Schaubild 7.1c den Gleichgewichtspreis P (siehe Schaubild 3.3). Erhebt das Inland nun einen Zoll in Höhe von AB pro Mengeneinheit (Mengenzoll), so verschiebt sich die auf dem Weltmarkt relevante Überschußnachfrage des Inlandes (also die für die ausländischen Anbieter relevante Preis-Absatz-Funktion) um AB nach unten. Die Zollerhebung bewirkt eine Abkoppelung des inländischen Marktes vom Weltmarkt (Segmentierung). Auf dem Weltmarkt nimmt die Überschußnachfrage ab und die auf dem Weltmarkt gehandelte

* Sophismes économiques, Paris 1850.

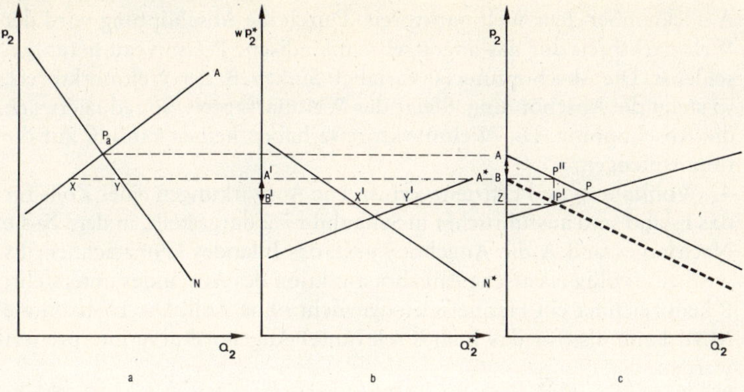

Schaubild 7.1

Menge geht auf ZP′ zurück. Der Weltmarktpreis pendelt sich so ein, daß die vom Inland importierte Menge XY gleich ist mit der vom Ausland exportierten Menge X′Y′. Dies ist die auf dem Weltmarkt gehandelte Menge ZP′. Nach Zollerhebung stellt sich also auf dem Weltmarkt der Gleichgewichtspreis P′ ein.

Der im Inland herrschende Preis muß um den Zollsatz AB (= A′B′) höher sein als der Weltmarktpreis. Der inländische Preis nach Zollerhebung (Y) liegt zwischen dem Weltmarktpreis bei Freihandel (P) und dem Autarkiepreis P_a. Durch Zollerhebung ist der Preis im Inland im Vergleich zur Freihandelssituation gestiegen (von P auf Y).

Bei einem geringen Importzoll liegt der Preis im Inland (Punkt Y) nahe beim Freihandelspreis (Punkt P). Ist der Zollsatz null, so muß sich P einstellen. Bei einem stärkeren Zoll dagegen liegt der Punkt Y näher am Autarkiepreis P_a. Der Importzoll kann im Extremfall so gewählt werden, daß Handel zum Erliegen kommt, also nach Zollerhebung der Autarkiepunkt P_a erreicht wird. Dies ist bei einem Zoll gegeben, der die für das Ausland relevante Preis-Absatz-Funktion so verschiebt, daß die Überschußnachfrage des Inlandes null wird.

2. Wertzoll. Bei einem Wertzoll wird der Zoll nicht auf die importierte Mengeneinheit, sondern auf den Wert des Importgutes erhoben. Der Zoll paßt sich automatisch mit der Wertsteigerung an.

3. Variable Abschöpfungen. Bei den im europäischen Agrarmarkt praktizierten variablen Abschöpfungen wird der Import in der Weise belastet, daß der im Inland angestrebte Preis erreicht wird. Zu unterscheiden sind Inlandspreis in Autarkie, angestrebter Inlandspreis und Weltmarktpreis. Im Fall einer Abschöpfung liegt der Inlandspreis in

Autarkie über dem Weltmarktpreis. Durch die Abschöpfung wird der Weltmarktpreis auf das angestrebte inländische Preisniveau heraufgeschleust. Die Abschöpfung ist variabel: Sinkt z.B. der Weltmarktpreis, so steigt die Abschöpfung. Steigt der Weltmarktpreis, so reduziert sich die Abschöpfung. Die Weltmarktpreise haben keinen Einfluß auf die Importmengen.

4. Wohlfahrts- und Effizienzverlust. Die Auswirkungen eines Zolls für das Inland sind ausführlicher in Schaubild 7.2 dargestellt, in dem N die Nachfrage- und A die Angebotskurve des Inlandes kennzeichnen. Es wird eine völlig elastische Angebotsfunktion des Auslandes unterstellt; P kennzeichnet ein Handelsgleichgewicht ohne Zoll. Die Horizontale MM′ kann als (für das Inland relevante) Angebotskurve interpretiert werden.

Wird nun ein Mengenzoll in Höhe von MN erhoben, so verschiebt sich die für das Inland relevante Angebotskurve um den Zollsatz MN nach oben. Welche Auswirkungen hat die Zollerhebung? Der Gleichgewichtspreis des Inlands verschiebt sich von P nach P′. Die Zollwirkungen können wie folgt beschrieben werden:

Produktionsauswirkung. Es findet eine Zunahme der heimischen Produktion statt. Bei der Herstellung von Importsubstituten werden mehr Produktionsfaktoren gebunden. Diese Faktoren werden anderen Wirtschafszweigen entzogen.

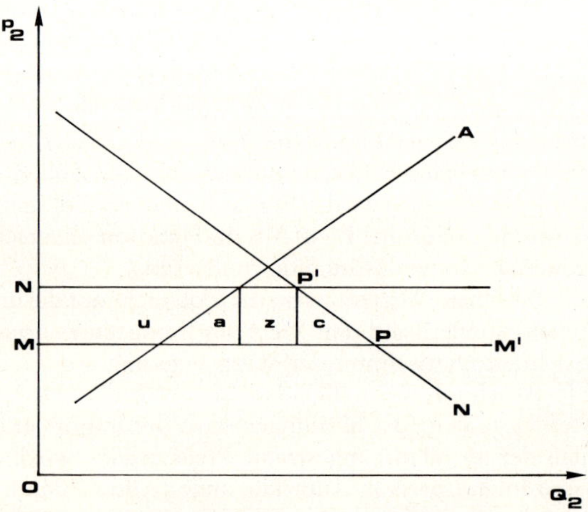

Schaubild 7.2

Produzentenrente. Die Produzenten erhalten eine Produzentenrente u. Zolleinnahmen. Der Staat erhält eine Zolleinnahme z.

Konsumentenrente. Die Konsumenten verlieren also eine Konsumentenrente in Höhe von u + a + z + c. Die Konsummenge geht zurück; der höhere Preis treibt einige Konsumenten aus dem Markt.

Umverteilung. Der Mengenzoll bewirkt eine Umverteilung von den Konsumenten (Haushalten) auf Unternehmen und Staat. Einen Teil der verlorenen Konsumentenrente erhalten die Unternehmen als zusätzliche Produzentenrente (u); einen weiteren Teil der Konsumentenrente erhält der Staat in Form von Zolleinnahmen (z). Zölle bewirken also eine Umverteilung zu*un*gunsten der Konsumenten.

Effizienzverlust. Der gesamte Verlust an Konsumentenrente u + a + z + c wird aber nicht vollständig zu einem Gewinn für andere Systeme der Volkswirtschaft. Die Dreiecke a und c kennzeichnen diejenigen Verluste an Konsumentenrente, die weder beim Staat noch bei den Produzenten «ankommen». Sie sind deshalb auch als Effizienzverlust bezeichnet worden.

5. Produktions- und Konsumeffekte. Die Zollwirkungen können auch mit Hilfe der Transformationskurve dargestellt werden. Im Fall des kleinen Landes bleibt der Relativpreis p auf dem Weltmarkt konstant. Das Land tauscht also weiterhin zu Weltmarktpreisen. Die Regierung erhält einen Zoll (hier Wertzoll), so daß der Preis des importierten Gutes 2 im Inland steigt und der Relativpreis nach Zollerhebung im Inland $\tilde{p} = p_1/\tilde{p}_2$ kleiner ist als auf dem Weltmarkt, so daß $\tilde{p} < p$ (Schaubild 7.3). Der inländische Relativpreis $\tilde{p}$ bestimmt den Produktionspunkt P′ und den Konsumpunkt C′ (nach Zollerhebung). Das Land tauscht die Exportmenge P′D gegen die Importmenge DC′. Der Zollsatz ist EC′/DE; EC′ sind die Zolleinnahmen. Das inländische Preisverhältnis ist $\tilde{p}$ = DE/P′D. Es ist unterstellt worden, daß der Staat die Zolleinnahmen EC′ als Pauschaltransfer an die Haushalte verteilt. Dadurch erreichen die Haushalte eine Budgetgerade, die außerhalb des Transformationsraums liegt.

Im Schaubild 7.3 kennzeichnen P (Produktionspunkt) und C (Konsumpunkt) die Freihandelssituation. Durch den Zoll erreicht das Land ein niedrigeres Nutzenniveau. Ist der Zoll hinreichend groß, so kommt der Handel zum Erliegen und das Land erreicht den Autarkiepunkt A.

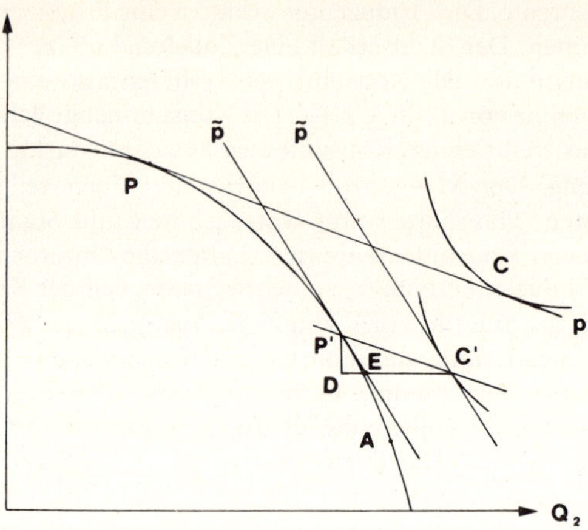

Schaubild 7.3

7.2 Zoll und Tauschverhältnis

Gibt man die Annahme eines kleinen Landes auf, so wirkt sich ein Importzoll auch auf den Relativpreis, also das Tauschverhältnis aus. Der Zoll verschiebt die Tauschkurve des Landes, das den Zoll erhebt: In Schaubild 7.4 ist die Auswirkung eines vom Inland erhobenen Zolls auf Gut 2 dargestellt. Die Tauschkurve OS′S ist die Tauschkurve des Auslandes; OCC′ ist die Tauschkurve des Inlandes ohne Zollerhebung (vgl. Schaubild 5.3). Wenn das Inland einen Importzoll erhebt, verschiebt sich seine Tauschkurve nach links. Wollen die Inländer die Menge des Importgutes A′C erhalten, so sind sie in der Freihandelssituation bereit, die Exportmenge OA′ aufzugeben. Wird nun auf diese Importmenge ein Zoll in Höhe von CS′ (etwa ein Wertzoll) erhoben, so sind die inländischen Wirtschaftssubjekte nur dann noch zur Hergabe der Exportmenge OA′ bereit, wenn sie dafür A′S′ an Importgütern erhalten (wovon S′C als Importsteuer an den Staat abgeführt wird). Die Verschiebung der Tauschkurve des Inlandes nach links hat zur Folge, daß anstelle des Gleichgewichtspunktes S der Punkt S′ erreicht wird. Das Tauschverhältnis verbessert sich für das Inland von p auf $\bar{p}$.
Das Inland tauscht also zum Relativpreis $\bar{p}$ auf dem Weltmarkt; aber im Inland ist infolge des Zolls der Relativpreis $\tilde{p}$ niedriger (da $\tilde{p}_2$ wegen des Zolls höher ist). Es gilt also $\tilde{p}$ (im Inland) < p (in der Welt vor Zollerhebung) < $\bar{p}$ (in der Welt nach Zollerhebung). In Schaubild 7.4 ist diese Situation verdeutlicht (Bhagwati und Svinivasan 1984, S. 112).

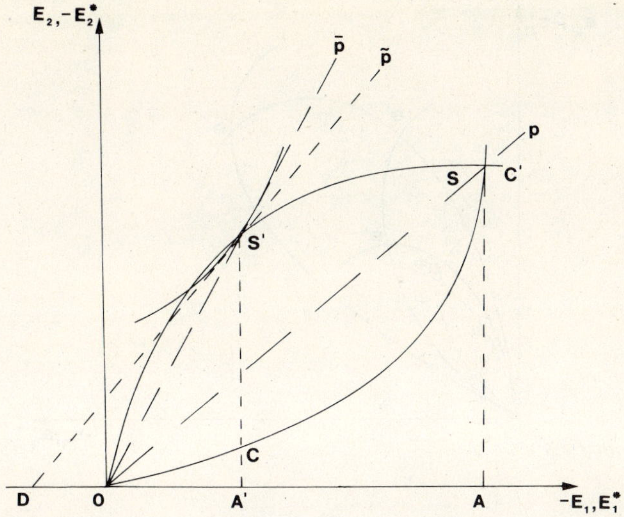

Schaubild 7.4

7.3 Optimalzoll

Das Inland kann durch den Zoll ein höheres Wohlfahrtsniveau erreichen. Wohlfahrtsniveaus können durch eine Handelsindifferenzkurve gekennzeichnet werden. Diese ist definiert als der geometrische Ort konstanter Wohlfahrt bei unterschiedlichen Kombinationen von Exportmengen ($-E_1$) und Importmengen (E_2), also

$$W = W(-E_1, E_2)$$

Da Export die Weggabe eines Gutes bedeutet, ist der Grenznutzen des Exports negativ. Folglich ergibt sich die positive Steigung der Handelsindifferenzkurve.

Die erreichte Handelsindifferenzkurve variiert mit dem Zollsatz. Wird nur ein geringer Zoll erhoben, so verbessert das Inland seine Wohlfahrtsposition; bei starker Zollerhebung kann sich die Wohlfahrtsposition des Inlandes verschlechtern. Damit stellt sich die Frage, ob es einen optimalen Zoll gibt. Unter der Prämisse, daß das Ausland nicht reagiert, kann das Inland seinen Zoll soweit steigern, bis es die Handelsindifferenzkurve mit dem höchsten Wohlfahrtsniveau erreicht. Die Tauschkurve des Auslandes und die Handelsindifferenzkurve des Inlandes tangieren sich.

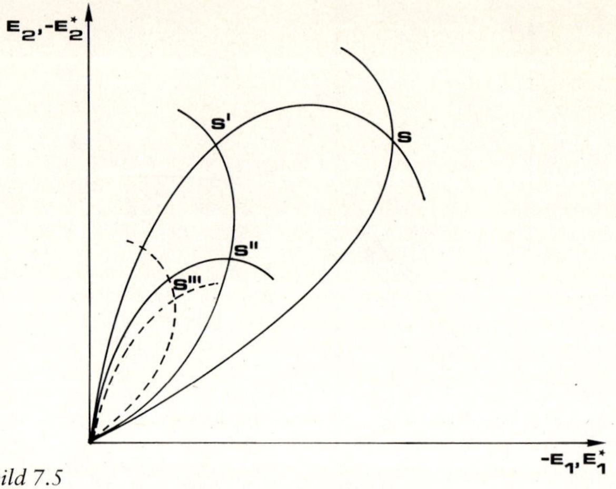

Schaubild 7.5

Im Punkt S′ in Schaubild 7.4 ist der Optimalzoll noch nicht erreicht, da sich die Handelsindifferenz- und Tauschkurve nicht tangieren. Man beachte, daß $\tilde{p}$ und die Handelsindifferenzkurve sich für alle Punkte der Tauschkurve tangieren.

Die Optimalzollsituation ist dadurch gekennzeichnet, daß die Grenzrate der Substitution des Inlandes (Handelsindifferenzkurve) und die Grenzrate der Tauschbereitschaft des Auslandes (Tauschkurve des Auslandes) sich entsprechen.

Zollkrieg. Beim Optimalzoll ist unterstellt, daß das Ausland nicht durch eine Zollerhebung reagiert. Das Ausland verhält sich also als Preisnehmer. Wenn das Ausland aber durch die Erhebung eines Importzolls reagiert, so verschiebt sich seine Tauschkurve ebenfalls, und zwar nach rechts. Bei einem solchen Retorsionszoll ergibt sich aus der Gleichgewichtssituation S (vor Zollerhebung) anstelle der Situation S′ (einseitige Zollerhebung des Inlandes) in Schaubild 7.5 das neue Gleichgewicht S″. Nach erneuter Zollrunde stellt sich die Situation S‴ ein. Das Handelsvolumen schrumpft.

7.4 Nichttarifäre Handelshemmnisse

Anstelle eines Zolls können mengenmäßige Handelsbeschränkungen erhoben werden. Beispielsweise kann eine maximal zulässige Menge von Importen festgelegt werden. Dieser Fall ist in Schaubild 7.6 dargestellt. Die Kurve AA kennzeichnet die Angebotsfunktion des Inlandes; die Kurve AB stellt die völlig elastische Angebotskurve des Auslandes dar. Wird ein Importkontingent AA′ festgelegt, so kennzeichnet die Gerade A′A′ die für das Inland relevante Angebotsfunktion. Die Autarkielösung wird durch P, die Freihandelslösung durch P″ gekennzeichnet. Die Kontigentierung des Imports impliziert einen Gleichgewichtspreis P′.

Das Mengenkontingent kann auch mit Hilfe von 7.3 dargestellt werden (Siebert A1986c). Dann bezeichnet DC′ die zulässige Importmenge, und der mögliche Konsumpunkt C′ muß u. a. der Bedingung genügen, daß er auf einer Kurve liegt (nicht eingezeichnet), die man dadurch erhält, wenn das verkleinerte Handelsdreieck P′DC′ an der Transformationskurve entlang geschoben wird. EC′ sind jetzt die Einnahmen des Staats aus der Versteigerung der Importkontigente. Es wird angenommen, daß diese Einnahmen als Pauschalzahlung an die Haushalte transferiert werden. Unter diesen Annahmen ergibt sich die Äquivalenz von Importsteuern und Importkontingenten. Bei freiwilligen Selbstbeschränkungsabkommen verpflichtet sich das Exportland, nicht mehr

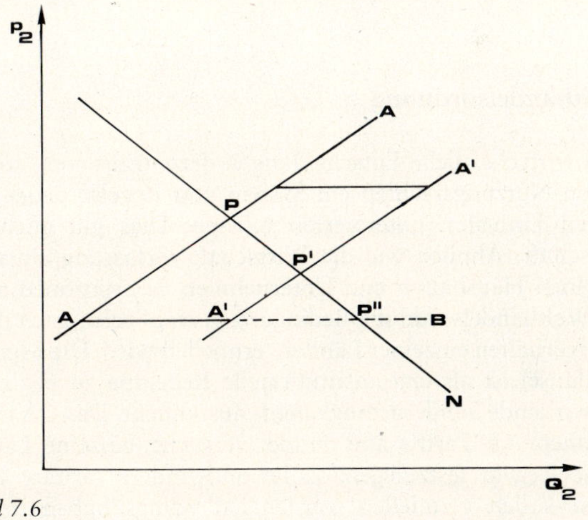

Schaubild 7.6

als eine bestimmte Menge (z. B. DC') zu liefern. Dann fallen die mit der Kontingentsmenge verbundenen Renten im Ausland an.
In der Realität spielen nichttarifäre Handelshemmnisse eine große Rolle. Dazu zählen Maßnahmen des Staates, die direkt Warenströme beeinflussen (wie etwa Anmeldungsformalitäten für Importe, technische Qualitätsanforderungen an Produkte) und auch Maßnahmen, die ursprünglich nicht mit handelspolitischen Motiven verknüpft sind, sich aber dennoch auf die Warenströme auswirken (z. B. umweltpolitische Produktnormen).

7.5 Zollunion

Eine Zollunion ist der Zusammenschluß zweier oder mehrerer selbständiger Staaten zu einem einheitlichen Zollgebiet. Die Zollunion ist durch drei Kriterien gekennzeichnet: Gemeinsamer Außenzolltarif gegenüber Drittländern, Beseitigung der Binnenzölle zwischen den Mitgliedsländern und Verteilung der Zolleinnahmen unter den Mitgliedsländern. Zollgrenzen und Staatsgrenzen fallen also auseinander.
Die Zollunion wirkt handelsschaffend, d. h. der Güteraustausch zwischen den beteiligten Ländern nimmt zu. Gleichzeitig hat die Zollunion aber auch handelsumlenkende Effekte, d. h. der Handel mit Drittländern wird zugunsten der Zollunion umgelenkt (Viner 1950). Die statischen und dynamischen Effekte einer Zollunion und anderer Integrationsformen werden in der Literatur ausführlich erörtert (Siebert A1982).

7.6 Welthandelsordnung

Will man wirtschaftliche Entscheidungen dezentralisieren, so braucht man neben Nutzungsrechten ein System von Regeln, denen sich die dezentralen Einheiten unterwerfen müssen. Dies gilt auch für die Weltwirtschaft. Ähnlich wie die Wirtschaftsverfassung eines Landes den einzelnen Haushalten und Unternehmen Restriktionen auferlegt, muß die Welthandelsordnung Bedingungen etablieren, nach denen ein Freifahrerverhalten einzelner Länder vermieden wird. Die Meistbegünstigungsklausel ist als eine institutionelle Regelung zu begreifen, die bilateral wirkende Sonderarrangements ausschließt. Das GATT (General Agreement on Tariffs and Trade) versucht, einzelne Länder auf allgemeine Regeln festzulegen. Zölle und andere tarifäre Handelshemmnisse sollen vermieden werden. Allerdings haben trotz einer

Reihe von Zollsenkungsrunden nichttarifäre Handelshemmnisse (Subventionen, freiwillige Selbstbeschränkungsabkommen) zugenommen.

Weiterführende Fragen

1. Zeigen Sie, daß in Schaubild 7.4 DO die Zolleinnahmen und DO/DA′ der Zollsatz sind und erörtern Sie, wie mit variierendem Zollsatz sich der Punkt S′ verändert (Bhagwati und Svinivasan 1984, Kap. 9).
2. Erörtern Sie die Äquivalenz von Export- und Importsteuern, von Mengenbeschränkungen und Steuern (Bhagwati und Svinivasan 1984, Kap. 10).
3. Diskutieren Sie das Konzept der effektiven Protektion (Bhagwati und Svinivasan 1984, Kap. 11).

8. Die Zahlungsbilanz und ihre Bestimmungsfaktoren

Die Erzeugung eines Landes läßt sich gegen die anderer Länder zu den Preisen austauschen, die erforderlich sind, um mit der Gesamtheit der Ausfuhr genau die Gesamtheit der Einfuhr bezahlen zu können.
*John Stuart Mill**

Nach § 1 des Stabilitätsgesetzes ist «außenwirtschaftliches Gleichgewicht» eines der wichtigsten wirtschaftspolitischen Ziele. Dieses Ziel der Wirtschaftspolitik ist erfüllt, wenn die Zahlungsbilanz ausgeglichen ist. Die Zahlungsbilanz und ihre Teilbilanzen werden in Abschnitt 8.1 vorgestellt. In Abschnitt 8.2 wird der Zusammenhang von Leistungsbilanzsaldo und Kapitalverkehrsbilanzsaldo erklärt. Der formelle Ausgleich der Zahlungsbilanz wird in Abschnitt 8.3 behandelt; in Abschnitt 8.4 wird der materielle Ausgleich der Zahlungsbilanz erörtert. Warum der Zahlungsbilanzausgleich ein Ziel der Wirtschaftspolitik darstellt, wird in Abschnitt 8.5 untersucht. Abschnitt 8.6 gibt einen Überblick über die Entwicklung der Zahlungsbilanzsituation. In Abschnitt 8.7 wird die Saldenmechanik angesprochen, abschließend werden einige Bestimmungsgründe der Zahlungsbilanz erwähnt.

8.1 Die Zahlungsbilanz und ihre Teilbilanzen

1. Begriff. Als Zahlungsbilanz einer Volkswirtschaft bezeichnet man die statistische (ex-post-) Erfassung aller ökonomischen Transaktionen zwischen inländischen und ausländischen Wirtschaftseinheiten für ein Jahr. Wirtschaftseinheiten sind private und öffentliche Haushalte, Unternehmen und sonstige Organisationen. Inländer sind die Wirtschaftssubjekte, die ihren Wohnsitz im Inland haben.
Die Zahlungsbilanz eines Landes verzeichnet auf der Aktivseite Zahlungseingänge und auf der Passivseite Zahlungsausgänge eines Landes. Die Zahlungseingänge müssen nicht tatsächlich erfolgen; so wird ein Export auch dann als Zahlungseingang verbucht, wenn er durch Kredit finanziert ist. In Tabelle 8.1 ist die vereinfachte Struktur der Zahlungsbilanz wiedergegeben. Die Buchungen in der Zahlungsbilanz sind entweder Buchungen zu Leistungstransaktionen oder es sind Buchungen von Finanztransaktionen. Tabelle 8.2 stellt die Zahlungsbilanz mit den Daten für die Bundesrepublik aus dem Jahr 1987 dar.

---

* Grundsätze der politischen Ökonomie, Band 2; Jena 1921, S. 158f.

Tabelle 8.1: Vereinfachte Struktur der Zahlungsbilanz

Zahlungseingänge	Zahlungsausgänge
Exporte von Gütern und Dienstleistungen	Importe von Gütern und Dienstleistungen
Kapitalimport – Neue Schulden gegenüber dem Ausland – Kapitalrückzahlungen durch das Ausland	Kapitalexport – Kredite an das Ausland – Kapitalrückzahlungen an das Ausland
Devisenbilanzsaldo	

2. Teilbilanzen. Teilbilanzen sind die Handelsbilanz, die Dienstleistungsbilanz, die Bilanz der unentgeltlichen Leistungen, auch Übertragungsbilanz genannt, und die Kapitalverkehrsbilanz. Bei der Handelsbilanz stellen Exporte von Gütern Zahlungseingänge und Importe Zahlungsausgänge dar. Zahlungseingänge bei der Dienstleistungsbilanz sind u. a. der «Export» von Dienstleistungen an Touristen aus dem Ausland (und Verkauf von Sachgütern an Touristen), Transportdienste deutscher Unternehmen für Ausländer (analog: Versicherungsleistungen), Zustrom von Dividenden, von Tantiemen und «Royalties», Zinsen und Grenzgebühren. In der Übertragungsbilanz sind Transaktionen ohne Gegenleistungen verzeichnet, z. B. Transfers im Rahmen der Entwicklungshilfe und die Überweisungen der Gastarbeiter an ihre Familien.

Die Handels-, Dienstleistungs- und Übertragungsbilanz ergeben zusammengefaßt die Bilanz der laufenden Posten. Die Bundesbank bezeichnet die Bilanz der laufenden Posten als «Leistungsbilanz». Wenn im folgenden jedoch von der Leistungsbilanz die Rede ist, so wird darunter in Abweichung vom Sprachgebrauch der Bundesbank der Saldo der Handels- und Dienstleistungsbilanz verstanden, also die Übertragungsbilanz vernachlässigt.

Die Kapitalverkehrsbilanz erfaßt als Zahlungseingänge (Kapitalimporte) Schuldenaufnahme im Ausland und Kapitalrückzahlungen durch das Ausland. Zahlungsausgänge (Kapitalexporte) sind Kreditgewährung an das Ausland und Kapitalrückzahlungen an das Ausland. Der Kauf ausländischer Wertpapiere durch Inländer ist ein Kapitalexport, denn die Forderungen an das Ausland nehmen zu. Die Devisenbestände entweder der Geschäftsbanken oder der Zentralbank nehmen ab. Der Verkauf ausländischer Wertpapiere durch Inländer an Auslän-

Tabelle 8.2: Positionen der Zahlungsbilanz (Bundesrepublik 1987 in Mio. DM)

Position	Zahlungseingänge		Zahlungsausgänge		Saldo
1. Handelsbilanz	Exporte von Gütern fob	527 018	Importe von Gütern cif	409 470	+117 548
2. Dienstleistungsbilanz	Dienstleistungsexporte	142 197	Dienstleistungsimporte	150 743	−8 547
3. Übertragungsbilanz	Fremde Leistungen	18 091	Eigene Leistungen	46 323	−28 232
4. Ergänzungen zum Warenverkehr und Transithandel					−1 226
5. Bilanz der laufenden Posten (1 + 2 + 3 + 4)					+79 542
6. Kapitalverkehrsbilanz					
a. langfristiger Kapitalverkehr	Neue Schulden gegenüber dem Ausland; Kapitalrückzahlung durch das Ausland	37 167	Kapitalausleihe an das Ausland; Kapitalrückzahlung an das Ausland	61 889	−24 722
b. kurzfristiger Kapitalverkehr					−18 983
c. Saldo der Kapitalverkehrsbilanz (6a + 6b)					−43 706
7. Statistisch erfaßte Transaktionen (5 + 6c)					+35 836
8. Statistisch nicht aufgliederbare Transaktionen					+5 383
9. Alle Transaktionen (7 + 8)					+41 219
10. Ausgleichsposten zur Auslandsposition der Bundesbank					−9 303
11. Devisenbilanz (vgl. Pos. 10 in Tab. 8.3)					+31 916

Quelle: Statistische Beihefte zu den Monatsberichten der Deutschen Bundesbank, Reihe 3, Zahlungsbilanzstatistik, Februar 1988.

der ist ein Kapitalimport. In der Regel wird zwischen lang- und kurzfristigem Kapitalverkehr unterschieden.
Der Saldo der Devisenbilanz weist die Veränderung der Währungsreserven eines Landes aus, und zwar genauer: der Zentralbank (nicht aber der Devisenreserven anderer Inländer). Den Devisenabgängen stehen Devisenzugänge und die Zunahme des Goldbestandes gegenüber (Tabelle 8.3). Verkaufen die Geschäftsbanken Devisen an die Zentralbank, so bedeutet dies eine Abnahme der kurzfristigen Forderungen von Inländern und eine Zunahme der Devisenbestände der Zentralbank.
Bei einem Vergleich der Tabellen 8.2 und 8.3 ist zu beachten, daß sich die Positionen «Devisenbilanz» in 8.2 und «Nettoauslandsposition» (Veränderung!) in 8.3 entsprechen.

Tabelle 8.3: Devisenbilanz 1987 in Mio. DM

Position	Forderungen (Zunahme: +)	Verbindlichkeiten (Zunahme: −)	Saldo
1. Gold	–		
2. Reserveposition im Internationalen Währungsfonds und Sonderziehungsrechte	− 2 116		
3. Forderungen an den EFWZ[a] im Rahmen des EWS	+12 632		
4. Devisen und Sorten	+18 085		
5. Verbindlichkeiten		+3 322	
6. Währungsreserven (1 + 2 + 3 + 4 + 5)			+31 923
7. Kredite an die Weltbank	− 7		
8. Sonstige Forderungen	–		
9. Kredite an das Ausland (7 + 8)			− 7
10. Nettoauslandsposition (6 + 9)			+31 916[b]

Quelle: Statistische Beihefte zu den Monatsberichten der Deutschen Bundesbank, Reihe 3, Zahlungsbilanzstatistik, Februar 1988.
[a] EFWZ: Europäischer Fonds für währungspolitische Zusammenarbeit.
[b] Vgl. Position 11 in Tabelle 8.2.

8.2 Definitorische Beziehung zwischen Leistungsbilanzsaldo und Kapitalverkehrsbilanzsaldo

Die Salden der Leistungs- und der Kapitalverkehrsbilanz müssen sich – bei konstant bleibender Devisenposition – entsprechen. Dies ergibt sich wie folgt. Definiert man die aggregierten Gesamtausgaben aller Inländer als Absorption $\mathfrak{A}$

$$\mathfrak{A} = C + I + G \tag{8.1}$$

(G: Staatsausgaben), so gilt für das Nettosozialprodukt zu Marktpreisen in einer offenen Volkswirtschaft

$$Y = C + I + G + X - Im = \mathfrak{A} + X - Im \tag{8.2}$$

wobei $\mathfrak{A} + X - Im$ die aggregierten Ausgaben für alle im Inland erzeugten Güter kennzeichnet. Es gilt für den Handelsbilanzsaldo Z^H

$$Y - \mathfrak{A} = X - Im = Z^H \tag{8.3}$$

Folgende beiden Fälle sind zu unterscheiden.

$Y > \mathfrak{A}$: die Produktion eines Landes ist größer als die Nachfrage der Inländer nach seinen Produkten; d. h. $X > Im \rightarrow Z^H > 0$. Es besteht ein Handelsbilanzüberschuß.

$Y < \mathfrak{A}$: die Produktion eines Landes ist geringer als die Nachfrage der Inländer nach seinen Produkten; d. h. $X < Im \rightarrow Z^H < 0$. Es liegt ein Handelsbilanzdefizit vor.

Zieht man in Gleichung 8.2 von beiden Seiten die Steuern (netto unter Berücksichtigung der inländischen Transfers[1]) ab und zählt man die netto den Inländern aus dem Ausland zufließenden Transfers und Faktoreinkommen (Tr) hinzu, so gilt

$$Y + Tr - T = C + I + (G - T) + (X - Im + Tr) \tag{8.4}$$

Die linke Seite kennzeichnet das verfügbare Einkommen der Inländer. Definiert man die Ersparnisse des privaten Sektors als

$$S = Y + Tr - T - C,$$

so gilt

$$(X - Im + Tr) = S - I + (T - G) \tag{8.5}$$

Der Leistungsbilanzsaldo entspricht dem Überschuß der Ersparnisse über die Investitionen plus dem Budgetüberschuß (Sparen des Staates).

---

[1] Die Steuern T sind zu definieren als $T = T^{dir} + T^{ind} - Subv.$

Liegt ein Budgetdefizit (staatliches Entsparen) vor, so müssen die Ersparnisse größer sein als die Investitionen, falls die Leistungsbilanz ausgeglichen sein soll. Die rechte Seite der Gleichung 8.5 kann auch als Finanzierungssaldo bezeichnet werden. Liegt etwa ein Leistungsbilanzdefizit vor, so zeigt die rechte Seite den Finanzierungs«bedarf» des Landes an. Dieses Finanzierungsdefizit muß bei konstantem Devisenbestand durch Kapitalimport geschlossen werden. Im Fall der USA lag das Leistungsbilanzdefizit in den Jahren 1986 und 1987 in der Größenordnung von ca. 140–170 Mrd. US \$. Die Finanzierungslücke wurde durch Kapitalimport geschlossen.

8.3 Formeller Ausgleich der Zahlungsbilanz

1. Formeller Ausgleich. Nach dem Prinzip der doppelten Buchhaltung müßten der Saldo der Bilanz der laufenden Posten und der Kapitalverkehrsbilanz auf der einen Seite und der Saldo der Devisenbilanz auf der anderen Seite identisch sein. Denn entweder gleichen sich Transaktionen innerhalb der Bilanz der laufenden Posten und der Kapitalverkehrsbilanz aus (Beispiel: Exporte werden kreditiert, Importe aus Devisenbeständen von Geschäftsbanken bezahlt). Oder es muß zu den Transaktionen in der Bilanz der laufenden Posten eine Gegenbuchung auf dem Devisenkonto erfolgen (Beispiel: Importe von Gütern – bzw. Exporte von Kapital – bewirken eine Abnahme des Devisenbestands der Bundesbank).

Diese Identität muß aber nicht auftreten, und zwar aus drei Gründen: Erstens resultiert eine Diskrepanz daraus, daß infolge mangelnder statistischer Unterlagen nicht alle Transaktionen doppelt gebucht werden können. Exporte und Importe werden aus Meldungen der Betriebe erfaßt (Außenhandelsstatistik), die mit diesen Warenströmen einhergehenden Änderungen in den Kreditpositionen eines Landes jedoch durch statistische Meldungen der Geschäftsbanken und der großen Unternehmen bei der Bundesbank festgehalten. Folglich kann eine Diskrepanz auftreten, die als statistisch nicht aufgliederbare Transaktion oder «Restposten» bezeichnet wird (Position 8 in Tabelle 8.2). Zweitens erhöht die Zuteilung von Sonderziehungsrechten die Auslandsforderungen der Bundesbank. Und drittens bedingen Wechselkursänderungen eine Neubewertung der zum Zeitpunkt der Auf- oder Abwertung bei der Bundesbank vorhandenen Devisenbestände. Diese Gegenposten zu Veränderungen der Auslandsposition der Bundesbank, die nicht auf die Bilanz der laufenden Posten und den Kapitalverkehr zurückgehen, sind in Position 10 erfaßt.

In Tabelle 8.2 stellt sich der formelle Ausgleich der Zahlungsbilanz dadurch dar, daß sich die Positionen 9 (alle Transaktionen) plus 10 (Ausgleichsposten) mit dem Saldo der Devisenbilanz ausgleichen.
In Gleichung 8.5 gibt die linke Seite an, wie sich die Vermögensposition eines Landes gegenüber dem Ausland verändert. Wenn ein Land weniger als sein Einkommen ausgibt, nehmen seine Ansprüche an das Ausland zu, $\dot{V} = dV/dt > 0$.
Nettoforderungen an das Ausland V können in Finanztiteln B oder Währungsreserven R bestehen. Damit gilt auf Grund der Zahlungsbilanzrestriktion bei konstantem Wechselkurs $\bar{w}$

$$X - Im + Tr = \dot{V} = \bar{w}(\dot{B} + \dot{R}) \tag{8.6}$$

Aus 8.5 und 8.6 folgt

$$S - I + (T - G) = \dot{V} \tag{8.7}$$

Der Überschuß an privaten Ersparnissen und staatlichen Ersparnissen über die Investitionen stellt die Zunahme der Ansprüche an das Ausland dar.
2. Schematische Darstellung des formellen Ausgleichs. In den Tabellen 8.4 und 8.5 wird der Zusammenhang zwischen dem Saldo der Zahlungsbilanz Z und dem Saldo der Devisenbilanz Z^D verdeutlicht. Zur Vereinfachung werden lediglich Güter- und Kapitalverkehr betrachtet. Der Saldo der Zahlungsbilanz ergibt sich aus den Salden der Leistungs- (Z^L) und der Kapitalbilanz (Z^K)

$$Z = Z^L + Z^K \tag{8.8}$$

Der Saldo der Leistungsbilanz ist definiert als Differenz von Export- und Importwert. Wird Gut 1 exportiert ($E_1 < o$), so ist der Exportwert durch $-p_1E_1$ gekennzeichnet; wird Gut 2 importiert, so ist der Importwert gegeben durch p_2E_2 (Gleichung 5.4). Der Saldo der Kapitalverkehrsbilanz ist definiert durch die Differenz von Kapitalimporten (K^M) und Kapitalexporten (K^X), also

$$Z^K = K^M - K^X \tag{8.9}$$

Durch Einsetzen der Gleichung 5.4 und 8.9 in 8.8 ergibt sich

$$Z = -(p_1E_1 + p_2E_2) + K^M - K^X$$

Schematisch lassen sich die Zahlungsbilanz und ihre Teilbilanzen wie in Tabelle 8.4 darstellen:

Tabelle 8.4

	Zahlungs-eingänge		Zahlungs-ausgänge	Saldo
Leistungsbilanz	$-p_1E_1$	$-$	p_2E_2	Z^L
Kapitalverkehrsbilanz	K^M	$-$	K^X	Z^K
Saldo				Z

Tabelle 8.5

	Abnahme des Devisenbestandes		Zunahme des Devisenbestandes	Saldo
Warenverkehr	p_2E_2	$+$	p_1E_1	$= -\dot{R}^W$
Kapitalverkehr	K^X	$-$	K^M	$= -\dot{R}^K$
Saldo				$-\dot{R}$

Die Veränderung der Devisenposition ist in Tabelle 8.5 dargestellt. R kennzeichnet den Devisenbestand zu einem Zeitpunkt. $\dot{R} = dR/dt$ steht für die Veränderung des Devisenbestandes, wobei $\dot{R} > 0$ eine Zunahme und $-\dot{R} > 0$ eine Abnahme kennzeichnen. Für die Abnahme des Devisenbestandes ($-\dot{R}^W$) aus Warenverkehr ergibt sich

$$-\dot{R}^W = p_2E_2 + p_1E_1$$

Für die Abnahme des Devisenbestandes ($-\dot{R}^K$) aus Kapitalverkehr erhält man:

$$-\dot{R}^K = K^X - K^M$$

Die Abnahme des Devisenbestandes ($-\dot{R}$) ist

$$-\dot{R} = -\dot{R}^W - \dot{R}^K = p_2E_2 + p_1E_1 + K^X - K^M$$

Aus dem Vergleich der Tabellen 8.4 und 8.5 folgt, daß

$$Z = \dot{R}$$

Der Saldo der Zahlungsbilanz entspricht also dem Saldo der Devisenbilanz. Die Zahlungsbilanz ist formal durch den Saldo der Devisenbilanz also immer ausgeglichen. Es gilt:

a) $Z > o \rightarrow \dot{R} > o$

Die Zahlungsbilanz hat einen Überschuß. Der Devisenbestand nimmt zu.

b) $Z < o \rightarrow \dot{R} < o$

Die Zahlungsbilanz hat ein Defizit. Der Devisenbestand nimmt ab.

8.4 Materieller Ausgleich der Zahlungsbilanz

Der formale Ausgleich der Zahlungs- und Devisenbilanz ist nicht zu verwechseln mit dem materiellen Ausgleich der Zahlungsbilanz. Der materielle Ausgleich der Zahlungsbilanz wird auf die Salden von Teilbilanzen bezogen. In der Regel spricht man von einer ausgeglichenen Zahlungsbilanz, wenn sich die Devisenposition der Zentralbank nicht verändert, d.h. der Saldo der Devisenbilanz null ist.
Der Saldo der Devisenbilanz ist an den in der Zahlungsbilanz erfaßten Transaktionen zu erkennen. Für eine Definition des materiellen Zahlungsbilanzausgleichs unterscheidet man autonome und zahlungsbilanzinduzierte Transaktionen.
Zahlungsbilanzinduziert sind diejenigen Transaktionen, die mit dem Ziel durchgeführt werden, einen Ausgleich der Zahlungsbilanz herbeizuführen. In der Regel handelt es sich um wirtschaftspolitische Maßnahmen wie Anleihen zwischen Regierungen, Stützungsaktionen (z.B. stand-by agreements; BIZ-Kredit) und Regierungsimporte.
Autonom sind dagegen solche Transaktionen, die unabhängig von der Zahlungsbilanzsituation vorgenommen werden, z.B. private Exporte, Importe und private Kapitalbewegungen, aber auch Transaktionen einer Regierung, die nicht mit dem Ziel des Zahlungsbilanzausgleichs erfolgen.
Eine ausgeglichene Zahlungsbilanz liegt dann vor, wenn die Summe der autonomen Aktiv-Posten mit der Summe der autonomen Passiv-Posten identisch ist. Ein Zahlungsbilanzüberschuß liegt vor, wenn die Summe der autonomen Aktiv-Posten die Summe der autonomen Passiv-Posten übersteigt.
Die Trennung der Transaktionen in autonome und zahlungsbilanzinduzierte ist problematisch. So kann eine im Ausland aufgelegte Anleihe sowohl dem Zahlungsausgleich als auch z.B. der Finanzierung der Infrastruktur dienen. Ob in diesem Fall eine autonome oder induzierte Transaktion vorliegt, ist schwierig zu entscheiden.
Ein Zahlungsbilanzausgleich kann neben zahlungsbilanzinduzierten Transaktionen durch administrative Eingriffe erreicht werden. Ein Defizit kann z.B. vermieden werden, wenn eine Regierung durch Zölle

und andere administrative handelshemmende Maßnahmen das Entstehen eines tatsächlichen Defizits verhindert. Man unterscheidet deshalb aktuelles und potentielles Ungleichgewicht. Das potentielle Zahlungsbilanzungleichgewicht ist gleich dem Saldo der autonomen Transaktionen, der dann angefallen wäre, wenn die Regierung auf handelsverzerrende Maßnahmen verzichtet hätte.

8.5 Zahlungsbilanzausgleich als Ziel der Wirtschaftspolitik

Der Ausgleich der Zahlungsbilanz ist deshalb ein wichtiges wirtschaftspolitisches Ziel, weil eine unausgeglichene Zahlungsbilanz unerwünschte wirtschaftliche und politische Konsequenzen haben kann.
1. Defizit. Ein Defizit in der Zahlungsbilanz bedeutet, daß man – bezogen auf den Warenverkehr – auf Kredit der Nachbarn und sozusagen über seine Verhältnisse lebt. Diese «günstige» Tauschposition wird durch Kredite (Kapitalimport) finanziert. In der Regel lassen sich diese Kapitalimporte langfristig nicht aufrecht erhalten. Denn: Ein Defizit bedeutet einen Verlust an Devisen. Je nach anfänglichem Devisenbestand eines Landes impliziert ein Rückgang an verfügbaren Devisen eine Beschränkung der Importmöglichkeiten eines Landes und damit eine Reduzierung der verfügbaren Güter für Konsum und Investition. Wenn keine Kredite der Handelspartner gewährt werden, muß das Defizitland – möglicherweise abrupt – sein Konsumniveau reduzieren und, falls Importe als Inputs eingesetzt werden, seine Produktion einschränken und umstrukturieren. Kurzfristig jedoch kann ein Land ein Zahlungsbilanzdefizit dann in Kauf nehmen, wenn es in einer Situation der Überbeschäftigung eine Stabilisierungspolitik betreibt und zu erwarten ist, daß infolge der Stabilisierungspolitik das Defizit abgebaut wird.
Nach der Keynesianischen Theorie bedeutet ein Defizit in der Leistungsbilanz einen negativen Außenbeitrag mit Absickerverlusten. Die inländische Beschäftigung wird reduziert; in einer Situation mit Arbeitslosigkeit ist also ein Defizit beschäftigungspolitisch unerwünscht. Schließlich hat das vorübergehende «Leben über seine Verhältnisse» Zinszahlungen in späteren Perioden zur Folge. In späteren Perioden müssen also Exporte getätigt werden, um Devisen für die Zinszahlungen zu verdienen. Die Volkswirtschaft erweitert durch die Kredite ihren Konsumspielraum heute, schränkt aber den Spielraum zukünftiger Perioden ein. Dagegen ist ein Leistungsbilanzdefizit dann gerechtfertigt, wenn es zur Finanzierung von Investitionen dient und

wenn die dadurch bewirkten Produktionssteigerungen in Zukunft eine Rückzahlung der Schuld gestatten.

2. Überschuß. Ein Überschuß signalisiert zwar, daß wir Devisen verdienen; er bedeutet aber zugleich auch, daß wir wertmäßig mehr Güter weggeben als wir erhalten. Damit bedeutet ein Überschuß in der Zahlungsbilanz, daß die Gewinne aus Außenhandel nicht voll ausgeschöpft werden.

Ein Überschuß kann ferner negative Auswirkungen auf das Preisniveau haben, da ein Überschuß in der Devisenbilanz das Geldangebot einer Volkswirtschaft vermehrt. Außerdem steigen im Inland die Preise (internationaler Preiszusammenhang Kapitel 10).

Kurzfristig mag ein Land in einer Situation der Arbeitslosigkeit eine aktive Zahlungsbilanz anstreben, um die Beschäftigung zu erhöhen (beggar-my-neighbour-policy). Aber der Devisenüberschuß eines Landes impliziert, daß Defizite bei seinen Handelspartnern vorliegen. Ein Devisenüberschuß kann deshalb außenhandelspolitische Maßnahmen der Handelspartner mit entsprechend schroffen Rückwirkungen auf das Überschußland zur Folge haben.

3. Wirtschaftspolitik. Eine ausgeglichene Zahlungsbilanz als Gleichheit der autonomen Zahlungsein- und -ausgänge ohne zahlungsbilanz-«beeinflussende» Maßnahmen, also eine ausgeglichene Zahlungsbilanz im Sinne eines potentiellen Zahlungsbilanzleichgewichts, ist darüber hinaus deshalb erforderlich[2],

- weil der Zahlungsbilanzausgleich eine Budgetrestriktion für die an der internationalen Arbeitsteilung beteiligten Volkswirtschaften ist und eine Verletzung dieser Budgetrestriktion bedeutet, daß die Wirtschaftssubjekte der am Außenhandel beteiligten Länder die Vorteile der internationalen Arbeitsteilung nicht ausschöpfen können;
- weil der Zahlungsbilanzausgleich den Subsystemen einer Volkswirtschaft die Knappheit fremder Währungen signalisert;
- weil zahlungsbilanzbeeinflussende Maßnahmen wie zahlungsbilanzinduzierte Transaktionen oder Zölle die optimale internationale Allokation der Faktoren verzerren;
- weil Einschränkungen der Faktorbewegungen die optimale internationale Allokation verzerren;
- weil Korrekturen am Wechselkurs die gesamtwirtschaftliche Budgetrestriktion eines Landes den Subsystemen falsch wiedergeben und damit eine Allokationsverzerrung bewirken.

---

[2] H. Giersch, Konjunktur- und Wirtschaftspolitik, Wiesbaden 1977, S. 90.

8.6 Entwicklung der Zahlungsbilanzsituation

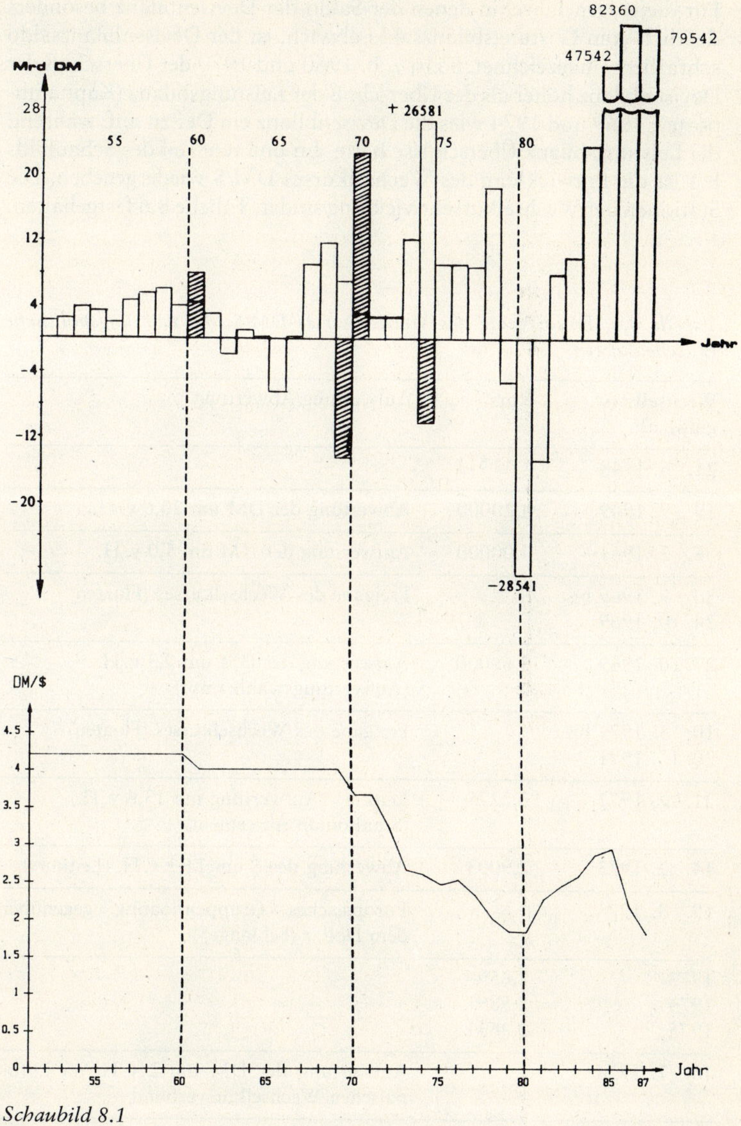

Schaubild 8.1

Im oberen Teil des Schaubild 8.1 ist die Entwicklung der Salden der deutschen Leistungsbilanz für die Zeit von 1951–1987 festgehalten. Für diejenigen Jahre, in denen der Saldo der Devisenbilanz besonders deutlich vom Leistungsbilanzsaldo abwich, ist der Devisenbilanzsaldo schraffiert eingezeichnet. So ist z. B. 1960 und 1970 der Überschuß der Devisenbilanz höher als der Überschuß der Leistungsbilanz (Kapitalimporte); 1969 und 1974 wies die Devisenbilanz ein Defizit auf, während die Leistungsbilanz Überschüsse hatte. Im unteren Teil des Schaubilds 8.1 ist die Entwicklung des Wechselkurses DM/$ wiedergegeben. Die Stationen der Wechselkursentwicklung sind in Tabelle 8.6 festgehalten.

Tabelle 8.6: Entwicklung des Wechselkurses DM/$ und währungspolitische Entscheidungen

Wechselkurs gültig ab	Kurs	Aufwertung/Abwertung
21. 6. 1948	3,33333	
19. 9. 1949	4,20000	Abwertung der DM um 20,6 v. H.
6. 3. 1961	4,00000	Aufwertung der DM um 5,0 v. H.
30. 9. 1969 bis 24. 10. 1969		Freigabe des Wechselkurses (Floaten)
27. 10. 1969	3,66000	Aufwertung der DM um 9,3 v. H. (Aufwertungswahlkampf)
10. 5. 1971 bis 20. 12. 1971		Freigabe des Wechselkurses (Floaten)
21. 12. 1971	3,2225	Leitkurs (Aufwertung um 13,6 v. H.) (Smithonian Agreement)
14. 2. 1973	2,9003	Abwertung des $ um 11,1 v. H. (Leitkurs)
19. 3. 1973		Europäisches Gruppenfloating gegenüber dem Dollar (Schlange)
1973 1974 1975	2,6590 2,5897 2,4631	
10. 7. 1976		Aufwertung der DM um 2 v. H. im Europäischen Wechselkursverbund

Wechselkurs gültig ab	Kurs	Aufwertung/Abwertung
1976	2,5173	
1977	2,3217	
16. 10. 1978		Aufwertung der DM um 4 v.H. im Europäischen Wechselkursverbund
1. 11. 1978		USA verkünden Programm zur Stützung des Dollars
1978	2,0084	
13. 3. 1979		Gründung des EWS
24. 9. 1979		Aufwertung der DM um 2 v.H. gegenüber EWS-Währungen
1979	1,8330	
1980	1,8158	
4. 10. 1981		Aufwertung der DM um 5,5 v.H. gegenüber EWS-Währungen
1981	2,2610	
12. 6. 1982		Aufwertung der DM um 4,25 v.H. gegenüber EWS-Währungen
1982	2,4287	
21. 3. 1983		Aufwertung der DM um 5,5 v.H. gegenüber EWS-Währungen
1983	2,5552	
16. 9. 1984		Neuberechnung der Währungsanteile in ECU
1984	2,8456	
22. 9. 1985		Plaza-Agreement
1985	2,9424	
7. 4. 1986		Aufwertung der DM um 2,0 v.H. gegenüber EWS-Währungen
1986	2,1708	
12. 1. 1987		Aufwertung der DM um 3,0 v.H. gegenüber EWS-Währungen

Wechselkurs gültig ab	Kurs	Aufwertung/Abwertung
22. 2. 1987		Louvre-Akkord
1987	1,7982	

Aus: Monatsberichte der Deutschen Bundesbank, Zusatzhefte Reihe 3: Zahlungsbilanzstatistik; für die Jahre 1973–1987 sind jeweils Jahresdurchschnittswerte angegeben, Geschäftsbericht der Deutschen Bundesbank, verschiedene Ausgaben.

8.7 Saldenmechanik und Gleichgewicht

In Abschnitt 8.2 ist deutlich geworden, daß saldenmechanisch einem Überschuß in der Leistungsbilanz ein Kapitalexport in der Kapitalverkehrsbilanz entsprechen muß, wenn man von Veränderungen des Devisenbestandes absieht. Einem Defizit in der Leistungsbilanz muß auf Grund der definitorischen Beziehungen ein Kapitalimport entsprechen.

Die Saldenmechanik ist auch dann hilfreich, wenn man die Zahlungsbilanz aller Länder der Welt aggregiert und zwei Regionen der Welt (Nord und Süd) oder andere Aggregationen betrachtet (Industrienationen, OPEC, Entwicklungsländer). Vernachlässigt man Dienstleistungen, so muß einem Handelsbilanzüberschuß des Nordens ein Handelsbilanzdefizit des Südens entsprechen. Dies muß aber wiederum bedeuten, daß der Norden Kapital exportiert und der Süden Kapital importiert.

Irrig ist jedoch die in der wirtschaftspolitischen Diskussion immer wieder zu hörende These von der Notwendigkeit eines bilateralen Ausgleichs der Zahlungsbilanz zwischen zwei Ländern. Ähnlich wie ein einzelnes Wirtschaftssubjekt beim Erwerb von einem Pfund Fleisch seine «Zahlungsbilanz» nicht bilateral mit dem Metzger ausgleichen muß, indem es mit dem Metzger tauscht, ist die Zahlungsbilanz eine Budgetrestriktion in dem Sinne, daß man nicht mehr Devisen ausgeben kann als man einnimmt.

Definitorische Beziehungen stellen bekanntlich keine Erklärung dar; sie können aber der Ausgangspunkt für Erklärungen sein. Wenn man weiß, daß eine Zunahme des Überschusses in der Leistungsbilanz eine Zunahme des Kapitalexports impliziert, so kann man die Frage stellen, durch welche Anpassungen wie z.B. vermehrte Ersparnisse und geringere Absorption eine Zunahme des Kapitalexports zustande

kommt. Oder man kann diskutieren, wie ein verschuldetes Land, das seine Schulden tilgen will und damit Kapitalexport betreibt, den erforderlichen Überschuß in der Leistungsbilanz erzielen kann.
Salden in der Zahlungsbilanz reflektieren die Entscheidungen der Wirtschaftssubjekte von In- und Ausland über die in der Zahlungsbilanz eines Landes erfaßten Transaktionen wie Güterverkehr, Dienstleistungen, Übertragungen und Kapitalverkehr. Diese Entscheidungen werden von Güter- und Faktorpreisen (Löhne, Zinsen) in In- und Ausland, den Renditen für Finanz- und Realinvestitionen und einer Vielzahl anderer Faktoren beeinflußt. Salden müssen also letztlich auf die Entscheidungen der Wirtschaftssubjekte zurückgeführt werden. Dabei muß man sich klar machen, daß eine beliebige Entscheidung des Haushalts z. B. über den Konsum sich sowohl auf die Handelsbilanz (z. B. Güterimport) als auch auf die Kapitalverkehrsbilanz auswirkt (z. B. geringere Ersparnis infolge des Güterimports). Der Saldo der Handels- bzw. der Dienstleistungsbilanz und der Saldo der Kapitalverkehrsbilanz werden also simultan bestimmt.
Eine interessante Frage ist, ob Salden ein Gleichgewicht in dem Sinne darstellen, daß die Wirtschaftssubjekte keinen Anlaß haben, ihre Dispositionen zu ändern oder, ob ein solches Gleichgewicht nur kurzfristig Bestand haben kann und welche Anpassungsprozesse ablaufen, um in ein neues Gleichgewicht zu kommen und gegebenenfalls Salden abzubauen.

8.8 Bestimmungsfaktoren des Zahlungsbilanzsaldos

Aus der bisherigen Analyse etwa der Kapitel 3, 4 und 5 können wir einige Bestimmungsfaktoren des Zahlungsbilanzsaldos festhalten: Der Leistungsbilanzsaldo ist als Differenz von Export- und Importwert definiert, die jeweils Produkte von Mengen und Preisen sind. Ob ein Land ein Gut exportiert, hängt dann – wie wir im 3. Kapitel gesehen haben – von den absoluten Preisvorteilen eines Landes ab. Auch die Export- und Importmengen werden von den absoluten Preisen bestimmt. Eine Änderung der (Absolut-)preise hat bei konstantem Wechselkurs eine Änderung der Leistungsbilanzsituation zur Folge. Preise variieren aber mit den Produktionsbedingungen (Faktorausstattung, Produktionsfunktion oder technischem Wissen), den Nachfragebedingungen (Volkseinkommen, Präferenzen), mit wirtschaftspolitischen Maßnahmen und der Geldmenge. Folglich ist zu fragen, wie sich der Leistungsbilanzsaldo mit den hier erwähnten Faktoren verändert. Ferner wissen wir aus Kapitel 3, daß sich absolute Preisvorteile mit dem

Wechselkurs verschieben. Die Leistungsbilanzsituation variiert also mit dem Wechselkurs. Zusammenfassend ergibt sich, daß der Leistungsbilanzsaldo mit der Veränderung von Preisen, der Volkseinkommen, des Wechselkurses und des Geldmarktgleichgewichts variiert.
Der Saldo der Kapitalverkehrsbilanz wird von Zinssatzdifferenzen zwischen In- und Ausland und Wechselkurserwartungen $\hat{w}^e$ beeinflußt. Damit hängt der Saldo der Zahlungsbilanz Z von folgenden Faktoren ab

$$Z = f(p_i, p_i^*, Y, Y^*, w, L - M, L^* - M^*, i, i^*, \hat{w}^e)$$

Weiterführende Fragen

1. Erörtern Sie, wie Zinseinkommen eines Inländers aus dem Ausland, der Ferienaufenthalt eines Ausländers und der Erwerb einer ausländischen Unternehmung in der Zahlungsbilanz erscheinen.
2. Interpretieren Sie saldenmechanisch das amerikanische Leistungsbilanzdefizit und erörtern Sie mögliche Anpassungsprozesse zu seiner Reduktion (Wissenschaftlicher Beirat beim Bundeswirtschaftsministerium A1988).

9. Mechanismen zum Ausgleich der Zahlungsbilanz

«... suppose that all the money of Great Britain were multiplied fivefold in a night ... Must not all labour and commodities rise to such an exorbitant height that no neighbouring nations could afford to buy from us; while their commodities, on the other hand, became comparatively so cheap, that ... they would be run in upon us, and our money flow out; till we fall to a level with foreigners ...»

*David Hume**

Im folgenden werden Mechanismen erörtert, welche die Zahlungsbilanz zum Ausgleich bringen. Dabei ist zwischen konstanten und flexiblen Wechselkursen zu unterscheiden. Als Analogon zum güterwirtschaftlichen Handels- und Tauschgleichgewicht wird das monetäre Gleichgewicht in Abschnitt 9.1 für konstanten und in Abschnitt 9.4 für flexiblen Wechselkurs erläutert. In Abschnitt 9.2 wird die automatische Anpassung bei konstantem Wechselkurs diskutiert, und in Abschnitt 9.3 werden als mögliche Ausgleichsmechanismen Geldmengenpreisänderungen, Relativpreisänderungen, Einkommensänderungen bei fixen und flexiblen Güterpreisen und die Kapitalmobilität beschrieben. Die Ausgleichsmechanismen bei flexiblem Kurs werden in Abschnitt 9.5 behandelt. Abschließend werden Bedingungen diskutiert, unter denen die Ausgleichsmechanismen wirksam werden. Es wird empfohlen, Kapitel 9 nochmals durchzulesen, wenn man die Kapitel 10, 14 und 15 studiert hat.

9.1 Monetäres Gleichgewicht bei konstantem Wechselkurs

1. Salden und Gleichgewicht. Salden in der Zahlungsbilanz reflektieren die Entscheidungen der Wirtschaftssubjekte im In- und Ausland über die in der Zahlungsbilanz eines Landes erfaßten Transaktionen wie Güterverkehr, Dienstleistungen, Übertragungen und Kapitalverkehr. Diese Entscheidungen werden von einer Vielzahl von Bestimmungsfaktoren wie Güter- und Faktorpreisen (z. B. den Löhnen) im In- und Ausland, dem Wechselkurs, Wechselkurserwartungen und den Renditen für Finanz- und Realinvestitionen beeinflußt. Die Preise wiederum variieren mit den Präferenzen, der Faktorausstattung, der

* Essay V – On the Balance of Trade, in: Essays. Moral, Political, and Literary, Vol. II, 1752, in: The Philosophical Works, hrsg. von Th. H. Green und Th. H. Grose, New London Edition 1882, Aalen 1964, S. 333.

Infrastrukturausstattung, den Investitionsgelegenheiten und vielen anderen Gegebenheiten.
Es stellt sich die Frage, wieso die in der Realität beobachtbaren Defizite und Überschüsse von Zahlungsbilanzen zustande kommen. Ferner ist von Interesse, durch welche Mechanismen Salden in der Zahlungsbilanz abgebaut werden können. Gleichzeitig ist zu fragen, ob Salden in der Zahlungsbilanz in dem Sinn ein Gleichgewicht sind, daß die Wirtschaftssubjekte keinen Anlaß haben, ihre Dispositionen zu ändern. Dabei muß erörtert werden, ob ein solches Gleichgewicht nur kurzfristig Bestand hat und welche Anpassungsprozesse ablaufen, um in ein neues Gleichgewicht mit gegebenenfalls geringeren Salden oder mit einem Ausgleich zu kommen.
Das güterwirtschaftliche Handelsgleichgewicht mit dem gleichgewichtigen Relativpreis $p = p_1/p_2$ (Kapitel 5) wird durch die Nachfrage- und Angebotsbedingungen im In- und Ausland, also durch die Tauschkurven, bestimmt. Komparative Preisvorteile legen die Richtung des Handels fest.
Wird Geld explizit zugelassen, so muß dem güterwirtschaftlichen Gleichgewicht ein monetäres Gleichgewicht entsprechen. Wir unterscheiden dabei zwei Fälle: konstanten und flexiblen Wechselkurs. Die Annahme eines konstanten Kurses bedeutet, daß der relative Preis zweier Währungen aus der Analyse ausgeklammert wird. Man kann sich zwei Länder mit nur einer Währung, beispielsweise der Goldwährung oder der Ecu, vorstellen.
2. Monetäres Gleichgewicht. Man betrachte eine Situation, in der Geld aus Goldmünzen besteht (oder ein konstanter Wechselkurs vorliegt, der auf 1 normiert ist). Die nominale Weltgeldmenge $\tilde{M}^w$ sei gegeben; sie teilt sich auf die nominalen Geldmengen $\tilde{M}$ und $\tilde{M}^*$ in beiden Ländern auf, so daß gilt $\tilde{M}^w = \tilde{M} + \tilde{M}^*$. In Schaubild 9.1 zeigt die WW'-Gerade an, wie die Weltgeldmenge OW auf die beiden Länder aufgeteilt ist. Die Punkte A, B und M sind zulässige Allokationen der Weltgeldmenge auf die beiden Länder. In M ist die Geldmenge des Inlandes OC und des Auslandes OD (vgl. Ethier 1983).
Die nominale Geldnachfrage werde allein von Transaktionszwecken bestimmt und hänge gemäß einem Transaktionskoeffizienten k vom Einkommen ab. Zur Vereinfachung wird unterstellt, daß dieser Koeffizient für beide Länder gleich ist. Das reale Einkommen im Inland (Y) und im Ausland (Y^*) wird als gegeben betrachtet; ferner seien In- und Ausland vollständig auf die Produktion ihres jeweiligen Exportgutes spezialisiert. Dann ist das Geldmarktgleichgewicht im Inland gegeben durch

$$\tilde{M} = kp_1\, Y \tag{9.1}$$

Für das Ausland gilt

$$\tilde{M}^* = kp_2{}^*Y^* \tag{9.2}$$

Für das internationale monetäre Gleichgewicht muß Geldmarktgleichgewicht in beiden Ländern erfüllt sein. Dividiert man 9.1 durch 9.2, so ergibt sich für das gleichgewichtige Verhältnis der beiden Geldmengen

$$\frac{\tilde{M}}{\tilde{M}^*} = \frac{kp_1 Y}{kp_2{}^*Y^*} = pY/Y^* \tag{9.3}$$

Gleichung 9.3 ist eine Gleichgewichtsbedingung: sie bestimmt das Verhältnis der beiden Geldmengen ($\tilde{M}/\tilde{M}^*$) im Gleichgewicht; es hängt ab von den als gegeben unterstellten Volkseinkommen und dem Relativpreis $p = p_1/p_2$, der im Handelsgleichgewicht gefunden wird. Der Winkel $\text{tg}\ \alpha = Y^*/pY$ der Geraden ON in Schaubild 9.1 wird bei gegebenen Volkseinkommen durch den gleichgewichtigen Relativpreis des güterwirtschaftlichen Handelsgleichgewichts bestimmt.

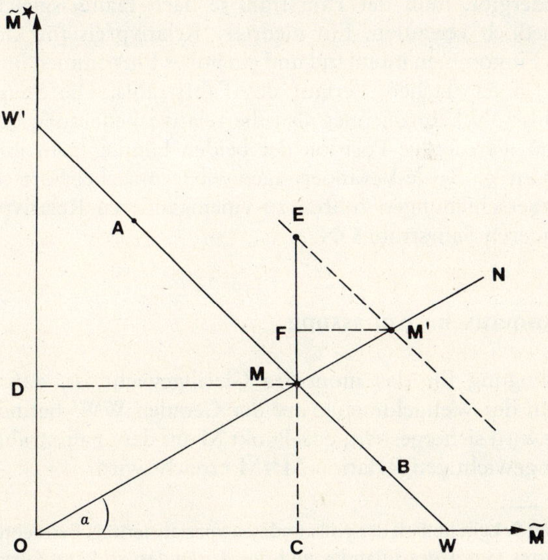

Schaubild 9.1

Der Relativpreis zwischen den Gütern wird durch das Handelsgleichgewicht bestimmt; die nominalen Preise p_1 und p_2^* werden gemäß der Quantitätstheorie festgelegt. Aus 9.1 und 9.2 gilt wegen[1]

$$p_2^* = p_1/p \qquad (9.4)$$

$$\tilde{M}^w = \tilde{M} + \tilde{M}^* = k(p_1 Y + p_2^* Y^*) = kp_1(Y + Y^*/p) \qquad (9.5)$$

In 9.5 sind alle Größen bis auf das inländische Preisniveau bestimmt. Damit ist das inländische Preisniveau proportional zu $\tilde{M}^w$. Erhöht sich die Weltgeldmenge, so muß das inländische Preisniveau steigen. Die Geldmengenvariation beeinflußt im Sinne der Quantitätstheorie bei gegebenem k das Preisniveau. Unter Annahme eines einheitlichen Währungssystems (Gold) oder eines konstanten Wechselkurses (der auf 1 normiert ist), bleibt die Zunahme des Preisniveaus nicht auf das Inland beschränkt. Nach Gleichung 9.4 steigt auch das Preisniveau im Ausland.

Das monetäre Gleichgewicht ist also durch Gleichung 9.3 an das Handelsgleichgewicht angebunden. Graphisch stellen die Schaubilder 5.3 und 9.1 zusammen das internationale Gleichgewicht bei konstantem Wechselkurs dar.

3. Einflußfaktoren des Gleichgewichts. Da der Fahrstrahl ON in Schaubild 9.1 den Relativpreis und die Einkommen von In- und Ausland wiedergibt, muß der Fahrstrahl je nach Handelsgleichgewicht unterschiedlich verlaufen. Ein niedriger Relativpreis für Gut 1, ein niedriges Einkommen im Inland und ein hohes Einkommen im Ausland bedeuten einen flachen Verlauf des Fahrstrahls. Die Steigung des Fahrstrahls ON kennzeichnet also die relative Bedeutung der beiden Güter und die relative Position der beiden Länder (z.B. ihre Größe gemessen an Y). Reale Veränderungen wie technischer Fortschritt und Präferenzverschiebungen führen zu einem anderen Relativpreis und einem anderen Fahrstrahl ON.

9.2 Automatische Anpassung

Eine Bedingung für das monetäre Gleichgewicht ist, daß sich die Allokation der Weltgeldmenge auf der Geraden WW' befinden muß. Wie aber wird sichergestellt, daß Punkt M auf dem Fahrstrahl ON mit der gleichgewichtigen Relation $\tilde{M}^*/\tilde{M}$ erreicht wird?

---

[1] Gleichung 9.4 gilt im Fall der vollständigen Spezialisierung. Betrachtet man ein aggregiertes Gut 1 des Inlandes und des Auslandes, so kann Gleichung 9.4 auch geschrieben werden als $p = p_1/p^*_1$.

Als Vorüberlegung beachte man, daß das monetäre Gleichgewicht M einem güterwirtschaftlichen Gleichgewicht in der Welt entspricht. Denn wenn die Weltmärkte für das Exportgut des Inlandes und des Auslandes geräumt sind, muß auch der Geldmarkt geräumt sein (Walras-Gesetz). Dies aber bedingt, daß die Leistungsbilanz beispielsweise des Inlandes ausgeglichen ist ($-Z^L = p_1E_1 + p_2E_2 = 0$).
Man unterstelle nun eine Ungleichgewichtssituation (Punkt A in Schaubild 9.1), in der die ausländische Geldmenge relativ zum monetären Gleichgewicht zu groß und die deutsche Geldmenge zu gering ist. Die ausländische Geldmenge übersteigt den Gleichgewichtswert. Die Ausländer halten also relativ zum Gleichgewicht M zu viel Geld (anders formuliert: sie fragen in A zu wenig Güter nach). Sie werden ihre Geldmenge abbauen und ihre «überschüssige» Geldmenge für den Import von Gütern aus dem Inland verwenden. Damit erfährt aber das Ausland ein Leistungsbilanzdefizit, und Devisen fließen in entsprechender Höhe ab; im Ausland sinkt die Geldmenge. Für das Inland entsteht wegen der gestiegenen Exporte ein Leistungsbilanzüberschuß, und die Geldmenge des Inlandes nimmt zu. Punkt A kann also auf Dauer nicht aufrecht erhalten werden; das System erreicht den Gleichgewichtspunkt M.
Man betrachte ein monetäres Gleichgewicht in M und nehme an, daß das Ausland seine Geldmenge um die Strecke ME vermehre (Schaubild 9.1). Dann liegt E auf der Geraden für die neue Weltgeldmenge (gestrichelte Parallele zu WW'). E kann aber kein Gleichgewichtspunkt sein, da der gegebene Relativpreis p den Punkt M' verlangt. In E liegt eine zu große Geldmenge im Ausland vor, die über ein Handelsbilanzdefizit reduziert wird. Im Inland steigt die Geldmenge. Die Reallokation vollzieht sich so lange, bis der Punkt M' erreicht ist.
Unter der hier gewählten Prämisse eines einheitlichen Währungssystems kann also ein Land seine Geldmenge nicht autonom bestimmen, da über die Handelsbilanzsalden eine Geldmengenexpansion auf das andere Land ausstrahlt. Gleichzeitig hat sich mit der Geldmengenexpansion im Ausland gemäß Gleichung 9.5 das Preisniveau im Ausland wie auch im Inland angepaßt.

9.3 Ausgleichsmechanismen bei konstantem Wechselkurs

Das bisher dargestellte monetäre Gleichgewicht ist für ein Minimalmodell entwickelt, in dem nur die Anpassung der Geldmenge explizit erfaßt wird. In der Realität oder auch in «reicheren» Modellen sind aber andere Faktoren zu berücksichtigen, die für das Gleichgewicht eine Rolle spielen wie z. B. Wertpapiere. Aber auch Volkseinkommen und Relativpreise können Variablen sein, die sich verändern. In aller Regel werden diese Größen nicht in einem umfassenden und dann wohl sehr komplexen und kaum überschaubaren Erklärungsparadigma behandelt, sondern in unterschiedlichen Modellen, und zwar monetäre Zahlungsbilanztheorie, neoklassisches Modell der Allokation, keynesianisches Modell der Beschäftigung und Portfoliomodell. Diesen Modellen entsprechen vier Mechanismen, mit denen sich die automatische Anpassung in den Leistungs- und Zahlungsbilanzen vollziehen kann, und zwar: Geldmengenpreisänderungen, Relativpreisänderungen, Anpassungen im Volkseinkommen und in der Beschäftigung sowie Anpassungen in den Portfolios.

In Tabelle 9.1 sind die Mechanismen und die zugehörigen Erklärungsparadigmen gegenübergestellt. Zwangsläufig rücken die einzelnen Paradigmen unterschiedliche Variable in den Vordergrund.

Tabelle 9.1

Mechanismen	Erklärungsparadigma
Geldmengenpreismechanismus	Monetäre Zahlungsbilanztheorie
Relativpreisänderungen	Neoklassisches Modell
Einkommensänderungen	Keynesianisches System
Kapitalbewegungen	Portfoliomodell

1. Geldmengenpreisänderungen. Ein Ausgleich von Leistungsbilanzsalden kann durch eine saldeninduzierte Veränderung der Geldmenge und des Preisniveaus erfolgen. Bei diesem Geldmengenpreismechanismus der monetären Zahlungsbilanztheorie wird unterstellt, daß Relativpreisänderungen keine Rolle spielen. In der Regel wird in einem Modell mit einem aggregierten Gut und einem gesamtwirtschaftlichen Preisniveau argumentiert.

Wenn im Ausland die Geldmenge steigt, so wird das Geldmarktgleichgewicht gestört; die Wirtschaftssubjekte haben mehr Geld (die Geldmenge ist gestiegen) als sie zu halten wünschen. Wie kann diese Störung des Bestandsgleichgewichts beseitigt werden? Die Wirtschaftssubjekte geben das Geld aus, sie enthorten. Die Ausgaben für Güter sind dann größer als das Einkommen. Durch das Enthorten wird (über mehrere Perioden) das Bestandsgleichgewicht auf dem Geldmarkt wiederhergestellt. Wie schnell ein Übergang zu einem neuen Gleichgewicht verläuft, hängt von der Neigung zum Enthorten ab.

Wenn die Ausländer enthorten, besteht bei gegebenem Preisniveau eine Überschußnachfrage nach Gütern. Das Preisniveau muß steigen, damit die Überschußnachfrage nach Gütern abgebaut wird. Da die nominelle Geldnachfrage vom Preisniveau abhängt, nimmt die Geldnachfrage des Auslandes zu, und damit wird das Überschußangebot an Geld (teilweise) abgebaut.
Bei konstantem Wechselkurs muß wegen des Gesetzes von der Unterschiedslosigkeit des Preises auch im Inland das Preisniveau steigen (Internationaler Preiszusammenhang). Damit nimmt die nominelle Geldnachfrage der Inländer zu, und im Inland besteht ein Nachfrageüberhang nach Geld. Die Inländer horten, um (über mehrere Perioden) wieder zu einem Bestandsgleichgewicht zu kommen. In einer gegebenen Periode muß sich das Enthorten des Auslandes und das Horten des Inlandes gerade entsprechen.
Dem Enthorten des Auslandes entspricht ein Leistungsbilanzdefizit, dem Horten des Inlandes ein Leistungsbilanzüberschuß. Das Ausmaß der Salden hängt von der Neigung zum Enthorten (Ausland) und zum Horten (Inland) ab. Durch diese Salden wird aber die ursprüngliche Geldmengenexpansion im Ausland wieder zurückgenommen; im Inland steigt die Geldmenge. Es findet also ein automatischer Ausgleich von Salden über saldeninduzierte Geldmengenänderungen statt. Der Geldmengenpreismechanismus bei konstantem Wechselkurs wird in einem rudimentären Modell des internationalen Preiszusammenhangs in den Abschnitten 10.9–10.11 sowie ausführlicher in Kapitel 14 behandelt.
2. Relativpreisänderungen. Beim Geldmengenpreismechanismus wurde der Relativpreis als konstant unterstellt. Die Nominalpreise bewegten sich in die gleiche Richtung, so daß Relativpreisänderungen keine Rolle spielen. Aber auch die Relativpreise können sich ändern.
Im neoklassischen Modell der reinen Außenhandelstheorie treten keine Leistungsbilanzsalden auf. Flexible Relativpreise sorgen im neoklassischen Modell für eine ausgeglichene Leistungsbilanz, vorausgesetzt, daß die Stabilitätsbedingung (z. B. die Marshall-Lerner-Bedingung) erfüllt ist. Man betrachte eine Situation mit einem Preisverhältnis C'I/OI in Schaubild 5.3. Dann ist die Budgetrestriktion des Landes verletzt; gleichzeitig sind die beiden Gütermärkte nicht geräumt. Das Inland fragt CH des Gutes 2 nach, das Ausland bietet C'I an, es besteht also ein Überschußangebot an Gut 2. Der Preis des Gutes 2 muß fallen, der Relativpreis p_1/p_2 muß steigen, bis in S ein Gleichgewicht erreicht ist. Der steigende Relativpreis bewirkt, daß das Angebot des Auslandes an Gut 2 zurückgeht; gleichzeitig nimmt die Nachfrage des Inlandes zu. In bezug auf Gut 1 bedeutet der steigende Relativpreis, daß das Angebot

des Inlandes steigt und die Nachfrage des Auslandes zurückgedrängt wird.

Aus Kapitel 5 wissen wir, daß auch im neoklassischen Modell dann Salden entstehen können, wenn Geld explizit berücksichtigt wird und der Geldmarkt nicht im Gleichgewicht ist. Nimmt beispielsweise im Ausland die Geldmenge zu, so steigt der Nominalpreis des vom Ausland exportierten Gutes 2. Ceteris paribus muß bei Konstanz des Preises von Gut 1 im Inland das Relativpreisverhältnis sinken (C'I/OI in Schaubild 5.3). Der niedrige Relativpreis geht mit einem Leistungsbilanzdefizit des Auslandes und einem Leistungsbilanzüberschuß des Inlandes einher. Eine solche Situation ist aber nicht aufrecht zu erhalten, denn die Salden verändern die Geldmenge in beiden Ländern. Im Inland nimmt infolge des Leistungsbilanzüberschusses die Geldmenge zu, im Ausland sinkt die Geldmenge. Die Nominalpreise im Inland steigen, die Nominalpreise im Ausland gehen zurück, der Relativpreis steigt.

Der hier skizzierte Relativpreismechanismus hängt entscheidend davon ab, wie Angebot und Nachfrage auf Relativpreisänderungen reagieren, also von den Preiselastizitäten. Bei (betragsmäßig) großen Elastizitäten, wenn also die Tauschkurven in Schaubild 5.3 flach verlaufen, können Relativpreisänderungen stärkere Korrekturen in den Salden bewirken. Wenn jedoch Inelastizitäten vorliegen, sich also die Tauschkurven zurückbiegen, ist dem Relativpreisverhältnis keine große Bedeutung beizumessen.

Relativpreisänderungen als Anpassungsmechanismus spielen nicht nur bei monetären Störungen, sondern bei realwirtschaftlichen Schocks eine Rolle. Angenommen im Ausland ändern sich die Präferenzen zugunsten des Gutes 2, so daß sich die Tauschkurve des Auslandes nach unten rechts verschiebt. Da im In- und Ausland eine einheitliche Preisrelation herrschen muß, sinkt im Handelsgleichgewicht die Preisrelation p_1/p_2, d. h. das Gut 2 wird auch für das Inland relativ teuer. Für das Inland wird es weniger lohnend, das Gut 2 zu importieren; die Importe des Inlandes an Gut 2 gehen zurück. Der Relativpreis paßt sich solange an, bis Gleichgewicht auf dem Weltmarkt herrscht. Dies impliziert – wie wir aus Kapitel 5 wissen – letztlich eine ausgeglichene Leistungsbilanz.

3. Einkommens- und Beschäftigungsänderungen bei starren Güterpreisen. Ein Ausgleich des Leistungsbilanzsaldos kann auch durch Einkommens- und Beschäftigungsänderungen herbeigeführt werden. Folgt man dem keynesianischen Ansatz, so sind Güterpreise fixiert, und Relativpreisänderungen spielen keine Rolle. Steigt im Ausland bei einer Geldmengenexpansion das Volkseinkommen, so wird die Exportnachfrage für das Inland größer; Volkseinkommen und Beschäftigung im

Inland nehmen zu. Das höhere Volkseinkommen wiederum führt zu mehr Importen, wodurch der expansive Impuls aus dem Ausland gemildert wird.
Beschäftigungsänderungen sind brisanter bei einer Störung, bei der die Nachfrage des Auslandes abnimmt. Die bei starren Preisen verringerten Exporte lassen Läger entstehen; Volkseinkommen und Beschäftigung im Inland sinken. Das abnehmende Volkseinkommen hat eine Reduzierung der Importe zur Folge. Dies bewirkt tendenziell eine Verringerung des Defizits in der Leistungsbilanz. In diesem Fall kann die Reduzierung der Beschäftigung als Mechanismus zur Milderung von Leistungsbilanzsalden interpretiert werden. Es ist noch zu zeigen, daß diese Anpassung nicht hinreichend ist, um die Leistungsbilanz auszugleichen.
Das Ausmaß der Beschäftigungsänderung hängt entscheidend von der Importneigung ab. Bei einer großen Importneigung des Auslandes schlägt ein konjunktureller Einbruch relativ stark auf das Inland durch. Bei einer geringen Importneigung des Inlandes braucht man starke Beschäftigungsschwankungen zum Ausgleich der Leistungsbilanz. Denn will man etwa die negative Auswirkung eines kontraktiven Impulses aus dem Ausland auf die Leistungsbilanz durch Beschäftigungsschwankungen kompensieren, so ist bei geringer Importneigung eine starke Reduktion der Beschäftigung erforderlich, um die Importe zu drosseln. Beschäftigungsänderungen bei starren Preisen werden in den Kapiteln 11 und 12 diskutiert.
4. Einkommens- und Beschäftigungsänderungen bei flexiblen Preisen. Sind bei sinkender Exportnachfrage die Preise im Inland nach unten flexibel, so geben die Preise nach. Die Preise der Exportgüter sinken, und auch die Preise der Importsubsitute gehen zurück. Die Entlohnungssätze in diesen Sektoren werden niedriger, und Faktoren wandern, wenn man das Zwei-Sektor-Modell aufgibt, in andere Sektoren. Auch dort reduziert sich die Faktorentlohnung, und auch dort müssen die Preise sinken. Flexible Preise nach unten, etwa der Exportgüter, fangen einen Teil der verlorenen Exportchancen auf, und es besteht eine Tendenz, das Defizit in der Leistungsbilanz abzubauen. Bei flexiblen Preisen sind die induzierten Beschäftigungsänderungen geringer. Sind die Preise dagegen nach unten starr, so ist bei sinkender Auslandsnachfrage ein Defizit eher zu erwarten als bei flexiblen Preisen.
Preise sind flexibel, wenn sie ohne große zeitliche Verzögerung auf ungleichgewichtige Überschußmengen des Marktes reagieren. Sie sind inflexibel (starr), wenn sie sich nicht oder nur mit einer zeitlichen Verzögerung ändern. Die Flexibilität der Preise gibt also an, wie schnell der Preis als Informationssignal neue Knappheitssituationen anzeigt. Dabei ist die Flexibilität der Preise eine institutionelle Eigenschaft eines

ökonomischen Systems. Vor allem die Flexibilität der Preise nach unten ist in der heutigen Wirtschaft aus einer Reihe von Gründen, etwa der Regulierung, der Beständigkeit von Preislisten, der Bedeutung von Verhandlungsprozessen für die Lohnfindung, der Laufzeit von Verträgen usw. beeinträchtigt. Wenn die Preise nach unten starr sind, können die unterstellten Anpassungsprozesse nicht ablaufen. Insbesondere kann nicht die Verschlechterung des absoluten Preisvorteils infolge der gesunkenen Auslandspreise durch eine Reduzierung der Preise der Exportgüter teilweise rückgängig gemacht werden. Beschäftigungsänderungen bei flexiblen Preisen werden in Kapitel 13 diskutiert.

5. Kapitalbewegungen. Die bisher diskutierten Ausgleichsmechanismen beziehen sich auf den Güterverkehr. Berücksichtigt man auch den Kapitalverkehr, so können Kapitalbewegungen einen Ausgleichsmechanismus bereitstellen. Der Analyse liegt dann in einem Portfolioansatz die Prämisse zugrunde, daß Wirtschaftssubjekte neben Geld, das keine Zinsen bringt, Anleihen in ihrem Portfolio halten. Zinsen sind also die Opportunitätskosten der Geldhaltung.

Geht man wieder von einer Geldmengenexpansion im Ausland aus, so ist das optimale Portfolio der ausländischen Anleger gestört. Sie halten zu viel Geld und zu wenig Wertpapiere; sie fragen also Wertpapiere nach. Sind ausländische und inländische Wertpapiere substituierbar, so steigt die Nachfrage des Auslandes nach Finanztiteln des Inlandes; die Kurse dieser Papiere steigen, und die Inländer bieten zu dem höheren Kurs Wertpapiere an. Damit entsteht ein Defizit in der Kapitalverkehrsbilanz des Auslandes (Kapitalexport des Auslandes) und entsprechend ein Überschuß in der Kapitalverkehrsbilanz des Inlandes (Kapitalimport). Mit dem Defizit in der Kapitalverkehrsbilanz des Auslandes wird die Geldmengenexpansion im Ausland aber wieder zurückgenommen; gleichzeitig steigt die Geldmenge im Inland.

Der Kapitalverkehr als Ausgleichsmechanismus hängt entscheidend von der Kapitalmobilität ab. Ist Kapital mobil, so kann dieser Mechanismus wirken. Wenn dagegen die Mobilität des Kapitals eingeschränkt wird, hat dieser Ausgleichsmechanismus eine geringere Bedeutung. Auch die Substituierbarkeit der in- und ausländischen Wertpapiere im Urteil der Anleger spielt eine wichtige Rolle. Die Kapitalmobilität wird in Kapitel 15 behandelt.

9.4 Monetäres Gleichgewicht bei flexiblem Wechselkurs

Bisher ist ein konstanter Wechselkurs oder eine einheitliche Währung zwischen In- und Ausland unterstellt worden. Im folgenden wird diese Prämisse aufgegeben. In- und Ausland haben eine eigene Währung, so daß die nominalen Geldmengen ($\tilde{M}$, $\tilde{M}^*$) in jeweils eigener Währung definiert sind und der Wechselkurs w(DM/\$) explizit zu berücksichtigen ist. Es wird weiterhin vollständige Spezialisierung des Inlandes auf Gut 1 und des Auslandes auf Gut 2 angenommen.
Das Relativpreisverhältnis ist damit definiert als

$$p = p_1/wp_2^* \qquad (9.6)$$

mit den Dimensionen

$$\left[\frac{ME_2}{ME_1}\right] : \left[\frac{DM}{ME_1} \Big/ \frac{DM}{\$} \cdot \frac{\$}{ME_2}\right]$$

Multipliziert man beide Seiten von Gleichung 9.2 mit dem Wechselkurs, so gilt

$$w\tilde{M}^* = kwp_2^*Y^*. \qquad (9.7)$$

Die Gleichungen 9.1 und 9.7 beschreiben das monetäre Gleichgewicht bei flexiblem Wechselkurs. Gleichung 9.7 ersetzt also Gleichung 9.2, wenn zwei Währungen explizit berücksichtigt werden. Dividiert man Gleichung 9.7 durch Gleichung 9.1, so gilt (wegen Gleichung 9.6) an Stelle von Gleichung 9.3

$$w\,\frac{\tilde{M}^*}{\tilde{M}} = \frac{kwp_2^*Y^*}{kp_1Y} = p\,\frac{Y^*}{Y} \qquad (9.8)$$

Gleichung 9.8 beschreibt das monetäre Gleichgewicht zwischen In- und Ausland bei expliziter Berücksichtigung der Währungen (und damit des Wechselkurses). Bei gegebenem Relativpreis p, gegebenem Einkommen in In- und Ausland und gegebenen Geldmengen gibt es nur einen Wechselkurs w, bei dem die Geldmengen im In- und Ausland der Nachfrage nach Geld in In- und Ausland entsprechen. Das Produkt aus Wechselkurs und relativen Geldmengen ist konstant.
In Schaubild 9.2 ist das monetäre Gleichgewicht mit zwei Währungen dargestellt. Auf der horizontalen Achse ist das Geldangebot in beiden Ländern als Relation dargestellt. Die Strecke OG kennzeichnet die relative Geldmenge zwischen Aus- und Inland, ($\tilde{M}^*/\tilde{M}$); die Vertikale GH gibt also eine Angebotsfunktion an. Die Kurve FM stellt die Geldnachfrage gemäß Gleichung 9.8 dar; es ist eine Hyperbel (die

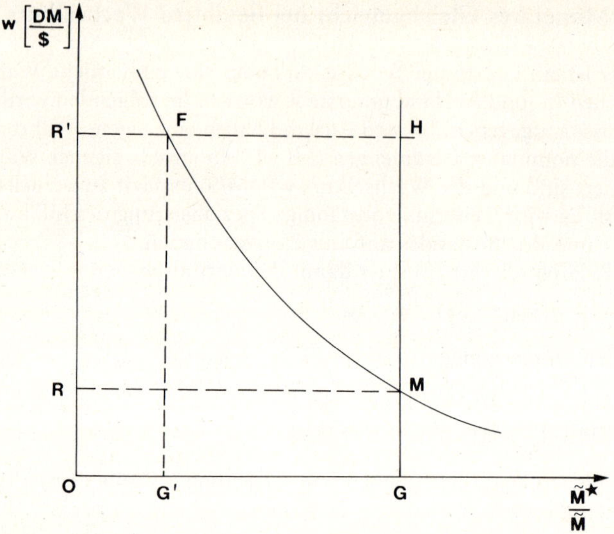

Schaubild 9.2

rechte Seite von Gleichung 9.8 ist konstant). Ein monetäres Gleichgewicht M ist durch den Schnittpunkt beider Kurven gekennzeichnet. Sind die Geldmengen von In- und Ausland durch OG gegeben, so kann ein Gleichgewicht M nur existieren, wenn sich der Wechselkurs OR einstellt.

Angenommen der Wechselkurs sei OR′ und das relative Geldangebot sei OG. In diesem Fall liegt ein Ungleichgewicht vor. Die Nachfrage nach ausländischem Geld (OG′) ist im Vergleich zum Angebot (OG) zu gering. Der Punkt H kennzeichnet also eine Ungleichgewichtssituation. In H gibt es ein Überschußangebot der ausländischen Währung. Der Punkt H kann aber auch als eine Unterbewertung der inländischen Währung interpretiert werden. Würde anstatt des Wechselkurses OR′ ein Wechselkurs OR herrschen, so würde das monetäre Gleichgewicht in M realisiert.

Nach dieser Analyse kann das Ungleichgewicht in H auf zwei Wegen beseitigt werden. Fixiert man den Wechselkurs auf OR′, so kann sich ein Gleichgewicht in F einstellen, indem die relative Geldmenge abnimmt, also die Geldmenge im Ausland reduziert wird (oder im Inland vergrößert wird). Ist dagegen die relative Geldmenge OG gegeben, so ergibt sich ein Gleichgewicht durch eine Aufwertung der heimischen Währung auf OR. Schließlich kann man sich Kombinationen beider Anpassungen vorstellen, so daß das neue monetäre Gleichgewicht auf der Nachfragefunktion zwischen F und M liegt.

9.5 Ausgleichsmechanismen bei flexiblem Wechselkurs

Flexible Kurse stellen einen zusätzlichen Mechanismus dar, Salden in der Zahlungsbilanz zum Ausgleich zu bringen, oder anders formuliert: Die in Abschnitt 9.3 diskutierten Mechanismen werden durch einen flexiblen Wechselkurs verändert.

1. Geldmengenpreisänderungen. Steigt im Ausland die Geldmenge, so erfolgt jetzt eine Abwertung der ausländischen Währung. Die Abwertung verbessert die Exportchancen des Auslandes, und der Saldo der Leistungsbilanz fällt relativ zum konstanten Wechselkurs geringer aus. Der Geldmengenpreismechanismus hat also eine geringere Bedeutung. Die automatische Anpassung über Horten und Enthorten und über Änderungen des Preisniveaus verliert an Gewicht. Vernachlässigt man – wie beim Geldmengenpreismechanismus üblich – Relativpreisänderungen, so ergibt sich aus Gleichung 9.6 für den Zusammenhang zwischen einer Veränderung des Preisniveaus im In- und Ausland und Wechselkursänderungen die Kaufkraftparitätentheorie

$$\hat{w} = \hat{p}_1 - \hat{p}_2^* \qquad (9.9)$$

Wechselkursänderungen übernehmen zum Ausgleich der Leistungsbilanz einen Teil der Anpassungslast, die bei konstantem Wechselkurs von Preisänderungen getragen wird. Der Geldmengenpreismechanismus und die Kaufkraftparitätentheorie werden in rudimentärer Form in Abschnitt 10.8 und ausführlicher in Kapitel 14 behandelt.

2. Relativpreisänderungen. Bei konstantem Wechselkurs haben wir den Impuls einer Geldmengenexpansion im Ausland unterstellt, um über den Anstieg der Nominalpreise im Ausland eine Relativpreisänderung, und zwar ein Sinken von $p = p_1/p_2$, herbeizuführen. Dieses Ergebnis läßt sich bei flexiblem Wechselkurs auch über eine Abwertung der ausländischen Währung, also ein Steigen von 1/w (bzw. eine Abnahme von w, d.h. eine Aufwertung der inländischen Währung) erreichen. Der Einfachheit halber sei unterstellt, daß die Nominalpreise fixiert bleiben. Dann folgt aus Gleichung 9.6, daß

$$\widehat{(1/w)} = -\hat{w} = \hat{p}. \qquad (9.10)$$

Eine Abwertung der ausländischen Währung geht voll in den Relativpreis; das Tauschverhältnis zwischen Gut 1 und 2 sinkt. Über eine solche Abwertung kann das Ausland ein Leistungsbilanzdefizit abbauen, da infolge der Relativpreisänderung die ausländische Nachfrage nach Gut 2 reduziert (im Fall der nicht vollständigen Spezialisierung das Angebot an Gut 2 vermehrt) wird.

Relativpreisänderungen erhalten besondere Bedeutung, wenn nicht-handelbare Güter explizit berücksichtigt werden. Denn dann steigt als Folge einer Abwertung (im Ausland) der Nominalpreis des handelbaren Gutes in ausländischer Währung, so daß bei zunächst gegebenem Preis des nicht-handelbaren Gutes ein Produktionsanreiz für das handelbare Gut gegeben ist. Der Sektor der handelbaren Güter im Ausland attrahiert Produktionsfaktoren, die dem Bereich der nicht-handelbaren Güter entzogen werden, so daß als Sekundäreffekt auch deren Preis steigen muß. Per Saldo findet aber im Ausland ein Anstieg des Relativpreises zwischen handelbaren und nicht-handelbaren Gütern (eine reale Abwertung) satt.

3. Einkommens- und Beschäftigungsänderungen. Ein flexibler Wechselkurs wirkt ähnlich wie die Flexibilität der Güterpreise. Dies wird besonders deutlich, wenn man den Fall rückläufiger Auslandsnachfrage betrachtet. In diesem Fall wird die heimische Währung abgewertet, und damit wird ein Teil der ursprünglichen Wettbewerbsfähigkeit zurückgewonnen. Flexible Wechselkurse reduzieren Beschäftigungsschwankungen, die zur Erzielung außenwirtschaftlichen Gleichgewichts erforderlich sind. Selbst ein keynesianisches Modell mit konstanten Güterpreisen gewinnt über die Wechselkursanpassung also an Flexibilität (vgl. Kapitel 12).

4. Kapitalbewegungen. Bei zwei unterschiedlichen Währungen erhalten Wechselkurserwartungen eine zentrale Bedeutung, denn ein Portfoliogleichgewicht ist dadurch definiert, daß die erwarteten Renditen in- und ausländischer Wertpapiere gleich sind. Die erwartete Rendite ausländischer Wertpapiere wird aber von den Wechselkurserwartungen beeinflußt (Kapitel 15).

9.6 Die Bedeutung der Ausgleichsmechanismen

Die bisher diskutierten Ausgleichsmechanismen betonen unterschiedliche Anpassungsprozesse. Tabelle 9.2 faßt die Mechanismen und die sie bestimmenden Verhaltensprämissen oder ökonomische Gegebenheiten zusammen.

Bei hoher Neigung zum Horten oder zum Enthorten spielt der Geldmengenpreismechanismus eine bedeutende Rolle. Gleichzeitig erfordert der Geldmengenpreismechanismus, daß die Märkte zwischen bei-

Tabelle 9.2

Mechanismen	Verhaltensweisen/Ökonomische Bedingungen
Geldmengenpreismechanismus	Neigung zum Horten
Relativpreisänderungen	Elastizitäten
Einkommensänderungen	Importneigung / Inflexibilität der Preise
Kapitalbewegungen	Kapitalmobilität

den Ländern nicht segmentiert sind. Denn nur dann gilt der internationale Preiszusammenhang bzw. die Kaufkraftparität. Sind dagegen die Gütermärkte durch betragsmäßig große Elastizitäten gekennzeichnet, so gewinnt der Relativpreismechanismus große Bedeutung. Dies ist besonders der Fall, wenn die nicht-handelbaren Güter relativ zu den handelbaren Gütern wichtig sind. Denn dann gelten der internationale Preiszusammenhang oder die Kaufkraftparität nur in schwächerer Form.
Beschäftigungsänderungen stehen im Mittelpunkt, wenn Güter- und Faktorpreise starr sind. Bei starren Güterpreisen hängt das Ausmaß der Beschäftigungsschwankungen entscheidend von der Importneigung ab. Eine große Flexibilität der Preise reduziert die Notwendigkeit von Beschäftigungsschwankungen ebenso wie die Flexibilität der Wechselkurse. Schließlich hängt die Rolle der Kapitalbewegungen als Ausgleichsmechanismus entscheidend von der Kapitalmobilität ab.

Weiterführende Fragen

1. Erörtern Sie, welche Rolle die Ausgleichsmechanismen spielen, wenn Europa monetär zusammenwachsen soll. Vergleichen Sie dabei alternative Lösungen (z. B. weiterhin verschiedene nationale Währungen und eine einheitliche Währung).
2. Diskutieren Sie, welche Rolle nicht-handelbare Güter bei den Ausgleichsmechanismen der Zahlungsbilanz spielen (Ethier 1983, S. 304f., S. 359f.).
3. Krugman und Obstfeld (1987, S. 354) verknüpfen Geldmarkt, Zinssatz und Wechselkurs. Stellen Sie diesen Ansatz dar.

10. Wechselkurs

Britain was saved from fascism by the floating of the pound in 1931. Harry G. Johnson*

Der Wechselkurs bestimmt sich durch Devisennachfrage und -angebot auf dem Devisenmarkt (Abschnitt 10.1 und 10.2). Die Auswirkungen einer Wechselkursänderung auf den Leistungsbilanzsaldo wird in Abschnitt 10.3 erörtert; der für die monetäre Außenhandelstheorie zentrale Zusammenhang zwischen Export-, Import- und Devisenmarkt wird in Abschnitt 10.4 dargestellt. Wechselkursänderungen wirken sich auch auf die nominalen Güterpreise (Abschnitt 10.5) und das reale Tauschverhältnis aus (10.6). In Abschnitt 10.7 wird die Frage angesprochen, ob flexible Kurse Beschäftigungsschwankungen unnötig machen oder mildern können. In Abschnitt 10.8 wird die Kaufkraftparitätentheorie vorgestellt. Der internationale Preiszusammenhang wird in Abschnitt 10.9 diskutiert. Das Problem der importierten Inflation wird für konstanten Wechselkurs in Abschnitt 10.10 und für flexiblen Wechselkurs in Abschnitt 10.11 erörtert. Abschließend werden die Zielbeziehungen zwischen Preisniveaustabilität und Zahlungsbilanzausgleich behandelt.

10.1 Devisenmarkt und Güteraustausch

1. Gleichgewicht auf dem Devisenmarkt. Aus Abschnitt 3.1 ist dem Leser bekannt, daß der flexible Wechselkurs w sich auf einem Devisenmarkt durch die Nachfrage nach Devisen und das Angebot an Devisen bildet (vgl. Schaubild 3.6). Nachfrage und Angebot an Devisen resultieren aus ökonomischen Transaktionen mit dem Ausland, die in der Bilanz der laufenden Posten und in der Kapitalverkehrsbilanz erfaßt sind. So entfaltet die Bundesrepublik Devisennachfrage für die Importe von Sachgütern und Dienstleistungen, für Transfers an das Ausland (z. B. Entwicklungshilfe), für die Tilgung ausländischer Anleihen sowie für Anlage- und Portfolioinvestitionen im Ausland. Im folgenden konzentrieren wir uns zunächst auf die Leistungsbilanz. Die Devisennachfrage des Inlandes resultiert dann aus der Importnachfrage des Inlandes (nach Sachgütern und Dienstleistungen), und das Devisenangebot des Auslandes ergibt sich aus der Importnachfrage des Auslandes.
Gleichgewicht auf dem Devisenmarkt bedeutet, daß die Überschußnachfrage nach Devisen ($E^{\$}$) Null ist, d. h.

* Vorlesung an der London School of Economics, 1971.

$$E^{\$}(w) = N^{\$}(w) - A^{\$}(w) = 0 \tag{10.1}$$

Im folgenden sei weiterhin unterstellt, daß das Inland (Bundesrepublik) Gut 1 exportiert (Gut 2 importiert) und das Ausland (USA) Gut 2 exportiert (Gut 1 importiert). Die Nachfrage der Bundesrepublik nach Devisen ist dann gegeben durch $N^{\$} = p_2^* E_2$, das Angebot der USA an Devisen ist $A^{\$} = p_1^* E_1^* = -p_1^* E_1$, da $E_1^* = -E_1$. Die Überschußnachfrage nach Devisen kann damit definiert werden als

$$E^{\$} = p_2^* E_2 + p_1^* E_1 \tag{10.1'}$$

und unter Berücksichtigung der Definition des Leistungsbilanzsaldos in $

$$E^{\$} = N^{\$} - A^{\$} = p_2^* E_2 + p_1^* E_1 = -Z_{\$}^L = -Z^L/w \tag{10.1''}$$

d.h. Leistungsbilanzsaldo und Devisenüberschußnachfrage entsprechen sich in der Weise, daß einer positiven Überschußnachfrage auf dem Devisenmarkt ein Defizit in der Leistungsbilanz gegenübersteht. Schaubild 10.1 verdeutlicht drei mögliche Situationen:

a) Bei einem Gleichgewichtswechselkurs w_o ist die Überschußnachfrage nach Devisen Null. Der Leistungsbilanzsaldo ist Null ($E^{\$} = -Z_{\$}^L = 0$).

b) Wird der Wechselkurs staatlich auf w′ fixiert, so liegt ein Überschußangebot an Devisen vor. Die Leistungsbilanz ist aktiv ($E^{\$} = -Z_{\$}^L < o$). Dieser Überschuß kann beseitigt werden, indem w auf w_o reduziert wird. Da w als Dollar-Kurs definiert ist, bedeutet eine Verringerung von w, daß man für einen Dollar weniger DM aufwenden muß: die DM wird aufgewertet (Aufwertung: $dw < o$).

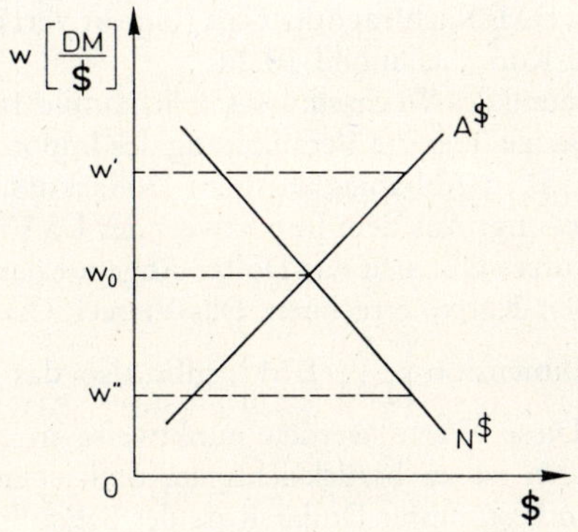

Schaubild 10.1

c) Wird der Wechselkurs auf w″ fixiert, so liegt eine Überschußnachfrage nach Devisen vor. Die Leistungsbilanz ist defizitär ($E^{\$} = -Z^{L} > o$); w muß erhöht werden, d.h. die DM muß abgewertet werden (Abwertung: $dw > o$).

2. Devisennachfrage. Bereits in Abschnitt 3.1 ist gezeigt worden, daß die Devisennachfrage mit sinkendem Wechselkurs w zunimmt (Schaubild 3.5). Es herrsche ein Wechselkurs von 2:1 und ein Preis von 100 $ pro Bündel Zederschindeln in der Ausgangslage. Die Inländer müssen dann 200 DM für 1 Bündel Zederschindeln aufwenden. Sinkt w jetzt auf 1,5:1, d.h. wird die DM aufgewertet, so müssen die Inländer nur noch 150 DM pro Bündel Zederschindeln aufwenden; die nachgefragte Menge steigt. Bei zunehmender Nachfrage muß der Preis in $ ebenfalls steigen. Aus dem Anstieg der Menge *und* des Preises folgt, daß der Importwert in $, also die Devisennachfrage der Deutschen, steigt.

Es ist wichtig festzuhalten, daß der Importwert in ausländischer Währung immer normal reagiert. Die Normalreaktion des Importwerts ist dann nicht mehr in jedem Fall sichergestellt, wenn der Importwert in inländischer Währung betrachtet wird.

3. Devisenangebot. Bisher ist unterstellt worden, daß die Devisenangebotskurve durchgehend eine positive Steigung aufweist. Dies ist jedoch nur ein möglicher Fall. Das Devisenangebot kann bei steigendem Wechselkurs auch konstant bleiben oder abnehmen: Das Angebot an Dollar erklärt sich aus der Importnachfrage der USA, wenn man andere Quellen des Angebots an Dollar wie Kapitalexporte der USA vernachlässigt. Sinkt der DM-Kurs ($/DM), so müssen die Amerikaner weniger $ aufwenden, um eine DM zu erhalten. Bei gegebenen DM-Preisen werden die deutschen Waren bei sinkendem DM-Kurs für die Amerikaner billiger. Folglich werden die Amerikaner eine größere DM-Menge nachfragen. Die DM-Nachfrage der USA (Importwert in DM) steigt mit sinkendem DM-Kurs (Schaubild 10.2a).

Für die Bestimmung des Wechselkurses in Schaubild 10.2 brauchen wir jedoch eine Aussage über die Veränderung des Importwertes der USA, ausgedrückt in $, in Abhängigkeit vom Dollarkurs. Dazu dient die folgende Überlegung: Aus dem Importwert der USA in DM als Funktion des DM-Kurses läßt sich das Dollar-Angebot der USA in Abhängigkeit des Dollar-Kurses errechnen. Das Viereck OABC in Schaubild 10.2a hat die Dimension $\left[\frac{\$}{DM}\ DM\right]$, gibt also das Devisenangebot der USA an. Diese Werte werden punktweise in Schaubild 10.2b übertragen. Dabei ist zu berücksichtigen, daß jedem DM-Kurs des Schaubilds a ein bestimmter Dollar-Kurs des Schaubilds b entspricht. Bezeichnet $\tilde{w}$ den DM-Kurs, so gilt $1/w = \tilde{w}$, d.h. einem niedrigen DM-

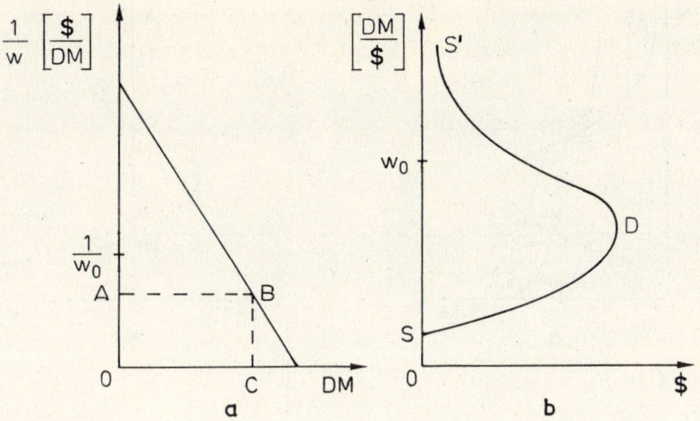

Schaubild 10.2

Kurs ($1/w_0$) in Schaubild 10.2a entspricht ein hoher Dollar-Kurs (w_0) in Schaubild 10.2b. Läßt man den DM-Kurs in Schaubild 10.2a sinken, so nimmt der Importwert in $ (Viereck unter der Kurve) zunächst zu, aber ab einem bestimmten DM-Kurs wieder ab. Die Importnachfrage der USA gibt aber die Angebotskurve an Dollar an. Folglich hat die Devisenangebotskurve den in Schaubild 10.2b angegebenen Verlauf SS'. Die Strecke OS kennzeichnet im übrigen das Autarkiepreisverhältnis p_1/p_1^*. (Vgl. Schaubild 3.6)

Auch in Schaubild 10.2a zeigt sich wieder, daß der Importwert in ausländischer Währung (Viereck OABC) normal reagiert; der Importwert in inländischer Währung reagiert nicht in jedem Fall normal.

4. Stabilität. Zeichnet man in Schaubild 10.2b die Devisennachfragekurve ein, so läßt sich analysieren, wie die Devisenüberschußnachfrage und die ihr zugeordnete Leistungsbilanzsituation auf Störungen reagieren, d. h. ob das Gleichgewicht auf dem Devisenmarkt lokal stabil oder unstabil ist. Um die Analyse zu vereinfachen, werden in Schaubild 10.3a Devisenangebots- und -nachfragekurve eingezeichnet; in Schaubild 10.3b wird die Überschußnachfragekurve abgeleitet.

Ein Markt ist dann stabil (sog. Walras-Stabilität), wenn bei einer positiven Überschußnachfrage der Preis steigt und wenn auf diese Weise der Nachfrageüberhang abgebaut wird und bei einer negativen Überschußnachfrage der Preis sinkt. Der Devisenmarkt ist also stabil, wenn gilt

$$E^{\$} \gtreqless o \rightarrow \frac{dw}{dt} \gtreqless o \qquad (10.2)$$

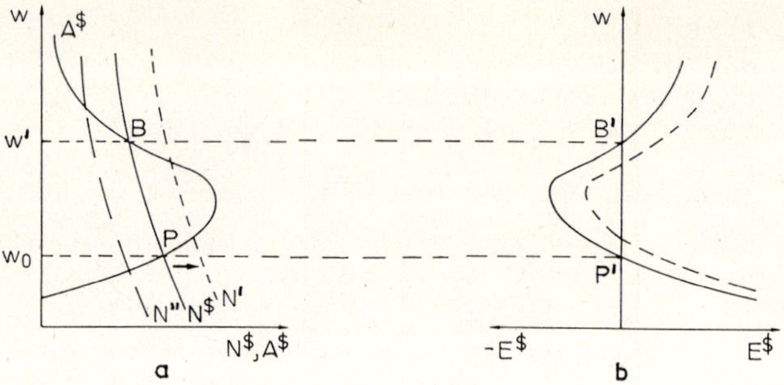

Schaubild 10.3

a) Betrachten Sie eine Situation in der Umgebung des Punktes P und unterstellen Sie eine «Störung» des Gleichgewichts durch eine Verschiebung der Nachfragekurve nach rechts (auf N′). Zu dem in der Ausgangslage P gegebenen Wechselkurs w_o liegt dann ein Nachfrageüberhang nach Devisen (deutsches Leistungsbilanzdefizit) vor, der durch ein Ansteigen des Wechselkurses ausgeglichen wird. Analog muß bei einer Linksverschiebung der Nachfragekurve nach Devisen auf N″ (Überschuß in der Leistungsbilanz) in der Umgebung des Punktes P der Wechselkurs w_o sinken. Das Gleichgewicht ist (lokal) stabil. Wenn der Wechselkurs sich nicht auf dem Devisenmarkt bildet, sondern wirtschaftspolitisch fixiert wird, so ist die (lokale) Stabilität in der Umgebung von P wie folgt zu interpretieren: Angenommen der Wechselkurs sei w_o bei einer Nachfragefunktion N′; die deutsche Leistungsbilanz weist dann ein Defizit auf. Wird der Wechselkurs heraufgesetzt, so wird das Defizit abgebaut. Analog liegt ein Überschuß vor, wenn bei N″ ein Wechselkurs w_o gegeben ist. Wird der Wechselkurs herabgesetzt, so wird der Überschuß reduziert.

b) Betrachten Sie dagegen eine Situation in der Umgebung des Punktes B und unterstellen Sie eine Störung, z.B. eine Rechtsverschiebung der Devisennachfragekurve auf N′. Das Angebotsdefizit an Devisen zu dem in B gegebenen Wechselkurs w′ erfordert ein Steigen des Wechselkurses, aber dadurch vergrößert sich das Angebotsdefizit. Das Gleichgewicht in B ist instabil. Flexible Wechselkurse bauen in der Umgebung von B Defizite und Überschüsse im Devisenangebot nicht ab und gleichen damit in dieser Umgebung die Leistungsbilanz nicht aus.

Entsprechend ist zu argumentieren, wenn sich bei B die Nachfragekurve nach links verschiebt. Dann besteht zum Wechselkurs w' ein Nachfragedefizit; w müßte sinken; aber dadurch wird das Defizit noch vergrößert.
Wird der Wechselkurs wirtschaftspolitisch fixiert, so ist diese Instabilität wie folgt zu interpretieren: Betrachten Sie B' und eine Rechtsverschiebung der Devisennachfragekurve auf N', so liegt ein Leistungsbilanzdefizit (Angebotsdefizit an Devisen) vor. Der Wechselkurs muß heraufgesetzt werden, aber diese Abwertung vergrößert das Angebotsdefizit an Devisen bzw. das Leistungsbilanzdefizit.
Betrachten Sie dagegen eine Devisenmarktsituation bei B' mit einer Linksverschiebung. Dann liegt ein Überschuß in der Leistungsbilanz vor. Wird nun aufgewertet (sinkt w), so nimmt die Angebotsmenge an $ stärker zu als die nachgefragte Menge; der ursprüngliche Angebotsüberschuß an Devisen steigt, und der Überschuß der Leistungsbilanz vergrößert sich nach der Aufwertung. Hier wird deutlich, daß Wechselkursänderungen nur unter bestimmten Bedingungen die gewünschten Effekte auf den Leistungsbilanzsaldo haben. Diese Bedingungen sind im folgenden zu analysieren.

10.2 Devisenmarkt und Kapitalverkehr

Devisennachfrage und -angebot resultieren nicht nur aus den Transaktionen der Leistungsbilanz. Will man den Kapitalverkehr berücksichtigen, so ist die Überschußnachfrage zu definieren als

$$E^{\$} = p_2^* E_2 + K^X + p_1^* E_1 - K^M, \tag{10.3}$$

wobei deutsche Kapitalexporte Devisennachfrage begründen und Kapitalimporte nach Deutschland in Devisenangebot resultieren. In Schaubild 10.4 ist dieser Zusammenhang für den einfachen Fall dargestellt, daß Kapitalexporte (K^X) und -importe (K^M) nicht von der Höhe des Wechselkurses beeinflußt werden. Der Gleichgewichtspunkt ist P. Im übrigen gilt jetzt $E^{\$} = -Z/w$; der Überschußnachfrage auf dem Devisenmarkt entspricht bei konstantem Wechselkurs ein negativer Zahlungsbilanzsaldo Z. Bei flexiblem Wechselkurs tritt in Punkt P kein Zahlungsbilanzsaldo auf, da der Saldo der Leistungsbilanz dem Saldo der Kapitalverkehrsbilanz entspricht.

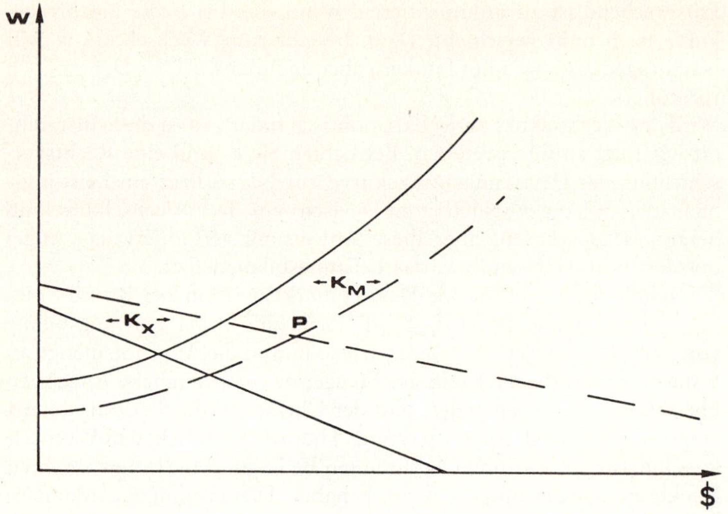

Schaubild 10.4

10.3 Wechselkursänderungen und Leistungsbilanzsaldo

1. Normalreaktion. Wegen beachtlicher Devisenbilanzüberschüsse hat die Bundesrepublik Deutschland im System von Bretton Woods wiederholt aufgewertet, so 1961 (um 5 v. H.), 1969 (um 9,3 v. H.), 1971 (um 13,6 v. H.) und 1973 (um 3 v. H.). Das Ziel war, die Devisenbilanzüberschüsse abzubauen, indem die heimischen Exporte durch die Aufwertung verteuert und die Importe verbilligt wurden. Bis 1980 wurde die DM gegenüber dem Dollar aufgewertet, bis 1985 abgewertet und seit 1985 aufgewertet.

Wenn aufgewertet wird, erwartet man einen Rückgang des Leistungsbilanzüberschusses. Man spricht dann von einer Normalreaktion. Diese liegt also vor, wenn $dZ^L/dw > o$, d. h. wenn mit einer Aufwertung ($dw < o$) der Leistungsbilanzsaldo abnimmt ($dZ^L < o$) oder bei einer Abwertung ($dw > o$) der Saldo zunimmt ($dZ^L > o$). Im folgenden wollen wir fragen, unter welchen Bedingungen eine Normalreaktion der Leistungsbilanz auf Wechselkursänderungen erfolgt. Die Wechselkursänderungen können dabei entweder von der Politik (System fester Wechselkurse) oder vom Markt (System flexibler Wechselkurse) vorgenommen werden.

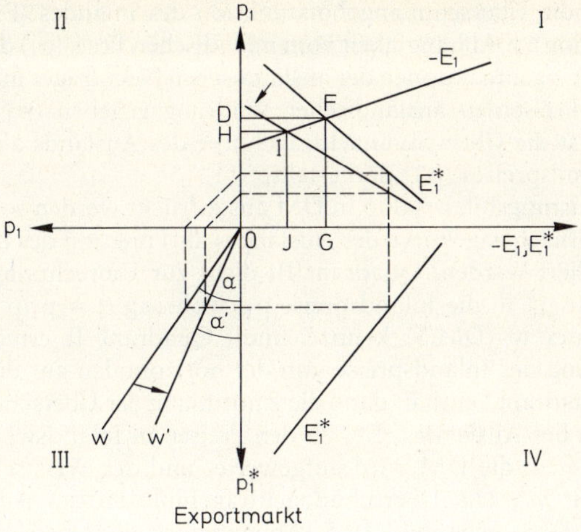

Schaubild 10.5

2. Exportmarkt. Intuitiv läßt sich die Auswirkung einer Aufwertung auf dem Exportmarkt wie folgt verdeutlichen. Angenommen eine Flasche Pfaffenweiler Batzenberg koste 10 DM. Bei einem Preis von 5 $ fragen die Amerikaner eine Flasche nach. Ist der Wechselkurs in der Ausgangslage 2 : 1, so fragen die Amerikaner zu einem Preis von 10 DM eine Flasche nach. Sinkt der Wechselkurs auf 1,5 : 1 (die DM wird aufgewertet), müssen die Amerikaner pro Flasche (10 DM) 6,66 $ aufwenden. Die nachgefragte Menge Pfaffenweiler geht zurück. Die Exportnachfragekurve E_1^* verschiebt sich nach links (Quadrant I in Schaubild 10.5).

3. Graphische Darstellung des Exportmarktes. In Schaubild 10.5 ist die Verschiebung der Exportnachfragekurve graphisch abgeleitet. Die Überschußnachfragekurven des Inlandes und des Auslandes sind Mengenreaktionen der Nachfrager und Anbieter auf die jeweiligen Inlandspreise. Betrachten wir zunächst den Exportmarkt. In Quadrant I von Schaubild 10.5 stellt $-E_1$ die Exportangebotsfunktion des Inlandes dar[1].

---

[1] Das Minuszeichen vor E_1 in Schaubild 10.5 ist deshalb zu setzen, weil E_1 in sich negativ ist, im Schaubild aber positive Mengen erscheinen sollen. Man beachte, daß $d(-E_1)/dp_1 > o$, d. h. $dE_1/dp_1 < o$ und ferner $dE_1^*/dp_1 < o$.

Während die Überschußangebotsfunktion des Inlandes (Exportangebotsfunktion) in Abhängigkeit vom inländischen Preis (p_1) definiert ist, sind die Mengenreaktionen der ausländischen Nachfrager in Abhängigkeit von Preisen in ausländischer Währung gegeben (p_1^*). In Quadrant IV ist die Überschußnachfragekurve des Auslands als Funktion des Auslandspreises (p_1^*) dargestellt.
Da der Leistungsbilanzsaldo in DM ausgedrückt werden soll, muß die Überschußnachfragekurve des Auslandes als Funktion des DM-Preises p_1 formuliert werden. Quadrant III dient zur Umrechnung der Auslandspreise p_1^* in die Inlandspreise p_1, wobei $\text{tg}\ \alpha = p_1/p_1^* = w$ den Wechselkurs w (DM/$) kennzeichnet. Quadrant II ermöglicht die Übertragung der Inlandspreise von der horizontalen auf die vertikale Achse. Quadrant I enthält dann die Zuordnung der Überschußnachfragemengen des Auslandes (E_1^*) zu den Preisen in Inlandswährung.
Angenommen, die DM wird aufgewertet und der Wechselkurs sinkt von w auf w'. Die Überschußnachfragefunktion des Auslandes in Quadrant IV in Schaubild 10.5 (Abhängigkeit der Überschußmengen vom Auslandspreis) wird von dieser Maßnahme nicht tangiert. Ein Sinken des Wechselkurses ändert $\text{tg}\ \alpha$ in Quadrant III. Der geringere Wechselkurs (Aufwertung!) werde durch $\text{tg}\ \alpha'$ gekennzeichnet. Die

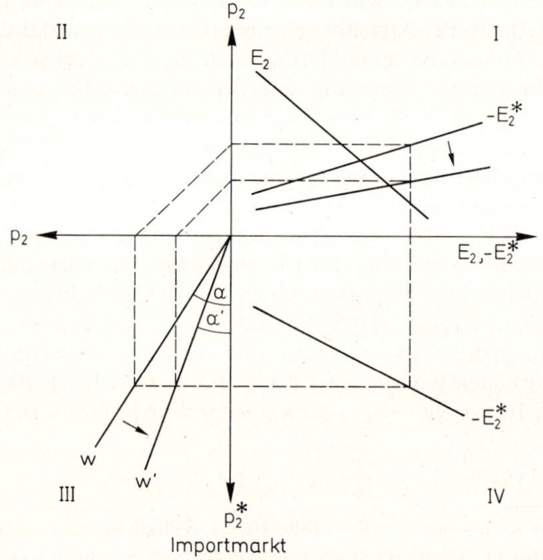

Schaubild 10.6

(positive) Überschußnachfrage des Auslandes nach Gut 1 verschiebt sich nach links. Der Exportwert nimmt von ODFG auf OHIJ ab, es sei denn die Überschußnachfragekurve des Auslandes ist völlig unelastisch.

4. Importmarkt. Für den Importmarkt läßt sich wie folgt argumentieren. Die Amerikaner bieten 1 Bündel Zederschindeln zu 100 $ in der Ausgangslage an. Bei einem Wechselkurs von 2:1 wird 1 Bündel zu einem DM-Preis von 200 angeboten. Wenn der Wechselkurs auf 1,5:1 sinkt, bieten die Amerikaner zwar weiterhin 1 Bündel für 100 $ an; aber die Zuordnung von 200 DM und 1 Bündel gilt bei dem neuen Wechselkurs nicht mehr. 200 DM entsprechen 133.33 $. Zu diesem Preis bieten die Amerikaner aber eine größere Menge an. Die Angebotskurve des Importgutes $-E_2^*$ verschiebt sich nach rechts.

5. Graphische Darstellung des Importmarktes. Die Verschiebung der Importangebotsfunktion wird in Schaubild 10.6 abgeleitet, in dem die Überschußnachfragekurven des Inlandes und des Auslandes in bezug auf Gut 2, das annahmegemäß vom Ausland exportiert wird, dargestellt sind.

Schaubild 10.6 enthält in Quadrant IV die Überschußangebotsfunktion des Auslands ($-E_2^*$) in Abhängigkeit vom Auslandspreis (p_2^*). Bei einem Wechelkurs $w = \operatorname{tg} \alpha$ ist die Angebotsfunktion $-E_2^*$ im ersten Quadranten zugeordnet. Wenn aufgewertet wird, sinkt der Wechselkurs. Infolge des geringeren Wechselkurses verschiebt sich die Angebotsfunktion des Auslandes im ersten Quadranten nach rechts. Bei gegebener Importnachfragefunktion des Inlandes (E_2) nimmt das Importangebot zu. Der Preis des Importgutes sinkt, die Menge nimmt zu. A priori lassen sich damit über die Veränderung des Importwertes keine Aussagen machen. Diese Aussagen werden jedoch durch die folgende algebraische Analyse möglich.

Aus dem Vergleich der beiden Schaubilder 10.5 und 10.6 kann der Leser festhalten, daß sich bei einer Aufwertung die Exportnachfrage- und die Importangebotskurve beide nach unten verschieben (in Schaubildern mit Preisen in Inlandswährung). Bei einer Abwertung verschieben sich beide Kurven nach oben.

6. Modellansatz. Wir greifen zurück auf das mikroökonomische Zwei-Sektoren-Modell, das in Kapitel 5 diskutiert wurde. In diesem Ansatz ist der Wechselkurs w (Dollar-Kurs: [DM/$]) zu berücksichtigen (für $i = 1, 2$). Geld wird explizit nicht berücksichtigt.

$$E_i (p_i) + E_i^* (p_i^*) = 0 \qquad (10.4)$$
$$p_i - w\, p_i^* = 0$$
$$p_1 E_1 (p_1) + p_2 E_2 (p_2) + Z^L = 0$$

Die erste Gleichung von 10.4 gibt die Gleichgewichtsbedingung auf den Gütermärkten wieder, die zweite Gleichung die Umrechnung der Güterpreise in verschiedenen Währungen über den Wechselkurs; die dritte Gleichung ist die Definition des Leistungsbilanzsaldos. Unsere Analyse ist auch in diesem Fall wieder vereinfacht (partialanalytische Analyse). Die Überschußnachfragemengen hängen nicht vom Volkseinkommen und auch nicht von den relativen Güterpreisen ab. Kreuzpreisbeziehungen werden also vernachlässigt. Ferner soll im folgenden weiterhin unterstellt werden, daß Land I Gut 1 exportiert und Gut 2 importiert.

Gleichungssystem 10.4 enthält fünf Gleichungen und die sechs Variablen p_i, p_i^*, w und Z^L. Wird w exogen vorgegeben und als wirtschaftspolitische Instrumentvariable parametrisch variiert, so kann man bestimmen, wie sich der Leistungsbilanzsaldo Z^L mit w verändert. Endogene Variable sind p_i, p_i^* und Z^L.

Es sei darauf verwiesen, daß das Gleichungssystem 10.4 auch für zwei weitere Fragestellungen angewendet werden kann. Unterstellt man einen konstanten Wechselkurs, und läßt man die Überschußnachfrage parametrisch zunehmen, so beschreibt das Modell den internationalen Inflationsimport bei konstantem Kurs (Kapitel 10.11). Betrachtet man den Wechselkurs w als endogene Variable, so ist der Leistungsbilanzsaldo ausgeglichen.

7. Robinson-Bedingung. Durch Differentiation des Gleichungssystems 10.4 nach w erhält man in Matrixform (vgl. Anhang 10A)

$$\begin{bmatrix} \left(\frac{dE_1}{dp_1} + \frac{dE_1^*}{dp_1^*}\right) & o & o \\ o & \left(\frac{dE_2}{dp_2} + \frac{dE_2^*}{dp_2^*}\right) & o \\ \left(E_1 + \frac{dE_1}{dp_1}\right) & \left(E_2 + \frac{dE_2}{dp_2}\right) & 1 \end{bmatrix} \cdot \begin{bmatrix} \frac{dp_1}{dw} \\ \frac{dp_2}{dw} \\ \frac{dZ^L}{dw} \end{bmatrix} = \begin{bmatrix} \frac{dE_1^*}{dp_1^*} \\ \frac{dE_2^*}{dp_2^*} \\ o \end{bmatrix} \quad (10.5)$$

Als Lösung ergibt sich (vgl. Anhang 10A)

$$\frac{dZ^L}{dw} = \frac{-E_1^* \, E_1 \, \eta_1^* \, (1 + \varepsilon_1)}{E_1 \, (\varepsilon_1 - \eta_1^*)} + \frac{-E_2^* \, E_2 \, \varepsilon_2^* \, (1 + \eta_2)}{E_2 \, (\eta_2 - \varepsilon_2^*)} \quad (10.6)$$

Die Elastizitäten sind wie folgt definiert:

Tabelle 10.1

	Inland	Ausland
Angebotselastizitäten	$\varepsilon_1 = \frac{dE_1}{dp_1}\frac{p_1}{E_1} \gtreqless o$	$\varepsilon_2^* = \frac{dE_2^*}{dp_2^*}\frac{p_2^*}{E_2^*} \gtreqless o$
Nachfrageelastizitäten	$\eta_2 = \frac{dE_2}{dp_2}\frac{p_2}{E_2} \lesseqgtr o$	$\eta_1^* = \frac{dE_1^*}{dp_1^*}\frac{p_1^*}{E_1^*} \lesseqgtr o$

Bei der Bestimmung des Vorzeichens der Elastizitäten ist zu beachten, daß die Nachfragemengen (z. B. E_2) positiv sind, aber die erste Ableitung der Nachfragefunktion negativ ist ($dE_2/dp_2 < o$). Bei den Angebotselastizitäten sind die Angebotsmengen E_i definitionsgemäß (in sich) negativ (z. B. $E_1 < o$); es gilt, daß $d(-E_1)/dp_1 > o$ bzw. $dE_1/dp_1 < o$. Da annahmegemäß Gut 1 vom Inland exportiert und Gut 2 importiert wird, also $E_1 < o$, gilt

$$p_1^* E_1 = -X^\$ \qquad (\text{mit } p_1^* = 1)$$

und da $E_2 > o$

$$p_2^* E_2 = Im^\$ \qquad (\text{mit } p_2^* = 1)$$

Damit erhält man die Bedingung:

$$\frac{dZ^L}{dw} = \frac{-X^\$ \eta_1^* (1 + \varepsilon_1)}{(\varepsilon_1 - \eta_1^*)} + \frac{Im^\$ \varepsilon_2^* (1 + \eta_2)}{(\eta_2 - \varepsilon_2^*)} \qquad (10.6')$$

oder

$$\frac{dZ^L}{dw} \geq o: \frac{Im^\$ \varepsilon_2^* (1 + \eta_2)}{X^\$ (\eta_2 - \varepsilon_2^*)} \geq \frac{\eta_1^* (1 + \varepsilon_1)}{(\varepsilon_1 - \eta_1^*)} \qquad (10.6'')$$

Für den Sonderfall einer in der Ausgangslage ausgeglichenen Leistungsbilanz ($Im^\$ = X^\$$) erhält man nach Multiplikation von (10.6″) mit $(\varepsilon_1 - \eta_1^*)$ und $(\eta_2 - \varepsilon_2^*)$[2]:

$$\frac{dZ^L}{dw} > o: \frac{\eta_1^* \eta_2}{\varepsilon_1 \varepsilon_2^*} (1 + \varepsilon_1 + \varepsilon_2^*) > 1 + \eta_2 + \eta_1^* \qquad (10.7)$$

[2] Da $\eta_2 < o$ und $\eta_2 - \varepsilon_2^* < o$, kehrt sich infolge Multiplikation mit einem negativen Faktor das Ungleichheitszeichen in (10.7) um.

Gleichung 10.7 ist die Robinson-Bedingung für die Normalreaktion der Leistungsbilanz auf eine Wechselkursänderung. Wird die DM aufgewertet, d. h. sinkt w ($dw < o$), so nimmt der Leistungsbilanzsaldo ab ($dZ^L < o$), wenn 10.7 erfüllt ist.

8. Darstellung der Robinson-Gleichung. In Gleichung 10.6′ gibt der erste Quotient auf der rechten Seite an, wie sich der Exportwert, und der zweite Quotient, wie sich der Importwert durch eine Wechselkursvariation verändert.

Betrachtet man – wie in Schaubildern üblich – nur den Exportmarkt des Landes I, so gilt wegen $X^\$ > o$, $\varepsilon_1 \geqq o$ und $\eta_1^* \leqq o$

$$\frac{dX^{DM}}{dw} = -\frac{X^\$ \, \eta_1^* \, (1 + \varepsilon_1)}{\varepsilon_1 - \eta_1^*} \geqq o \qquad (10.7')$$

wobei das Gleichheitszeichen nur gilt, wenn $\eta_1^* = o$. Der Exportwert reagiert also bis auf diesen Sonderfall $\eta_1^* = o$ stets normal, d. h. bei einer Aufwertung ($dw < o$) nimmt der Exportwert ab ($dX < o$). Dies bestätigt die Analyse in Schaubild 10.7a.

Betrachtet man dagegen isoliert nur den Importmarkt, so gilt wegen

$$-\frac{dIm^{DM}}{dw} = \frac{Im^\$ \, \varepsilon_2^* \, (1 + \eta_2)}{(\eta_2 - \varepsilon_2^*)} > o : 1 + \eta_2 < o \qquad (10.7'')$$

Die Leistungsbilanz reagiert – isoliert von der Importseite betrachtet – also nur normal, d. h. die Importe nehmen zu ($dIm > o$), wenn $\eta_2 < -1$ oder $|\eta_2| > 1$, d. h. wenn die Preiselastizität der Importnachfrage des betrachteten Landes absolut größer 1 ist (elastische Importnachfrage). Da $dX/dw \geqq o$, ist $|\eta_2| > 1$ hinreichend für eine Normalreaktion der

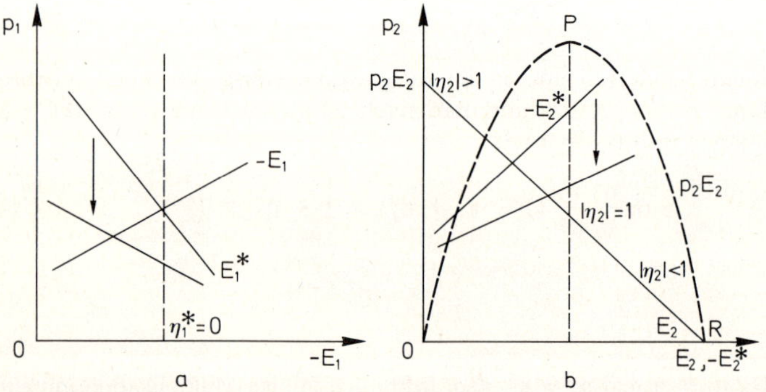

Schaubild 10.7

Leistungsbilanz. In Schaubild 10.7b ist dies für den Kurvenbereich OP der Importwertkurve OPR der Fall. Man beachte, daß gilt

$$\frac{dZ^L}{dw} = \frac{dX^{DM}}{dw} - \frac{dIm^{DM}}{dw} \qquad (10.7''')$$

Aussage: Bei einer elastischen Importnachfrage des Inlandes reagiert die Leistungsbilanz normal auf Wechselkursänderungen. Andererseits nimmt bei einer starren Preiselastizität der Importnachfrage bei einer Aufwertung der Importwert ab ($dIm < o$). Dann tritt die Möglichkeit auf, daß bei einer Aufwertung der sinkende Exportwert durch die Abnahme des Importwerts überkompensiert wird. Der Leistungsbilanzsaldo kann zunehmen, und die Aufwertung führt nicht zu den gewünschten Resultaten. Analog kann bei unelastischer Importnachfrage bei einer Abwertung die Zunahme des Exportwertes durch eine Zunahme des Importwertes überkompensiert werden.

9. Marshall-Lerner-Bedingung. In Gleichung 10.7 ist die linke Seite stets positiv, denn die Angebotselastizitäten ε_1, ε_2^* sind positiv und das Produkt $\eta_1^* \eta_2$ ist ebenfalls positiv. Bedingung 10.7 ist also dann erfüllt, wenn die rechte Seite von Gleichung 10.7 negativ ist, d. h. wenn gilt[3]

$$\frac{dZ^L}{dw} > o : o > \eta_2 + \eta_1^* + 1 \qquad (10.7'''')$$

Dies ist die Marshall-Lerner-Bedingung für die Normalreaktion der Leistungsbilanz. Diese Bedingung wurde im übrigen bereits für die Stabilität des Tauschgleichgewichts abgeleitet[4].

Die Marshall-Lerner-Bedingung verlangt, daß

$$-\eta_2 - \eta_1^* > 1$$

oder daß die Summe der Importnachfrageelastizitäten – absolut betrachtet – größer als 1 ist. Es ist demnach hinreichend, wenn eine der Importnachfragen elastisch ist.

Der Leser beachte, daß die Erfüllung der Marshall-Lerner-Bedingung impliziert, daß die Robinson-Bedingung erfüllt ist. Ferner impliziert eine elastische Importnachfrage des Inlandes, daß die Marshall-Lerner Bedingung erfüllt ist. Die Forderung nach einer elastischen Import-

---

[3] Bedingung 10.7'''' ergibt sich auch, wenn man beide Angebotselastizitäten gegen unendlich gehen läßt.

[4] Man beachte, daß aus Gründen der Vereinfachung die Elastizitäten in diesem Abschnitt auf Änderungen der absoluten Preise bezogen sind, während in Kapitel 5 Relativpreise betrachtet wurden.

nachfrage eines Landes ist also unnötig restriktiv für die Marshall-Lerner-Bedingung. Und die Marshall-Lerner-Bedingung ist unnötig restriktiv in bezug auf die Robinson-Bedingung. Mit anderen Worten: Die Robinson-Bedingung kann auch dann erfüllt sein, wenn die Marshall-Lerner-Bedingung verletzt ist.

10. Zusammenfassung. Tabelle 10.2 faßt die bisherige Argumentation für den Fall $\eta_1^* < 0$ zusammen. Bei einer Aufwertung nimmt der Exportwert ab ($dX < 0$). Ist die Importnachfrage des Inlandes elastisch ($|\eta_2| > 1$), nimmt der Importwert zu ; d.h. der Leistungsbilanzsaldo nimmt ab (Normalreaktion) (Fall a). Gilt $|\eta_2| = 1$, so bleibt der Importwert konstant; der positive Saldo nimmt ebenfalls ab (Fall b). Wenn dagegen die Importnachfrage unelastisch ist ($|\eta_2| < 1$) (Fall c), sind zwei Ergebnisse möglich: Es ist denkbar, daß die Reduzierung des Exportwertes die Reduzierung des Importwertes kompensiert. Dann liegt Normalreaktion vor ($dZ^L < 0$). Es ist aber auch denkbar, daß bei einer Aufwertung der Importwert stärker sinkt als der Exportwert. Dann *verbessert* sich bei einer *Auf*wertung der Leistungsbilanzsaldo (Anormale Reaktion).

11. Keine Reaktion. Ein Sonderfall liegt vor, wenn $\varepsilon_2^* = 0$ und $\eta_1^* = 0$. Dann verändern sich weder Importwert noch Exportwert. Der Saldo der Leistungsbilanz reagiert auf eine Wechselkursänderung nicht.

12. Kleines Land. Ein weiterer Sonderfall liegt im Fall des «kleinen» Landes vor. Das Inland ist so klein, daß die Exportnachfragekurve für das Inland bei gegebenem Wechselkurs horizontal verläuft. Die vom Ausland nachgefragten und vom Inland lieferbaren Mengen sind – in bezug auf den Weltmarkt – so gering, daß der Weltmarktpreis nicht durch die nachgefragten Mengen beeinflußt wird ($\eta_1^* \to \infty$). Eine Aufwertung der inländischen Währung verschiebt die Exportnachfragefunktion parallel nach unten (Schaubild 10.8). Die Importangebotsfunktion verläuft ebenfalls waagerecht: Die vom Inland nachgefragten

Tabelle 10.2

w	X^{DM} ($\eta_1^* < 0$)	Im^{DM}			Z^L_{DM}
w ↓	↓	a) $\|\eta_2\| > 1$	↑		–
		b) $\|\eta_2\| = 1$	–		–
		c) $\|\eta_2\| < 1$	–	A	↓
				B	↑

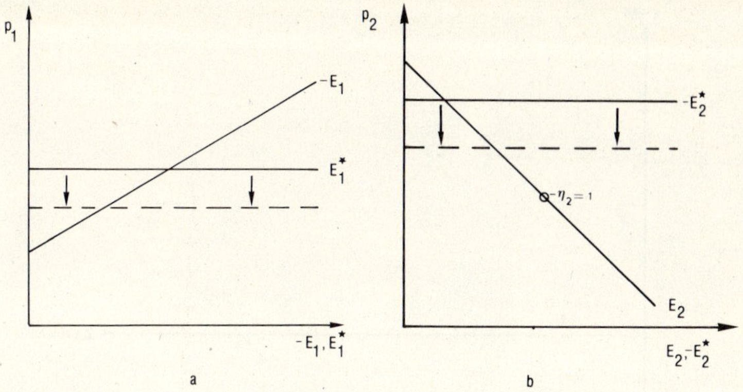

Schaubild 10.8

Mengen sind so gering, daß sie keinen Einfluß auf den Weltmarktpreis haben ($\varepsilon_2^* \rightarrow \infty$). Eine Aufwertung der inländischen Währung verschiebt die Importangebotsfunktion nach unten. Der Importwert reagiert dann normal, wenn die Importangebotsfunktion die Importnachfragefunktion im elastischen Bereich schneidet.

13. Elastizitätspessimismus. Empirische Schätzungen der Nachfrageelastizitäten in den fünfziger Jahren legten den Schluß nahe, daß die Marshall-Lerner-Bedingung nicht erfüllt sei. Neuere Berechnungen geben aber keinen Anlaß zu diesem Elastizitätspessimismus (Jarchow und Rühmann, 1988, S. 70).

14. Zeitliche Verzögerung. Ein wichtiger Aspekt von Wechselkursänderungen ist die Frage, mit welcher zeitlichen Verzögerung die behaupteten Reaktionen einsetzen. Man kann in der Realität beobachten, daß beide Märkte auf Wechselkursänderungen zeitlich asymmetrisch reagieren. Bei einer Abwertung kann die Importmenge kurzfristig konstant bleiben, so daß der Importwert zunimmt. Kurzfristig kann sich ein Defizit in der Leistungsbilanz einstellen, das erst im Verlauf der Zeit abgebaut wird. Der Saldo der Leistungsbilanz verläuft in der Zeit also wie ein «J». Deshalb spricht man von einem «J-Kurven-Effekt». Umgekehrt kann es bei einer Aufwertung zunächst zu einer Aktivierung der Leistungsbilanz kommen, bis sich die Effekte auch auf dem Exportmarkt zeigen. Ein weiterer Aspekt besteht darin, daß die Mengen- und Preisanpassung Zeit brauchen. Beispielsweise hat die amerikanische Aluminiumindustrie auf die Dollaraufwertung (bis Frühjahr 1985) dadurch reagiert, daß sie veraltete Aluminiumhütten geschlossen hat, neue Lieferverträge mit der Elektrizitätswirtschaft abgeschlossen hat

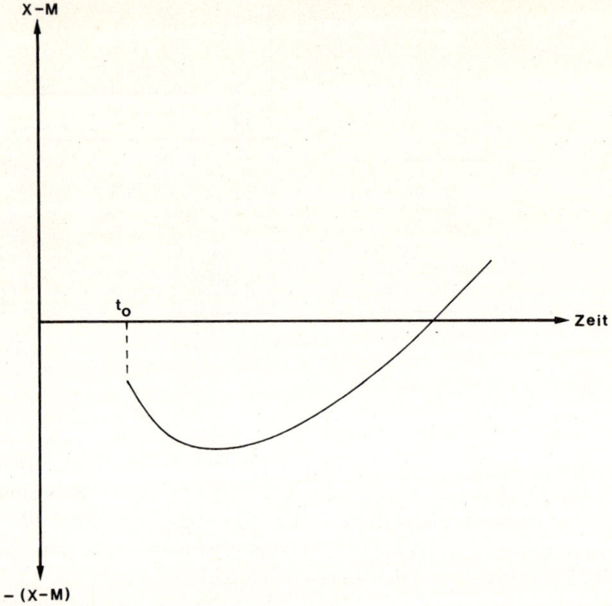

Schaubild 10.9a

und die Lohnverträge mit den Gewerkschaften verändert hat. In Schaubild 10.9a ist der J-Kurven-Effekt dargestellt. Als Folge einer Abwertung im Zeitpunkt t_o ergibt sich zunächst eine Vergrößerung des Defizits. Erst mit einer zeitlichen Verzögerung beginnt die Handelsbilanz in der gewünschten Weise zu reagieren: Das Defizit wird abgebaut.

Bei einer Aufwertung nimmt der Überschuß zunächst zu und dann ab, verläuft also in der Zeit wie ein Spazierstock (Spazierstock-Effekt). Bei grober Schätzung wird man etwa ein bis zwei Jahre und mehr ansetzen müssen, bis sich die Auswirkungen auf dem Exportmarkt zeigen. Ferner kann nicht ausgeschlossen werden, daß die Reaktion der Zahlungsbilanz zunächst (d. h. nach 1 bis 3 Monaten) anormal ist und erst danach die Normalreaktion einsetzt.

In Schaubild 10.9b ist die amerikanische Situation dargestellt. Der effektive Dollarkurs (1980 = 100, rechte Skala) ist definiert als durchschnittlicher Kurs des Dollar gegenüber den wichtigsten Währungen. Das Gewichtungsschema ist aus dem «Multilateral Exchange Rate

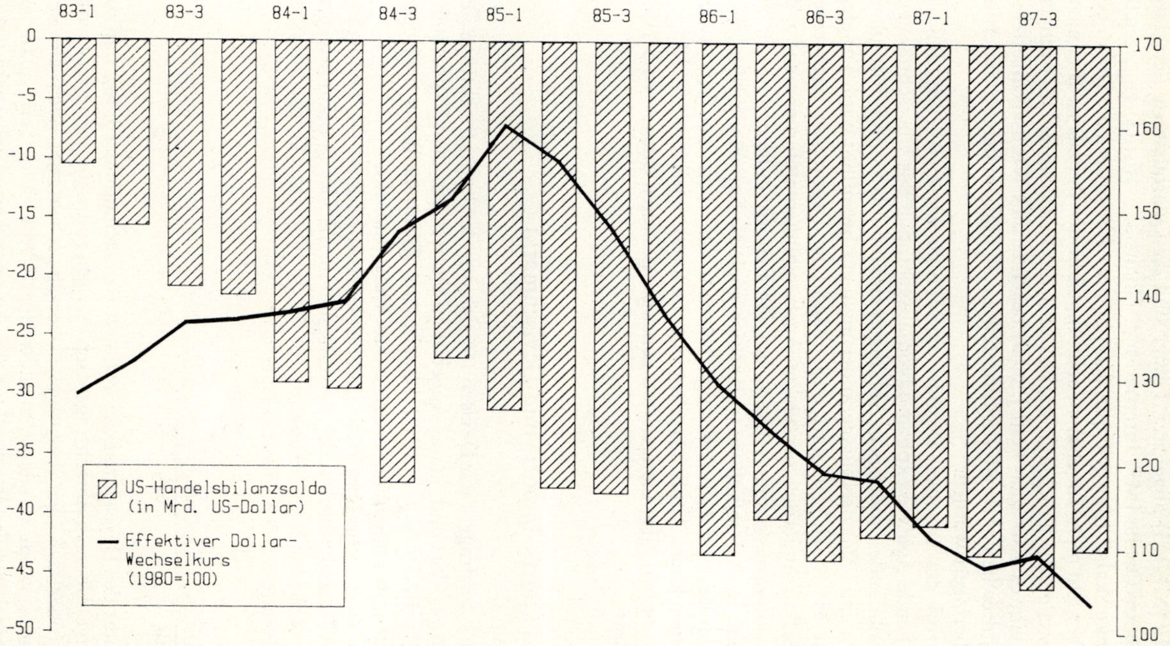

Schaubild 10.9b

Model» (MERM) abgeleitet. Ferner sind die Quartalswerte der Handelsbilanz (Quelle IMF, International Financial Statistics) eingezeichnet (linke Skala). Man erkennt, daß mit einer Abwertung des Dollar die Defizite nicht mehr zunehmen; eine Abnahme der Defizite ist aber nicht festzustellen, auch nicht mit starker zeitlicher Verzögerung. Im strengen Sinne gibt es also auch kein J. Man beachte, daß Wechselkurseffekte von zahlreichen anderen Wirkungen wie z. B. Einkommensveränderungen überlagert werden.

15. Kritik des Ansatzes. Es sollte darauf hingewiesen werden, daß die vorstehende Analyse explizit davon ausgeht, daß das Überschußangebot des Inlandes, welches in Abhängigkeit vom Inlandspreis formuliert ist, von einer Wechselkursveränderung nicht beeinflußt wird. Langfristig ist es jedoch denkbar, daß inländische Exporteure nach einer Wechselkursänderung verstärkte Anstrengungen unternehmen, z. B. die Produktionskosten senken, um ihr Exportvolumen aufrecht zu erhalten. In diesem Fall verschiebt sich auch die Exportangebotskurve des Inlandes ($-E_1$), so daß möglicherweise dann auch der Exportwert zunehmen kann. Ähnliches gilt, wenn die Exporteure verstärkt Marketing betreiben, ihre Lieferfristen günstiger gestalten oder ihren Service verbessern.

10.4 Export-, Import- und Devisenmarkt

Da die Nachfrage nach Devisen (\$) sich aus der Importnachfrage des Inlandes erklärt und da das Angebot an Devisen aus dem Exportangebot des Inlandes resultiert, besteht ein Zusammenhang zwischen Export- und Importmarkt sowie dem Devisenmarkt.

1. Normalreaktion und Stabilität des Devisenmarktes. Die Bedingung für die Normalreaktion der Leistungsbilanz $dZ^L/dw > o$ kann wegen $E^\$ = -Z^L/w$ auch als Bedingung für die Stabilität des Devisenmarktes interpretiert werden, denn es gilt

$$\frac{dE^\$}{dw} = -\frac{w\dfrac{dZ^L}{dw} - Z^L}{w^2}.$$

Stabilität des Devisenmarktes verlangt (vgl. Schaubild 10.3b), daß die (positive) Überschußnachfrage nach Devisen zunimmt, wenn w gesenkt wird (oder daß die (negative!) Überschußnachfrage nach Devisen zunimmt, wenn w steigt), d. h. wenn $dE^\$/dw < o$. Setzt man zur Vereinfachung den Wechselkurs der Ausgangslage gleich 1 und unterstellt man, daß die Leistungsbilanz in der Ausgangslage ausgeglichen ist ($Z^L = o$), so ergibt sich

$$\frac{dE^{\$}}{dw} = -\frac{dZ^L}{dw}.$$

Aussage: Ist die Bedingung für die Normalreaktion der Leistungsbilanz erfüllt ($dZ^L/dw > o$), so ist bei einer ausgeglichenen Leistungsbilanz in der Ausgangslage ($Z^L = o$) auch der Devisenmarkt stabil.

Wir haben bereits gesehen, daß eine elastische Importnachfrage des Inlandes hinreichend ist für die Normalreaktion. Folglich ist eine elastische Importnachfrage des Inlandes auch hinreichend für die Stabilität des Devisenmarktes[5].

2. Markt für DM. In Schaubild 10.10c ist der DM-Markt dargestellt. Eine Aufwertung ($dw < o$, $d(1/w) > o$) bewirkt, daß sich in Diagrammen mit Inlandswährung die Überschußnachfragekurven nach unten verschieben. Der Exportwert (Schaubild 10.10a) nimmt ab. Dem Exportwert des Inlandes entspricht die Importnachfrage der USA; also die Nachfrage nach DM. Bei einer Aufwertung der DM sinkt der Exportwert in DM; die Nachfrage nach DM geht zurück.

Das Angebot an DM entspricht dem Importwert des Inlandes. Denn die Deutschen bieten DM an, um amerikanische Güter importieren zu können. Dem deutschen Importwert entspricht also das DM-Angebot. Bei einer Aufwertung der DM nimmt das DM-Angebot (der Importwert) dann zu, wenn die Importnachfrage elastisch ist ($|\eta_2| > 1$). Das DM-Angebot bleibt für $|\eta_2| = 1$ konstant und sinkt für $|\eta_2| < 1$.

3. Markt für \$. In Schaubild 10.11c wid der Markt für \$ dargestellt. Bei einer Aufwertung verschiebt sich die Angebotsfunktion des Inlandes nach links, da das Inland eine Mengeneinheit infolge der Aufwertung nur zu einem höheren \$-Preis anbietet. Ob der Exportwert in ausländischer Währung zu- oder abnimmt, hängt von $|\eta_1^*| \lesseqgtr 1$ ab. Der Exportwert entspricht der Importnachfrage der USA, d. h. dem Devisenangebot. Die Devisenangebotskurve beugt sich also wieder zurück. Dagegen resultiert die Nachfrage nach \$ aus dem deutschen Importwert in ausländischer Währung, der eindeutig bei einer Aufwertung steigt.

[5] Bei Nichterfüllung der Robinson-Bedingung erhöht eine Aufwertung, die mit dem Ziel der Verringerung des Devisenüberschußangebots durchgeführt wurde, das Überschußangebot. Wird der Wechselkurs in diesem Fall nicht wirtschaftspolitisch gesetzt, sondern bildet er sich auf dem Devisenmarkt, so stellt sich bei Störung einer gegebenen Gleichgewichtssituation bei Nichterfüllung der Robinson-Bedingung kein Gleichgewicht auf dem Devisenmarkt ein; flexible Wechselkurse garantieren in diesem Fall nicht den Ausgleich der Leistungsbilanz.

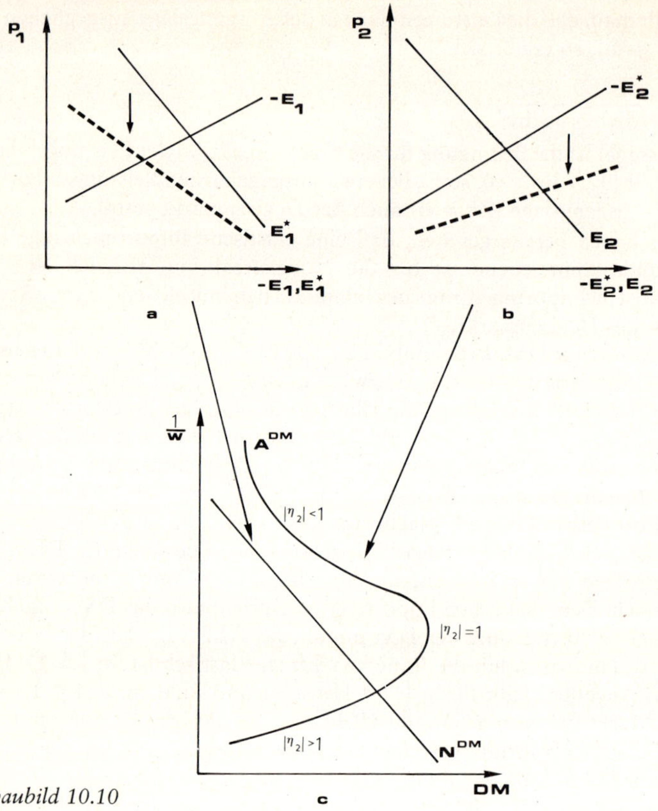

Schaubild 10.10

10.5 Wechselkursänderungen und Güterpreise

1. Preiseffekte. Eine Wechselkursänderung beeinflußt nicht nur den Leistungsbilanzsaldo, sondern auch die Güterpreise und damit das Preisniveau. Angenommen ein Defizit-Land (Inland) wertet mit dem Ziel ab, das Defizit in der Leistungsbilanz zu reduzieren. Dann verschiebt sich die Exportnachfragefunktion E_1^* nach rechts; der Preis des Exportguts steigt. Die Importangebotsfunktion verschiebt sich nach links. Der Preis für Importgüter steigt. Damit hat die Abwertung einen unerwünschten Effekt auf das Preisniveau.

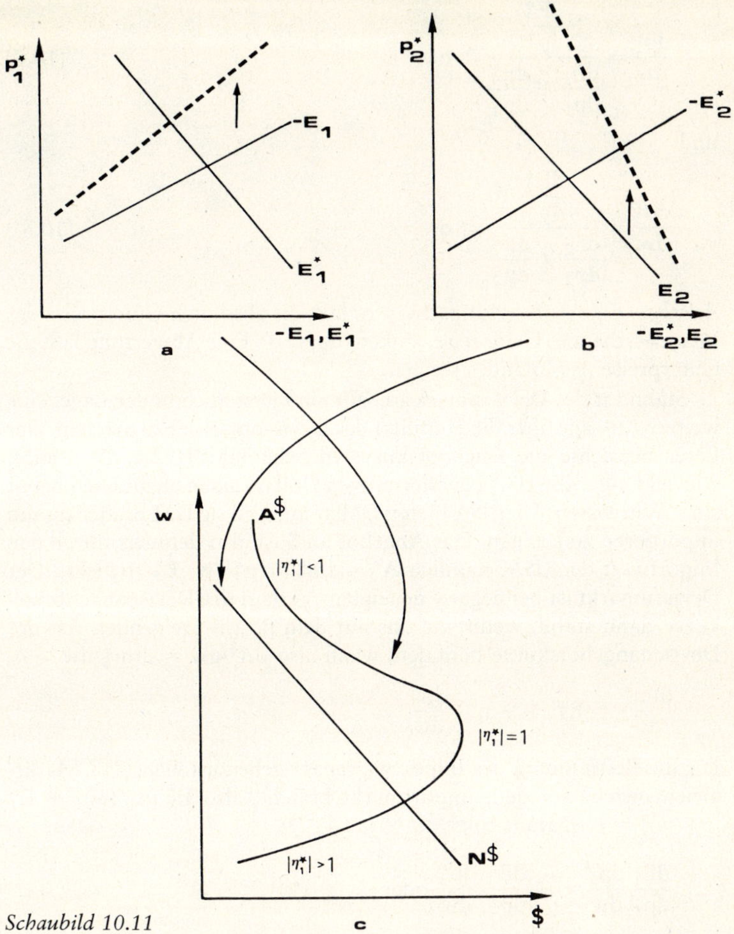

Schaubild 10.11

Aus Gleichung 10.5 folgt unter der Annahme, daß die Preise der Ausgangslage gleich 1 gesetzt sind[6]:

---

[6] Die Zählerdeterminante Δ_1 der Lösung $dp_1/dw = \Delta_1/\Delta$ erhält man, indem man den Lösungsvektor in die erste Spalte der Matrix Δ einsetzt. Man beachte, daß $dE_i/dp_i < 0$.

$$\frac{dp_1}{dw} = \frac{\dfrac{dE_1^*}{dp_1^*}}{\dfrac{dE_1}{dp_1} + \dfrac{dE_1^*}{dp_1^*}} \gtreqless o \qquad (10.8)$$

und

$$\frac{dp_2}{dw} = \frac{\dfrac{dE_2^*}{dp_2^*}}{\dfrac{dE_2}{dp_2} + \dfrac{dE_2^*}{dp_2^*}} \gtreqless o \qquad (10.8')$$

Aussage: Eine Aufwertung ($dw < o$) läßt die absoluten Güterpreise des Inlandes, die sog. Geldpreise, sinken ($dp_i < o$). Eine Abwertung läßt die Güterpreise des Inlandes steigen.

2. Stabilität des Devisenmarktes. Wir sind jetzt auch in der Lage, eine weitere Aussage über die Stabilität des Devisenmarktes zu machen. Der Leser betrachte die Angebotskurve in Schaubild 10.2b, die angibt, wieviel Dollar die USA bei alternativen Dollarkursen anzubieten bereit sind. Wir wissen: Die USA bieten Dollar an, weil sie DM brauchen, um importieren zu können. Das Angebot an $ ist also definiert durch den Importwert der USA, nämlich $A^{\$} = Im_{\$}^* = p_1^* (w) \, E_1^* [p_1 (w)]$. Der Devisenmarkt ist bei negativ geneigtem Verlauf der Devisennachfragekurve dann stabil, wenn wir uns auf dem positiv steigenden Ast der Devisenangebotskurve befinden, wenn also $dA^{\$}/dw = dIm_{\$}^*/dw > o$.

$$\frac{dIm_{\$}^*}{dw} = E_1^* \, (1 + \eta_1^*) \, \frac{dp_1^*}{dw}$$

Für die Bestimmung des Importwertes ist sicherzustellen, daß Marktgleichgewicht auf dem Importmarkt besteht, also $E_1 [p_1 (w)] + E_1^* [p_1^* (w)] = o$. Daraus folgt

$$\frac{dE_1}{dp_1}\frac{dp_1}{dw} = - \frac{dE_1^*}{dp_1^*}\frac{dp_1^*}{dw} \text{ oder}$$

$$\frac{dp_1^*}{dw} = - \left(\frac{dE_1}{dp_1} \Big/ \frac{dE_1^*}{dp_1^*}\right) \frac{dp_1}{dw}$$

Da die ersten Ableitungen der Überschußnachfragefunktion negativ sind und da aus (10.8) folgt $dp_1/dw \geqq o$, gilt $dp_1^*/dw \leqq o$. Damit hängt die Veränderung des Importwertes des Auslandes von dem Ausdruck $(1 + \eta_1^*)$ ab. Ist die Importnachfrage der USA elastisch ($|\eta_1^*| > 1$), so nehmen Importwert und damit Devisenangebot zu. Wir befinden uns auf dem aufsteigenden Ast der Devisenangebotskurve in Schaubild

10.2b. Ist die Importnachfrage der USA unelastisch ($|\eta_1^*| < 1$), so nehmen Importwert und Devisenangebot ab (sich zurückbeugender Ast der Devisenangebotskurve). Bei $|\eta_1^*| = 1$ verändert sich das Devisenangebot nicht (Punkt D in Schaubild 10.2b). Der Leser möge sich diese Überlegungen graphisch verdeutlichen, indem er die Devisenangebotskurve in Schaubild 10.2b aus der Darstellung des Importmarktes der USA ableitet, wobei $p_1^\$$ und E_1^* sowie $-E_1$ auf den Achsen stehen und die $-E_1$-Kurve sich bei einer Abwertung der DM ($dw > o$) nach unten verschiebt.

Aussage: Eine elastische Importnachfrage des Auslandes ist hinreichend für eine mit positiver Steigung verlaufende Angebotskurve auf dem Devisenmarkt. Bei normaler Devisennachfragefunktion ist damit die Stabilität des Devisenmarktes sichergestellt. Nach der Marshall-Lerner-Bedingung ist eine elastische Importnachfrage des Auslandes auch hinreichend für die Normalreaktion des Inlandes auf eine Wechselkursänderung[7].

10.6 Wechselkursänderungen und reales Tauschverhältnis

1. Terms of Trade-Effekt. Da sich Wechselkursänderungen auf die Nominalpreise auswirken, beeinflussen sie auch das reale Tauschverhältnis (die Terms of Trade). Eine Verschlechterung des Tauschverhältnisses, das als Preisverhältnis von Export- zu Importgut definiert ist, bedeutet – wie wir in Kapitel 5 gesehen haben – eine Reduzierung der Importmöglichkeit bei gegebener Exportmenge. Betrachten wir ein Entwicklungsland, das – wie die meisten dieser Länder – eine defizitäre Zahlungsbilanz hat und zur Verbesserung der Zahlungsbilanzsituation abwertet. Dann stellt sich neben der Frage, ob die Bedingung für eine Verbesserung der Zahlungs- (hier: Leistungs)bilanz vorliegt, das Problem, ob die Abwertung das reale Austauschverhältnis verschlechtert. Das gleiche Problem ergibt sich für Industrienationen, die durch eine Abwertung ihre Zahlungsbilanzsituation verbessern möchten. Schließlich stellt sich auch die Frage, ob eine Aufwertung unerwünschte Terms of Trade-Effekte hat. Interpretiert man den Zahlungsbilanzausgleich und die Verbesserung des realen Austauschverhältnisses als Ziele der Wirtschaftspolitik, so lautet die Problemstellung, ob das wirtschaftspolitische Instrument «Wechselkursänderung» zu einem Zielkonflikt zwischen diesen beiden Zielen führen kann.

---

[7] Es läßt sich zeigen, daß bei $|\eta_1^*| > 1$ die Leistungsbilanz des Auslandes in \$ nach der Robinson-Bedingung normal reagiert.

2. Bedingungen für Terms of Trade-Effekt. Für die Veränderung des realen Tauschverhältnisses bei einer Variation des Wechselkurses gilt nach der Quotientenregel

$$\frac{d\,(p_1/p_2)}{dw} = \frac{p_2 \dfrac{dp_1}{dw} - p_1 \dfrac{dp_2}{dw}}{(p_2)^2} \qquad (10.9)$$

Setzt man 10.8 und 10.8′ in 10.9 ein, so ergibt sich für die Veränderung der Terms of Trade als Folge einer Wechselkursänderung unter Berücksichtigung von Elastizitäten und wegen $E_1 = -E_1^*$

$$\frac{d\,(p_1/p_2)}{dw} = -\frac{\eta_1^*}{(\varepsilon_1 - \eta_1^*)} + \frac{\varepsilon_2^*}{(\eta_2 - \varepsilon_2^*)} \qquad (10.9')$$

Durch Umformen[8] erhält man

$$\frac{d\,(p_1/p_2)}{dw} \gtreqless o : \frac{\eta_1^*\,\eta_2}{\varepsilon_1\,\varepsilon_2^*} \gtreqless 1 \qquad (10.10)$$

Aussage: Eine Abwertung ($dw > o$) führt zu einer Verbesserung des realen Austauschverhältnisses ($d\,(p_1/p_2) > o$), wenn das Produkt der Nachfrageelastizitäten größer als das Produkt der Angebotselastizitäten ist.

Eine *Ab*wertung führt zu einer Verschlechterung der Terms of Trade, wenn das Produkt der Angebotselastizitäten größer als das Produkt der Nachfrageelastizitäten ist.

Eine *Auf*wertung ($dw < o$) dagegen führt zu einer Verbesserung (Verschlechterung) des realen Tauschverhältnisses [$d\,(p_1/p_2) > o$], wenn das Produkt der Nachfrageelastizitäten kleiner (größer) als das Produkt der Angebotselastizitäten ist.

Diese Aussagen sind in Tabelle 10.3 festgehalten.

---

[8] Es gilt

$$\frac{d\,(p_1/p_2)}{dw} \gtreqless o : \frac{\varepsilon_2^*}{\eta_2 - \varepsilon_2^*} \gtreqless \frac{\eta_1^*}{\varepsilon_1 - \eta_1}$$

Multiplikation mit dem (negativen!) Ausdruck $(\eta_2 - \varepsilon_2^*)$ und dem positiven Ausdruck $(\varepsilon_1 - \eta_1^*)$ ergibt

$$\frac{d\,(p_1/p_2)}{dw} \gtreqless o : \eta_1^*\,(\eta_2 - \varepsilon_2^*) \gtreqless \varepsilon_2^*\,(\varepsilon_1 - \eta_1^*)$$

Tabelle 10.3: Wirkungen von Auf- und Abwertung

Abwertung		
$dw > 0$	$\eta_1^* \eta_2 > \varepsilon_1 \varepsilon_2^*$	$d(p_1/p_2) > 0$
	$\eta_1^* \eta_2 < \varepsilon_1 \varepsilon_2^*$	$d(p_1/p_2) < 0$
Aufwertung		
$dw < 0$	$\eta_1^* \eta_2 < \varepsilon_1 \varepsilon_2^*$	$d(p_1/p_2) > 0$
	$\eta_1^* \eta_2 > \varepsilon_1 \varepsilon_2^*$	$d(p_1/p_2) < 0$

3. Zielbeziehungen. Am Beispiel der Wechselkursänderung läßt sich aufzeigen, daß ein wirtschaftspolitisches Instrument den Erfüllungsgrad eines Zieles der Wirtschaftspolitik erhöhen, den eines anderen wirtschaftspolitischen Zieles aber beeinträchtigen kann. In Tabelle 10.4 werden die Bedingungen für die Reaktion des Leistungsbilanzsaldos und für die Verbesserung des realen Austauschverhältnisses für den Fall der Aufwertung miteinander verglichen.

Liegt bei einer Aufwertung eine Normalreaktion vor, so können sich die Terms of Trade verbessern, verschlechtern, aber auch konstant bleiben (Fall 1). Ein wirtschaftspolitischer Zielkonflikt kann also nicht ausgeschlossen werden. Reagiert der Leistungsbilanzsaldo anormal (Fall 2), so folgt wegen $\varepsilon > o$ und $\eta < o$: $\eta_1^* \eta_2 < \varepsilon_1 \varepsilon_2^*$, d. h. die Terms of Trade werden sich bei einer Aufwertung

Tabelle 10.4: Leistungsbilanzsaldo, Terms of Trade und Aufwertung ($dw < o$)

1. $\dfrac{dZ^L}{dw} > o$	$\dfrac{\eta_1^* \eta_2}{\varepsilon_1 \varepsilon_2^*}(1 + \varepsilon_1 + \varepsilon_2^*) > 1 + \eta_2 + \eta_1^*$	$\dfrac{\eta_1^* \eta_2}{\varepsilon_1 \varepsilon_2^*} \geqq 1$	$\dfrac{d\,(p_1/p_2)}{dw} \geqq o$
2. $\dfrac{dZ^L}{dw} < o$	$\dfrac{\eta_1^* \eta_2}{\varepsilon_1 \varepsilon_2^*}(1 + \varepsilon_1 + \varepsilon_2^*) < 1 + \eta_2 + \eta_1^*$	$\dfrac{\eta_1^* \eta_2}{\varepsilon_1 \varepsilon_2^*} < 1$	$\dfrac{d\,(p_1/p_2)}{dw} < o$

verbessern; allerdings reagiert der Leistungsbilanzsaldo in diesem Fall in einer unerwünschten Weise. Setzt also ein Land eine Aufwertung als Instrument zur Verbesserung der Terms of Trade ein, so verschlechtert sich in diesem Fall die Leistungsbilanzsituation. Es existiert ein Zielkonflikt.

4. Unelastisches Angebot. In Schaubild 10.12 wird für den Sonderfall eines völlig unelastischen Angebots in beiden Ländern ($\varepsilon_1, \varepsilon_2^* = 0$) die Auswirkung einer Aufwertung auf Leistungsbilanzsaldo und reales

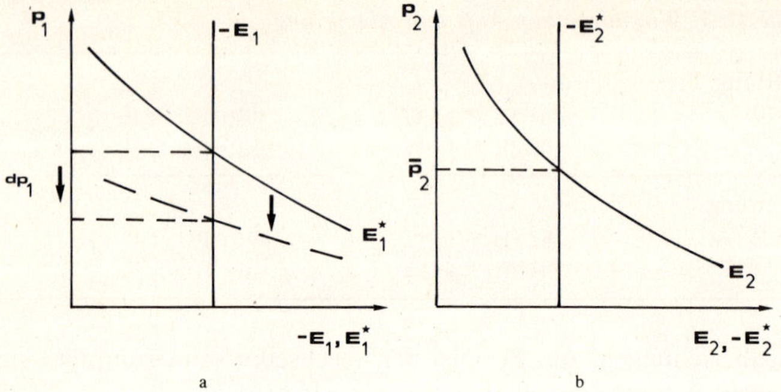

Schaubild 10.12

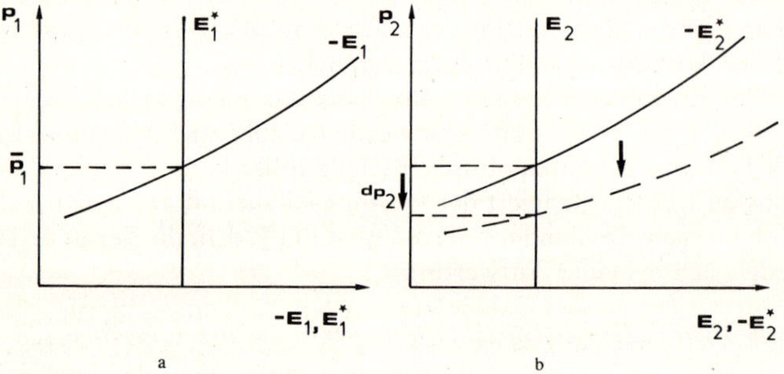

Schaubild 10.13

Tauschverhältnis illustriert. Der Exportwert sinkt (Schaubild 10.12a), der Importwert verändert sich nicht (Schaubild 10.12b); es liegt also Normalreaktion vor. Der Preis des Exportgutes sinkt, während der Preis des Importgutes konstant bleibt. Das reale Tauschverhältnis verschlechtert sich (für sehr kleine Angebotselastizitäten gilt $\eta_1^* \, \eta_2 / \varepsilon_1 \, \varepsilon_2^* > 1$).

5. Unelastische Nachfrage. In Schaubild 10.13 wird der Sonderfall völlig unelastischer Importnachfragen (η_2, $\eta_1^* = 0$) dargestellt. Der Exportwert verändert sich dann nicht (Schaubild 10.13a), der Importwert nimmt ab (Schaubild 10.13b). Der Saldo der Leistungsbilanz reagiert anormal. Auf eine Aufwertung folgt eine Aktivierung. Der Preis des Exportgutes bleibt konstant, der Preis des Importgutes sinkt. Die Terms of Trade verbessern sich.

10.7 Beschäftigungssituation und flexibler Wechselkurs

Der Vollständigkeit halber gehen wir an dieser Stelle schon auf die Frage ein, ob ein flexibler Wechselkurs im Keynesschen System die Beschäftigung beeinflussen kann (vgl. Kapitel 11 und 12). Wenn die Exporte des Inlandes, z.B. infolge einer Einkommenssteigerung im Ausland, zunehmen, dann steigt das Devisenangebot des Auslandes. Die Devisenangebotskurve verschiebt sich nach rechts. Der Wechselkurs sinkt, die inländische Währung wird aufgewertet. Die Aufwertung verschlechtert die Exportchancen des Inlandes, d.h. die Exportmengen werden sinken, es sei denn, die Elastizität der Exportnachfrage des Auslandes (η_1^*) ist null. Die vom Inland nachgefragten Importmengen werden zunehmen, es sei denn, die Elastizität der Importnachfrage des Inlandes (η_2) ist null. Aus der Zunahme der Importmenge und der Abnahme der Exportmenge resultiert eine Reduzierung des Outputs, d.h. des realen Volkseinkommens und der Beschäftigung. Es gilt also $dY_r/dw > o$. Andererseits sorgen flexible Wechselkurse bei Normalreaktion für einen Ausgleich der Leistungsbilanz.

Spielt man diese Gedankenkette für den Fall einer Einkommensreduzierung im Ausland (Exportabnahme) durch, so steigt der Wechselkurs, die heimische Währung wird abgewertet, die Exporte steigen und das reale Volkseinkommen nimmt zu.

Aussage: Ein flexibler Wechselkurs reduziert die Notwendigkeit von Beschäftigungsrückgängen zur Milderung von Leistungsbilanzdefiziten im Keynesschen System. Ein flexibler Kurs sichert bei Normalreaktion eine ausgeglichene Leistungsbilanz und (mit Ausnahme von $\eta_1^* = o$ oder $\eta_2 = o$) eine Verbesserung der Beschäftigungssituation.

Ein flexibler Wechselkurs ist also geeignet, den im Keynesschen System bestehenden Zielkonflikt zwischen Vollbeschäftigung und Leistungsbilanzausgleich zu mildern. Auf diesen Zielkonflikt kommen wir in den Kapiteln 11 und 12 noch zurück[9].

Schließlich sei darauf verwiesen, daß Wechselkursänderungen in der Realität einen Einfluß auf die Geldmenge M haben (mit entsprechenden Rückwirkungen auf die Varibalen des Systems). Dies erklärt sich daraus, daß ein geringerer Saldo in der Leistungsbilanz zu einem geringeren Zufluß an Devisen führt und damit die Geldmenge reduziert wird.

---

[9] Die Bedingung für die Normalreaktion der Leistungsbilanz (Robinson-Bedingung) bezieht sich auf die Veränderung von Export- und Import*wert*. Die Aussage über Beschäftigungseffekte (und über das reale Volkseinkommen) stellt auf Export- und Import*mengen* ab.

In Schaubild 10.14 sind die Effekte einer Wechselkursänderung auf einige wichtige Variable zusammengefaßt. Unterstellt ist eine Aufwertung der DM.

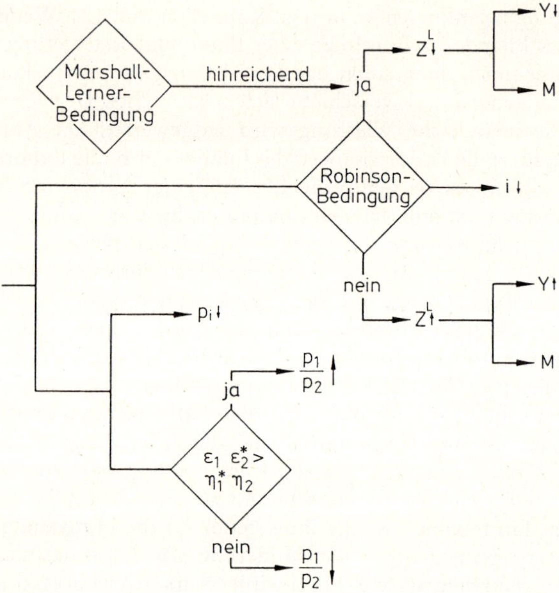

Schaubild 10.14

10.8 Kaufkraftparitätentheorie

1. Wechselkurs als Preis zweier Währungen. Während in den Abschnitten 10.3–10.7 die Frage diskutiert wurde, welche Auswirkung von Wechselkursänderungen auf den Leistungsbilanzsaldo ausgeht, haben wir in Abschnitt 10.1 und 10.2 das Problem erörtert, wie sich der Wechselkurs bestimmt.

Der Wechselkurs ist der Preis zweier Währungen. Wie jeder Preis bestimmt er sich durch Angebot und Nachfrage, hier durch Devisenangebot und Devisennachfrage. In diesem Abschnitt diskutieren wir die Frage, welche Faktoren Angebot und Nachfrage nach Devisen bestimmen.

In der Literatur sind eine Vielzahl von Hypothesen zur Wechselkursentwicklung dargestellt worden, die teilweise miteinander konkurrieren.

Man kann Verwirrung vermeiden, wenn man sich klar macht, daß es sich dabei letzten Endes um Versuche handelt, das Angebot an Devisen und die Nachfrage nach Devisen zu erklären.

2. Langfristige versus kurzfristige Erklärungsansätze. Bei der Frage, wie sich der Wechselkurs bildet, ist zwischen langfristigen und kurzfristigen Erklärungsansätzen zu unterscheiden:

(1) Welche Faktoren beeinflussen langfristig den Wechselkurs? Welchen langfristigen Gesetzmäßigkeiten muß der Wechselkurs folgen? Dies ist die Frage nach den sog. «fundamentals», die einen langfristigen Trend bestimmen.

(2) Welches sind die Faktoren, die kurzfristig die Wechselkurse festlegen? Hier glaubt man bei flexiblen Kursen eine starke kurzfristige Varianz oder ein Überschießen zu beobachten. Wie ist diese Varianz zu erklären (vgl. Kapitel 15)?

3. Kaufkraftparitätentheorie. Die These der absoluten Preisvorteile führt Außenhandel auf absolute Preisdifferenzen in der Autarkielage zurück. Nach Aufnahme von Außenhandel muß im Handelsgleichgewicht gelten, daß $p_1 = p_1^* w$ (Gesetz von der Unterschiedslosigkeit des Preises)[10]. Diese Bedingung wird dadurch erreicht, daß sich sowohl die Güterpreise als auch der Wechselkurs anpassen. Geht man von einem Handelsgleichgewicht aus und gibt man die Entwicklung der Güterpreise exogen an, so ist der Wechselkurs die zu bestimmende Größe. Es gilt

$$w = p_1/p_1^*$$

oder durch Differentiation nach der Zeit und Division durch w

$$\hat{w} = \hat{p}_1 - \hat{p}_1^* \qquad (10.11)$$

wobei ˆ Veränderungsraten kennzeichnet, z. B.

$$\hat{w} = \frac{dw}{dt} / w.$$

Gleichung 10.11 ist die sogenannte Kaufkraftparitätentheorie. Diese besagt, daß der Wechselkurs sich gemäß der unterschiedlichen Entwicklung der Kaufkraft in den beiden Ländern entwickeln muß. Die

---

[10] Diese Formulierung der Kaufkraftparität unterstellt, daß im Inland und im Ausland das gleiche Gut, etwa das Hick'sche «composite commodity» produziert wird. In Kapitel 9 ist die Kaufkraftparität für den Fall der vollständigen Spezialisierung des Inlandes auf Gut 1 und des Auslandes auf Gut 2 formuliert worden.

Preisniveausteigerungen werden als exogen betrachtet. Steigt das Preisniveau im Inland stärker als im Ausland, so muß w steigen; die heimische Währung wird abgewertet. Steigt dagegen das Preisniveau im Ausland stärker als im Inland, so sinkt w, und die heimische Währung wird aufgewertet. Die Veränderung des Preisniveaus kann auf monetäre Faktoren wie Geldmengenänderungen (Kapitel 14) oder auch auf reale Phänomene wie Veränderungen der Wettbewerbsvorteile zurückzuführen sein.

4. Kritik der Kaufkraftparitätentheorie. Gleichung 10.11 ist eine relativ einfache Hypothese, welche die Preisentwicklung exogen vorgibt. In dieser vereinfachten Form trifft die Kaufkraftparitätentheorie nicht zu, wenn bei der Bestimmung des Preisniveaus eines Landes die nichthandelbaren Güter eine wichtige Rolle spielen, wenn Handelshemmnisse existieren (Segmentierung der Märkte) und wenn die Nachfrage- und Angebotsbedingungen des Inlandes derart elastisch sind, daß sich das Inland von Preissteigerungen im Ausland abkoppeln kann. Die einfache Gleichung 10.11 ist in der Literatur erweitert worden, um diese Aspekte zu berücksichtigen.

5. Realer Wechselkurs. In unserer bisherigen Analyse wurde auf den sog. nominalen Wechselkurs abgestellt, also den relativen Preis zweier Währungen. Demgegenüber berücksichtigt das Konzept des realen Wechselkurses die unterschiedlichen Inflationsraten, bereinigt also die nominalen Wechselkursänderungen um die internationale Inflationsdifferenz. In einer anderen Interpretation wird der reale Wechselkurs als Relativpreis zwischen handelbaren und nicht-handelbaren Gütern interpretiert.

6. Die Kaufkraftparität bezieht sich auf das fundamentale Gleichgewicht im Güterverkehr. Die Zinsparität stellt einen weiteren Erklärungsansatz des Wechselkurses dar, und zwar aus Kapitalbewegungen. Die Zinsparität wird in Abschnitt 15 behandelt.

7. Konkurrierende Wechselkurshypothesen. Im Zusammenhang mit der Wechselkursbestimmung haben wir bisher eine Reihe konkurrierender Hypothesen kennengelernt. Die Kaufkraftparitätentheorie erklärt den Wechselkurs aus den langfristigen Bestimmungsfaktoren der Güterbewegungen. Die Zinsparitätentheorie sieht den entscheidenden Erklärungsansatz im kurzfristigen oder langfristigen Kapitalverkehr. In der Literatur findet sich ferner die Meinung, daß die kurzfristigen Schwankungen des Wechselkurses Gesetzmäßigkeiten zu folgen scheinen, die – ähnlich wie bei Aktienkursen – kaum mit Modellansätzen erklärbar sind. Beispielsweise erweisen sich Modelle der Zufallstheorie (Random-Walk) als geeignet, Wechselkursänderungen zu erklären (Gaab 1983). Schließlich werden wir in Kapitel 14 den Ansatz

der monetären Zahlungsbilanztheorie und der Finanzmärkte als Erklärungsversuche zur Bestimmung des Wechselkurses kennenlernen.

10.9 Internationaler Preiszusammenhang und Leistungsbilanzsaldo

Das in diesem Abschnitt verwendete Zwei-Sektoren-Modell (Gleichung 10.4) kann auch für die Analyse der Frage eingesetzt werden, wie sich eine Inflation im Ausland auf den Leistungsbilanzsaldo und das Preisniveau im Inland auswirkt. Es sei nochmals darauf verwiesen, daß es sich um eine Partialanalyse handelt. Die gleiche Fragestellung wird in Kapitel 14 nochmals aus der Sicht der monetären Zahlungsbilanztheorie aufgegriffen.

Prämisse 10.1: Der Wechselkurs ist konstant.

1. Bei einer relativen Inflation im Ausland werden die Exportgüter des Inlandes konkurrenzfähiger (absoluter Preisvorteil), die Exportmengen steigen, die Preise der Exportgüter erhöhen sich und der Exportwert nimmt zu. Die Importgüter des Inlandes werden teurer, die Importmenge geht zurück, und der Preis der Importgüter steigt. Ob der Importwert per Saldo ab- oder zunimmt, hängt davon ab, ob der Mengeneffekt den Preiseffekt überwiegt. Und ob der Leistungsbilanzsaldo zu- oder abnimmt, hängt davon ab, ob der Importwert fällt oder steigt, und – falls er steigt – ob er die Veränderung des Exportwertes kompensieren kann.
2. Eine Inflation im Ausland kann zeichnerisch als eine Verschiebung der Überschußnachfragekurve des Auslandes interpretiert werden. Diese Überschußnachfragekurven sind in den Schaubildern 10.15 und 10.16 dargestellt.
3. Schaubild 10.15 stellt den Exportmarkt des Inlandes dar. Die Exportangebotsfunktion des Inlandes ($-E_1$) ergibt sich nach Gleichung 5.1 aus der Differenz von nachgefragten und angebotenen Mengen, d. h. es gilt z. B. für die Strecken RS = VW. Die Überschußnachfragefunktion des Auslandes E_1^* resultiert analog aus der Differenz von nachgefragten und angebotenen Mengen des Auslandes, z. B. gilt TU = VW. Zu beachten ist, daß alle Preise in DM notiert sind. Die Nachfrage- und Angebotskurven des Auslandes als Mengenreaktionen von Haushalten und Unternehmen auf alternative Preise sind ursprünglich in Abhängigkeit von Preisen in ausländischer Währung, z. B. Dollar definiert. Es muß eine Umrechnung erfolgen, die einen konstanten Wech-

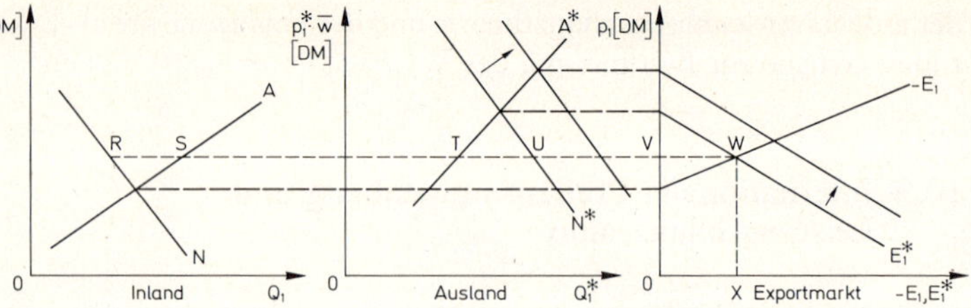

Schaubild 10.15

selkurs voraussetzt. Ferner ist zu beachten, daß in Schaubild 10.15 die Bedingung für Handel erfüllt ist. Damit das Inland Gut 1 exportiert, muß für die Autarkiesituation gelten $p_1 < p_1^* \bar{w}$. Dies ist der Fall.

Eine Inflation im Ausland läßt sich zeichnerisch in einer Verschiebung der Angebotskurve des Auslandes A* nach links oder der Nachfragekurve N* nach rechts (im Schaubild 10.15 unterstellt) darstellen. Folglich gilt, daß sich die Überschußnachfragekurve des Auslandes $E_1^* = E_1^* (p_1^*, \alpha)$ nach rechts verschiebt, d. h. $\partial E_1^*/\partial\alpha > o$, wobei der Parameter α die Verschiebung der Funktion infolge der inflationären Entwicklung ausdrückt. Der ursprünglich gegebene Exportwert (Fläche OVWX) wird steigen, es sei denn die Nachfragekurve weist eine Elastizität $\eta_1^* = -\infty$ auf. In diesem Fall verschiebt sich die Überschußnachfragekurve E_1^* nicht. Der Exportwert bleibt dann konstant. Es gilt also $dX \geqq o$.

4. Schaubild 10.16 stellt den Importmarkt des Inlandes dar. $-E_2^*$ ist die Importangebotskurve des Auslandes, E_2 ist die Importnachfragefunktion des Inlandes. In diesem Fall gilt die Bedingung für Handel $p_2 > p_2^* \bar{w}$, d. h. Land II exportiert Gut 2. Die Überschußnachfragekurve des Auslandes $E_2^* = E_2^* (p_2^*, \alpha)$ verschiebt sich nach links, d. h. es gilt $\partial(-E_2^*)/\partial\alpha < o$, oder das (in positiven Mengen ausgedrückte) Exportangebot nimmt ab. Dafür können wir auch schreiben $\partial E_2^*/\partial\alpha > o$.

Der Importwert (in der Ausgangslage OKNP) kann sinken oder steigen. Aus der Definition des Importwertes in heimischer Währung $Im = p_2E_2 (p_2)$ folgt, daß

$$\frac{dIm}{dp_2} = \left(E_2 + p_2 \frac{dE_2}{dp_2}\right) = E_2 \left(1 + \frac{dE_2}{dp_2}\frac{p_2}{E_2}\right)$$

$$= E_2 (1 + \eta_2) \qquad (10.12)$$

oder

$$\frac{dIm}{dp_2} \gtreqless o : \eta_2 \gtreqless -1 \qquad (10.13)$$

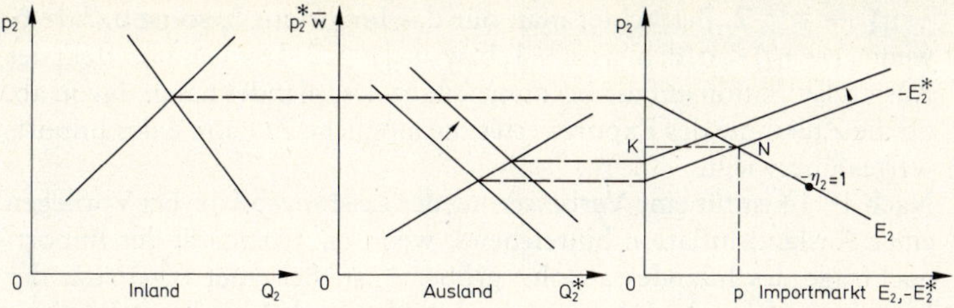

Schaubild 10.16

Für $dZ^L = dX - dIm \geqq o$ ist wegen $dX \geqq o$ hinreichend, daß $dIm \leqq o$ ($- dIm \geqq o$), d. h. der Importwert sinkt. Dies ist der Fall, wenn $|\eta_2| \geqq 1$, d. h. wenn die Importnachfrage elastisch ist. Wenn $|\eta_2| < 1$, so nimmt der Importwert zu. Falls diese Veränderung hinreichend groß ist, kann sich die Leistungsbilanz passivieren.

5. Der Zusammenhang zwischen einer Inflation im Ausland und dem Leistungsbilanzsaldo des Inlandes kann mit Hilfe des Gleichungsansatzes 10.4 dargestellt werden. In diesem Gleichungsansatz ist bei den Überschußnachfragefunktionen des Auslandes der Parameter α neu aufzunehmen. Die Fragestellung ist, wie sich die Variablen des Systems, nämlich Z^L, p_1 und p_2 bei einer Inflation im Ausland verändern (Anhang 10.B).

Da $\partial E_1^*/\partial \alpha > o$, erhält man als Bedingung für die Aktivierung der Leistungsbilanz als Reaktion auf die Auslandsinflation[11]

$$\frac{dZ^L}{d\alpha} > o: \frac{p_1 \dfrac{\partial E_1^*}{\partial \alpha}(1 + \varepsilon_1)}{\varepsilon_1 - \eta_1^*} > \frac{p_2 \dfrac{\partial E_2^*}{\partial \alpha}(1 + \eta_2)}{\varepsilon_2^* - \eta_2} \tag{10.14}$$

Aussage: 1. Betrachtet man nur das Exportgut 1, so ist $dZ^L \geqq o$, d. h. z. B. bei einer ausgeglichenen Leistungsbilanz in der Ausgangslage weist die Leistungsbilanz einen Überschuß auf (Exportwert steigt), es sei denn

[11] Angenommen die Preise der beiden Güter in der Ausgangslage werden auf 1 normiert, d. h. die Mengeneinheiten werden so gewählt, daß in der Ausgangslage die Preise 1 sind, so kann 10.14 geschrieben werden als

$$\frac{dZ^L}{d\alpha} > o: \frac{\partial E_1^*}{\partial \alpha}(1 + \varepsilon_1)(\varepsilon_2^* - \eta_2) > \frac{\partial E_2^*}{\partial \alpha}(1 + \eta_2)(\varepsilon_1 - \eta_1^*)$$

$-\eta_1^* \rightarrow \infty$[12]. 2. Betrachtet man nur das Importgut 2, so ist $dZ^L > o$, wenn $(1 + \eta_2) < o$, d. h. $\eta_2 < -1$, bzw. $|\eta_2| > 1$. 3. Der Gesamteffekt der Auslandsinflation auf die Leistungsbilanz des Inlandes hängt davon ab, ob die Zunahme des Exportwertes die mögliche Zunahme des Importwertes überwiegt.

Nach 10.14 ist für eine Verbesserung der Leistungsbilanz bei Vorliegen einer Auslandsinflation hinreichend, wenn die Elastizität der Importnachfrage des Inlandes absolut größer 1 ist. Bei einer Elastizität der Importnachfrage des Inlandes (absolut) kleiner als 1 kann eine Passivierung der Leistungsbilanz des Inlandes auf die Auslandsinflation erfolgen. Die folgende Übersicht stellt die möglichen Fälle dar:

$dX \geqq o$	$\lvert\eta\rvert > 1$	$dIm < o$	$dZ^L > o$
	$\lvert\eta\rvert = 1$	$dIm = o$	$dZ^L \geqq o$
	$\lvert\eta\rvert < 1$	$dIm > o$	a) $dZ^L \geqq o$
			b) $dZ^L < o$

6. Die Aussagen über die Auswirkungen der Auslandsinflation auf den Saldo der Leistungsbilanz unterstellen implizit eine Annahme über den Geldsektor des Inlandes. Angenommen wir argumentieren für den Fall, in dem sich eine Aktivierung der Leistungsbilanz einstellt. Ein Leistungsbilanzüberschuß bedeutet eine Zunahme des Geldangebots. Mit der Aktivierung der Leistungsbilanz geht also ein Liquiditätseffekt einher. Arbeitet man mit der einfachen Prämisse, daß eine Zunahme der Geldmenge die absoluten Preise steigen läßt, so zeigt sich, daß der Anstieg der Preise implizit eine «permissive» Rolle des Geldsystems unterstellt. Würde dagegen die Geldpolitik die externe Vermehrung des Geldangebots neutralisieren, indem die Notenbank Offenmarktpapiere verkauft, so würde der Preisanstieg bei Export- und Importgütern nicht erfolgen. An dieser Stelle wird deutlich, daß die Analyse der Auswirkungen von Preisänderungen auf den Leistungsbilanzsaldo implizit ein Ungleichgewicht auf dem Geldmarkt unterstellt (vgl. monetäre Zahlungsbilanztheorie in Kapitel 14).

7. Das erzielte Resultat ist von wirtschaftspolitischem Interesse: Eine in der Ausgangslage ausgeglichene Zahlungsbilanz kann bei einer rela-

[12] In diesem *Grenzfall* reagiert die Nachfrage des Auslandes unendlich elastisch auf Preisänderungen. In einer ökonomischen Argumentation kann man annehmen, daß bei einer unendlich elastischen Preiselastizität ein auch inflationsbedingter Preisanstieg die Nachfrage auf null sinken läßt. Dann findet keine Verschiebung der E_1^*-Kurve statt, so daß $\partial E_1^*/\partial\alpha = o$.

tiv starren Importnachfrage defizitär werden, wenn die Zunahme des Importwerts bei einem inflationären Prozeß im Ausland hinreichend groß ist. Dies kann dann der Fall sein, wenn eine Volkswirtschaft auf die Importgüter stark angewiesen ist, etwa wenn die Importgüter Rohstoffe (und andere Zwischenprodukte) sind und die Rohstoffbasis des Landes relativ schwach ist. Steigen für ein solches Land die Weltmarktpreise für Rohstoffe, so wird die Leistungsbilanz infolge des steigenden Importwertes defizitär, und das Land kann die Importe bei schwindenden Devisenbeständen nicht aufrecht erhalten. Die Notwendigkeit des Zahlungs- (hier Leistungs-)bilanzausgleichs kann eine Restriktion für die Wirtschaftsentwicklung und die Wirtschaftspolitik eines Landes darstellen; in Zahlungsbilanzdefiziten offenbart sich im Fall weltweiter Rohstoffknappheiten eine nationale Grenze des Wachstums.

Aktiviert sich die Leistungsbilanz infolge der Auslandsinflation – wie es die Erfahrung der Bundesrepublik in den sechziger Jahren war – so kann das wirtschaftspolitisch ebenfalls unerwünscht sein: In diesem Fall können die Liquiditätszuflüsse unerwünschte Auswirkungen auf das Preisniveau haben.

8. Mit dem vorstehenden Ansatz kann auch die Frage analysiert werden, welche Effekte auf den Leistungsbilanzsaldo von einer parametrischen Preissenkung im Ausland ausgehen, oder wie sich Preisänderungen im Inland auf die Leistungsbilanz des Inlandes auswirken.

10.10 Inflationsimport bei konstanten Wechselkursen

Aus Gleichungsansatz 10.4 folgt auch eine Aussage über die Veränderung der Preise p_1 und p_2 als Folge eines Inflationsprozesses im Ausland. Wir unterstellen weiterhin feste Wechselkurse. Zur Vereinfachung wird w auf 1 normiert.

Man unterscheidet drei Mechanismen, durch die die Inflation aus dem Ausland übertragen werden kann: den internationalen Preiszusammenhang, den Liquiditätseffekt und den Einkommenseffekt.

1. Internationaler Preiszusammenhang. Liegt im Ausland eine Inflation vor, so bedeutet dies, daß dort (nicht unbedingt auf jedem Einzelmarkt, aber gesamtwirtschaftlich) ein Nachfrageüberhang durch Preissteigerungen abgebaut wird. Der Nachfrageüberhang im Ausland ist entweder auf eine Rechtsverschiebung der Nachfragekurve des Auslandes oder auf eine Linksverschiebung der Angebotskurve des Auslandes zurückzuführen. Die Inflation im Ausland hat zwei Konsequenzen:

– Die Importnachfragekurve (E_1^*) des Auslandes in Schaubild 10.15

verschiebt sich nach rechts. Die Exporte des Inlandes werden konkurrenzfähiger, die Exportmenge steigt. Güter verlassen das Land und sind für den Konsum (oder für Produktionszwecke) nicht mehr vorhanden, das Güterangebot im Inland verknappt sich durch den Export: die Preise müssen steigen. Die Inflation wird über den Exportmarkt importiert. (Exportpreiseffekt).

– Die Exportangebotskurve des Auslandes ($-E_2^*$) in Schaubild 10.16 verschiebt sich nach links; die Preise der Importgüter steigen. Die Inflation wird über den Importmarkt importiert (Importpreiseffekt).

2. Exportpreiseffekt. Für die Preisänderung erhalten wir[13]

$$\frac{dp_1}{d\alpha} = \frac{-\dfrac{\partial E_1^*}{\partial \alpha}}{\dfrac{E_1}{p_1}(\varepsilon_1 - \eta_1^*)} \qquad (10.15)$$

Da annahmegemäß $E_1 < o$ und $\partial E_1^*/\partial \alpha > o$ gilt

$$\frac{dp_1}{d\alpha} > o, \text{ wenn } \varepsilon_1, -\eta_1^* < \infty$$

$$\frac{dp_1}{d\alpha} = o, \text{ wenn } \varepsilon_1 \text{ oder } -\eta_1^* = \infty$$

Aussage: Sieht man von dem Sonderfall ab, daß das Inland eine unendlich große Angebotselastizität für das Exportgut hat oder daß die Preiselastizität der Nachfrage im Ausland unendlich elastisch ist (in diesem Fall verschiebt sich die Überschußnachfragefunktion nicht), so wird bei konstantem Wechselkurs die Inflation über den Exportmarkt importiert (vgl. Schaubild 10.15).

Gibt man die Annahme des Zwei-Güter-Falles auf und analysiert man den Exportpreiseffekt außerhalb des Modells, so ergibt sich folgende Wirkungskette:

(1) Die Preise der Exportgüter steigen, da diese wegen der Auslandinflation konkurrenzfähiger werden und die Nachfrage nach diesen Exportgütern steigt. Für das Inland kann der Inflationsimport über den Exportmarkt als eine Nachfragesoginflation gekennzeichnet werden.

13

$$\frac{dp_1}{d\alpha} = \frac{-\dfrac{\partial E_1^*}{d\alpha}}{\dfrac{dE_1}{dp_1} + \dfrac{\partial E_1^*}{\partial p_1^*}}$$

oder nach Umformung in Elastizitäten 10.15.

(2) Die inländischen Nachfrager weichen wegen steigender Preise des Exportgutes auf Substitute des Exportgutes aus. Folglich müssen auch die Preise von Substitutionsgütern steigen.
(3) Die Erweiterung der Exportproduktion ist nur möglich, wenn zusätzliche Produktionsfaktoren in den Exportbereich gelockt werden. Folglich müssen im Exportsektor Löhne und Zinsen nominal steigen. Dieser Lohn- und Zinseffekt pflanzt sich auf die anderen Sektoren der Volkswirtschaft fort, für die das Faktorangebot verknappt wird.
(4) Wenn Sektorgewerkschaften eine starke Stellung haben, kann der für die Reallokation der Produktionsfaktoren erforderliche Lohneffekt verschärft werden. Die hohen Gewinne im Exportsektor bedingen Lohnforderungen der Gewerkschaften, die ohne großen Widerstand gewährt werden. Die Gewerkschaft im Exportbereich übernimmt eine Lohnführerrolle; die Gewerkschaften anderer Sektoren werden versuchen, ähnliche Lohnforderungen durchzusetzen.
3. Importpreiseffekt. Für den Inflationsimport über den Importmarkt gilt

$$\frac{dp_2}{d\alpha} = \frac{\dfrac{\partial E_2^*}{\partial \alpha}}{\dfrac{E_2}{p_2}(\varepsilon_2^* - \eta_2)} \tag{10.16}$$

mit

$$\frac{dp_2}{d\alpha} > o : \varepsilon_2^*, -\eta_2 < \infty$$

und

$$\frac{dp_2}{d\alpha} = o : \varepsilon_2^*, -\eta_2 = \infty$$

Aussage: Über den Importmarkt wird die Inflation importiert, es sei denn, die Preiselastizität der Nachfrage des Inlandes oder des Angebots der Ausländer sind unendlich (vgl. Schaubild 10.16).
Während der Inflationsimport über den Exportmarkt für das Inland als eine Nachfragesoginflation interpretiert werden kann, ist der Importpreiseffekt ein Beispiel für eine Kostendruckinflation. Gibt man die Annahme des Zwei-Güter-Falles auf und analysiert man den Importpreiseffekt für eine n-Sektor-Wirtschaft, so ergeben sich folgende Aussagen:
(1) Handelt es sich bei den Importen um Konsumgüter, so steigt infolge der zunehmenden Preise der Importgüter direkt das Preisniveau.

(2) Handelt es sich dagegen bei den Importen um Rohstoffe oder Zwischenprodukte, so steigen die Produktionskosten, und die Preissteigerung wird in der vertikalen Kette der Produktion weitergegeben. Die Preissteigerung pflanzt sich über die Inputkosten auf die anderen Sektoren fort. Diese sektorale Fortwälzung der erhöhten Importpreise kann mit Hilfe der Input-Output-Analyse berechnet werden.
(3) Die Stärke des Importpreiseffektes hängt u. a. von der Preiselastizität der Importnachfrage des Inlandes ($-\eta_2$) ab. Bei einer elastischen Importnachfrage, d. h. $-\eta_2 > 1$, kann das Inland seine Nachfrage nach Importen relativ stark reduzieren; die Preissteigerung ist ceteris paribus schwächer.
Ist dagegen die Preiselastizität der Importnachfrage unelastisch, d. h. ist das Inland auf das Importgut stark angewiesen, so kann die Importmenge nicht merklich eingeschränkt werden. Der Importpreiseffekt ist dann größer.
(4) Kann das Inland Importsubstitute herstellen, so mildert diese Tatsache zwar die Preissteigerung bei den Importgütern. Aber die Preise der Importsubstitute steigen.
(5) Steigende Preise für Importsubstitute stellen Produktionsanreize in diesen Bereichen dar. Eine vermehrte Produktion dieser Güter ist aber nur möglich, wenn Produktionsfaktoren angelockt werden können. Dazu müssen die Faktorpreise steigen (Lohn- und Zinseffekt). Der Lohneffekt kann durch gewerkschaftliche Aktivität verstärkt werden.
(6) Schließlich resultiert auch deshalb ein Preisanstieg, weil die verstärkte Produktion der Importsubstitute in der Regel zunehmende Grenzkosten verursacht (z. B. ungünstige Flöze im Kohlebergbau).
4. Liquiditätseffekt. Ein Exportüberschuß hat bei konstanten Wechselkursen Devisenzuflüsse zur Folge. Durch die Umtauschpflicht der Zentralbank wird – wenn Exporteure ihre Devisenerlöse gegen DM eintauschen – die Geldmenge um den Betrag des Leistungsbilanzsaldos vermehrt. Dieser Primäreffekt kann durch die erweiterten Kreditschöpfungsmöglichkeiten der Banken verstärkt werden. In einem mikroökonomischen Ansatz mit Geld bedingt eine Zunahme der Geldmenge eine Änderung des relativen Preises von Kasse und Gütern und eine Steigerung der Güternachfrage. Im Keynesschen System wird infolge steigender Geldmengen (mit Ausnahme von $L_S = -\infty$) die Spekulationskasse bei gegebener Transaktionskasse steigen. Der Zins sinkt; diese Zinssenkung übt eine stimulierende Wirkung auf die Investitionen aus, deren multiplikative Wirkungen bei Vollbeschäftigung zu einem Preisniveauanstieg führen.
5. Einkommenseffekt. Analysiert man die internationale Verflechtung nicht mit Hilfe des mikroökonomischen Zwei-Sektoren-Modells, so

ergibt sich – ähnlich wie beim Zwei-Länder-Multiplikator – eine Interdependenz über den Einkommenseffekt.
Angenommen eine Inflation im Ausland führt zu einer aktiven Leistungsbilanz. Dann bedingt eine Auslandsinflation im unterbeschäftigten Inland eine Expansion. Unterstellt man jedoch eine in der Ausgangslage vollbeschäftigte Volkswirtschaft, so führt ein sich einstellender Exportüberschuß zur Inflation, wenn er nicht durch eine Zunahme der Ersparnisse kompensiert wird. Der Exportüberschuß läßt in einer vollbeschäftigten Volkswirtschaft einen Nachfrageüberhang (inflatorische Lücke) entstehen, der durch Preissteigerungen abgebaut wird.
In der Literatur werden internationaler Preiszusammenhang und Einkommenseffekt oft als konkurrierende Hypothesen dargestellt. Aus der Diskussion der Einflußfaktoren des Leistungsbilanzsaldos wissen wir jedoch bereits, daß der eine Erklärungsansatz auf einem mikro- und der andere auf einem makroökonomischen Ansatz beruht und daß die Konkurrenz dieser beiden Hypothesen lediglich auf das Unvermögen der ökonomischen (Lehrbuch?-)Theorie zurückzuführen ist, das mikroökonomische und das Keynessche Modell zu integrieren.
Aus unserer bisherigen Analyse können wir eine Qualifikation des Einkommenseffektes vornehmen. Aus dem mikroökonomischen Ansatz wissen wir, daß bei konstantem Kurs und bei hinreichend großer Zunahme des Importwertes ($-\eta_2 < 1$) der Leistungsbilanzsaldo infolge der Auslandsinflation negativ werden kann. In diesem Fall wirkt der Einkommenseffekt in die andere Richtung, d.h. es entsteht eine deflatorische Lücke. Aber auch in diesem Fall ist über den Importmarkt der Import der Inflation aufgrund des internationalen Preiszusammenhangs möglich[14]. Im folgenden gehen wir wieder vom mikroökonomischen Ansatz aus.

10.11 Inflationsimport bei flexiblen Wechselkursen

Für die vorstehende Analyse des Inflationsimports ist ein konstanter Wechselkurs unterstellt worden. Es liegt der Verdacht nahe, daß konstante Wechselkurse eine entscheidende Ursache des Inflationsimports sind und daß flexible Kurse gegen einen Inflationsimport abschirmen. Im folgenden wollen wir unterstellen:

---

[14] Das Defizit in der Leistungsbilanz verringert allerdings die Geldmenge; dies reduziert die Steigerung der Preise.

Prämisse 10.2. Der Wechselkurs ist flexibel. Die Leistungsbilanz reagiert auf Wechselkursänderungen normal.

Da in unserer Analyse die Zahlungsbilanz nur aus Leistungsbilanz und Devisenbilanz besteht, bringen bei Normalreaktion der Leistungsbilanz flexible Wechselkurse die Devisenbilanz zum Ausgleich. Ein Devisenzustrom erfolgt nicht, der Liquiditätseffekt unterbleibt. Flexible Wechselkurse gleichen aber bei Normalreaktion (auf Wechselkursänderungen) auch die Leistungsbilanz aus. Folglich kann auch kein Einkommenseffekt entstehen.

Sichern flexible Wechselkurse ein Land auch gegen den Inflationsimport über den internationalen Preiszusammenhang hinreichend ab[15]? Zwei Fälle sind zu unterscheiden:

Fall A. Steigende Preise im Ausland machen die Exporte des Inlandes konkurrenzfähiger. Die Exportnachfragekurve verschiebt sich nach rechts (Schaubild 10.17a). Mit Ausnahme des diskutierten Sonderfalles $\eta_1^* = -\infty$ steigen sowohl die exportierte Menge als auch der Preis des Exportguts (inflationärer Effekt). Der Exportwert des Inlandes, d. h. der Importwert des Auslandes, erhöht sich (Schaubild 10.17a). Die Zunahme des Exportwertes bedeutet, daß bei gegebenem Kurs das Devisenangebot des Auslandes zunimmt. Die Devisenangebotskurve verschiebt sich nach rechts (Schaubild 10.17c). Ceteris paribus muß die

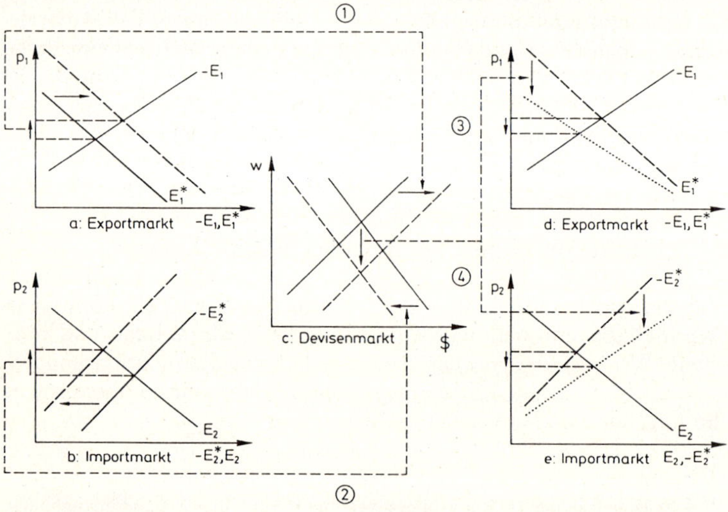

Schaubild 10.17

Zunahme des Devisenangebots bewirken, daß w sinkt. Dieser Zusammenhang ist durch Pfeil ① im Schaubild 10.17 dargestellt.

Bei steigenden Preisen im Ausland verschiebt sich die Exportangebotskurve des Auslandes ($-E_2^*$) nach links. Der Preis des Importgutes im Inland steigt. Ist die Nachfrage des Inlandes nach Importen preiselastisch, so muß bei steigenden Preisen im Ausland der Importwert des Inlandes sinken. Dann verschiebt sich die Devisennachfrage des Inlandes nach links (Pfeil ②). Auch dieser Effekt sorgt für ein Sinken des Wechselkurses w (Schaubild 10.17c). Sinkt der Wechselkurs, so wird die inländische Währung aufgewertet. Dies bedeutet, daß sich inländische Waren für das Ausland verteuern; die Exportnachfragekurve des Auslandes verschiebt sich nach unten (Pfeil ③), der Exportpreiseffekt wird durch den flexiblen Kurs zumindest teilweise rückgängig gemacht. (Schaubild 10.17d). Auf dem Importmarkt bewirkt die Aufwertung eine Zunahme des Importangebots, die Importangebotskurve des Auslandes verschiebt sich nach unten (Pfeil ④). Der Importpreis sinkt und die ursprüngliche Preissteigerung wird auch hier (zumindest teilweise) wieder aufgehoben.

In diesem Fall sorgt also ein flexibler Wechselkurs für eine (zumindest teilweise) Abschirmung gegen den Inflationsimport. Das gleiche Resultat erzielen wir auch, wenn $|\eta_2| = 1$, d.h. wenn der Importwert sich nicht verändert[15].

Fall B. Ist die Nachfrage des Inlandes nach Importen unelastisch (z.B. Rohstoffe), so geht bei Inflation im Ausland die importierte Menge relativ geringfügig zurück; der Preis des Importgutes steigt relativ stark. Der Importwert muß zunehmen. Folglich nimmt die Devisennachfrage des Inlandes zu; die Devisennachfragekurve verschiebt sich nach rechts. Ist die Zunahme des Importwertes hinreichend groß, so kann der Fall eintreten, daß der Wechselkurs steigt, d.h. die inländische Währung wird abgewertet. Eine Abwertung bedeutet aber bei Normalreaktion der Leistungsbilanz auf Wechselkursänderungen, daß

[15] Zu unterscheiden sind die Bedingungen für die Aktivierung der Leistungsbilanz auf die Auslandsinflation 10.14 und die Normalbedingung für die Reaktion der Leistungsbilanz auf Wechselkursänderungen (10.7). Die Bedingung für die Aktivierung der Leistungsbilanz auf die Auslandsinflation stellt sicher, daß eine Inflation im Ausland zu einer Aktivierung der Leistungsbilanz des Inlandes führt (Fall A). (Schaubild 10.17a, b). Die Bedingung für die Normalreaktion der Leistungsbilanz auf Wechselkursänderungen stellt sicher, daß die Leistungsbilanz sich auf die Erhöhung des Wechselkurses hin aktiviert (Schaubild 10.17d, e).

sich die Exportnachfragekurve des Auslandes (E_1^*) nach oben verschiebt und damit der Preis des Exportgutes steigt. Ferner verschiebt sich die Importangebotskurve des Auslandes ($-E_2^*$) nach oben, und auch der Importpreis steigt. Die Inflation wird in diesem Fall auch bei flexiblen Wechselkursen importiert, und zwar wird der Preisanstieg im Inland noch verschärft (Schaubild 10.18).

Aussage: Bei einer elastischen Importnachfrage oder einer Importnachfrage von $\eta_2 = -1$ vermeiden oder mildern flexible Wechselkurse den Inflationsimport. Dies gilt sowohl für den Exportpreis- als auch den Importpreiseffekt. Bei einer starren Importnachfrage ist diese außenwirtschaftliche Absicherung durch flexible Wechselkurse nicht sichergestellt. Flexible Wechselkurse können sogar den Inflationsimport verstärken.

Tendenzmäßig kann man diese Aussage auch dahingehend interpretieren, daß eine Vermeidung des Inflationsimports durch flexible Wechselkurse dann problematisch wird, wenn die Inflation vorherrschend über den Importmarkt, d. h. in der Form der Kostendruckinflation ins Inland importiert wird. Überwiegt dagegen beim Inflationsimport die Nachfragesoginflation, d.h. wird die Inflation vorwiegend über den Exportmarkt importiert, so können flexible Wechselkurse eine außenwirtschaftliche Absicherung darstellen.

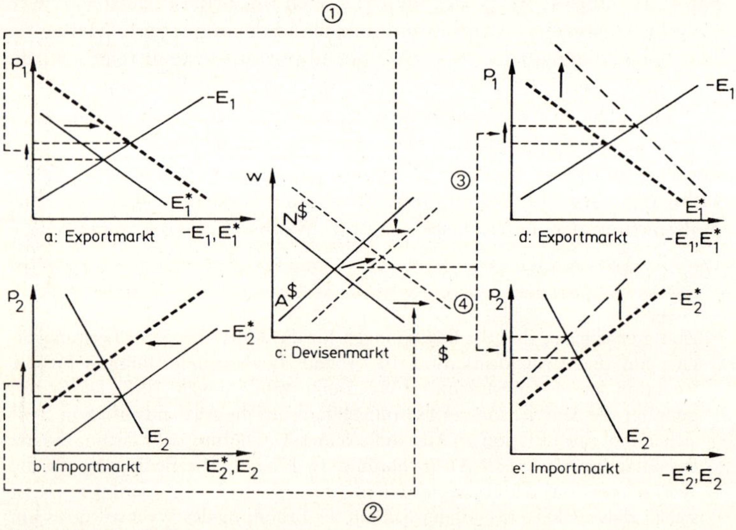

Schaubild 10.18

Man kann vermuten, daß für die Bundesrepublik in den beiden Ölkrisen 1973/74 und 1979/80 Kostendruckeffekte über den Importmarkt eine größere Bedeutung gewonnen haben. Wenn das Inland auf die Importe angewiesen ist, kann Fall B vorliegen, in dem der Inflationsimport nicht verhindert werden kann. Dieser Fall entspricht einer Verschlechterung der Zahlungsbilanzsituation bei konstanten Kursen. Ein Defizit in der Zahlungsbilanz oder «Überausgabe» kann als eine «Grenze des Wachstums» interpretiert werden, etwa wenn ein permanentes Zahlungsbilanzdefizit es einem Land infolge mangelnder Kreditwürdigkeit nicht mehr gestattet, für den Wachstumsprozeß wichtige Güter (Rohstoffe) zu importieren. Flexible Wechselkurse können bei Normalreaktion das Zahlungsbilanzziel sicherstellen; aber die Wachstumsgrenze dokumentiert sich in der importierten Inflation. Sie zeigt sich ferner in einer Verschlechterung der Terms of Trade.

10.12 Zielbeziehungen zwischen Preisniveaustabilität und Zahlungsbilanzausgleich

In diesem Kapitel haben wir bereits die Zielbeziehungen zwischen Preisniveaustabilität und Zahlungsbilanzausgleich diskutiert.

1. Zielbeziehungen. Unter Zielbeziehungen verstehen wir im folgenden die Interdependenz in den Erfüllungsgraden wirtschaftspolitischer Ziele. Es besteht Zielharmonie, wenn die Verbesserung des Erfüllungsgrades eines Zieles durch eine wirtschaftspolitische Maßnahme den Erfüllungsgrad eines anderen Zieles erhöht. Ein Zielkonflikt liegt vor, wenn eine Maßnahme den Erfüllungsgrad eines Ziels verbessert und den eines anderen verschlechtert. Zielneutralität ist gegeben, wenn eine Maßnahme den Erfüllungsgrad eines Ziels verbessert, ohne den Erfüllungsgrad eines anderen Ziels zu beeinflussen.

2. Determinanten von Zielbeziehungen. Aus der Theorie der Wirtschaftspolitik wissen wir, daß die Art der Zielbeziehung abhängt von

- der gegebenen wirtschaftspolitischen Situation
- den Eigenschaften des Systems
- den eingesetzten Instrumenten.

3. Konstanter Wechselkurs. Liegen bei konstantem Wechselkurs in der Ausgangslage Inflation und Leistungsbilanzdefizit vor, so bewirkt eine Anti-Inflationspolitik eine Senkung der Inflationsrate und einen Abbau des Leistungsbilanzdefizits (Quadrant IV in Schaubild 10.19). Es besteht Harmonie zwischen den Zielen des Leistungsbilanzausgleichs und der Preisniveaustabilität. Es besteht auch Zielharmonie in einer Situation des Leistungsbilanzüberschusses und der Disinflation. Eine

expansive Politik beseitigt Überschuß und Disinflation (Quadrant II in Schaubild 10.19).

Herrscht dagegen in der Ausgangslage ein Leistungsbilanzüberschuß und eine hohe Inflationsrate, so bewirkt eine Anti-Inflationspolitik eine weitere Aktivierung des Leistungsbilanzüberschusses. Es besteht ein Zielkonflikt (Quadrant I). Bei einem Defizit und einer Disinflation verschärft eine expansive Politik das Defizit (Zielkonflikt; Quadrant III).

Aussage: Die Art der Beziehung zwischen wirtschaftspolitischen Zielen hängt von der gegebenen Ausgangslage ab.

4. Flexibler Wechselkurs. Wird der Wechselkurs konstant gesetzt, so kann ein Zielkonflikt zwischen Leistungsbilanzausgleich und der Preisniveaustabilisierung vorliegen. Angenommen das Preisniveau steigt infolge des Inflationsimports und die Leistungsbilanz aktiviere sich. Werden jetzt nachfragedämpfende Maßnahmen eingesetzt, so wird die Inflationsrate sinken und sich die Leistungsbilanz noch stär-

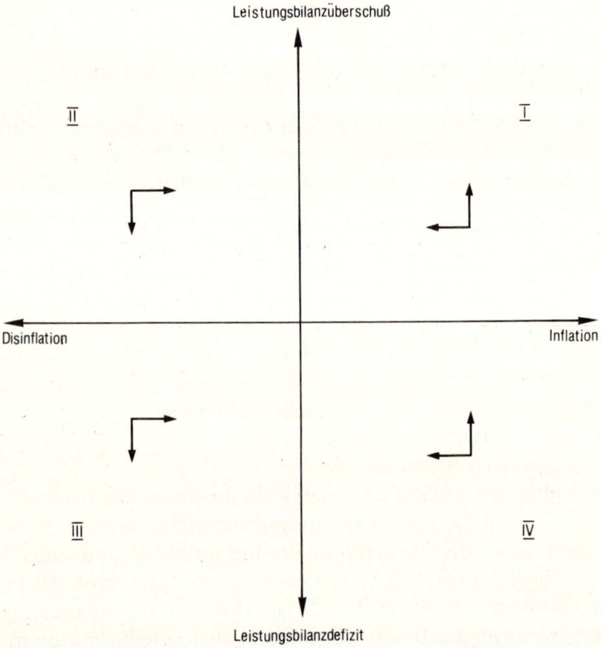

Schaubild 10.19

ker aktivieren. Es liegt ein Zielkonflikt vor. Wird dagegen der Wechselkurs freigegeben, so wird die Leistungsbilanz (bei Normalreaktion auf Wechselkursänderungen) ausgeglichen und (bei elastischer Importnachfrage) der Inflationsimport gemildert. Der Übergang von konstantem Kurs zu flexiblen Kursen transformiert unter den angegebenen Bedingungen den Zielkonflikt in eine Zielharmonie.
Aussage: Die Art der Beziehung zwischen wirtschaftspolitischen Zielen hängt von den eingesetzten Instrumenten ab.
5. Eigenschaften des Systems. Eigenschaften des ökonomischen Systems können ökonomische Bedingungen (z. B. ein gegebener Ressourcenbestand), technologische Gegebenheiten, Verhaltensweisen und institutionelle Regelungen sein. Im vorliegenden Fall handelt es sich um Verhaltensweisen der Nachfrager. Bei einer preiselastischen Importnachfrage führt die Freigabe des Wechselkurses sowohl zu einem Leistungsbilanzausgleich als auch zur Vermeidung oder Milderung der importierten Inflation, d. h. daß also für den Fall einer importierten Inflation Zielharmonie zwischen interner Stabilität (im Sinne von Inflationsvermeidung) und Leistungsbilanzausgleich besteht. Bei unelastischer Importnachfrage kann dagegen ein Zielkonflikt vorliegen.
Aussage: Die Beziehung zwischen wirtschaftspolitischen Zielen hängt von den gegebenen Eigenschaften des ökonomischen Systems ab.

Anhang 10A: Ableitung der Robinson-Bedingung

Um die Analyse zu vereinfachen, werden die Preise und der Wechselkurs der Ausgangslage auf 1 normiert, d. h. die Mengeneinheiten werden so gewählt, daß die Preise der Ausgangslage 1 sind. Durch Differentiation der ersten und der dritten Gleichung von 10.4 ergibt sich

$$\frac{dE_1}{dp_1}\frac{dp_1}{dw} + \frac{dE_1^*}{dp_1^*}\frac{dp_1^*}{dw} = 0$$

$$\frac{dE_2}{dp_2}\frac{dp_2}{dw} + \frac{dE_2^*}{dp_2^*}\frac{dp_2^*}{dw} = 0 \qquad \text{(i)}$$

$$p_1\frac{dE_1}{dp_1}\frac{dp_1}{dw} + E_1\frac{dp_1}{dw} + p_2\frac{dE_2}{dp_2}\frac{dp_2}{dw} + E_2\frac{dp_2}{dw} + \frac{dZ^L}{dw} = 0$$

Durch Differentiation der zweiten Gleichung von 10.4 nach w ergibt sich nach der Produktregel

$$\frac{dp_1^*}{dw} = \frac{1}{w}\frac{dp_1}{dw} - \frac{p_1}{w^2} \qquad \text{(ii)}$$

Setzt man (ii) in (i) ein, so erhält man ein Gleichungssystem, in dem die Variablen durch einen Kasten gekennzeichnet sind

$$\frac{dE_1}{dp_1}\boxed{\frac{dp_1}{dw}} + \frac{dE_1^*}{dp_1^*}\boxed{\frac{dp_1}{dw}} = \frac{dE_1^*}{dp_1^*}$$

$$\frac{dE_2}{dp_2}\boxed{\frac{dp_2}{dw}} + \frac{dE_2^*}{dp_2^*}\boxed{\frac{dp_2}{dw}} = \frac{dE_2^*}{dp_2^*}$$

$$\frac{dE_1}{dp_1}\boxed{\frac{dp_1}{dw}} + E_1\boxed{\frac{dp_1}{dw}} + \frac{dE_2}{dp_2}\boxed{\frac{dp_2}{dw}} + E_2\boxed{\frac{dp_2}{dw}} + \boxed{\frac{dZ^L}{dw}} = 0$$

Die Umformung ergibt 10.5. Aus Gleichung 10.5 ergibt sich die Lösung

$$\frac{dZ^L}{dw} = \frac{\Delta_3}{\Delta} =$$

$$= \frac{-\frac{dE_1^*}{dp_1^*}\left(E_1 + \frac{dE_1}{dp_1}\right)\left(\frac{dE_2}{dp_2} + \frac{dE_2^*}{dp_2^*}\right)}{\left(\frac{dE_1}{dp_1} + \frac{dE_1^*}{dp_1^*}\right)\left(\frac{dE_2}{dp_2} + \frac{dE_2^*}{dp_2^*}\right)} + \tag{iii}$$

$$+ \frac{-\frac{dE_2^*}{dp_2^*}\left(E_2 + \frac{dE_2}{dp_2}\right)\left(\frac{dE_1}{dp_1} + \frac{dE_1^*}{dp_1^*}\right)}{\left(\frac{dE_1}{dp_1} + \frac{dE_1^*}{dp_1^*}\right)\left(\frac{dE_2}{dp_2} + \frac{dE_2^*}{dp_2^*}\right)}$$

Durch Erweitern ergibt sich

$$\frac{dZ^L}{dw} = \frac{-\frac{dE_1^*}{dp_1^*}\frac{p_1^*}{E_1^*}\frac{E_1^*}{p_1^*}\left(E_1 + \frac{dE_1}{dp_1}\frac{p_1}{E_1}\frac{E_1}{p_1}\right)}{\frac{dE_1}{dp_1}\frac{p_1}{E_1}\frac{E_1}{p_1} + \frac{dE_1^*}{dp_1^*}\frac{p_1^*}{E_1^*}\frac{E_1^*}{p_1^*}} \tag{iv}$$

$$- \frac{\frac{dE_2^*}{dp_2^*}\frac{p_2^*}{E_2^*}\frac{E_2^*}{p_2^*}\left(E_2 + \frac{dE_2}{dp_2}\frac{p_2}{E_2}\frac{E_2}{p_2}\right)}{\frac{dE_2}{dp_2}\frac{p_2}{E_2}\frac{E_2}{p_2} + \frac{dE_2^*}{dp_2^*}\frac{p_2^*}{E_2^*}\frac{E_2^*}{p_2^*}}$$

Setzt man in iv Elastizitäten ein, so ergibt sich 10.6. Ferner ist $E_1^* = -E_1$ berücksichtigt worden.

Der Gleichungsansatz lautet:

$$
\begin{aligned}
&E_1 (p_1) + E_1^* (p_1^*, \alpha) &= 0 \\
&E_2 (p_2) + E_2^* (p_2^*, \alpha) &= 0 \\
&p_1 E_1 (p_1) + p_2 E_2 (p_2) + Z^L &= 0
\end{aligned}
\qquad \text{(i)}
$$

Differentiation nach α ergibt unter Berücksichtigung der Beziehung $p_i^* = p_i/\bar{w}$:

$$
\begin{bmatrix}
\left(\frac{dE_1}{dp_1} + \frac{1}{\bar{w}}\frac{\partial E_1^*}{\partial p_1^*}\right) & 0 & 0 \\
0 & \left(\frac{dE_2}{dp_2} + \frac{1}{\bar{w}}\frac{\partial E_2^*}{\partial p_2^*}\right) & 0 \\
\left(E_1 + p_1 \frac{dE_1}{dp_1}\right) & \left(E_2 + p_2 \frac{dE_2}{dp_2}\right) & 1
\end{bmatrix}
\begin{bmatrix}
\frac{dp_1}{d\alpha} \\ \frac{dp_2}{d\alpha} \\ \frac{dZ^L}{d\alpha}
\end{bmatrix}
=
\begin{bmatrix}
-\frac{\partial E_1^*}{\partial \alpha} \\ -\frac{\partial E_2^*}{\partial \alpha} \\ 0
\end{bmatrix}
\qquad \text{(ii)}
$$

Für die Veränderung des Leistungsbilanzsaldos Z^L des Inlandes in heimischer Währung als Folge eines inflationären Prozesses im Ausland ergibt sich[16]

$$
\frac{dZ^L}{d\alpha} = \frac{\frac{\partial E_1^*}{\partial \alpha}\left(E_1 + p_1 \frac{dE_1}{dp_1}\right)}{\frac{dE_1}{dp_1} + \frac{1}{\bar{w}}\frac{\partial E_1^*}{\partial p_1^*}} + \frac{\frac{\partial E_2^*}{\partial \alpha}\left(E_2 + p_2 \frac{dE_2}{dp_2}\right)}{\frac{dE_2}{dp_2} + \frac{1}{\bar{w}}\frac{\partial E_2^*}{\partial p_2^*}}
\qquad \text{(iii)}
$$

Unter Berücksichtigung der Annahme, daß das Inland Gut 1 exportiert und Gut 2 importiert und nach Einsetzen der in Abschnitt 10.3 definierten Preiselastizitäten ergibt sich

$$
\frac{dZ^L}{d\alpha} = \frac{\frac{\partial E_1^*}{\partial \alpha} E_1 (1 + \varepsilon_1)}{\frac{E_1}{p_1}(\varepsilon_1 - \eta_1^*)} + \frac{\frac{\partial E_2^*}{\partial \alpha} E_2 (1 + \eta_2)}{\frac{E_2}{p_2}(\eta_2 - \varepsilon_2^*)}
\qquad \text{(iv)}
$$

---

16 Für die Determinante erhält man

$$
\Delta = \left(\frac{dE_1}{dp_1} + \frac{1}{\bar{w}}\frac{\partial E_1^*}{\partial p_1^*}\right)\left(\frac{dE_2}{dp_2} + \frac{1}{\bar{w}}\frac{\partial E_2^*}{\partial p_2^*}\right).
$$

Zur Ableitung wird die Cramersche Regel benutzt. Vgl. A. C. Chiang, Fundamental Methods of Mathematical Economics, a.a.O., S. 107ff.

Für die Veränderung der Preise im Inland gilt

$$\frac{dp_1}{d\alpha} = \frac{-\dfrac{\partial E_1^*}{d\alpha}}{\dfrac{dE_1}{dp_1} + \dfrac{\partial E_1^*}{\partial p_1^*}}$$

und

$$\frac{dp_2}{d\alpha} = \frac{-\dfrac{\partial E_2^*}{\partial\alpha}}{\dfrac{dE_2}{dp_2} + \dfrac{\partial E_2^*}{\partial p_2^*}}.$$

Weiterführende Fragen

1. Erörtern Sie, inwieweit Wechselkursänderungen sich in einer Volkswirtschaft auswirken, wenn nicht-handelbare Güter eine Rolle spielen (Siebert A1988b).
2. Reale Wechselkursänderungen werden in der Literatur unterschiedlich interpretiert. Diskutieren Sie das Konzept der realen Wechselkursänderung (Krugman und Obstfeld 1987, S. 392).
3. Wechselkurse können für protektionistische Zwecke eingesetzt werden. Erörtern Sie diese Aussage (Corden 1986, Siebert 1987e).

11. Stabilisierungspolitik in einem keynesianischen Festpreismodell bei festem Wechselkurs

Wenn das Schatzamt alte Flaschen mit Banknoten füllen und sie in geeignete Tiefen in verlassenen Kohlebergwerken vergraben würde, letztere dann bis zur Oberfläche mit städtischem Kehricht füllen würde und es dem privaten Unternehmergeist nach den erprobten Grundsätzen des laissez-faire überlassen würde, die Noten wieder auszugraben ..., braucht es keine Arbeitslosigkeit mehr zu geben ...

*John Maynard Keynes**

Ein offene Volkswirtschaft ist durch den internationalen Güteraustausch, den Kapitalverkehr und andere in der Zahlungsbilanz erfaßte Transaktionen mit dem ökonomischen Geschehen in anderen Ländern verknüpft. Für die Stabilisierungspolitik erwachsen aus dieser internationalen Verflechtung besondere Probleme. So entsteht die Frage, inwieweit die Beschäftigungssituation in einer offenen Volkswirtschaft von der Exporttätigkeit beeinflußt wird und welche Möglichkeiten die Stabilisierungspolitik hat, die Beschäftigungslage zu verbessern. Den Zielbeziehungen zwischen interner Stabilität und externem Gleichgewicht wird dabei besonderes Augenmerk geschenkt. Dem Kapitel liegt das keynesianische System zugrunde, welches in den Abschnitten 11.1 und 11.2 dargestellt wird. Nach der Rolle der Exporte (11.3) und der autonomen Investitionen (11.4) werden die Geld- (11.5) und Fiskalpolitik (11.6) erörtert. Abschließend werden die Kombinationen geld- und fiskalpolitischer Instrumente sowie die Wechselkursvariation behandelt.

11.1 Einige alternative Annahmen

In der bisherigen Analyse sind wir von zwei unterschiedlichen Gütern, einem Exportgut und einem Importgut ausgegangen. In dem makroökonomischen Ansatz dieses Kapitels dagegen betrachten wir eine aggregierte Volkswirtschaft mit nur einem Gut. Man kann sich etwa vorstellen, daß das Inland ein Gut produziert, konsumiert und exportiert und ein «ähnliches» Gut importiert, das aber zusammen mit dem im Inland produzierten Gut aggregiert werden kann. Für dieses einzige Gut der Volkswirtschaft kann man makroökonomische Funktionen verwenden.

* Allgemeine Theorie der Beschäftigung, des Zinses und des Geldes; Berlin 1955; S. 110.

Folgende alternative Annahmen können in einem makroökonomischen Ansatz relevant sein.

1. Kleines Land versus Rückwirkungen. In der wirtschaftlichen Wirklichkeit haben die Variablen des Inlandes Auswirkungen auf die Variablen des Auslandes; damit ergibt sich eine Rückwirkung auf das Inland. Wir müssen jedoch unser Modell vereinfachen und sehen – mit Ausnahme des internationalen Investitionsmultiplikators – von internationalen Rückwirkungen ab. Wir gehen von der Annahme des kleinen Landes aus und betrachten die Variablen des Auslandes, wie etwa das Preisniveau oder den Zinssatz, als vom Inland nicht beeinflußt.

2. Fester versus flexibler Wechselkurs. Bei festen Kursen stellen sich Salden in der Zahlungsbilanz ein; flexible Kurse dagegen sorgen – zumindest im Modell – für einen Ausgleich der Zahlungsbilanz.

3. Neutralisierung versus Nichtneutralisierung. Bei festen Kursen wirken sich Zahlungsbilanzsalden auf die Geldmenge aus. Es ist deshalb zu unterscheiden, ob eine Neutralisierung dieser Auswirkung auf die Geldmenge angenommen wird oder nicht.

4. Temporäres versus langfristiges Gleichgewicht. Bei konstantem Wechselkurs wird die Unterscheidung zwischen kurzfristiger und langfristiger Analyse relevant. Angenommen die Geldmenge im Inland steigt, die Preise im Inland steigen, die Exporte gehen zurück und die Leistungsbilanz werde defizitär. Diese Defizitsituation kann langfristig nicht aufrecht erhalten werden. Denn das Defizit bedeutet – wenn man von Neutralisierungspolitik absieht – einen Abfluß von Devisen und damit eine Reduzierung der Geldmenge. Dieser Prozeß kann sich in mehreren Runden wiederholen, so daß sich langfristig möglicherweise Zahlungsbilanzgleichgewicht einstellt. Es ist also zwischen temporärem und langfristigem Gleichgewicht zu unterscheiden.

5. Feste versus flexible Güterpreise. Das übliche keynesianische Modell unterstellt feste Güterpreise und gegebenen Nominallohn. Die Volkswirtschaft muß sich also über Mengenänderungen (Beschäftigungsschwankungen) anpassen, da die Preise nicht flexibel sind. Als Alternative können wir ein Modell betrachten, in dem der Lohnsatz und die Güterpreise flexibel sind.

11.2 Bausteine eines makroökonomischen Modells für eine offene Volkswirtschaft

Als wichtige Komponenten des Keynesschen Systems bei festen Preisen definieren wir das Gütermarkt- und Geldmarktgleichgewicht. Ferner brauchen wir eine Definitionsgleichung für den Saldo der Leistungs- bzw. Zahlungsbilanz.

1. Gütermarktgleichgewicht. Gleichgewicht auf dem Gütermarkt ist dann gegeben, wenn die reale Nachfrage gleich dem realen Produktionsergebnis (Angebot) Y ist. Die reale Nachfrage setzt sich aus der realen Konsumnachfrage C, der realen Investitionsnachfrage I und dem realen Außenbeitrag X-Im zusammen. Die Gleichung

$$Y = C + I + X\text{-}Im + G$$

kann auch geschrieben werden als

$$S(Y) + Im(Y,w,p^*/p) = G + I(i) + X(w,p^*/p) \qquad (11.1)$$

Gleichung 11.1 definiert das Gütermarktgleichgewicht von der Verwendungsseite. Diese Gleichung kann aber auch wie folgt hergeleitet werden. Das Inland produziert das Gut Y, das im Inland für den Konsum (C_h) und die Investitionen (I_h) verwendet wird und exportiert wird. Damit gilt

$$Y = C_h + I_h + X$$

Der Gesamtkonsum setzt sich aus dem heimischen Konsum (C_h) und dem realen Konsum von Importgütern zusammen

$$C = C_h + \frac{p^* w}{p} C_m$$

C_m kennzeichnet die importierte Konsummenge, $p^* C_m$ ist der Importwert in ausländischen Preisen, $p^* wC_m$ kennzeichnet den Importwert in inländischen Preisen; die Division durch p ergibt den realen Importwert an Konsumgütern. Analog gilt eine Gleichung für die gesamte Investitionsnachfrage I

$$I = I_h + \frac{p^* w}{p} I_m$$

Setzt man diese beiden Gleichungen in die Y-Gleichung ein und vernachlässigt man Importe für staatliche Ausgaben, so ergibt sich

$$Y = C - \frac{p^* w}{p} C^m + I - \frac{p^* w}{p} I_m + G + X$$

Da der reale Importwert Im definiert ist als

$$Im = \frac{p^* w}{p} (C_m + I_m),$$

ergibt sich Gleichung 11.1.

2. Geldmarktgleichgewicht. Die Geldnachfrage nach Realkasse L ist abhängig vom Volkseinkommen und vom Zinssatz

$$L = L (Y,i) \text{ mit } L_y > o, L_i < 0$$

Das nominale Geldangebot einer Volkswirtschaft besteht aus dem Geldangebot der Vorperiode ($\tilde{M}_{-1}$) und der Veränderung des Geldangebots. Diese Veränderung setzt sich aus zwei Komponenten zusammen: Aus der internen von der Bundesbank kontrollierten Veränderung des Bestandes in heimischer Währung (d $\tilde{M}$) und aus der Veränderung des Bestandes an Devisen, umgerechnet in inländische Währung (d$\tilde{M}^a$). Kennzeichnen d M^g_{-1}, d M und d M^a reale Größen, so liegt Gleichgewicht auf dem Geldmarkt vor, wenn die Nachfrage nach Realkasse und das reale Geldangebot gleich sind

$$L (Y,i) = M^g_{-1} + d M + d M^a \tag{11.2}$$

Die Veränderung der externen Geldmenge erklärt sich aus dem Saldo der Zahlungsbilanz

$$d M^a = \gamma \cdot Z \tag{11.3}$$

wobei γ (mit $0 \leqq \gamma \leqq 1$) einen Neutralisierungsparameter darstellt. Ohne Neutralisierungspolitik gilt $\gamma = 1$; die extern beeinflußte Geldmenge ändert sich gemäß dem Zahlungsbilanzsaldo Z. Wird vollständig neutralisiert, so gilt $\gamma = 0$. Der Zahlungsbilanzsaldo hat keinen Einfluß auf die Geldmenge. Bei einem Zahlungsbilanzüberschuß ($Z > 0$) bedeutet dies, daß die Notenbank Offenmarktpapiere verkauft, um Liquidität zu entziehen. Bei einem Zahlungsbilanzdefizit ($Z < 0$) kauft die Notenbank Offenmarktpapiere, um die zahlungsbilanzinduzierte Verringerung der Geldmenge zu kompensieren. Da bei flexiblem Wechselkurs kein Zahlungsbilanzsaldo auftritt, spielt die Frage der Neutralisierungspolitik nur bei fixem Kurs eine Rolle.

3. Zahlungsbilanzsaldo. Der Zahlungsbilanzsaldo Z ist definiert als Außenbeitrag plus Nettokapitalimporte $\varkappa$ (i), die bei gegebenem ausländischem Zinssatz vom Inlandszins abhängen mit $\varkappa_i > 0$

$$Z = X \left(\frac{p^* w}{p}\right) - Im \left(Y, \frac{p^* w}{p}\right) + \varkappa (i) \tag{11.4}$$

4. Inzidenzanalyse. Unterstellt man ein gegebenes Gleichgewicht im Keynesschen System, so kann man analysieren, wie dieses Gleichgewicht auf Störungen reagiert. Diese Frage kann bei wirtschaftspolitischer Interpretation als Situationsanalyse oder als Inzidenzanalyse aufgefaßt werden. Bei einer Situationsanalyse lautet die Problemstellung, wie sich wichtige Zielgrößen der Wirtschaftspolitik wie die Beschäftigung oder der Leistungsbilanz- bzw. Zahlungsbilanzsaldo verändern, ohne daß die Wirtschaftspolitik eingreift (z.B. autonome Reduzierung der Exporte des Auslandes). Bei einer Inzidenzanalyse dagegen wird untersucht, wie sich wirtschaftspolitische Maßnahmen wie Geldmengen- oder Fiskalpolitik auswirken.
Im folgenden untersuchen wir, wie sich das in den Gleichungen 11.1 und 11.2 definierte interne Gleichgewicht und die damit verbundene Zahlungsbilanzsituation verändern, wenn einige Variable wie Exporte, Geldmenge, Staatsausgaben und Wechselkurs parametrisch verändert werden. In diesem Kapitel unterstellen wir dabei einen gegebenen oder parametrisch variierten Wechselkurs. In Kapitel 12 wird ein flexibler Wechselkurs betrachtet, so daß keine Salden in der Zahlungsbilanz auftreten können.

11.3 Der Exportmultiplikator

1. Eine einfache Fragestellung des Keynesschen Festpreismodells lautet: Wie verändern sich die Beschäftigungssituation und der Leistungsbilanzsaldo des Inlandes, wenn die Exporte des Inlandes autonom variieren. Angenommen das Ausland reduziere seine Importnachfrage; die Exporte des Inlandes sinken. Da die Güterpreise im Keynesschen Modell nach unten starr sind, füllen sich im Inland die Läger auf; es kommt zu ungeplanten Investitionen. Beschäftigung und Volkseinkommen sinken. Mit abnehmendem Volkseinkommen gehen die Importe zurück. Dieser Effekt wirkt der ursprünglichen Passivierung der Leistungsbilanz entgegen.
Aussage: Bei starren Preisen (und konstantem Wechselkurs) reduzieren (zahlungsbilanzinduzierte) Änderungen in der Beschäftigung das Ausmaß der Ungleichgewichte in der Leistungsbilanz.
Fragen wir im folgenden, um wieviel das Volkseinkommen (und damit die Beschäftigung) bei einer autonomen Reduzierung der Exporte abnehmen muß, damit güterwirtschaftliches Gleichgewicht herrscht. Mit dieser Frage können wir auch die Frage verbinden, wie sich der Leistungsbilanzsaldo mit einer autonomen Exportverringerung verändert. Es wird unterstellt:

Prämisse A 11.1: Das Inland ist ein kleines Land.
Prämisse A 11.2: Der Wechselkurs ist konstant.
Prämisse A 11.3: Kapitalbewegungen werden nicht berücksichtigt.
Prämisse A 11.4: Die Investitionen sind vom Zins abhängig, und der Zins wird auf dem Geldmarkt durch Geldnachfrage und Geldangebot bestimmt.

2. Multiplikator bei variablem Zins und zinsabhängigen Investitionen. Unter diesen Annahmen ergibt sich für eine autonome Abnahme der Exportnachfrage folgende Wirkungskette: Infolge der gesunkenen Exportnachfrage sinkt die inländische Produktion und damit das Volkseinkommen. Mit fallendem Volkseinkommen geht die Nachfrage nach Transaktionskasse (L_T) zurück. Das bei gegebener Geldmenge eintretende Ungleichgewicht auf dem Geldmarkt induziert Zinsänderungen: Um Transaktionskasse abzubauen, fragen die Wirtschaftssubjekte Wertpapiere nach. Der Kurs der Wertpapiere steigt. Der Zins sinkt. Die Spekulationskasse steigt. Mit sinkenden Zinsen nehmen die Investitionen zu. Das Volkseinkommen steigt. Ob per Saldo das Volkseinkommen sinkt oder steigt, ist zu überprüfen.

Bei dieser Analyse tritt das bereits erwähnte Problem auf, daß in einer offenen Volkswirtschaft bei konstantem Kurs die Geldmenge nicht allein von der Notenbank bestimmt wird. Ein Saldo in der Leistungsbilanz beeinflußt die Geldmenge. Ein Defizit in der Leistungsbilanz bedeutet einen Verlust an Devisen. Infolge der Konvertibilität der Währungen (Umtauschpflicht) wird die Geldmenge des Inlandes verringert. Zur Vereinfachung der Analyse wird unterstellt, daß die Notenbank eine Neutralisierungspolitik betreibt, d. h. daß sie die Verringerung der Geldmenge infolge eines Devisenverlustes durch den Kauf von Offenmarktpapieren voll ausgleicht.

Prämisse A 11.5: Die Notenbank treibt erfolgreich eine Neutralisierungspolitik.

Unter den Annahmen 11.1, 11.2, 11.3, 11.4 und 11.5 lautet das Gleichungssystem:

$$\begin{aligned} S(Y) - I(i) + Im(Y) &= X \\ L(Y, i) &= M \\ Z^L + Im(Y) &= X \end{aligned} \qquad (11.5)$$

Die erste Gleichung ist die Bedingung für Gleichgewicht auf dem Gütermarkt; die zweite Gleichung ist die Bedingung für Gleichgewicht auf dem Geldmarkt; die dritte Gleichung von 11.5 definiert den Leistungsbilanzsaldo. Durch Differentiation nach X ergibt sich:

$$\begin{bmatrix} (s+m) & -I_i & o \\ L_Y & L_i & o \\ m & o & 1 \end{bmatrix} \cdot \begin{bmatrix} dY \\ di \\ dZ^L \end{bmatrix} = \begin{bmatrix} dX \\ o \\ dX \end{bmatrix} \qquad (11.5')$$

In 11.5′ kennzeichnet $L_Y = \partial L/\partial Y > o$ die erste Ableitung der Geldnachfragefunktion nach Y und $L_i = \partial L/\partial i < o$ die erste Ableitung nach i. $I_i = dI/di < o$ ist die erste Ableitung der Investitionsfunktion nach dem Zinssatz i.

Für die Veränderung des Volkseinkommens ergibt sich bei einer Abnahme der Exporte

$$\frac{dY}{dX} = \frac{1}{D} \qquad (11.5'')$$

mit $D = s + m + \dfrac{I_i \, L_Y}{L_i}$

Der dritte Summand des Nenners ist größer Null, da $I_i < o$, $L_y > o$ und $L_i < o$. Da damit der Nenner größer wird als bei autonomen Investitionen, ist die Veränderung des Volkseinkommens geringer. Dies erklärt sich daraus, daß die Zinssenkung die Investition stimuliert. Unterstellt man zinsunabhängige Investitionen, so gilt $I_i = o$. Der dritte Ausdruck wird Null.

Der Sachverhalt ist in Schaubild 11.1 (Hicks-Diagramm) dargestellt. Die LM-Kurve verändert ihre Lage bei gegebener Geldmenge nicht. Die IXSIm-Kurve stellt die Gleichgewichtsbedingung I + X = Im + S für den Gütermarkt einer offenen Volkswirtschaft dar. Diese Kurve verschiebt sich nach Abnahme der Exporte. Bei zinsabhängigen Investitio-

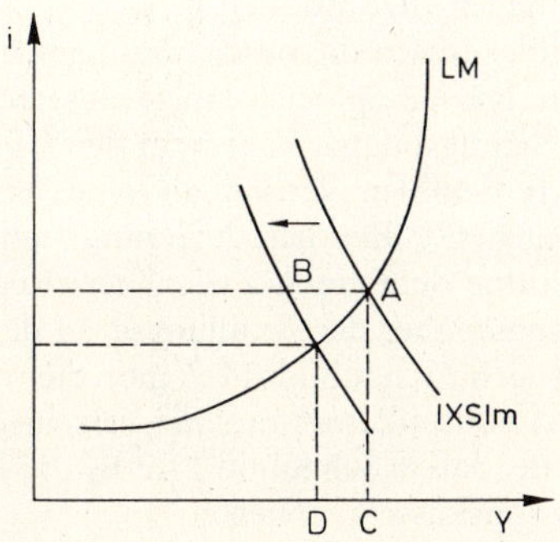

Schaubild 11.1

nen ist eine geringere Abnahme des Volkseinkommens (DC) notwendig als bei zinsunabhängigen Investitionen (BA).
Aussage: Der Exportmultiplikator in bezug auf das Volkseinkommen wird um so kleiner, je stärker der Zinseffekt, je größer also die Zinselastizität der Investitionen.
Die Berücksichtigung des Zinssatzes und seines Einflusses auf die Investitionen reduziert also das Ausmaß der Anpassung von Volkseinkommen und Beschäftigung, die erforderlich ist, um Gleichgewicht auf Güter- und Geldmarkt herzustellen. Im übrigen können Anpassungen des Zinssatzes nur dann Beschäftigungsschwankungen mildern, wenn der Zins flexibel ist. Die These von der Flexibilität von Preisen wird also auch hier deutlich.
Folgende Sonderfälle sind bei der Interpretation von 11.5″ zu beachten:
Nimmt man $L_i = \infty$ an, so geht der dritte Ausdruck des Nenners gegen Null. Das ist der Bereich der Keynesschen Liquiditätsfalle. Der Zins bleibt konstant, nur das Volkseinkommen ändert sich. Wird $L_i = 0$, so geht der Nenner gegen unendlich. Eine Einkommensänderung findet in diesem sogenannten «klassischen» Bereich nicht statt. Die Exportabnahme wirkt sich nur auf den Zinssatz aus. Für den Leistungsbilanzmultiplikator ergibt sich

$$\frac{dZ^L}{dX} = \frac{s + I_i\, L_Y/L_i}{s + m + \dfrac{I_i\, L_Y}{L_i}} \qquad (11.5''')$$

Aussage: Bei zinsabhängigen Investitionen ist bei einer autonomen Abnahme der Exporte die Passivierung des Leistungsbilanzsaldos größer (mit Ausnahme der Liquiditätsfalle und des klassischen Bereichs) als bei zinsunabhängigen Investitionen.
Während also flexible Zinsen die Beschäftigungsschwankungen reduzieren, die bei einem Rückgang der Exporte einsetzen, erhöhen sie die Passivierung der Leistungsbilanz. Faßt man den Übergang von einem konstanten Zins zu flexiblen Zinsen als eine wirtschaftspolitische Maßnahme (bei gegebener Exportreduzierung) auf, so kommt man durch diese Maßnahme dem einen Ziel näher (Reduzierung des Beschäftigungsrückgangs), aber der Erfüllungsgrad des Leistungsbilanzziels verschlechtert sich. Schaubild 11.2 gibt die Wirkungskette des Keynesschen Exportmulitplikators und die verschiedenen Sonderfälle wieder. (Man beachte, daß in Schaubild 11.2 L_T die Transaktionskasse und L_S die Spekulationskasse angeben.)

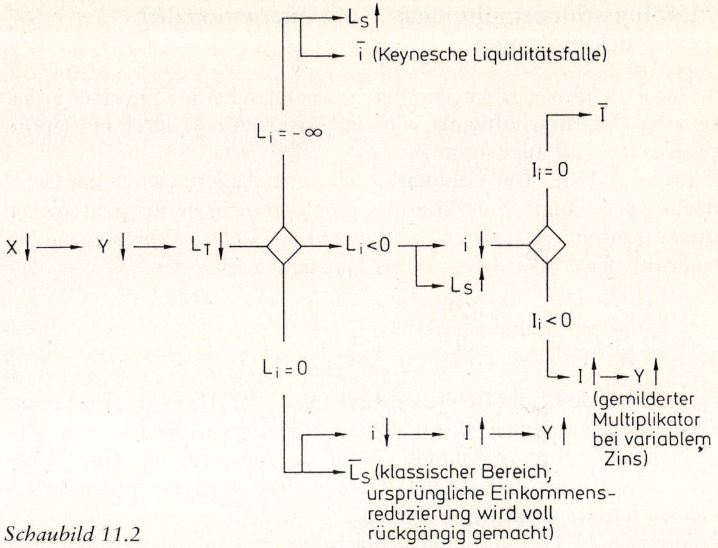

Schaubild 11.2

3. Status-quo-Prognose und Inzidenzanalyse. Die bisherige Fragestellung der Multiplikatoranalyse ist wirtschaftspolitisch als Situationsanalyse oder Status-quo-Prognose anzusprechen: Wie verändern sich Leistungsbilanzsaldo, Volkseinkommen und Beschäftigung, wenn die Exporte des Inlandes autonom abnehmen? Diese Analyse kann noch verfeinert werden, indem man die Ursachen der Exportabnahme in das Modell einbezieht: Im Ausland verändern sich die privaten oder öffentlichen Investitionen, der Staat senkt oder erhöht die Steuersätze; er erhebt Importkontingente usw.
Neben dieser Status-quo-Prognose kann die Multiplikatoranalyse aber auch für eine Inzidenzanalyse eingesetzt werden: Wie verändern sich Leistungsbilanzsaldo, Volkseinkommen (und Beschäftigung), wenn das Inland wirtschaftspolitische Maßnahmen ergreift, z.B. die Investitionen autonom erhöht, Steuern senkt, Importe durch Kontingentierung drosselt?
4. Flexibler Wechselkurs. Gibt man die Annahme eines festen Wechselkurses auf, so erhält die Volkswirtschaft einen zusätzlichen Anpassungsmechanismus. Sinkt etwa die Nachfrage des Auslandes, so muß die heimische Währung abgewertet werden. Diese Abwertung aber bedeutet, daß sich der komparative Preisvorteil des Inlandes verbessert.

11.4 Investitionsmultiplikator mit internationalen Rückwirkungen

1. Im folgenden wird angenommen, das Inland erhöhe in einer Situation der Unterbeschäftigung seine Investitionen z.B. durch Fiskalpolitik. Ferner wird angenommen:
Prämisse A 11.4′: Der Geldmarkt und durch Änderungen in der Geldnachfrage bedingte Zinsvariationen werden nicht berücksichtigt. Die Investitionsmultiplikatoren in bezug auf das Volkseinkommen sind in einer offenen Volkswirtschaft bei konstanten Exporten

$$\frac{dY}{dI} = \frac{1}{s + m} \text{ und } \frac{dZ^L}{dI} = - \frac{m}{s + m}$$

Ersparnisse und Importe stellen Leckagen oder Absickerverluste dar. Das Volkseinkommen steigt, aber dieser Anstieg bewirkt eine Zunahme der Importe und damit – bei in der Ausgangslage ausgeglichener Leistungsbilanz – eine Passivierung. Jetzt wird die Annahme des kleinen Landes aufgegeben.
Prämisse A 11.1′: Einkommensänderungen des Inlandes wirken über das Ausland auf das Inland zurück.
2. Beachtet man diese internationalen Rückwirkungen, so steigen mit zunehmendem Volkseinkommen des Landes I die Importe des Landes I, d.h. die Exporte des Landes II. Da diese eine Komponente des Volkseinkommens des Landes II sind, nimmt mit steigenden Exporten das Volkseinkommen des Landes II zu. Damit nehmen seine Importe zu usw. Es ist also zu erwarten, daß aufgrund dieser internationalen Rückwirkungen ein stärkerer Anstieg des inländischen Volkseinkommens zustande kommt als bei konstanten Exporten. Schaubild 11.3 verdeutlicht die Struktur des Problems.

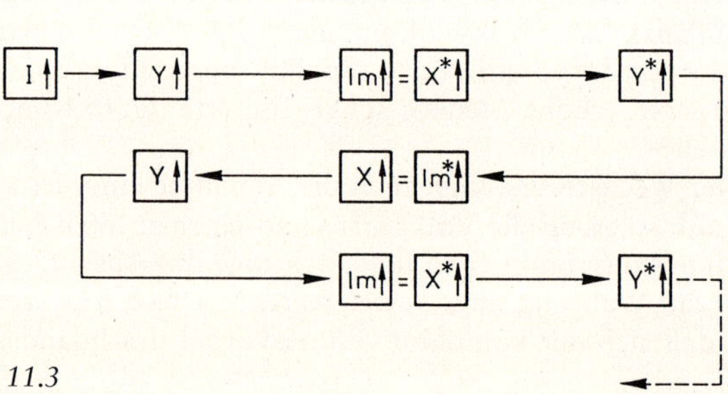

Schaubild 11.3

Es ergibt sich das folgende Gleichungssystem:

$$\begin{array}{lllll} & S(Y) & + Im(Y) & - X(Y^*) & = I \\ & S^*(Y^*) & + Im^*(Y^*) & - X^*(Y) & = I^* \\ Z^L & & = Im(Y) & - X(Y^*) & = 0 \end{array} \tag{11.6}$$

Unterstellen wir eine autonome Zunahme der Investitionen in Land I, so ergibt sich durch totale Differentiation und unter Berücksichtigung von $m^* = dX/dY^*$ und $m = dX^*/dY$

$$\begin{bmatrix} (s+m) & -m^* & 0 \\ -m & (s^*+m^*) & 0 \\ m & -m^* & 1 \end{bmatrix} \cdot \begin{bmatrix} \frac{dY}{dI} \\ \frac{dY^*}{dI} \\ \frac{dZ^L}{dI} \end{bmatrix} = \begin{bmatrix} 1 \\ 0 \\ 0 \end{bmatrix} \tag{11.6'}$$

Für die Veränderung des Volkseinkommens im Inland in Abhängigkeit von den Investitionen im Inland erhält man[1]

$$\frac{dY}{dI} = \frac{s^* + m^*}{ss^* + sm^* + s^*m} \tag{11.6''}$$

Für die Veränderung des Volkseinkommens im Ausland als Folge der Erhöhung der Investitionen in Land I ergibt sich

$$\frac{dY^*}{dI} = \frac{m}{ss^* + sm^* + s^*m} \tag{11.6'''}$$

Schließlich folgt für die Veränderung des Leistungsbilanzsaldos des Landes I:

$$\frac{dZ^L}{dI} = \frac{-ms^*}{ss^* + sm^* + s^*m} \tag{11.6''''}$$

Bei Berücksichtigung der internationalen Rückwirkungen werden die Absickerverluste geringer sein, denn die Importe des Inlandes führen im Ausland zu einer Zunahme des Volkseinkommens, und dadurch nehmen die Exporte des Inlandes zu. Da die induzierte Importsteigerung des Auslandes die Exporte des Inlandes erhöht, ist die Passivie-

[1] Die Determinante ist

$$\tilde{D} = (s + m)(s^* + m^*) - mm^* = ss^* + sm^* + s^*m.$$

rung der Leistungsbilanz im Fall internationaler Rückwirkungen geringer. Dies bestätigt ein Vergleich der Multiplikatoren[2].

Aussage: Im Fall des Zwei-Länder-Multiplikators ist der Investitionsmultiplikator in bezug auf das Volkseinkommen (und damit der Beschäftigungseffekt) größer und die Passivierung der Leistungsbilanz geringer als im Fall ohne internationale Rückwirkungen. Die internationalen Rückwirkungen mildern die unerwünschten Effekte einer autonomen Investitionssteigerung.

3. Der Gleichungsansatz 11.6 stellt einen interessanten Ausgangspunkt für die Theorie der Übertragung von Konjunkturimpulsen dar. Allerdings müßte für diese Fragestellung u.a. die Vernachlässigung von unterschiedlichen Zinssätzen (Annahme 11.4) aufgegeben werden.

11.5 Geldmengenpolitik

In diesem Abschnitt wird die Frage gestellt, wie sich eine Veränderung der Geldmenge des Inlandes in einem keynesianischen Festpreismodell einer offenen Volkswirtschaft auswirkt. Es wird weiterhin unterstellt, daß das Inland ein kleines Land ist (A 11.1), daß also die Exporte vorgegeben sind und daß der ausländische Zinssatz gegeben ist. Ferner wird angenommen, daß der Wechselkurs konstant ist.

Für den Studenten ist es wichtig, sich klar zu machen, daß sich die Auswirkung einer Geldmengenpolitik in einer offenen Volkswirtschaft in bezug auf die Beschäftigungssituation nicht von einer geschlossenen Volkswirtschaft unterscheidet. Das spezifische Neue der Fragestellung ist, wie sich die Geldmengenpolitik auf das Zahlungsbilanzziel auswirkt.

1. Ansatz mit Neutralisierungspolitik. Bei einem festen Wechselkurs treten Salden in der Zahlungsbilanz auf. Folglich verändert die «extern» beeinflußte Geldmenge den Zahlungsbilanzsaldo

$$d\tilde{M} = Z \qquad (11.3')$$

---

[2] $$\frac{m}{s+m} > \frac{ms^*}{ss^* + sm^* + s^*m} \text{ oder}$$

$$\frac{m}{s+m} > \frac{m}{s + m + \frac{sm^*}{s^*}}$$

Im folgenden wird Neutralisierungspolitik unterstellt, es wird also angenommen, daß die Notenbank die durch den Zahlungsbilanzsaldo bedingte Änderung der Geldmenge kompensiert (Gleichung 11.3). Es wird also $d\tilde{M} = 0$ unterstellt. Differenziert man die Gleichungen 11.1–11.3 total, so erhält man[3] (bei $dG = o$)

$$\begin{bmatrix} (s+m) & -I_i & o \\ L_y & L_i & o \\ m & -\varkappa_i & 1 \end{bmatrix} \cdot \begin{bmatrix} dY \\ di \\ dZ \end{bmatrix} = \begin{bmatrix} o \\ dM \\ o \end{bmatrix} \tag{11.7}$$

2. Lösungen. Für die Determinante Δ erhält man

$$\Delta = (s+m)L_i + I_i L_y < o \tag{11.7'}$$

$\Delta < o$, da $L_i, I_i < o$. Als Resultate ergeben sich

$$\frac{dY}{d\,M} = \frac{1}{\Delta} I_i \geq o \tag{11.7''}$$

$$\frac{di}{d\,M} = \frac{1}{\Delta}(s+m) \leq o \tag{11.7'''}$$

$$\frac{dZ}{d\,M} = \frac{1}{\Delta}(-mI_i + (s+m)\varkappa_i) \leq o \tag{11.7''''}$$

Aussage: Sieht man von Sonderfällen ab, so führt eine Zunahme der Geldmenge in einem Keynesschen Fixpreissystem bei festem Wechselkurs zu einer Zunahme des Volkseinkommens, zu einem Sinken des Zinssatzes und zu einer Passivierung der Zahlungsbilanz.

Es ist hilfreich, sich daran zu erinnern, daß eine Geldmengenpolitik bei Neutralisierung sich in einer offenen Volkswirtschaft genauso auswirkt wie in einer geschlossenen Volkswirtschaft, also in einer Verschiebung der LM-Kurve. Was jedoch als zusätzlicher Aspekt der Analyse hinzukommt, ist die Frage, wie sich die Geldmengenpolitik auf den Saldo der Leistungs- und Zahlungsbilanz auswirkt.

3. IXSIm- und LM-Kurve. Das güterwirtschaftliche Gleichgewicht wird durch die IXSIm-Kurve dargestellt. Totale Differentiation der Gleichung 11.1 ergibt für die Steigung der IXSIm-Kurve

---

[3] Differentiation der Gleichungen 11.1–11.3 ergibt:

$$\begin{aligned} sdY + mdY - I_i di \quad &= o \\ L_y dY \quad + L_i di \quad &= d\,M \\ mdY \quad - \varkappa_i di + dZ &= o \end{aligned}$$

$$\frac{di}{dY} = \frac{s + m}{I_i} < o$$

Die IXSIm-Kurve hat eine negative Steigung. Sind die Investitionen zinsunreagibel ($I_i = 0$), so ist die Steigung der IXSIm-Kurve unendlich. Totale Differentiation des Geldmarktgleichgewichts (Gleichung 11.2) ergibt die Steigung der LM-Kurve

$$\frac{di}{dY} = -\frac{L_y}{L_i} \geq o$$

Für $L_i = -\infty$ (Liquiditätsfalle) hat die LM-Kurve eine Steigung von null; für $-\infty < L_i < 0$ liegt positive Steigung vor; für $L_i = 0$ wird die Steigung unendlich (klassischer Bereich).

4. Außenwirtschaftliches Gleichgewicht ohne Kapitalverkehr. Vernachlässigt man Kapitalverkehr, unterstellt man z. B. $\varkappa_i = 0$, so läßt sich externes Gleichgewicht durch eine ausgeglichene Leistungsbilanz ausdrücken. Externes Gleichgewicht liegt dann vor, wenn $Z^L = X - mY = 0$. In Schaubild 11.4a ist die Z^L-Kurve dargestellt. Die Z^L-Kurve gibt die Kombinationen von i und Y an, bei denen gilt $Z^L = X - Im = 0$. Wegen der Annahme des kleinen Landes folgt, daß es nur ein Y geben kann, für das $Z^L = \bar{X} - mY = 0$. Die Z^L-Kurve verläuft senkrecht. Rechts von Z^L ($X < mY$) liegen Defizite, links von Z^L Überschüsse.

5. Geldmengenpolitik ohne Kapitalverkehr. Wir sind nun in der Lage, die Auswirkungen einer Geldmengenerhöhung graphisch darzustellen. Gegeben sei eine Ausgangssituation in P (Schaubild 11.4b). Wird die Geldmenge vermehrt (Pfeil (1) in Schaubild 11.4b), so stellt sich in P' ein Defizit in der Leistungsbilanz ein; der Zins ist gesunken und das Volkseinkommen gestiegen. Unter den gemachten Annahmen besteht

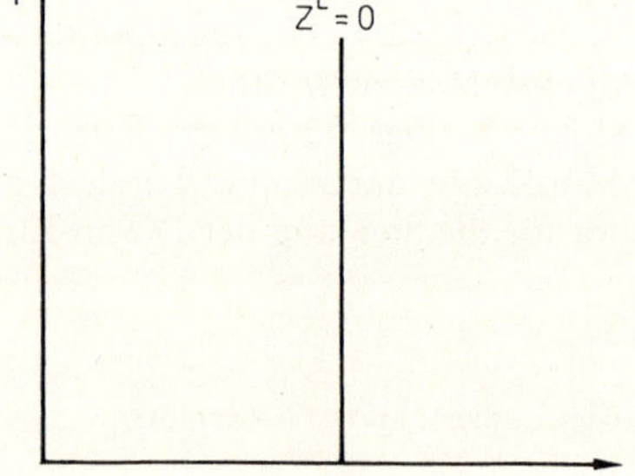

Schaubild 11.4 a

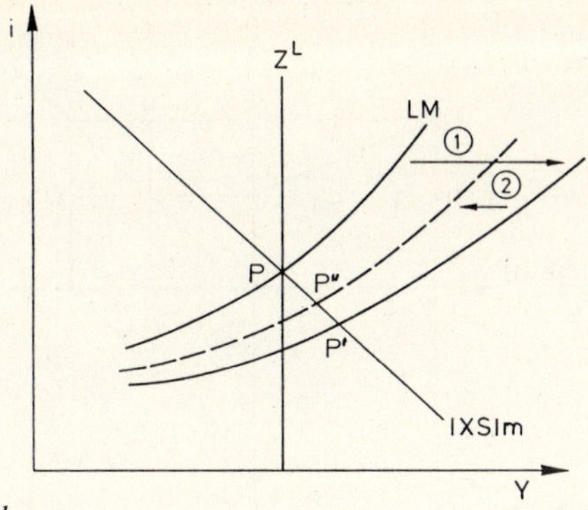

Schaubild 11.4 b

im Keynesschen System ein Zielkonflikt zwischen Leistungsbilanzausgleich und Vollbeschäftigung.

Liegt der Gleichgewichtspunkt P der Ausgangslage in der Liquiditätsfalle ($L_i = -\infty$), so hat die Geldmengenpolitik keinen Zinseffekt; liegt P im klassischen Bereich (vertikaler Ast der LM-Kurve), so sind Zins- und Beschäftigungseffekt am stärksten. Auch die Leistungsbilanz bleibt ausgeglichen. Die Zinsen steigen, haben aber wegen der Annahme $\varkappa_i = 0$ keinen Einfluß auf den Kapitalverkehr.

Aussage: Geldmengenexpansion bewirkt bei zinsunelastischem Kapitalverkehr über eine Zunahme des Volkseinkommens eine Steigerung der Importe und damit eine Passivierung der Leistungsbilanz.

Aus Schaubild 11.4 wird deutlich, daß sich die Geldmengenpolitik in einer offenen Volkswirtschaft auf Beschäftigung und Volkseinkommen genauso auswirkt wie in einer geschlossenen Volkswirtschaft. Allerdings ergibt sich die zusätzliche Frage nach dem Saldo der Leistungsbilanz.

6. Ableitung der Z = 0-Kurve. Läßt man Kapitalverkehr zu ($\varkappa_i > 0$), so ergibt sich aus der totalen Differentiation der Gleichung 11.4 für die Steigung der Z = 0-Kurve

$$\frac{di}{dY} = \frac{m}{\varkappa_i} > 0,$$

d. h. die Kurve Z des Zahlungsbilanzausgleichs hat eine positive Steigung. Diese Kurve wird in Schaubild 11.5 abgeleitet[4].

[4] Schaubild 11.5 kann auch für den Fall dargestellt werden, daß das Inland einen Leistungsbilanzüberschuß hat und Kapital netto exportiert.

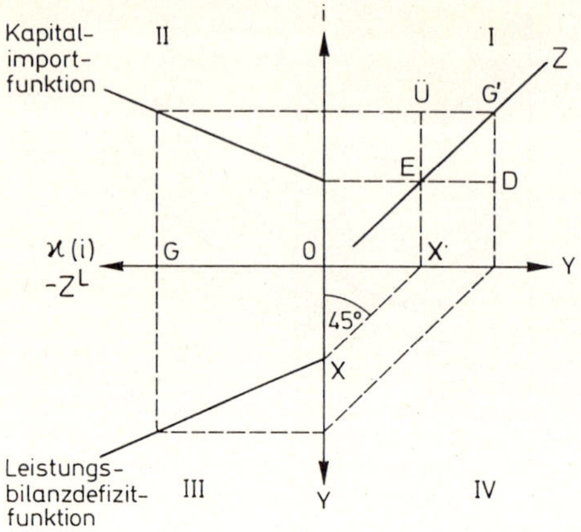

Schaubild 11.5

In Quadrant II von Schaubild 11.5 sind die Nettokapitalimporte des Inlandes $\varkappa(i)$ in Abhängigkeit vom Zinssatz des Inlandes dargestellt[5]. Mit zunehmendem inländischem Zinssatz i nehmen die Kapitalimporte zu. In Quadrant III ist das Leistungsbilanzdefizit $(-Z^L)$ in Abhängigkeit vom Volkseinkommen Y dargestellt. Mit steigendem Volkseinkommen nimmt das Leistungsbilanzdefizit $(-Z^L)$ zu, da die Importe mit zunehmendem Y steigen. Die Exporte sind konstant. Für ein Volkseinkommen OX ist die Leistungsbilanz ausgeglichen; OX stellt in diesem Fall sowohl die als konstant betrachteten Exporte als auch die Importe (Im = mY) dar.

Ein Ausgleich der Zahlungsbilanz bedeutet, daß Kapitalimporte (Strecke OG) und Leistungsbilanzdefizit (Strecke OG) sich kompensieren. Durch Übertragen mit Hilfe der Quadranten IV erhält man den Punkt G′, der eine ausgeglichene Zahlungsbilanz verdeutlicht. Punkte oberhalb der Z^L-Kurve (z. B. Ü) stellen einen Zahlungsbilanzüberschuß dar; Punkte unterhalb (z. B. D) kennzeichnen ein Defizit. Man beachte, daß die Strecke ED die Einkommensdifferenz angibt, die bei einem Zinssatz EX ursächlich ist für das Defizit in der Zahlungsbilanz.

7. Geldmengenpolitik mit Kapitalverkehr. Die Steigung der Kurve des Zahlungsbilanzausgleichs variiert mit der Zinselastizität der Kapitalbewegungen. Ist der Kapitalverkehr völlig zinsunelastisch, gilt also $\varkappa_i = 0$, dann gilt $Z = Z^L$ und die Z-Kurve verläuft vertikal.

---

[5] In den Schaubildern 11.5 ff. sind zur Vereinfachung lineare Funktionen unterstellt.

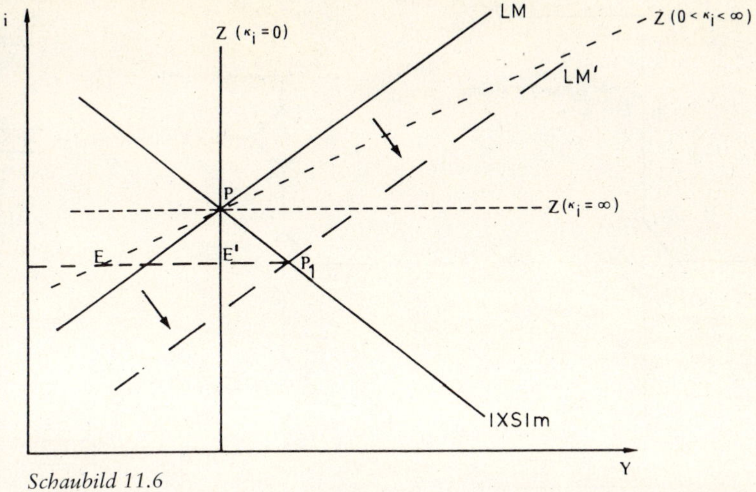

Schaubild 11.6

In Schaubild 11.6 wird die Auswirkung einer Geldmengenerhöhung auf die Varibalen Y, i, Z bei unterschiedlicher Zinsreagibilität $\varkappa_i$ des Kapitalverkehrs betrachtet. Es ist wichtig, sich in Erinnerung zu rufen, daß der Zahlungsbilanzsaldo sich nicht auf die Geldmenge auswirkt (Annahme der Neutralisierung). Ferner ist zu beachten, daß sich der Kapitalverkehr in diesem Ansatz auch nicht auf den Zinssatz auswirkt. Der Kapitalverkehr (oder die Zinsreagibilität $\varkappa_i$) ist jedoch ausschlaggebend für die Höhe des Zahlungsbilanzsaldos.

Aussage: Die Passivierung ist umso größer, je größer die Zinsreagibilität der Kapitalimporte ist. Die Passivierung erklärt sich aus zwei Ursachen: Das zunehmende Volkseinkommen läßt die Importe steigen. Der sinkende Zinssatz bewirkt Kapitalexporte (Rückgang der Kapitalimporte).

In Schaubild 11.6 kennzeichnet der horizontale Abstand des Gleichgewichtspunktes P_1 von der Z = 0-Kurve, also die Strecke EP_1, die für das Zahlungsbilanzdefizit ursächliche Volkseinkommensdifferenz. Bei einem um $E'P_1$ geringeren Volkseinkommen wäre der Warenverkehr ausgeglichen. Bei einem um E'E geringeren Volkseinkommen wäre das Defizit aus Kapitalverkehr beseitigt.

8. Pfeilschema. In Schaubild 11.7 werden die Auswirkungen einer Geldmengenerhöhung systematisch zusammengefaßt.

9. Zielbeziehungen. Geldmengenpolitik bewirkt bei konstantem Wechselkurs zwar eine Erhöhung der Beschäftigungssituation; aber die Zahlungsbilanz passiviert sich. Geht man in Schaubild 11.8 von

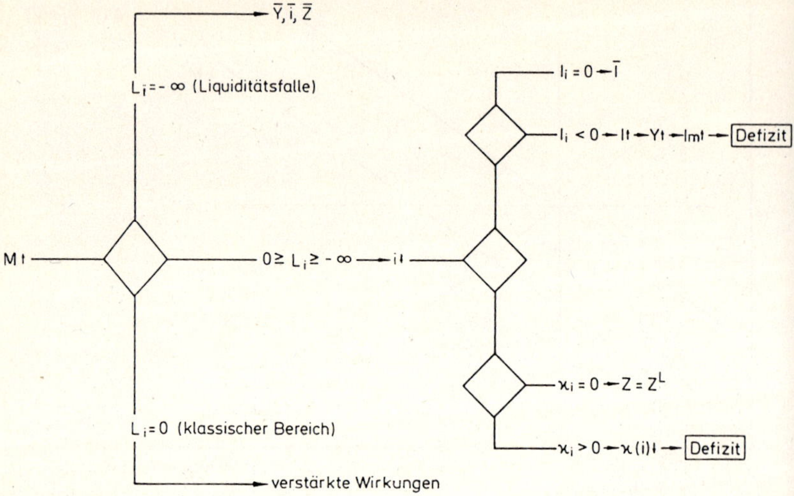

Schaubild 11.7

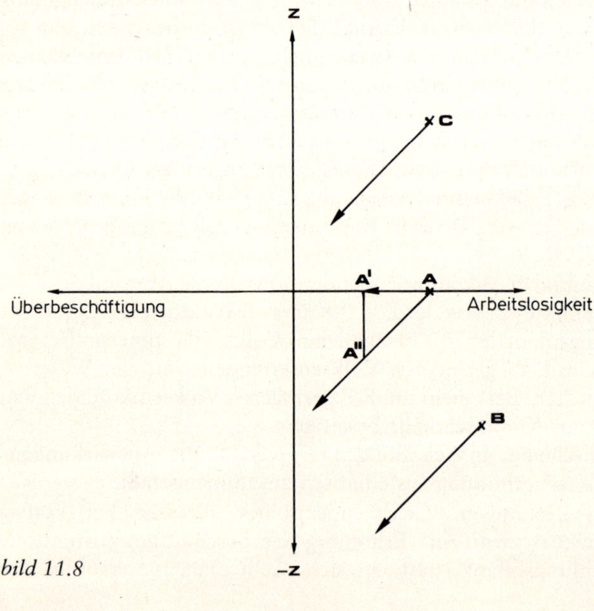

Schaubild 11.8

einer Ausgangssituation A mit Arbeitslosigkeit und Zahlungsbilanzausgleich aus, so bewirkt eine Geldmengenexpansion eine Zunahme der Beschäftigung (Strecke AA'), aber gleichzeitig ergibt sich ein Zahlungsbilanzdefizit (Strecke A'A"). Es besteht ein Zielkonflikt zwischen Beschäftigungspolitik und Zahlungsbilanzausgleich. Geht man von einer Ausgangssituation B aus (Arbeitslosigkeit und Zahlungsbilanzdefizit), so verschärft sich das Defizit durch eine Geldmengenausdehnung.

In einer Ausgangslage C (Arbeitslosigkeit und Zahlungsbilanzüberschuß) dagegen bedeutet eine Zunahme der Geldmenge, daß die Arbeitslosigkeit reduziert und der Überschuß in der Zahlungsbilanz abgebaut wird. Beide Ziele werden gleichzeitig erreicht. In der Ausgangslage A ist eine Zunahme der Geldmenge mit einem Zielkonflikt verbunden, in einer Ausgangslage C dagegen besteht Zielharmonie.

Aussage: Zielbeziehungen hängen von der gegebenen Ausgangslage ab.

10. Unvollständige Neutralisierung. Wir verändern nun die Annahme der Neutralisierungspolitik und führen einen Neutralisierungsparameter γ ein, für den gilt $0 \leqq \gamma \leqq 1$, wobei $\gamma = 0$ den Fall der vollständigen Neutralisierung und $\gamma = 1$ den Fall der Nichtneutralisierung kennzeichnet (Gleichung 11.3).

Prämisse A 11.5': Die Neutralisierungspolitik wird durch einen Parameter γ dargestellt.

Findet keine oder eine nur unvollständige Neutralisierung statt, so ergibt sich folgende Wirkungskette: Die Vermehrung der Geldmenge führt zu einer Passivierung der Zahlungsbilanz; dieser Devisenabfluß geht mit einer Verringerung der Geldmenge einher. Die LM-Kurve verschiebt sich nach links (Pfeil 2 im Schaubild 11.4b). Die Zinssenkung wird reduziert; der Anstieg des Volkseinkommens (Beschäftigungseffekt) wird verringert. Die Geldmengenexpansion verliert also an Effizienz, wenn keine (oder unvollständige) Neutralisierung erfolgt. Für die Veränderung der Geldmenge ergibt sich

$$dM^g = dM + \gamma Z, \tag{11.8}$$

und anstelle des Gleichungsansatzes 11.7 erhält man

$$A \cdot \begin{bmatrix} dY \\ di \\ dZ^L \end{bmatrix} = \begin{bmatrix} o \\ dM + \gamma Z \\ o \end{bmatrix} \tag{11.9}$$

wobei A für die Matrix in Gleichung 11.7 steht.

Definiert man einen Ausdruck $\alpha = 1 + \gamma Z/dM$, so verändern sich die Ergebnisse 11.7″, 11.7‴ und 11.7⁗ in der Weise, daß der Zähler jeweils mit α multipliziert werden muß. Da bei unvollständiger Neutralisierung $Z < 0$ ist (Passivierungstendenz), gilt $\alpha < 1$. Die Auswirkungen schwächen sich ab.

11. Langfristige Analyse. In einer langfristigen Analyse bringt eine Geldmengenvermehrung in Periode 1 (dM_1) ein Defizit mit sich (dZ_1^L). Allerdings ergibt sich aus 11.7⁗, daß die Leistungsbilanzveränderung geringer ist als die ursprüngliche Geldmengenvermehrung ($dZ_1^L/dM_1 < -1$). Das Defizit in Periode 1 bedeutet eine Verringerung der Geldmenge in Periode 2 ($-dZ_1^L = -dM_2$), macht also einen Teil der ursprünglichen Geldmengenvermehrung zunichte. Die Geldmengenvernichtung in der zweiten Runde bedingt eine Aktivierung der Leistungsbilanz in der zweiten Periode, allerdings gilt $dZ_2^L < -\,dM_1$. Die induzierten Veränderungen der Geldmenge und des Saldos werden von Periode zu Periode geringer. In der n-ten Periode tendieren sie gegen null. Langfristig findet also keine Änderung des Reservenbestandes statt, die Zahlungsbilanz ist langfristig ausgeglichen.

11.6 Fiskalpolitik

Im folgenden behalten wir die im vorigen Abschnitt unterstellten Prämissen des kleinen Landes (Annahme A 11.1), des festen Wechselkurses (Annahme A 11.2) und der vollständigen Neutralisierung (Annahme A 11.5) bei. Untersucht wird, wie sich eine Zunahme der Staatsausgaben auswirkt ($dG > 0$).

1. Fragestellung. Eine Zunahme der Staatsausgaben läßt durch eine Verschiebung der IXSIm-Kurve das Volkseinkommen und die Zinsen steigen. Damit treten zwei unterschiedliche Effekte auf die Zahlungsbilanz auf. Das steigende Volkseinkommen impliziert zunehmende Importe; damit besteht vom Güterverkehr her eine Tendenz zur Passivierung der Zahlungsbilanz. Der steigende Zins lockt Kapital an oder bremst Kapitalexporte. Damit entsteht eine Tendenz zur Aktivierung der Zahlungsbilanz.

2. Ansatz. Der Ansatz ist in den Gleichungen 11.1–11.4 beschrieben. Dieses Gleichungssystem wird durch eine parametrische Änderung der Staatsausgaben geschockt. Es wird eine Anleihefinanzierung der staatlichen Ausgaben unterstellt. Die Wirtschaftssubjekte kaufen also staatliche Wertpapiere. Durch totale Differentiation der Gleichungen 11.1–11.3 erhält man analog zu Gleichung 11.7

$$A \cdot \begin{bmatrix} dY \\ di \\ dZ \end{bmatrix} = \begin{bmatrix} dG \\ o \\ o \end{bmatrix} \qquad (11.10)$$

wobei die Matrix A wie in 11.7 oder 11.7′ definiert ist.

3. Lösungen. Als Lösungen erhält man

$$\frac{dY}{dG} = \frac{L_i}{\Delta} \geq o \qquad (11.10')$$

$$\frac{di}{dG} = -\frac{L_y}{\Delta} \geq o \qquad (11.10'')$$

$$\frac{dZ}{dG} = -\frac{1}{\Delta}(mL_i + L_y \varkappa_i) \qquad (11.10''')$$

Die Fiskalpolitik wirkt sich in einer offenen Volkswirtschaft auf Volkseinkommen und Zins nicht anders aus als in einer geschlossenen Volkswirtschaft. Der einzige Unterschied besteht in der Frage, welche Salden sich in der Leistungsbilanz oder Zahlungsbilanz einstellen.

4. Fiskalpolitik ohne Kapitalverkehr. Fiskalpolitik bewirkt eine Rechtsverschiebung der IXSIm-Kurve und damit eine Zunahme des Volkseinkommens und des Zinssatzes (Bewegung von Punkt P nach Punkt P′). Unterstellt man $\varkappa_i = o$, so stellt sich ein Defizit ein. Das gestiegene Volkseinkommen läßt die Importe zunehmen (Schaubild 11.9).

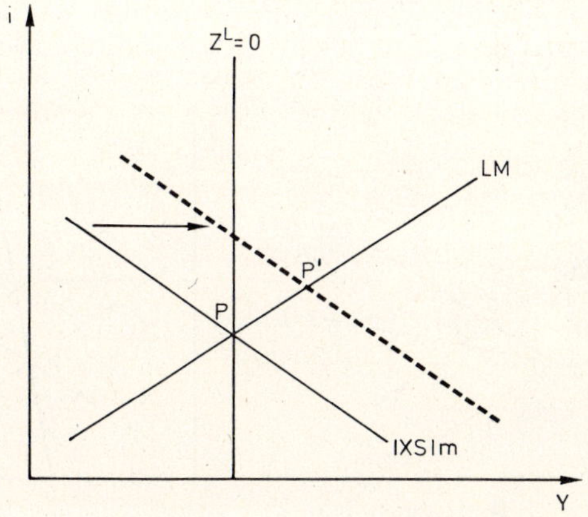

Schaubild 11.9

5. Fiskalpolitik bei Kapitalverkehr. Unterstellt man $\varkappa_i > o$, so geht von den steigenden Zinsen eine Aktivierungstendenz der Zahlungsbilanz aus. Wie stark diese Aktivierungstendenz ist und ob sie ausreicht, die Passivierungstendenz aus dem Güterverkehr zu kompensieren, hängt von der Zinsreagibilität des Kapitalverkehrs ab. Ist der Kapitalverkehr nicht sehr zinsreagibel, so überwiegt die Passivierungstendenz über den Güterverkehr. Ist der Kapitalverkehr dagegen sehr zinsreagibel, so dominiert seine Reaktion die Zahlungsbilanzsituation. Die Zahlungsbilanz aktiviert sich.

Aussage: Sind die Nettokapitalimporte sehr zinsreagibel, so aktiviert sich durch Fiskalpolitik die Zahlungsbilanz. Sind die Nettokapitalimporte nicht zinsreagibel, so passiviert sich die Zahlungsbilanz.

In Schaubild 11.10 sind die Fälle eines zinsreagiblen und nicht sehr zinsreagiblen Kapitalverkehrs verdeutlicht. Ist der Kapitalverkehr zinsreagibel (flacher Verlauf der Z = 0-Kurve), so bewirkt die Fiskalpolitik eine Aktivierung der Zahlungsbilanz. Die als Folge der Fiskalpolitik einsetzende Zinssteigerung kompensiert die Importsteigerung infolge Zunahme des Volkseinkommens (Schaubild 11.10a). Ist der Kapitalverkehr dagegen nicht sehr zinsreagibel, so ist der Kapitalimport infolge des gestiegenen Zinssatzes im Inland gering. Es stellt sich eine Passivierung der Zahlungsbilanz ein (Schaubild 11.10b).

6. Bedingung für Zahlungsbilanzreaktion. Aus dem Vergleich der Schaubilder 11.10a und b läßt sich erkennen, daß eine Aktivierung dann eintritt, wenn die Z = 0-Kurve eine niedrigere Steigung hat als die LM-Kurve. Diese Bedingung ergibt sich aus Gleichung 11.10‴,

$$mL_i + L_y\varkappa_i > o \rightarrow dZ/dM > o,$$

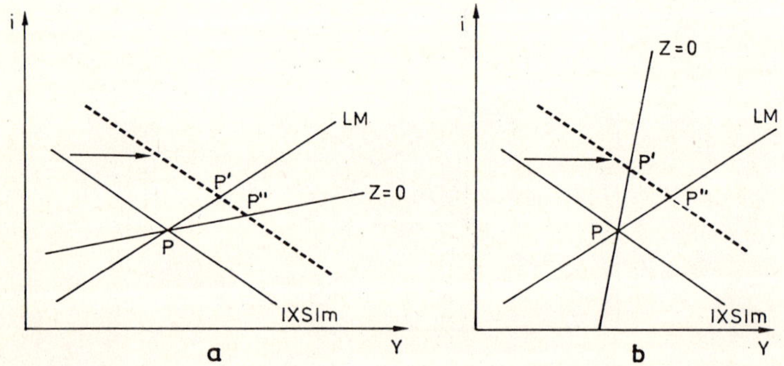

Schaubild 11.10

so daß gilt

$$-\frac{L_Y}{L_i} > \frac{m}{\varkappa_i} \leftrightarrow \frac{di}{dY_{/LM}} > \frac{di}{dY_{/Z=o}} \tag{11.11}$$

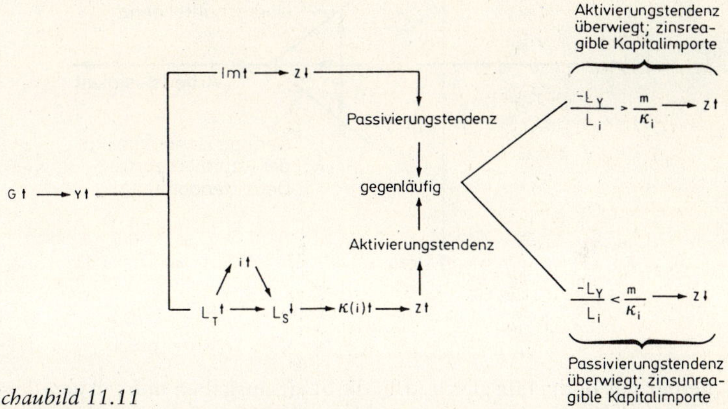

Schaubild 11.11

7. Pfeilschema. In Schaubild 11.11 ist die Auswirkung der Fiskalpolitik verdeutlicht.

8. Zielbeziehungen. Die Zielbeziehung zwischen Zahlungsbilanzausgleich und Vollbeschäftigung variiert nicht nur mit der Ausgangslage und dem eingesetzten Instument, sondern auch mit der Beschaffenheit (Charakteristik) der Volkswirtschaft. Unterstellt man eine Ausgangssituation der ausgeglichenen Zahlungsbilanz und der Arbeitslosigkeit, so kann die Fiskalpolitik einen Überschuß oder ein Defizit bewirken, je nachdem wie zinsreagibel die Nettokapitalimporte sind. Wenn die Nettokapitalimporte zinsreagibel sind, stellt sich ein Überschuß in der Zahlungsbilanz ein. Wenn dagegen die Nettokapitalimporte nicht zinsreagibel sind, ergibt sich ein Defizit (Schaubild 11.12).

9. Keine Neutralisierung. Gibt man die Annahme auf, daß die Zahlungsbilanzsalden neutralisiert werden, so haben die Salden eine Auswirkung auf die Geldmenge. Die LM-Kurve verschiebt sich also ebenfalls. Bei einem Überschuß nimmt die Geldmenge zu, bei einem Defizit nimmt sie ab.

10. Steuerfinanzierung. Wenn die zusätzlichen Staatsausgaben nicht über Anleihen sondern über Steuern finanziert werden, muß das Gleichungssystem 11.10 geändert werden. Das verfügbare Einkommen Y_p ist definiert als Volkseinkommen Y minus direkte Steuern T.

$$Y_p = Y - T$$

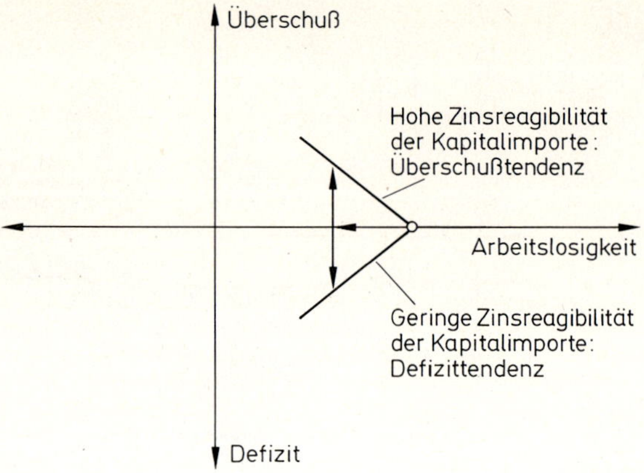

Schaubild 11.12

Ferner gilt Budgetausgleich, d.h. die Staatsausgaben müssen gerade so groß wie das Steueraufkommen sein, durch das sie (im einfachsten Fall) finanziert werden

$$G = T$$

11.7 Kombination von Instrumenten

Bei gegebenem Wechselkurs besteht zwischen Vollbeschäftigung und Zahlungsbilanzgleichgewicht keine Zielneutralität, wenn Geld- (Zielkonflikt) oder Fiskalpolitik (Zielkonflikt oder Zielharmonie) unternommen wird. Die Frage ist, ob eine geeignete Kombination der Geld- und Fiskalpolitik bei konstantem Wechselkurs eine Zielneutralität bewirken kann.

In Schaubild 11.13 wird der isolierte Einsatz der Geld- und Fiskalpolitik diskutiert. In der Ausgangslage P herrsche Überbeschäftigung. Setzt man nur die Geldpolitik ein (Pfeil ①), so baut man die Überbeschäftigung ab (Punkt P′). Aber man erhält einen Überschuß in der Zahlungsbilanz (Zielkonflikt).

Setzt man dagegen nur die Fiskalpolitik ein, so erreicht man P″ (Pfeil ②). Es ergibt sich ein Überschuß in der Zahlungsbilanz. Beim isolierten Einsatz beider Instrumente besteht also ein Zielkonflikt.

In Schaubild 11.14 ist der Fall dargestellt, daß beide Instrumente kombiniert eingesetzt werden. Eine Ausdehnung der Geldmenge

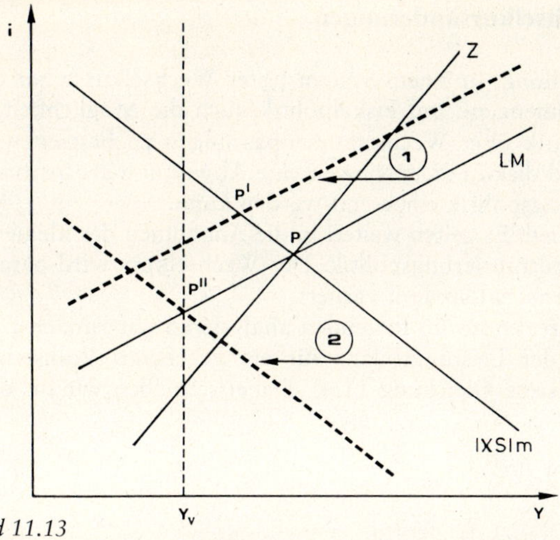

Schaubild 11.13

drückt den Zinssatz; auch eine kontraktive Fiskalpolitik läßt ihn sinken. Durch eine geeignete Kombination von Geldmengen- und Fiskalpolitik baut man ebenfalls die Überbeschäftigung ab und erreicht P''', wo internes und externes Gleichgewicht erreicht werden. Umgekehrt haben die USA anfang der achtziger Jahre eine expansive Fiskalpolitik (Budgetdefizit!) mit einer restriktiven Geldpolitik kombiniert. Als Fazit erhält man:

Aussage: Zielbeziehungen sind instrumentabhängig. Eine geeignete Kombination von Instrumenten kann Zielkonflikte in Zielneutralitäten überführen.

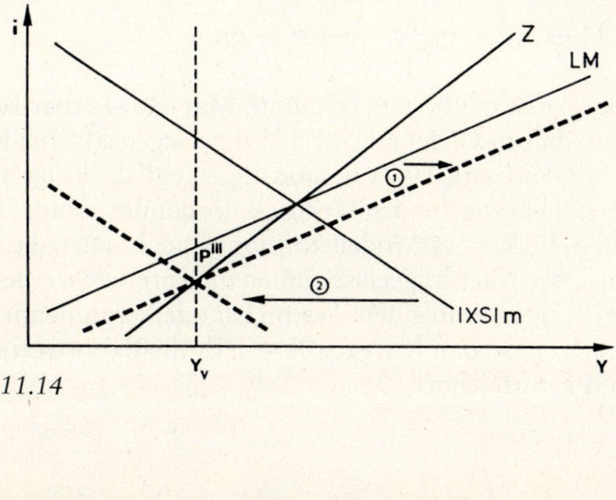

Schaubild 11.14

11.8 Wechselkursänderungen

1. Fragestellung. In einem System fester Wechselkurse hat ein Land neben Geldmengen- und Fiskalpolitik auch die Möglichkeit, Stabilisierungspolitik über Wechselkursanpassungen zu bestreiten. Im folgenden wird diskutiert, inwieweit eine Abwertung als Instrument der Beschäftigungspolitik eingesetzt werden kann.

2. Annahmen. Es gelten weiterhin die Annahmen des kleinen Landes und der Neutralisierungspolitik. Der Wechselkurs wird parametrisch von der Wirtschaftspolitik variiert.

3. Normalreaktion. Im folgenden analysieren wir zunächst, wie sich der Saldo der Leistungsbilanz für ein gegebenes Volkseinkommen verändert (siehe Gleichung 11.4). Dabei schreiben wir für die realen Importe

$$Im = w\ Im^{\$}$$

Aus

$$Z^L = X^{DM}(w) - Im(w,Y) \tag{11.12}$$

ergibt sich

$$\frac{dZ^L}{dw} = \frac{dX}{dw} \cdot \frac{w}{X} \cdot \frac{X}{w} - w \cdot \frac{dIm^{\$}}{dw} \cdot \frac{w}{Im^{\$}} \cdot \frac{Im^{\$}}{w} - Im^{\$}$$

Unterstellt man zur Vereinfachung einen ausgeglichenen Saldo in der Ausgangslage, so ergibt sich (bei Normierung des Wechselkurses w der Ausgangslage auf 1)

$$\left.\frac{dZ^L}{dw}\right|_{\bar{Y}} = (\eta_X - \eta_{Im} - 1)\ X = \pi.$$

Normalreaktion liegt dann vor, wenn

$$\frac{dZ^L}{dw} > O \leftrightarrow \eta_X - \eta_{Im} > 1 \leftrightarrow \pi > O. \tag{11.12'}$$

Diese Bedingung ist die bereits bekannte Marshall-Lerner-Bedingung. Man beachte, daß in Gleichung 11.12′ (im Gegensatz zur Robinson-Bedingung in Gleichung 10.7) η_x und η_{Im} nicht in bezug auf Güterpreise, sondern in bezug auf den Wechselkurs definiert sind. Da aber die Preise p_1 und p_2 im Keynes-Modell konstant sind, können die Elastizitäten η_X und η_{Im} wie Nachfrageelastizitäten interpretiert werden, denn es gilt $X = -p_1E_1$. Da wir in einem Festpreismodell argumentieren, kann man $p_1 = 1$ setzen, so daß X wegen $X = -E_1$ die Exportmenge angibt. Entsprechend kennzeichnet

$$\eta_X = \frac{dX}{dw}\frac{w}{X} = \frac{d(-E_1)}{dw}\frac{w}{-E_1} \geq O$$

die Elastizität der Exportnachfrage in bezug auf den Wechselkurs w. Da $Im^\$ = p_2^* E_2$, kann bei konstantem p_2^* (auf 1 normiert) geschrieben werden

$$\eta_{Im} = \frac{\partial Im^\$}{\partial w} \cdot \frac{w}{Im^\$} = \frac{\partial E_2}{\partial w} \cdot \frac{w}{E_2} < O.$$

4. Fragt man nun, wie sich eine Wechselkursvariation in einem Keynesschen Fixpreissystem auswirkt, so ist der Gleichungsansatz 11.13 zu differenzieren[6].

$$S(Y) = I(i) + G + X(w) - wIm^\$ (Y, w)$$

$$L(Y,i) = M + \tilde{M} \qquad (11.13)$$

$$X(w) - wIm^\$ (Y, w) + \varkappa (i) = Z$$

Es ergibt sich der Gleichungsansatz

$$\begin{bmatrix} s + m & -I_i & O \\ L_Y & L_i & O \\ m & -\varkappa_i & 1 \end{bmatrix} \cdot \begin{bmatrix} dY \\ di \\ dZ \end{bmatrix} = \begin{bmatrix} \pi\, dw \\ O \\ \pi\, dw \end{bmatrix} \qquad (11.13')$$

Die Determinante $\Delta < O$ ist identisch mit der Determinante in Gleichung 11.11. Als Lösungen erhält man

$$\frac{dY}{dw} = \frac{L_i}{\Delta}\pi \geq O \qquad (11.13'')$$

$$\frac{di}{dw} = -\frac{L_Y}{\Delta}\pi \geq O \qquad (11.13''')$$

$$\frac{dZ}{dw} = \frac{1}{\Delta}[sL_i + L_Y(I_i - \varkappa_i)]\,\pi \geq O \qquad (11.13^{iv})$$

5. Kurvendiskussion. Die IXSIm-Kurve muß sich bei einem gegebenen Zinssatz i bei einer Abwertung nach rechts verschieben. Denn aus der Definition der IXSIm-Kurve ergibt sich für gegebenen Zinssatz sdY =

[6] Es gilt wegen $w \cdot \frac{\partial Im^\$}{\partial Y} = m$

$$\begin{aligned} sdY + mdY - I_i di &= \pi\, dw = O \\ L_Y dY + L_i di &= O \\ mdY - \varkappa_i di + dZ &= \pi\, dw \end{aligned}$$

$\pi\,dw - mdY$, so daß $dY = \pi dw/(s + m) > 0$, d. h. Y steigt. Eine Abwertung wirkt sich also ähnlich wie Fiskalpolitik in einer Rechtsverschiebung der IXSIm-Kurve aus.
Die LM-Kurve dagegen bleibt unverändert, da die Geldmenge als gegeben betrachtet wird. Durch die Annahme der Neutralisierungspolitik wird ausgeschlossen, daß die Geldmenge infolge eines eventuell entstehenden Zahlungsbilanzsaldos variiert. Vernachlässigt man den Kapitalverkehr ($\varkappa_i = 0$), so erhält man für gegebenen Zinssatz i aus $Z^L = X(w) - wIm^{\$}(Y,w) = 0$, daß $dY = \pi dw/m > 0$, d. h. die $Z^L = 0$-Kurve verschiebt sich bei einer Abwertung parallel nach rechts. Bei einem Vergleich der Verschiebung der IXSIm-Kurve und der $Z^L = 0$-Kurve erkennt man, daß sich wegen $\pi/(s + m) < \pi/m$ die IXSIm-Kurve weniger stark nach rechts verschieben wird. Geht man also von einer ausgeglichenen Handelsbilanz $Z^L = 0$ in der Ausgangslage aus, so stellt sich eine aktive Handelsbilanz ein (Schaubild 11.15a).
6. Kapitalverkehr. Berücksichtigt man Kapitalverkehr ($\varkappa_i > 0$), so verschiebt sich die $Z = 0$-Kurve für einen gegebenen Zinssatz ebenfalls parallel nach rechts. Auch in diesem Fall verschiebt sich die IXSIm-Kurve weniger stark als die $Z = 0$-Kurve. Es stellt sich eine Aktivierungstendenz ein (Schaubild 11.15b).
7. Wirkung einer Abwertung. Eine Abwertung wirkt also auf Zinssatz und Volkseinkommen ähnlich wie die Fiskalpolitik. Das Volkseinkommen steigt, und der Zinssatz steigt ebenfalls. Unter der Prämisse der Normalreaktion aktiviert sich die Leistungsbilanz; der Zinssatz lockt Kapital an. Leistungsbilanz und Kapitalverkehr wirken in die gleiche Richtung (Schaubild 11.16).

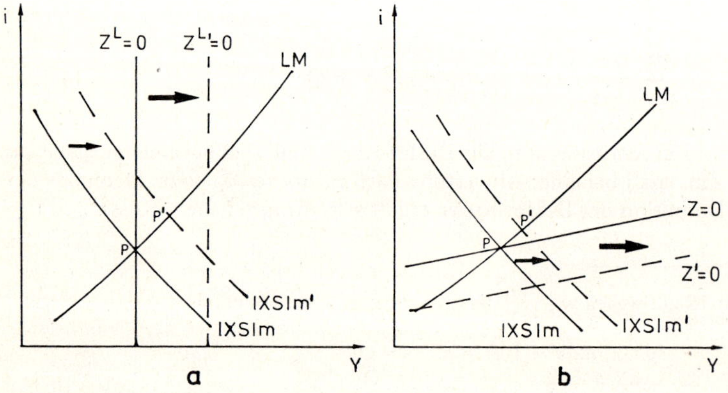

Schaubild 11.15

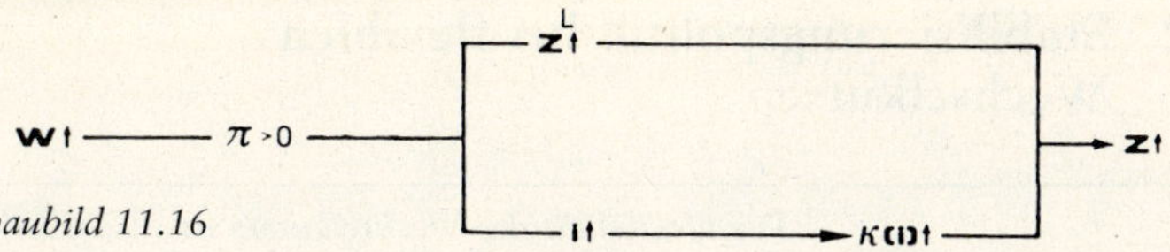

Schaubild 11.16

8. Bedeutung der Zinsreagibilität des Kapitalverkehrs. Nach Schaubild 11.15 verstärkt eine größere Zinsreagibilität des Kapitalverkehrs die Aktivierungstendenz bei Normalreaktion. Die Z = 0-Kurve verläuft für eine hohe Zinsreagibilität des Kapitalverkehrs relativ flach; d.h. die Aktivierungstendenz bei einer Abwertung wird größer.
9. Zielbeziehungen. Unter der Bedingung der Normalreaktion und der Prämisse der Neutralisierungspolitik ergibt sich immer eine Aktivierungstendenz bei Beschäftigungspolitik. Zielneutralität liegt also dann vor, wenn man von einer Situation der Arbeitslosigkeit und des Zahlungsbilanzdefizits ausgeht (Punkt B in Schaubild 11.17).

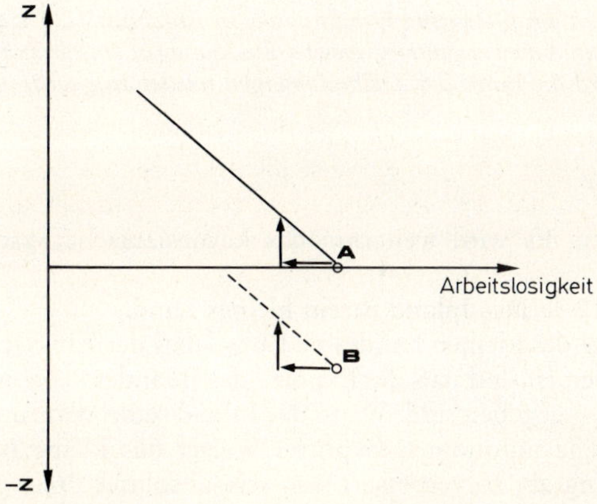

Schaubild 11.17

Weiterführende Fragen

1. Betrachten Sie den Investitionsmultiplikator mit internationalen Rückwirkungen (Abschnitt 11.4). Wie wird dieser Multiplikator verändert, wenn der Geldmarkt explizit berücksichtigt wird und damit der Zinssatz endogen ist.
2. Diskutieren Sie, wie sich eine Beschränkung der Importe im keynesianischen System auswirkt.

12. Stabilisierungspolitik bei flexiblen Wechselkursen

Die Flexibilität des Wechselkurses ist ... ein Substitut für andere Instrumente – zum Beispiel die Steuerpolitik –, die man sonst ziemlich massiv einsetzen müßte ...
*Herbert Giersch**

Unterstellt man flexible Wechselkurse, so wird die Zahlungsbilanz stets ausgeglichen. Folglich ist es nicht notwendig, Neutralisierungspolitik zu betreiben. Die Geldmenge kann durch Salden der Zahlungsbilanz nicht beeinflußt werden. Die Anpassung des flexiblen Kurses an die Marktbedingungen hat aber Auswirkungen auf das güterwirtschaftliche Gleichgewicht, da der Wechselkurs den komparativen Preisvorteil und damit den Außenbeitrag beeinflußt. Der Modellansatz des keynesianischen Systems mit flexiblem Wechselkurs wird in Abschnitt 12.1 diskutiert. Sodann werden die Geldmengen- (12.2) und die Fiskalpolitik (12.3) im System von Keynes beschrieben. Abschnitt 12.4 vergleicht die Wirksamkeit der Geld- und Fiskalpolitik. In Abschnitt 12.5 werden einige wesentliche Annahmen diskutiert, welche die Aussagen einschränken können. Schließlich wird die Frage der Zielbeziehungen wieder aufgegriffen.

12.1 Ansatz

1. Annahmen. Es wird weiterhin das keynesianische System unterstellt.
Prämisse A 12.1: Das Inland ist ein kleines Land.
Die Annahme des kleinen Landes bedeutet, daß der Zinssatz des Auslandes gegeben ist und daß die Exporte des Inlandes – bei gegebenem Wechselkurs – gegeben sind. Wenn das Inland seine Währung variiert, ändern sich die autonomen Exporte. Wertet das kleine Inland z.B. seine Währung ab, so verbessert sich sein absoluter Preisvorteil, und die Exporte steigen. Die Exporte des kleinen Landes sind also wechselkursabhängig.
A 12.2: Der Wechselkurs ist flexibel.
2. Ansatz. Der entscheidende Unterschied zu den bisherigen Ansätzen besteht darin, daß bei flexiblem Wechselkurs die Zahlungsbilanz stets ausgeglichen ist, d. h. Z = 0. In Gleichung 11.13 ist also Z = 0 zu setzen. Durch totale Differentiation von Gleichung 11.13 erhält man[1]

* Konjunktur- und Wachstumspolitik in der offenen Volkswirtschaft, Band 2; Wiesbaden 1983; S. 96.

[1] Für die erste Gleichung ergibt sich
$sdY = I_i di - mdY + \pi dw$

$$\begin{bmatrix} s+m & -I_i & -\pi \\ L_Y & L_i & O \\ m & -\varkappa_i & -\pi \end{bmatrix} \cdot \begin{bmatrix} dY \\ di \\ dw \end{bmatrix} = \begin{bmatrix} dG \\ dM \\ O \end{bmatrix} \tag{12.1}$$

3. Determinante. Für die Determinante Δ' erhält man

$$\begin{aligned} \Delta' &= \pi \{-[(s+m) L_i + L_Y I_i] - mL_i + L_Y \varkappa_i\} = \\ &= \pi \{-\Delta - mL_i + L_Y \varkappa_i\} \end{aligned} \tag{12.1'}$$

Der Term $\Delta < o$ ist die in Gleichung 11.7′ definierte Determinante. Die Determinante Δ' ist positiv, wenn Normalreaktion vorliegt[2], also

$$\pi > O \rightarrow \Delta' > O. \tag{12.1''}$$

12.2 Geldmengenexpansion

1. Geldmengenpolitik. Betrachtet man den Fall, daß die Notenbank die Geldmenge ausdehnt ($dM > 0$, $dG = 0$), so ergibt sich bei Normalreaktion

$$\frac{dY}{dM} = \frac{1}{\Delta'} (-I_i + \varkappa_i)\, \pi \geq O \tag{12.2}$$

$$\frac{di}{dM} = -\frac{s}{\Delta'}\, \pi \leq O \tag{12.3}$$

$$\frac{dw}{dM} = \frac{1}{\Delta'} [-mI_i + (s+m)\, \varkappa_i] \geq O \tag{12.4}$$

2. Interpretation. Bei flexiblen Wechselkursen führt eine Geldmengenexpansion – bei Normalreaktion – zu einem expansiven Effekt. Das Volkseinkommen steigt (Gleichung 12.2), der Zinssatz sinkt (Gleichung 12.3), und es ergibt sich eine Abwertung (12.4). In einem Keynesschen Festpreismodell wirkt sich die Geldmengenexpansion über die Abwertung positiv auf die Beschäftigung aus.

Die Auswirkung einer Geldmengenausdehnung läßt sich graphisch aus zwei Effekten «zusammensetzen»:

- einer Geldmengenexpansion bei konstantem Wechselkurs, wobei sich ein Zahlungsbilanzsaldo einstellt (vgl. Abschnitt 11.5);

---

[2] Δ' kann auch geschrieben werden als

$$\Delta' = \pi [-sL_i + L_Y (\varkappa_i - I_i)]$$

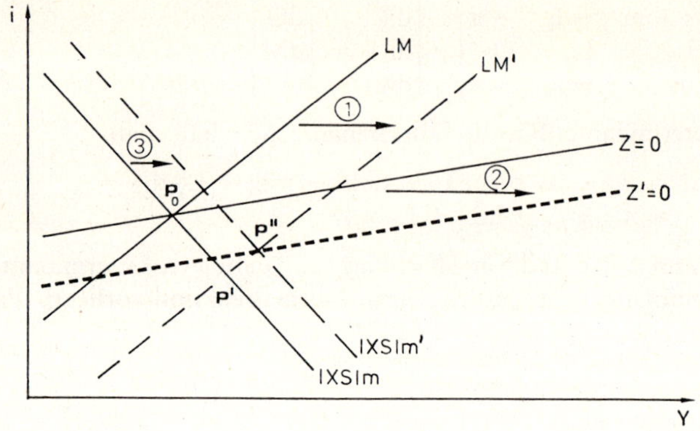

Schaubild 12.1

– der Wechselkursanpassung, die erforderlich ist, um den Zahlungsbilanzsaldo abzubauen, und den durch diese Wechselkursanpassung bedingten Auswirkungen (vgl. Abschnitt 11.8).

In Schaubild 12.1 kennzeichnet Pfeil ① die Verschiebung der LM-Kurve infolge einer Geldmengenexpansion bei festem Wechselkurs (P_oP'). Bei festem Wechselkurs würde sich aber ein Zahlungsbilanzdefizit einstellen. Folglich muß eine Abwertung erfolgen. Eine Abwertung verschiebt die IXSIm-Kurve und die $Z = 0$-Kurve nach rechts. Wie in Abschnitt 11.8 gezeigt, verschiebt sich infolge der Abwertung die IXSIm-Kurve weniger stark als die $Z = 0$-Kurve. Die Strecke P'P'' kennzeichnet den Beschäftigungs- und Zinseffekt infolge der Abwertung.

Die Gesamtwirkung einer Geldmengenpolitik bei flexiblem Wechselkurs läßt sich also in zwei Effekte aufspalten:

– P_oP': Auswirkung einer Geldmengenexpansion bei konstantem Wechselkurs und bei Neutralisierungspolitik;
– P'P'': Auswirkung der Abwertung.

3. Wirkungsschema. In Schaubild 12.2 ist die Auswirkung einer Geldmengenexpansion bei flexiblem Wechselkurs dargestellt. Auch in diesem Pfeilschema zeigt sich, daß sich der Gesamteffekt aus zwei Teileffekten zusammensetzt. Eine Geldmengenexpansion bewirkt bei konstantem Kurs sowohl über die Güterbewegungen ein Defizit (da mit steigendem Volkseinkommen die Importe steigen) als auch über den Kapitalverkehr (da mit sinkenden Zinsen im Inland die Nettokapitalimporte abnehmen). Unterstellt man nun flexible Wechselkurse, so bedingt das Defizit eine Abwertung. Die Abwertung aber bringt einen zusätzlichen Expansionseffekt (bei Normalreaktion).

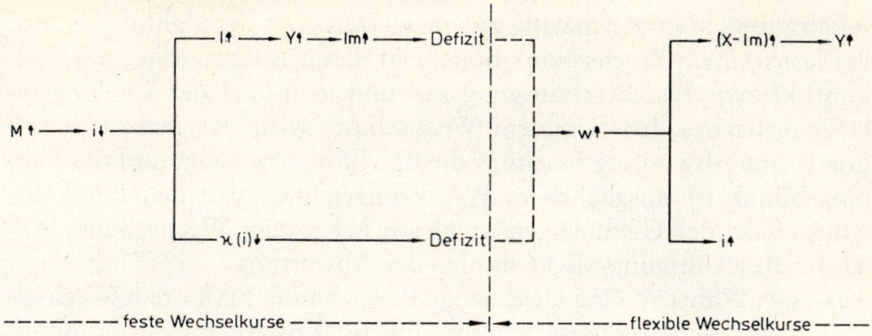

Schaubild 12.2

4. Bedeutung der Zinselastizität des Kapitalverkehrs. Ist der Kapitalverkehr sehr zinsreagibel, so entsteht bei konstantem Wechselkurs ein relativ großes Defizit; bei flexiblem Wechselkurs tritt also eine relativ starke Abwertungstendenz auf. Dies aber bedeutet eine starke Verschiebung der IXSIm-Kurve.

Aussage: Die Wirksamkeit der Geldpolitik ist bei flexiblen Kursen um so größer, je zinselastischer die Nettokapitalimporte sind.

5. Zielbeziehungen. In Schaubild 12.3 ist die Beziehung zwischen den Zielen Vollbeschäftigung und Zahlungsbilanzausgleich bei flexiblen Kursen dargestellt. Bei konstantem Wechselkurs führt in einer Ausgangslage P_o ein Geldmengenexpansion zu einer Zunahme der Be-

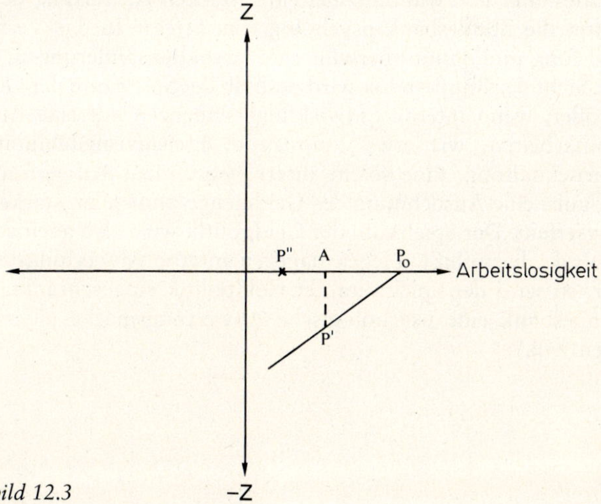

Schaubild 12.3

schäftigung, aber gleichzeitig zu einem Defizit in der Zahlungsbilanz. Bei konstantem Wechselkurs besteht in dieser Ausgangslage ein Zielkonflikt zwischen Beschäftigungsziel und dem Ziel des Zahlungsbilanzausgleiches. Bei flexiblem Wechselkurs wird das Defizit jedoch durch eine Abwertung beseitigt; die Beschäftigung steigt und die Zahlungsbilanz ist ausgeglichen. P_0A kennzeichnet also den Beschäftigungseffekt der Geldmengenexpansion bei festem Wechselkurs; AP'' ist der Beschäftigungseffekt infolge der Abwertung.

Aussage: Während eine Geldmengenausdehnung bei festem Wechselkurs eine Beschäftigungserhöhung nur auf Kosten eines Zahlungsbilanzdefizits erreichen kann (Zielkonflikt), überführen flexible Kurse diesen Zielkonflikt in eine Zielharmonie. Das Defizit in der Zahlungsbilanz wird durch eine Abwertung vermieden; die Abwertung hat außerdem einen positiven Beschäftigungseffekt.

Aussage: Geldmengenpolitik als Instrument der Beschäftigungspolitik wird bei flexiblen Wechselkursen (im Vergleich zu festen Wechselkursen) wirkungsvoller. Flexible Wechselkurse entschärfen bei der Geldpolitik den Zielkonflikt zwischen Zahlungsbilanzausgleich und Vollbeschäftigung.

6. Grenzen der Geldmengenpolitik. Die hier abgeleiteten Resultate über die Geldmengenpolitik ergeben sich aus dem keynesianischen System. Verläßt man dieses Modell (mit fixen Güterpreisen), so zeigt sich, daß in der wirtschaftlichen Wirklichkeit eine Abwertung preissteigernde Wirkung hat (vgl. Abschnitt 10.5). Nicht nur dieser Effekt ist der Bundesbank unerwünscht. Bei einer starken Abwertung der DM befürchtet die Bundesbank psychologische Effekte in das Vertrauen der Währung und damit unerwünschte Verhaltensänderungen.

Aus der Sicht der Bundesbank wird deshalb der Spielraum der Geldpolitik größer, wenn interne Entwicklungstendenzen auf eine Aufwertung hinarbeiten, wie etwa Innovation, Preisniveaustabilität und Lohnzurückhaltung. Eine solche intern begründete Aufwertungstendenz erlaubt eine Ausdehnung der Geldmenge ohne allzu starken Abwertungseffekt. Der Spielraum der Geldpolitik wird also auch von der Lohnpolitik beeinflußt. Liegen dagegen interne Abwertungstendenzen vor, so wird der Spielraum der Geldpolitik eingeschränkt, wenn die Bundesbank eine psychologische Abwertungsmarke nicht überschreiten will.

12.3 Fiskalpolitik

1. Resultate. Aus Gleichung 12.1 folgt für die Fiskalpolitik (dG > 0):

$$\frac{dY}{dG} = -\frac{L_i}{\Delta'}\pi \geq O \qquad (12.5)$$

$$\frac{di}{dG} = \frac{L_Y}{\Delta'}\pi \geq O \qquad (12.6)$$

$$\frac{dw}{dG} = -\frac{1}{\Delta'}(mL_i + \varkappa_i L_Y) \qquad (12.7)$$

Es ist zu unterscheiden, ob der Kapitalverkehr zinsreagibel (Fall A) oder nicht zinsreagibel ist (Fall B).

2. Fall A: Nicht zinsreagible Kapitalimporte. Geht man von einem Gleichgewichtszustand P in Schaubild 12.4 aus und betreibt man Fiskalpolitik, so würde sich zunächst bei konstantem Wechselkurs und Neutralisierungspolitik ein neues Gleichgewicht P′ einstellen (Pfeil ①). In P′ ist jedoch die Leistungsbilanz defizitär, es erfolgt eine Abwertung, die die Z = 0-Kurve nach rechts verschiebt (Pfeil ②). Die Abwertung führt über eine Erhöhung des Außenbeitrags zu einer zusätzlichen Rechtsverschiebung der IXSIm-Kurve. Dieser Effekt ist jedoch nicht so stark wie die Verschiebung der Z = 0-Kurve (siehe Abschnitt 11.8), es gilt also Pfeil ② > Pfeil ③. In P″ herrscht jetzt ein neues «internes» und «externes» Gleichgewicht. Im Fall A beseitigen also flexible Kurse den Zielkonflikt zwischen Vollbeschäftigung und Leistungsbilanzausgleich.

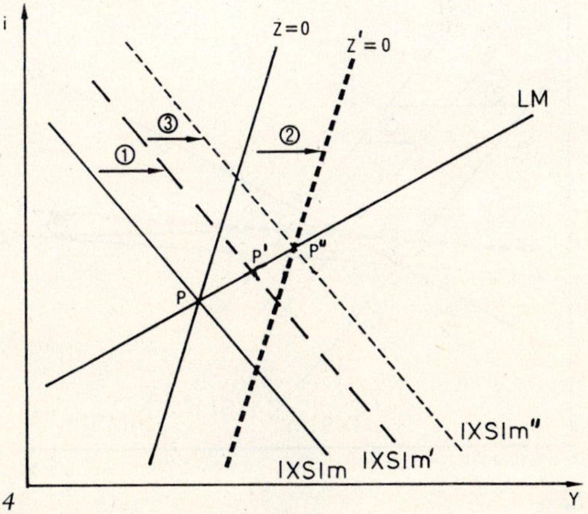

Schaubild 12.4

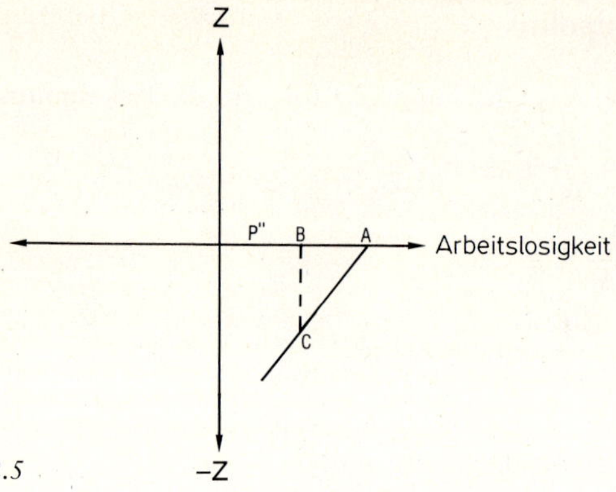

Schaubild 12.5

3. Zielbeziehungen. Bei konstantem Wechselkurs und nicht zinsreagiblem Kapitalimport ergibt sich ein Zielkonflikt, der in Schaubild 12.5 durch die Strecke AC gekennzeichnet ist. Bei flexiblen Kursen dagegen wird dieser Konflikt aufgelöst und man erreicht über den zusätzlichen Effekt BP″, der durch die Abwertung ausgelöst wird, den Punkt P″.

4. Fall B: Zinsreagible Kapitalimporte. Pfeil ① in Schaubild 12.6 kennzeichnet den anfänglichen expansiven Effekt der Fiskalpolitik bei konstantem Wechselkurs. Die Zinsreagibilität der Kapitalimporte bewirkt den flachen Verlauf der Z = 0-Kurve. Bei Punkt P′ liegt jetzt, im Gegensatz zu Fall A, eine aktive Leistungsbilanz vor. Diese löst eine

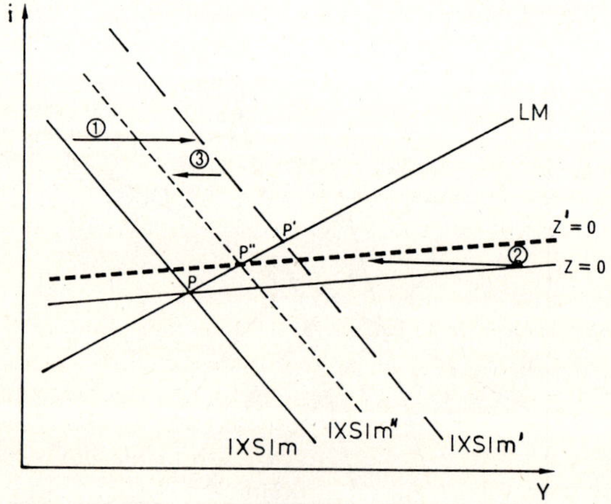

Schaubild 12.6

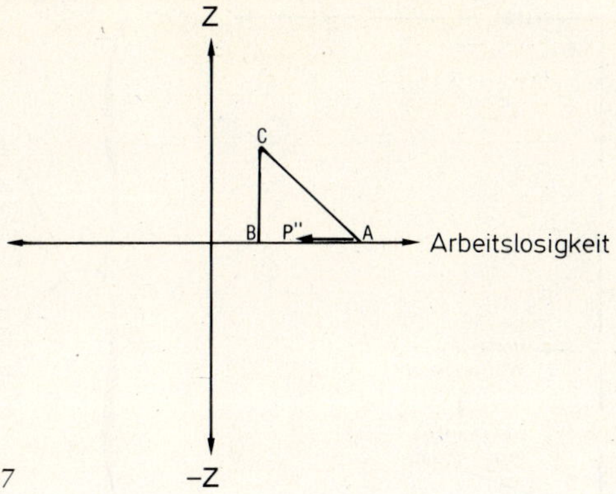

Schaubild 12.7

Aufwertungstendenz aus, die zur Folge hat, daß sich die Z = 0-Kurve nach links verschiebt (Pfeil ②). Die IXSIm-Kurve verschiebt sich ebenfalls nach links (Pfeil ③), da der Außenbeitrag sinkt. In P″ stellt sich ein neues Gleichgewicht ein. Bei sehr zinsreagiblen Kapitalimporten verschiebt sich der Punkt P″ nach P, denn es gilt bei $\varkappa_i \rightarrow \infty$, daß P″ = P′. In diesem Sonderfall zeigt die Fiskalpolitik also überhaupt keine Wirkung.

5. Zielbeziehungen. Das Dreieck ABC in Schaubild 12.7 zeigt die Auswirkungen der Fiskalpolitik bei konstanten Wechselkursen und zinsreagiblen Kapitalbewegungen. Es besteht ein Zielkonflikt zwischen Vollbeschäftigung und Leistungsbilanzausgleich. Die Strecke AP″ in Schaubild 12.7 zeigt die Auswirkungen der Fiskalpolitik bei flexiblen Wechselkursen. Je zinselastischer die Kapitalbewegungen sind, um so geringer ist AP″.

Aussage: Fiskalpolitik wird durch flexible Wechselkurse nicht in jedem Fall effizienter. Bei einer hohen Zinsreagibilität der Kapitalbewegungen wird ihre Wirksamkeit eingeschränkt.

6. Wirkungsschema. Der Gesamteffekt der Fiskalpolitik läßt sich aus zwei Teileffekten zusammensetzen: der Fiskalpolitik bei fixem Wechselkurs und einer Wechselkursvariation (Schaubild 12.8). Bei fixen Wechselkursen bewirkt eine Erhöhung der Staatsausgaben über die Zunahme des Volkseinkommens eine Steigerung der Importe (Passivierung) und über den gestiegenen Zinssatz eine Zunahme der Kapitalimporte (Aktivierung). Sind die Kapitalimporte zinsreagibel, so stellt sich ein Überschuß ein. Bei flexiblen Kursen muß dann eine Aufwertung erfolgen. Sind die Kapitalimporte nicht zinsreagibel, so stellt sich bei fixem Wechselkurs ein Defizit ein. Bei flexiblem Wechselkurs impliziert dies eine Abwertung.

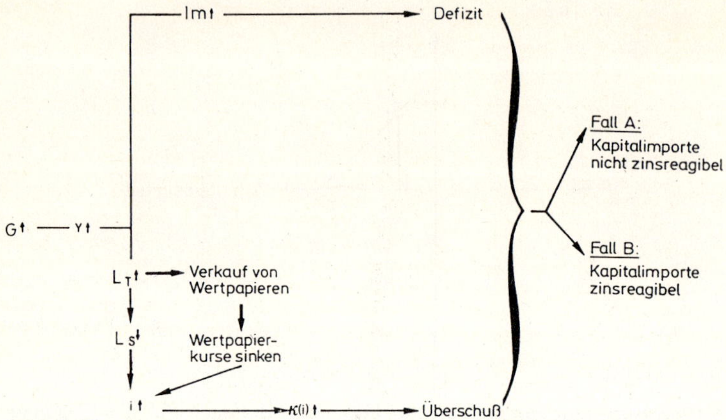

Schaubild 12.8

12.4 Vergleich der Geld- und Fiskalpolitik

Die Effizienz geld- und fiskalpolitischer Maßnahmen im keynesianischen System variiert mit dem Wechselkurssystem. Bei konstantem Wechselkurs bringt die Geldmengenexpansion ein Defizit, ist also in dem Sinne bei kurzfristiger Betrachtung unwirksam, daß die Beschäftigungszunahme durch ein Defizit erkauft werden muß. Langfristig ist die Geldmengenpolitik bei konstantem Kurs völlig unwirksam. Die Fiskalpolitik vermeidet bei konstanten Kursen das Defizit, wenn eine hohe Zinsreagibilität des Kapitalverkehrs vorliegt. Bei flexiblen Kursen wird die Geldpolitik dann besonders wirksam, wenn die Zinsreagibilität hoch ist; dagegen wird die Fiskalpolitik bei hoher Kapitalmobilität unwirksam.

Aussage: Bei flexiblen Wechselkursen wird Geldpolitik wirkungsvoller. Bei flexiblen Wechselkursen und starker Zinsreagibilität wird Fiskalpolitik wirkungslos.

Tabelle 12.1 faßt die Resultate zusammen:

Tabelle 12.1

	Geldpolitik	Fiskalpolitik
Konstante Kurse	Langfristig unwirksam	Wirksam bei Kapitalmobilität
Flexible Kurse	Wirksam bei Kapitalmobilität	Relativ unwirksam bei Kapitalmobilität

12.5 Modellprämissen und wirtschaftspolitische Handlungsanweisungen

Die hier abgeleiteten Aussagen über die Effizienz wirtschaftspolitischer Instrumente zeigen auf, wie die Wirksamkeit von stabilisierungspolitischen Maßnahmen durch Kapitalmobilität bei konstanten und flexiblen Wechselkursen beeinflußt wird. Vor einer direkten Übertragung dieser sehr interessanten Ergebnisse in die wirtschaftspolitische Praxis sollte sich der Leser aber klar werden, daß die einfach gehaltene Analyse eine Reihe von Annahmen macht, die möglicherweise für die Resultate strategisch sind. Einige dieser Prämissen sind:

1. Die Resultate ergeben sich aus dem keynesianischen Fixpreismodell, in dem die Güterpreise konstant gesetzt sind und z.B. Wechselkursänderungen keinen Einfluß auf die Güterpreise haben.

2. International mobiles Kapital ist eine Bestandsgröße; in der Kapitalimportfunktion jedoch wird eine Stromgröße betrachtet.

3. Bei flexiblen Wechselkursen wird nicht berücksichtigt, daß eine Wechselkursänderung über die Veränderung der Terms of Trade einen Einkommenseffekt bewirkt, und damit eine Wechselkursänderung Rückwirkungen auf die Ersparnisse und (möglicherweise) die Investitionen hat.

4. Die Annahme eines kleinen Landes schränkt die Resultate ebenfalls ein. Betrachten wir die Geldpolitik im Zwei-Länder-Fall bei flexiblen Kursen. Die Abwertung reduziert die Kapitalimporte. Das Leistungsbilanzdefizit des Inlandes ist ein Leistungsbilanzüberschuß des Auslandes; das Volkseinkommen dort muß ceteris paribus steigen. Die Kapitalimporte des Inlandes führen zu einem Zinsanstieg im Ausland, der die Investitionen dort bremst. Bei den internationalen Rückwirkungen ist auch die Frage zu stellen, wie die Zusammenhänge bei Berücksichtigung von Preiseffekten verlaufen.

5. Die Rolle von Aufwertungs- und Abwertungserwartungen ist bei den Aussagen über die Effizienz der Geld- und Fiskalpolitik nicht berücksichtigt worden.

12.6 Zielbeziehungen zwischen interner Stabilität und externem Gleichgewicht

Im folgenden werden die Resultate über die Zielbeziehungen zwischen Zahlungs(Leistungs-)bilanzausgleich und Vollbeschäftigung im keynesianischen System zusammengefaßt.

1. Konstanter Wechselkurs. In Schaubild 12.9 sind vier mögliche

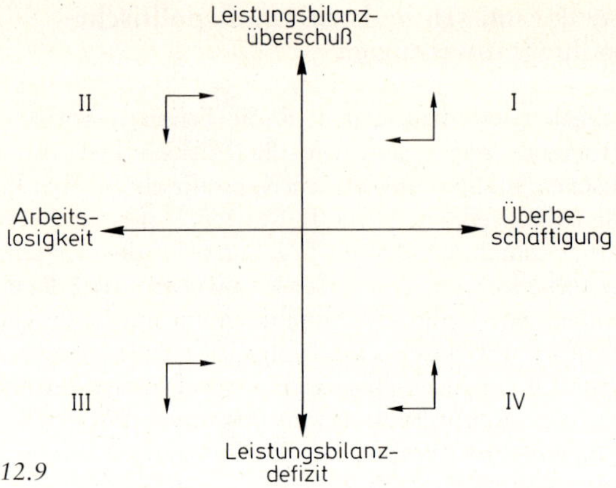

Schaubild 12.9

Kombinationen der Zielerfüllungsgrade «Leistungsbilanzausgleich» und «Vollbeschäftigung» bei Fiskalpolitik dargestellt.

Weist die Leistungsbilanz einen Überschuß auf und liegt Überbeschäftigung vor (Quadrant I), so führen z. B. fiskalpolitische Maßnahmen durch eine Dämpfung der gesamtwirtschaftlichen Nachfrage zum Abbau der Überbeschäftigung; gleichzeitig sinken wegen der Dämpfung der gesamtwirtschaftlichen Nachfrage und des dadurch bedingten Rückgangs des Volkseinkommens die Importe; die Exporte sind konstant (Annahme des kleinen Landes). Der Leistungsbilanzüberschuß vergrößert sich. Es liegt ein Zielkonflikt zwischen interner Stabilität und externem Gleichgewicht vor.

Bei Arbeitslosigkeit und Zahlungsbilanzüberschuß (Quadrant II) liegt Zielharmonie vor: Expansive Fiskalpolitik zur Erhöhung der Beschäftigung baut den Überschuß ab, denn Importe nehmen mit steigendem Volkseinkommen zu. Ist ein Defizit bei Arbeitslosigkeit gegeben (Quadrant III), so verringern fiskalpolitische Expansionsmaßnahmen die Arbeitslosigkeit, aber sie steigern das Defizit (Zielkonflikt). Zielharmonie liegt dagegen bei fiskalpolitischen Maßnahmen zur Reduzierung der Überbeschäftigung vor, wenn Defizit und Überbeschäftigung in der Ausgangslage zusammenfallen (Quadrant IV).

2. Freigabe des Wechselkurses. Auch in diesem Fall kann man zeigen, daß die Art einer Zielbeziehung mit dem eingesetzten wirtschaftspolitischen Instrument variiert. Angenommen wir haben eine Situation mit einem Leistungsbilanzüberschuß und mit Überbeschäftigung (Quadrant I), so liegt bei gegebener Fiskalpolitik ein Zielkonflikt vor. Wird der Wechselkurs in dieser Situation freigegeben, so muß er sinken; bei

Normalreaktion wird der Leistungsbilanzüberschuß reduziert; damit wird aber auch die Überbeschäftigung abgebaut. Der Übergang von konstantem Kurs zu flexiblem Kurs transformiert den Zielkonflikt zwischen Leistungsbilanzausgleich und Vollbeschäftigung in eine Zielharmonie.
Im vorliegenden Fall haben wir für eine Freigabe des Wechselkurses, z.B. bei gegebener Fiskalpolitik, argumentiert. Als wirtschaftspolitische Maßnahme erscheint in diesem Fall der Übergang von konstantem zu flexiblem Kurs. Das gleiche Resultat in bezug auf die Zielbeziehung stellt sich auch ein, wenn die Wirtschaftspolitik, z.B. bei gegebener Fiskalpolitik, zwar den Wechselkurs nicht freigibt, aber den Wechselkurs neu festlegt und dabei den Gleichgewichtskurs trifft. Eine andere Frage ist, welche Zielbeziehung zwischen Leistungsbilanzausgleich und Vollbeschäftigung besteht, wenn bei flexiblem Kurs die Fiskalpolitik variiert wird. In diesem Fall ergibt sich Zielneutralität: Eine expansive Fiskalpolitik läßt die Beschäftigung zunehmen, beeinflußt aber nicht die Leistungsbilanz, da flexible Kurse für den Ausgleich der Leistungsbilanz sorgen.

Weiterführende Fragen

1. Unterstellen Sie ein Währungssystem mit konstanten Wechselkursen zwischen den Mitgliedsländern, aber flexiblen Kursen nach außen (z. B. EWS). Unterstellen Sie Kapitalverkehr. Zeigen Sie, daß eine expansive Fiskalpolitik in einem Land über die Aufwertung gegenüber dem Drittland in einem anderen Land des Währungssystems zu einer Kontraktion führen kann (Sauernheimer A1984).
2. Im Jahr 1988 betrug die Arbeitslosigkeit in Leer etwa 22 v. H., in Ludwigsburg nur etwa 4 v. H. Erörtern Sie, welche Anpassungsprozesse möglich wären, wenn es eine Hansa-Mark und einen Strauß-Späth-Batzen geben würde (Siebert A1988c). Diskutieren Sie, welche Bedeutung die Tatsache hat, daß in einer europäischen Währungsunion Wechselkursänderungen grundsätzlich vermieden werden sollen.

13. Eine offene Volkswirtschaft mit variablen Preisen

Wenn es aber unseren zentralen Leitungen gelingt, eine Gesamtmenge der Erzeugung festzusetzen, die mit Vollbeschäftigung so nah als durchführbar übereinstimmt, wird die klassische Theorie von diesem Punkt an wieder zu ihrem Recht kommen.

*John Maynard Keynes**

In den beiden vorstehenden Kapiteln wurde ein keynesianisches Modell mit fixen Preisen unterstellt. In diesem Kapitel argumentieren wir in einem Modell, in dem die Preise flexibel sind und in dem die gesamtwirtschaftliche Nachfrage und das gesamtwirtschaftliche Angebot vom Preisniveau abhängen. Das gesamtwirtschaftliche Gleichgewicht wird durch den Schnittpunkt von gesamtwirtschaftlicher Nachfrage und gesamtwirtschaftlichem Angebot bestimmt (Abschnitt 13.1). Die Z-Kurve dient dazu, das gesamtwirtschaftliche Gleichgewicht in Situationen des Leistungsbilanzdefizits oder -überschusses zu klassifizieren (Abschnitt 13.2). In Abschnitt 13.3 werden die Geld- und Fiskalpolitik bei Leistungsbilanzüberschuß behandelt; in Abschnitt 13.4 wird die klassische Anpassung bei Defiziten erörtert. Wie sich eine Abwertung bei Defizit und Arbeitslosigkeit auswirkt, steht in Abschnitt 13.5 zur Debatte. Schließlich werden die Auswirkungen eines externen Angebotsschocks (Abschnitt 13.6), mögliche Anpassungen bei einem Angebotsschock (Abschnitt 13.7) und die Lohnpolitik (Abschnitt 13.8) diskutiert.

13.1 Gesamtwirtschaftliches Gleichgewicht bei variablen Preisen

In den Kapiteln 11 und 12 haben wir eine keynesianische Volkswirtschaft mit konstanten Preisen analysiert. Die Annahme der konstanten Preise geben wir jetzt auf.
Prämisse A 13.1: Unterstellt wird eine Volkswirtschaft, in der Güterpreise und der nominale Lohnsatz variabel sind.
Ein gesamtwirtschaftliches Gleichgewicht liegt dann vor, wenn gesamtwirtschaftliche Nachfrage und gesamtwirtschaftliches Angebot übereinstimmen. Dann sind die gesamtwirtschaftliche Produktionsmenge (das Volkseinkommen) und das gleichgewichtige Preisniveau bestimmt.

* Allgemeine Theorie der Beschäftigung, des Zinses und des Geldes; Berlin 1955; S. 319.

1. Gesamtwirtschaftliche Nachfrage. Die gesamtwirtschaftliche Nachfrage variiert mit dem Preisniveau. Man unterstelle zunächst eine gegebene nominale Geldmenge $\tilde{M}$. Sei das anfänglich gegebene Preisniveau p_o. Bei gegebener Fiskalpolitik ist die IS-Kurve bei gegebenem Preis bestimmt (oberer Teil des Schaubilds 13.1). Ein gegebenes Preisniveau p_o und eine gegebene nominale Geldmenge bestimmen die reale Geldmenge und die LM_o-Kurve. Das Gleichgewichtseinkommen ist Y_o. Punkt A′ kennzeichnet einen Punkt auf der gesamtwirtschaftlichen Nachfragekurve.

Wenn nun das Preisniveau sinkt, so wirkt sich dies in einer Zunahme der realen Geldmenge aus: Der nominale Zinssatz sinkt, und die reale Nachfrage steigt, etwa weil die Investitionsnachfrage zunimmt. Das neue gleichgewichtige Volkseinkommen ist Y_1; Punkt B′ ist ein Punkt

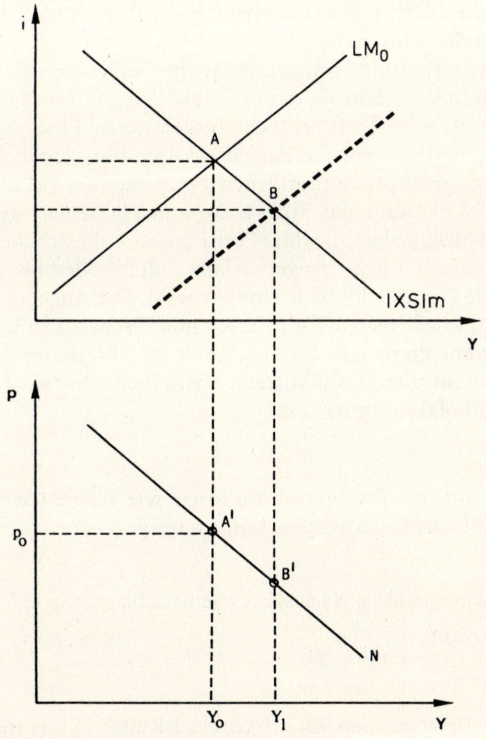

Schaubild 13.1

der gesamtwirtschaftlichen Nachfragekurve. In Schaubild 13.1 wird die gesamtwirtschaftliche Nachfragekurve abgeleitet. Diese Kurve stellt also die gesamtwirtschaftliche Nachfrage in Abhängigkeit vom Preisniveau dar, wobei Geldmarktgleichgewicht impliziert ist.

Man beachte, daß die gesamtwirtschaftliche Nachfragekurve für eine gegebene nominelle Geldmenge und ein gegebenes Niveau der Staatsausgaben definiert ist. Bei einer Bewegung entlang der gesamtwirtschaftlichen Nachfragekurve (z. B. von A′ nach B′) variiert der Zinssatz, da mit sinkendem Preis und bei gegebener nomineller Geldmenge die reale Geldmenge zunimmt. Bei einer Bewegung entlang der gesamtwirtschaftlichen Nachfragekurve verändern sich die Investitionen[1].

Eine Erhöhung der nominellen Geldmenge läßt bei gegebenem Preisniveau die reale Geldmenge steigen, die gesamtwirtschaftliche Nachfragekurve verschiebt sich nach rechts. Bei gegebenem Preisniveau sinken die Zinsen. Eine Zunahme der Staatsausgaben verschiebt die gesamtwirtschaftliche Nachfragekurve ebenfalls nach rechts. In diesem Fall steigt jedoch der Zins.

2. Gesamtwirtschaftliches Angebot. Ist eine Volkswirtschaft – wie bei Keynes – durch konstante Güterpreise und einen konstanten Lohnsatz gekennzeichnet, so verläuft bei nicht ausgelastetem Produktionspotential die gesamtwirtschaftliche Angebotskurve horizontal. Durch eine Zunahme der gesamtwirtschaftlichen Nachfrage (etwa infolge Geld- oder Fiskalpolitik) kann das Volkseinkommen gesteigert werden. Läßt man nun die Möglichkeit flexibler Preise zu, so stellt sich die Frage, wie die gesamtwirtschaftliche Angebotskurve durch flexible Preise und durch flexible Nominallöhne beeinflußt wird. Die Angebotskurve läßt sich wie folgt konstruieren (Dornbusch und Fischer, 1987, Kap. 13).

Es wird argumentiert, daß Unternehmen ihre Preise an den Kosten, insbesondere an den Lohnkosten, ausrichten. Es wird also eine Zuschlagskalkulation unterstellt:

$$p = bl \tag{13.1}$$

Die Kosten anderer Produktionsfaktoren wie Kapital werden nicht berücksichtigt. Die Unternehmen können bei gegebenem Lohnsatz eine

---

[1] Die gesamtwirtschaftliche Nachfragekurve ist definiert durch:

$$\begin{aligned} L(Y,i) &= M/p \\ Y &= C(Y) + I(i) + Z^L \\ Z^L &= X(w,p) - Im(Y,w,p) \end{aligned}$$

Durch totale Differentiation läßt sich zeigen, daß die Z^L-Kurve steiler verläuft als die gesamtwirtschaftliche Nachfragekurve.

größere Menge nur zu höheren Preisen anbieten. Die Angebotskurve hat bei gegebenem Lohnsatz also wie bei Kurve $A(l_0)$ einen steigenden Verlauf (siehe Schaubild 13.2).

Es wird ferner unterstellt, daß der Nominallohn einer Periode aus dem Nominallohn der Vorperiode und der Arbeitslosigkeit u mit einem Anpassungsparameter $\in$ (Phillips-Kurve) resultiert

$$l = l_{-1} (1 - \in u). \tag{13.2}$$

Nach Okuns Gesetz ist die Arbeitslosigkeit proportional zur Sozialproduktslücke

$$u = h(Y_v - Y)/Y_v \tag{13.3}$$

Dabei kennzeichnet Y_v die langfristige Produktionskapazität.

Durch diese drei Gleichungen paßt sich also der Lohnsatz und damit der Preis gemäß der Beschäftigungssituation an. Sei z. B. $Y > Y_v$, so steigt der Lohn (und damit der Preis) in der nächsten Runde. Die Angebotskurve $A(l_0)$ verschiebt sich nach oben auf $A(l_1)$. Es wird also unterstellt, daß die Lohnsätze nur mit einer Verzögerung auf die gestiegene Nachfrage reagieren. Kurzfristig können die Unternehmer zu relativ günstigen Kostenbedingungen anbieten; die kurzfristige Angebotskurve verläuft flach. Die Arbeitnehmer unterliegen kurzfristig der Geldillusion. Langfristig wird man aber erwarten dürfen, daß eine gestiegene Nachfrage nach Arbeit (Überbeschäftigung) zur Lohnerhöhung führt; die Angebotskurve verschiebt sich nach oben.

Die Angebotskurve verläuft bei höherem Lohnsatz steiler. Langfristig ist die Angebotskurve durch das potentielle Volkseinkommen Y_v (Pro-

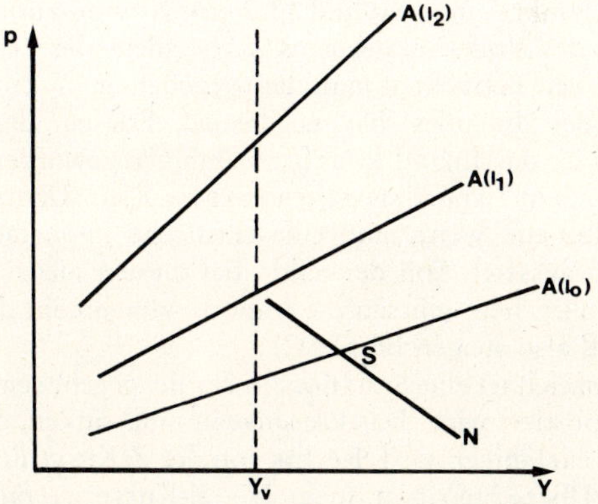

Schaubild 13.2

duktionskapazität, Vollbeschäftigungseinkommen) bestimmt (Schaubild 13.2).

3. Gesamtwirtschaftliches Gleichgewicht. Gleichgewicht für die Volkswirtschaft wird erreicht, wo sich in Schaubild 13.2 die gesamtwirtschaftliche Nachfrage- und die gesamtwirtschaftliche Angebotskurve schneiden (Punkt S). Gegenüber der keynesianischen Theorie der Kapitel 11 und 12 verläuft die Angebotskurve jetzt nicht mehr horizontal. Vielmehr spielt das Preisniveau eine wichtige Rolle.

4. Offene Volkswirtschaft. Für eine aggregierte offene Volkswirtschaft sind die in Schaubild 13.2 gezeichneten Kurven als Angebot an und Nachfrage nach dem im Inland produzierten Gut zu interpretieren. Die Nachfrage nach diesem Gut schließt also – wie im Keynes-Modell – den Außenbeitrag (X – Im) ein, da unterstellt wird, daß ein «homogenes» Gut importiert wird.

5. Kritik des Ansatzes. Die Modellierung der Angebotsfunktion basiert nicht auf einem Gewinnmaximierungskalkül aller Unternehmen, sondern im wesentlichen auf der Prämisse der Zuschlagskalkulation mit einer Phillips-Kurve. Die Arbeitnehmer unterliegen der Geldillusion. Es ist also möglich, Arbeit kurzfristig günstiger als langfristig einzusetzen.

13.2 Die Z-Kurve

Ähnlich wie in den Kapiteln 11 und 12 dient auch in diesem Kapitel die Z-Kurve dazu, Gütermarktgleichgewichte in verschiedene Salden (Überschuß, Defizit oder ausgeglichene Leistungsbilanz) zu klassifizieren. Zur Vereinfachung der Analyse sehen wir von Kapitalverkehr ab.

Kennzeichne Punkt A in Schaubild 13.3 eine Kombination des Preisniveaus p und des Volkseinkommens Y, bei dem die Leistungsbilanz ausgeglichen ist. Betrachtet man bei gegebenem Y ein niedrigeres Preisniveau des Inlandes bei gegebenen Preisen des Auslandes (Punkt B), so ist das Inland konkurrenzfähiger geworden (These des Preisvorteils). Sein Export steigt; es stellt sich ein Überschuß in der Leistungsbilanz ein, wenn man eine elastische Importnachfrage des Auslandes voraussetzt. Soll der Saldo bei diesem niedrigen Preisverhältnis auf null gehen, müssen die Importe zunehmen; das Volkseinkommen muß also steigen (Punkt C).

Punkt D kennzeichnet eine Situation, in der bei gegebenem Preisniveau p_0 zu viel importiert wird. Das Preisniveau muß sinken, damit das Inland konkurrenzfähiger wird. Rechts von der Z-Kurve liegen Defizit-, links davon Überschußsituationen. Die Z-Kurve ist für konstanten Wechselkurs w definiert.

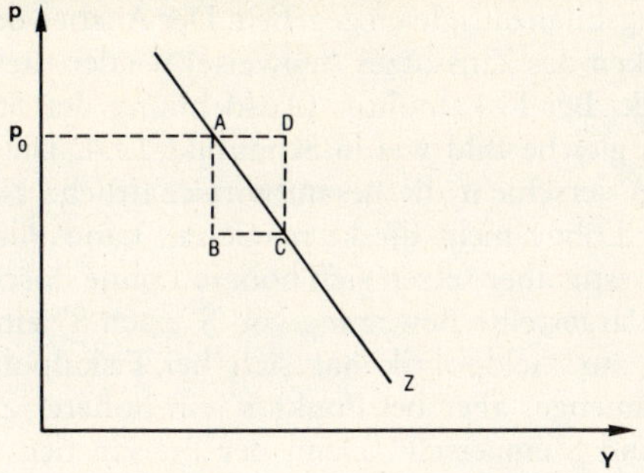

Schaubild 13.3

13.3 Geld- und Fiskalpolitik bei Leistungsbilanzüberschuß

In Schaubild 13.4 kennzeichnet Punkt S ein Gleichgewicht bei Unterbeschäftigung und bei einem Überschuß in der Leistungsbilanz.

1. Geldpolitik. Wird in dieser Situation die nominale Geldmenge vermehrt, so steigt die gesamtwirtschaftliche Nachfrage; die Preise steigen, aber – da kurzfristig die Löhne nur mäßig reagieren – steigen die Preise nicht so stark wie die Geldmenge. Der Zinssatz sinkt. Die Volkswirtschaft erreicht Punkt S′.

Langfristig passen sich die Löhne an, die kurzfristige Angebotskurve kann nicht gehalten werden; sie verschiebt sich nach links. Dieser Prozeß hört dann auf, wenn Punkt S″ erreicht ist. In Punkt S″ sind internes Gleichgewicht, Auslastung des potentiellen Volkseinkommens

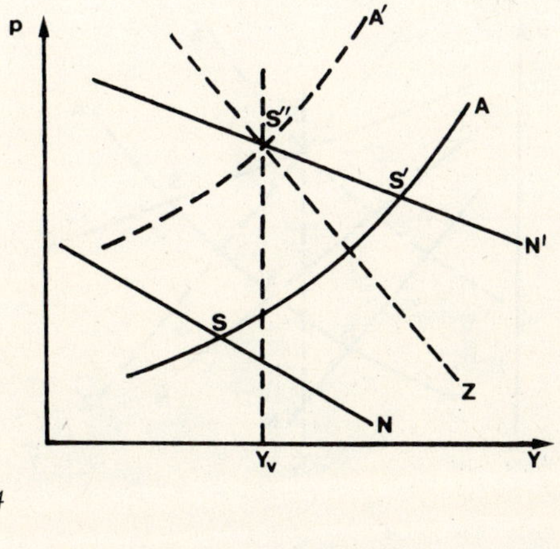

Schaubild 13.4

Y_v und Leistungsbilanzausgleich gegeben. Der Anstieg des Preisniveaus macht das Sinken des Zinssatzes (teilweise) wieder rückgängig.
2. Fiskalpolitik. Bei Fiskalpolitik (Ausdehnung der Staatsausgaben) bietet sich das gleiche Bild wie in Schaubild 13.4. Die Zunahme der Staatsausgaben verschiebt die gesamtwirtschaftliche Nachfrage nach rechts. Da die Löhne nicht direkt reagieren, kann Punkt S′ erreicht werden. Langfristig aber setzen sich höhere Löhne durch, und es stellt sich die oben dargestellte Bewegung von S′ nach S″ ein.
Im Gegensatz zur Geldpolitik hat sich bei Fiskalpolitik (gegebene nominale Geldmenge) aber bei Punkt S′ ein höherer Zinssatz als im Ausgangszustand S eingestellt. Denn der Preisanstieg von S nach S′ verringert bei gegebenem nominalen Geldangebot die reale Geldmenge. Der Zinssatz muß also bei einer Bewegung von S nach S′ steigen. Außerdem steigt durch das zunehmende Volkseinkommen die Nachfrage nach Geld.
3. Automatische Anpassung. Bei einer Ausgangslage mit Arbeitslosigkeit und Leistungsbilanzüberschuß (Punkt S in Schaubild 13.5) kann man sich auch eine andere Strategie vorstellen, nämlich weder geld- noch fiskalpolitische Maßnahmen zu ergreifen. Dabei geht man von der Überlegung aus, daß Punkt S nur ein momentanes Gleichgewicht darstellen kann. Denn bei konstantem Wechselkurs (und bei Vernachlässigung des Kapitalverkehrs) führt ein Leistungsbilanzüberschuß notwendigerweise zu einer permanenten (nominalen) Geldmengenerhöhung. Bei zunächst gegebenem Preisniveau steigt die reale Geldmenge M_o, und die gesamtwirtschaftliche Nachfrage verschiebt sich nach rechts (etwa auf Ñ). Es wird ein neues kurzfristiges Gleichgewicht S′

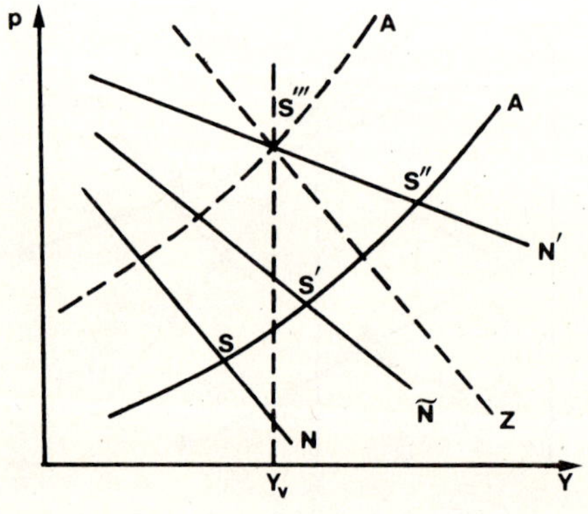

Schaubild 13.5

erreicht. Falls in S′ weiterhin ein Zahlungsbilanzüberschuß existiert, wächst die nominale Geldmenge weiter, und die gesamtwirtschaftliche Nachfrage verschiebt sich auf N′. Die Punkte S′ und S″ unterstellen eine gegebene Angebotskurve. Diese muß sich aber langfristig nach links verschieben, weil die Produktionskosten, hier die nominalen Arbeitslöhne, steigen. Die Angebotskurve verschiebt sich so lange nach links, bis in S‴ ein langfristiges Gleichgewicht erreicht ist.

13.4 Klassische Anpassung bei Defiziten

Die im vorstehenden Abschnitt angesprochene automatische Anpassung wird auch als klassische Anpassung bezeichnet. In Schaubild 13.6 wird in Punkt S eine Situation der Unterbeschäftigung betrachtet, in der gleichzeitig ein Defizit in der Leistungsbilanz vorliegt. Der Kapitalverkehr sei zinsunelastisch, so daß die Z-Kurve nur vom inländischen Preisniveau und vom Volkseinkommen abhängt. In Punkt S′ wird sowohl Vollbeschäftigung als auch externes Gleichgewicht erreicht. Punkt S′ kann man erreichen, indem bewußt der Wechselkurs konstant gehalten wird. In diesem Fall werden durch die Defizite die Währungsreserven reduziert, die Geldmenge nimmt ab. Die Entscheidung, den Wechselkurs zu halten, kann von der Bundesbank getroffen werden: sie reduziert auf diese Weise die Geldmenge. Dies bedeutet eine Verschie-

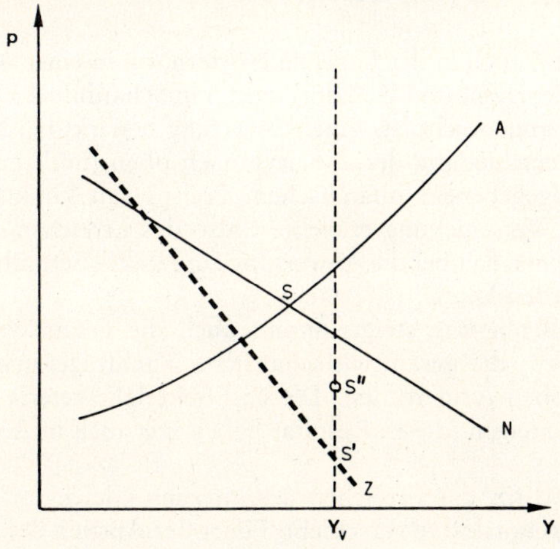

Schaubild 13.6

bung der gesamtwirtschaftlichen Nachfragekurve nach unten (und links). Die Angebotskurve muß sich nach unten (und rechts) verschieben, da die Arbeitslosigkeit langfristig zu einer Reduzierung der Löhne führt. Langfristig wird durch eine solche Politik Punkt S′ erreicht. Die Aufrechterhaltung des Wechselkurses wird aber – ähnlich wie bei der Goldwährung – durch eine Reduzierung des Preisniveaus (Deflationierung) erreicht.
Läßt man bei dem vorstehenden Mechanismus auch zinsreagiblen Kapitalverkehr zu, so verschiebt sich auch die Z-Kurve. Die Reduzierung der Geldmenge (Verlust von Währungsreserven) bewirkt einen Anstieg des inländischen Zinssatzes, also einen größeren Zufluß von Devisen (Nettokapitalimporte).
Eine gegebene Importmenge, die ja einem bestimmten Volkseinkommen Y zugeordnet ist, kann bei einer geringeren Wettbewerbsfähigkeit – also einem höheren inländischen Preisniveau p – importiert werden, wenn Devisen über den Kapitalverkehr ins Land kommen. Die Z-Kurve verschiebt sich nach oben, so daß Punkt S″ erreicht wird. Die Zinselastizität des Kapitalverkehrs erleichtert also den Anpassungsprozeß. Anders formuliert: Man braucht weniger stark zu deflationieren, wenn der Kapitalverkehr zinsreagibel ist. Dieses Resultat legt nahe, den Kapitalverkehr nicht durch Devisenkontrollen zu beeinträchtigen.

13.5 Defizit und Abwertung

Wir sind jetzt auch in der Lage, zu erörtern, ob in einer Ausgangslage mit Arbeitslosigkeit und Defizit (Punkt S in Schaubild 13.6) nicht eine Abwertung angebracht ist. Eine Abwertung bewirkt bei Normalreaktion eine Verschiebung der Z-Kurve nach oben (und rechts), da das Inland bei gegebenem inländischem Preisniveau konkurrenzfähiger wird. Diese Verschiebung erleichtert also das Erreichen des externen Gleichgewichts, da über die Abwertung ein Punkt oberhalb S′ (etwa S″) erreicht werden kann.
Da der Außenbeitrag steigt, nimmt auch die gesamtwirtschaftliche Nachfrage zu; die gesamtwirtschaftliche Nachfragekurve verschiebt sich nach oben (und rechts). Dieser Effekt läßt ceteris paribus das Preisniveau steigen (dieses Resultat haben wir auch in Abschnitt 10.5 erzielt).
Entscheidend für das Erreichen des internen Gleichgewichts ist, wie sich die Angebotskurve verschiebt. Führt der Anstieg des Preisniveaus zu Lohnforderungen (etwa Ausgleich für den Anstieg der Lebenshal-

tungskosten), so verschiebt sich – zumindest kurzfristig – die Angebotskurve nach links (und oben). Die Arbeitslosigkeit nimmt zu. Die Abwertung kann also nur dann externes und internes Gleichgewicht realisieren, wenn sich die Löhne wegen der vorherrschenden Arbeitslosigkeit langfristig nach unten anpassen. Dann verschiebt sich langfristig die Angebotskurve nach unten. Die Abwertung bringt sowohl internes als auch externes Gleichgewicht näher.

13.6 Externer Angebotsschock

Die westlichen Industrienationen sind 1973/74 und 1979/80 zwei starken Energiepreissteigerungen ausgesetzt worden. Im folgenden werden die Auswirkungen eines solchen Preisschocks festgehalten. Bei der Auflistung dieser Effekte werden auch solche Auswirkungen aufgeführt, die in dem in diesem Kapitel erörterten Modell keine Rolle spielen.

1. Preiseffekt. Bei einem Energiepreisschock laufen die in Abschnitt 10.10 beschriebenen Preiseffekte ab. Da Energie auch Produktionsfaktor ist, spielt die Preissteigerung entlang der vertikalen Produktionsstruktur eine bedeutende Rolle.

2. Angebotseffekt. Die Verteuerung von Energie als Produktionsfaktor bedeutet, daß sich die langfristige Angebotskurve einer Volkswirtschaft nach oben verschiebt (Schaubild 13.7). Geht man von einem gegebenen Gleichgewicht S in der Ausgangslage aus, so wird ein neues Gleichgewicht S′ erreicht.

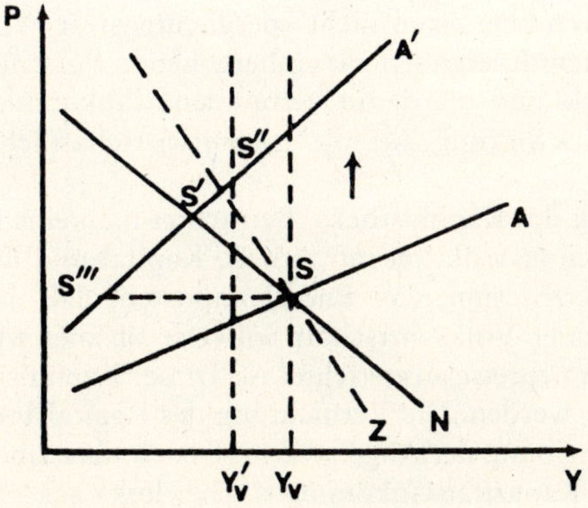

Schaubild 13.7

3. Einkommenseffekt. Die Bewegung von S nach S′ signalisiert eine Abnahme des Volkseinkommens. Bei gegebener Geldmenge hat die gesamtwirtschaftliche Nachfrage entlang der N-Kurve abgenommen.
4. Beschäftigungseffekt. Kurzfristig tritt Arbeitslosigkeit auf, wenn man den Nominallohnsatz als gegeben betrachtet. Zwar sorgt der Preisanstieg für eine Senkung des Reallohns, diese reicht aber kurzfristig nicht aus, um Vollbeschäftigung herbeizuführen. In der kurzen Frist besteht weiterhin Geldillusion, so daß die Angebotskurve A′ nur kurzfristig gilt; langfristig setzt sich die Kapazitäts-Angebotskurve (z. B. Y_v oder Y'_v) durch.
5. Kapazitätseffekt. Die Verteuerung der Energie hat eine Abnahme der Importmenge an Energie zur Folge. Wird Energie als Produktionsfaktor (Zwischenprodukt) interpretiert, so bewirkt eine Energieverteuerung eine Abnahme der Importmenge des importierten Zwischenprodukts. Folglich nimmt das Kapazitätseinkommen Y_v ab (nach Y'_v). Die langfristige Angebotskurve verschiebt sich nach links.
6. Zahlungsbilanzeffekt. Bei gegebenem Wechselkurs wird die Zahlungsbilanz defizitär (vgl. Abschnitt 10.9). In Schaubild 13.7 verschiebt sich die Z-Kurve nach links (nicht eingezeichnet), da der Importwert für Zwischenprodukte (Ölrechnungen) steigt. Dies aber impliziert, daß externes Gleichgewicht nur dann vorliegen kann, wenn das Land durch ein niedrigeres Preisniveau über den Güterexport mehr Devisen verdient oder durch ein geringeres Volkseinkommen und damit ein geringeres Importvolumen von Nicht-Energie-Gütern Devisen einspart. Die Z-Kurve verschiebt sich also nach links.
7. Relativpreis- und Terms of Trade-Effekt. Nicht explizit erfaßt in Schaubild 13.7 eines makroökonomischen Modells ist eine Änderung in den Relativpreisen und die damit verbundene Reallokation der Produktionsfaktoren zugunsten nicht energieintensiver Wirtschaftszweige. Die mit einem Energieschock einhergehende Verschlechterung der Terms of Trade und die damit verbundene Einkommenreduzierung kann eine Rückwirkung auf die gesamtwirtschaftliche Nachfragekurve haben.
8. Vernichtung des Kapitalstocks. Betrachtet man eine makroökonomische Produktionsfunktion mit Arbeit, Kapital und Energie, so bedeutet eine Verteuerung von Energieimporten, daß der bestehende Kapitalstock einer Volkswirtschaft teilweise obsolet wird, da er auf niedrigere Energiepreise ausgerichtet ist. Dieser Kapitalstock muß also neu geschaffen werden. Die Vernichtung des Kapitalstocks wirkt sich in einer Verschiebung der Angebotskurve nach oben und in einer Verschiebung des Kapazitätseinkommens nach links aus.

13.7 Anpassungen an einen Angebotsschock

1. Geld- und Fiskalpolitik. Die makroökonomische Antwort auf einen Angebotsschock durch Geld- und Fiskalpolitik hat zu wählen zwischen einer Deflationierung (z. B. Punkt S‴) mit hoher Arbeitslosigkeit und Annäherung an (oder Erreichen) des externen Gleichgewichts und einer Nachfragestimulierung mit Inflation und Verschärfung des Defizits (Punkt S″).

2. Lohnpolitik. Die Verschiebung der Angebotskurve unterstellt einen gegebenen Nominallohn. Wird in einer Situation eines Energiepreisschocks eine Lohnpolitik betrieben, welche den Reallohn sichert (bei gegebener Produktionsfunktion), so verschiebt sich die Angebotskurve A″ noch weiter nach oben. Eine zurückhaltende Lohnpolitik dagegen verschiebt die A′-Kurve nach rechts (ohne daß aber Y_v erreicht werden kann).

3. Umbau des Kapitalstocks. Da der Kapitalstock teilweise obsolet geworden ist, bewirkt eine Modernisierung des Kapitalstocks, daß Y_v' sich nach rechts verschiebt (ohne Y_v zu erreichen). Aber auch die Angebotskurve A′ muß sich nach rechts verschieben. Denn die Verteuerung der Energieimporte bedeutet, daß bei gegebenem Kapitalstock sich die Grenzproduktkurve der Arbeit nach links verschiebt (Pfeil 1 in Schaubild 13.8). Bei konstantem Nominallohn sorgt zwar das steigende Preisniveau dafür, daß der Reallohn (etwas) sinkt. Diese Reduzierung reicht aber nicht aus, um Vollbeschäftigung sicherzustellen (CD). Wird nun Kapital neu geschaffen, so verschiebt sich bei gegebe-

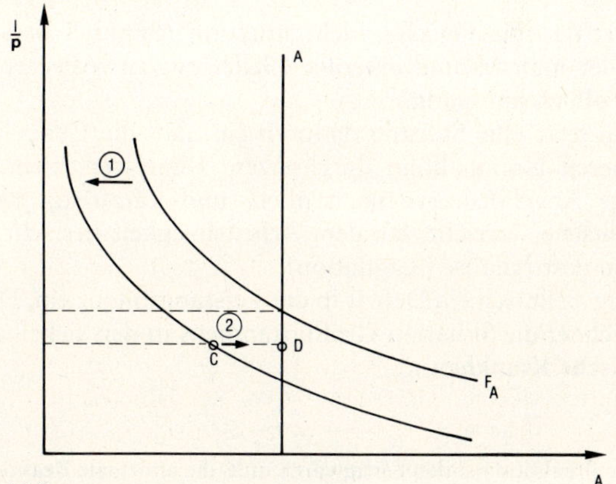

Schaubild 13.8

nem Reallohn die Grenzproduktivitätskurve der Arbeit nach rechts. Die Umstrukturierung des Kapitalstocks sorgt also für einen Zuwachs an Beschäftigung (Pfeil 2). Man spricht in diesem Zusammenhang auch von Kapitalmangel-Arbeitslosigkeit.

4. Abwertung. Eine Abwertung bedeutet, daß sich die Z-Kurve in Schaubild 13.7 nach rechts verschiebt und damit – bei Normalreaktion[2] – externes Gleichgewicht erreicht wird. Die gesamtwirtschaftliche Nachfragekurve verschiebt sich nach rechts (Anstieg des Preisniveaus). Wie wir aus Abschnitt 13.5 wissen, ist für den Erfolg der Abwertung entscheidend, ob die Lohnbildung die Abwertung nicht konterkariert und sich durch langfristige Anpassung der Löhne an den Vollbeschäftigungslohn die Angebotskurve A′ nach unten verschiebt.

Die Reaktion auf Energiepreisschocks muß also ein Paket von Maßnahmen umfassen, in dem neben der Energieeinsparung der Umbau des Kapitalstocks, die Abwertung und die Lohnzurückhaltung eine Rolle spielen. Kann ein Land seine Energieabhängigkeit schnell reduzieren, braucht man von den Gewerkschaften keine allzu starke Lohnzurückhaltung zu fordern. Und: Sorgen die Tarifparteien durch Lohnzurückhaltung und die Geld- und Fiskalpolitik intern für eine Aufwertungstendenz der heimischen Währung, so reduziert sich das Ausmaß der Abwertung. Stellen aber bereits die internen Entwicklungen die Signale auf dem Devisenmarkt auf Abwertung, so verschärfen sich die Anpassungsprobleme.

13.8 Lohnpolitik

Man betrachte eine Gleichgewichtssituation (Punkt S in Schaubild 13.9), in der internes und externes Gleichgewicht realisiert sind. Es herrscht Vollbeschäftigung.

Wir führen jetzt eine Störung dadurch ein, daß die Gewerkschaften einen höheren Nominallohn durchsetzen. Dann verschiebt sich die kurzfristige Angebotskurve nach oben, und kurzfristig würde ein Gleichgewicht S′ erreicht, bei dem Arbeitslosigkeit herrscht und das Preisniveau gestiegen ist (Stagflation).

Gleichzeitig stellt sich ein Defizit in der Leistungsbilanz ein. Der Punkt S′ kennzeichnet die Situation Großbritanniens in den siebziger Jahren (sog. englische Krankheit).

---

[2] Die Normalreaktion bei den Fertigwaren muß die anormale Reaktion bei den Zwischenprodukten überwiegen.

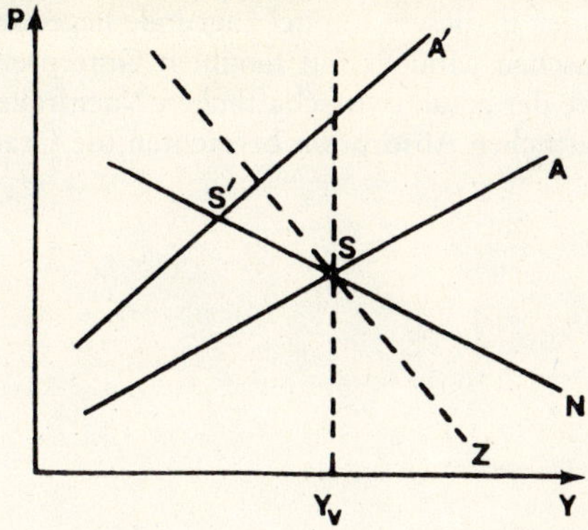

Schaubild 13.9

Von einer stagflationären Lage S′ kann man wieder nach S gelangen, indem der Lohnanstieg mit Zustimmung der Gewerkschaften zurückgenommen wird. Eine andere Option besteht darin, durch eine Abwertung die gesamtwirtschaftliche Nachfragekurve und die Z-Kurve nach rechts zu verschieben (vgl. Schweden 1986/7). Man kann jedoch auch die klassische Anpassung wirken lassen.
Das in diesem Kapitel dargestellte gesamtwirtschaftliche Modell mit variablen Preisen läßt sich in die These des absoluten Preisvorteils integrieren. Der Schnittpunkt von gesamtwirtschaftlicher Nachfrage- und Angebotskurve erklärt den Preis p des Inlandes. Bei gegebenem Preisniveau p^* des Auslandes und bei gegebenem Wechselkurs kann der absolute Preisvorteil des Inlandes zunehmen, wenn die Nachfrage nach dem Gut im Inland zurückgeht oder das Angebot sich verbessert. Ein sinkendes inländisches Preisniveau wird bei gegebenem Preisniveau des Auslandes zu einer Aufwertung der heimischen Währung führen. Alle Faktoren, welche gesamtwirtschaftliche Nachfrage und gesamtwirtschaftliches Angebot bestimmen, beeinflussen also auch den Wechselkurs.

Weiterführende Fragen

1. Diskutieren Sie, wie sich in dem Modellkontext des Kapitels 13 die Inflationsrate bestimmen läßt (Dornbusch und Fischer, 1986, S. 434).
2. Erörtern Sie, wie sich Produktion und Inflationsrate an eine Zunahme der Geldmenge und an eine Änderung der Fiskalpolitik anpassen (Dornbusch und Fischer, 1986, S. 435–438).

3. Erörtern Sie den in diesem Kapitel zugrunde liegenden Ansatz eines makroökonomischen Modells mit flexiblen Güterpreisen, indem Sie neben der Kurve der gesamtwirtschaftlichen Nachfrage die Kurve der gesamtwirtschaftlichen Absorption betrachten (de Grauwe 1984).

14. Monetäre Zahlungsbilanztheorie

There is a natural equilibrating process through which foreign exchange reserve flows associated with trade imbalances adjust the domestic money supply to its long-run equilibrium level and simultaneously bring equilibrium to the trade balance.

*Jacob A. Frenkel und Michael L. Mussa**

Die monetäre Zahlungsbilanztheorie führt Salden in der Zahlungsbilanz auf Ungleichgewichte des Geldmarktes zurück. In Abschnitt 14.1 wird die Fragestellung der monetären Zahlungsbilanztheorie entwickelt. Die Prämissen und das kurzfristige Gleichgewicht werden in Abschnitt 14.2 dargestellt. Die Auswirkung von Wechselkursänderungen wird in Abschnitt 14.3 behandelt. Dann werden das langfristige Gleichgewicht (14.4) und Überschießen im monetären Ansatz (14.5) behandelt.

14.1 Fragestellung der monetären Zahlungsbilanztheorie

In den Kapiteln 11 und 12 wurde im wesentlichen die Neutralisierung der Zahlungsbilanzsalden unterstellt: Salden in der Zahlungsbilanz haben danach keine Auswirkung auf die Geldmenge eines Landes. Gibt man jedoch die Prämisse auf, daß die Notenbank die Einflüsse von Zahlungsbilanzsalden auf die Geldmenge neutralisieren kann, so implizieren Salden in der Zahlungsbilanz Änderungen der Geldmenge, die wiederum über das Preisniveau Rückwirkungen auf die Salden haben. Die Fragestellung lautet also, wie Salden in der Zahlungsbilanz (als Stromgröße) die Geldmenge (als Bestandsgröße) beeinflussen und welche Auswirkungen von Geldmengenänderungen auf die Zahlungsbilanzsalden ausgehen. Das Zusammenwirken von «stocks» und «flows» steht also im Zentrum der monetären Zahlungsbilanztheorie.

Angenommen, es existiert in einer Periode ein Nachfrageüberhang auf dem Geldmarkt einer Volkswirtschaft. Die Wirtschaftssubjekte wollen also mehr Geld halten als sie an Kasse und Sichteinlagen haben; die Nachfrage nach Geld übersteigt das Geldangebot. Die Wirtschaftssubjekte können die angestrebte Geldmenge aufbauen, indem sie horten, also Einkommen nicht ausgeben. In anderen Worten: Horten bedeutet,

* Asset Markets, Exchange Rates and the Balance of Payments, in: Handbook of International Economics, hrsg. von R. W. Jones und P. B. Kenen, Amsterdam 1985, S. 689/690.

daß die Absorption niedriger ist als das Einkommen. Dies aber bedeutet, daß der Nachfrageüberhang auf dem Geldmarkt einhergeht mit einem Nachfragedefizit auf dem nationalen Gütermarkt. Oder anders formuliert: es besteht ein Handelsbilanzüberschuß; damit aber stellt sich bei konstantem Wechselkurs eine Zunahme des Devisenbestandes ein. Der Nachfrageüberschuß auf dem Geldmarkt wird also bei fixem Kurs dadurch beseitigt, daß der Devisenbestand zunimmt und damit die Geldmenge steigt. Das Preisniveau steigt. Die monetäre Zahlungsbilanztheorie sieht also einen wichtigen Anpassungsmechanismus darin, daß sich der Bestand an Währungsreserven im Fall von Ungleichgewichten anpaßt. Man spricht deshalb auch von einem Bestandsgleichgewichtsmodell.
Liegt in einer Periode ein Nachfragedefizit auf dem Geldmarkt vor, so ist dies gleichbedeutend mit einem Nachfrageüberhang auf dem Gütermarkt. Die Absorption übersteigt die Produktion. Es liegt ein Handelsbilanzdefizit vor, und das Land verliert Devisen. Der Devisenbestand nimmt ab. Damit aber sinkt die Geldmenge, und über die Reduzierung des Devisenbestandes stellt sich ein neues Gleichgewicht ein.
In einer rudimentären Form haben wir die Grundgedanken der monetären Zahlungsbilanztheorie bereits in Kapitel 9 und den Abschnitten 10.9–10.11 behandelt.

14.2 Horten und monetäres Gleichgewicht

1. Zentrale Annahmen. Die monetäre Zahlungsbilanztheorie abstrahiert von Relativpreisänderungen; auch Einkommensänderungen werden nicht betrachtet; das Volkseinkommen wird als konstant unterstellt. Kapitalbewegungen werden entweder explizit nicht berücksichtigt oder durch die Prämisse, daß der inländische Zins gleich dem ausländischen Zins ist, «eingefangen». Ferner gilt der internationale Preiszusammenhang (bei konstantem Wechselkurs) bzw. die Kaufkraftparität bei flexiblem Kurs (vgl. Ethier, 1983, S. 296; Jarchow und Rühmann, 1988, S. 212ff.).
2. Modellansatz. Der zentrale Baustein der monetären Zahlungsbilanztheorie ist das Gleichgewicht auf dem Geldmarkt. Die Nachfrage nach Realkasse L sei vom Realeinkommen und vom Zins abhängig. Das Geldangebot werde von den Währungsreserven R – einer Bestandsgröße – und dem von der Notenbank kontrollierten Teil der monetären Basis B bestimmt. Die Geldbasis wird also in ihre beiden Bestandteile, die Währungsreserven und die heimische Komponente der Geldbasis,

zerlegt. Bezeichnet α den Multiplikator zwischen Geldangebot und monetärer Basis (R + B), so läßt sich das Geldmarktgleichgewicht schreiben als

$$\alpha\,(R + B) = p_1L(Y^r,i) \tag{14.1}$$

Das Volkseinkommen Y^r ist (im Gleichgewicht) wie bei den Klassikern – im Gegensatz zu Keynes – unabhängig vom Geldmarkt. Zinssatzänderungen haben (im Gleichgewicht) beispielsweise keinen Einfluß auf das Volkseinkommen. Im Gleichgewicht wird das Vollbeschäftigungseinkommen $\overline{Y^r}$ erreicht, so daß tatsächliches Volkseinkommen Y^r und Vollbeschäftigungseinkommen $\overline{Y^r}$ gleich sind.

$$Y^r = \overline{Y^r} \tag{14.2}$$

Der Zinssatz des Inlandes ist an den gegebenen Zinssatz des Auslandes gebunden, etwa im Fall des kleinen Landes oder bei perfektem Kapitalverkehr

$$i = i^* \tag{14.3}$$

Der Relativpreis p ist fixiert, so daß aus der Gleichung

$$p_1 = p_2^*w/p \tag{14.4}$$

bei konstantem Wechselkurs der internationale Preiszusammenhang und bei flexiblem Wechselkurs die Kaufkraftparität folgen.
Horten ist definiert als die Nicht-Verausgabung von Einkommen. Bezeichnet man mit A die nominale Absorption, also den Gesamtkonsum C und die gesamte Investition I, so ist Horten definiert als

$$H = p_1Y^r - A \tag{14.5}$$

Es wird angenommen, daß Horten proportional zur Überschußnachfrage nach Geldbeständen ist

$$H = \lambda p_1(L - M) = \lambda p_1(L(Y^r,i^*) - \alpha(B + R)) \tag{14.6}$$

Horten ist eine Stromgröße, die dazu dient, dem Gleichgewicht der Bestandsgrößen näher zu kommen.
In Schaubild 14.1 wird die Hortungsfunktion abgeleitet. Schaubild 14.1a zeigt, wie das Inland mit seiner Absorption (oder dem Horten) reagiert, wenn eine Überschußnachfrage nach Geld besteht. Bei einer Überschußnachfrage nach Geld von null liegt ein Bestandsgleichgewicht vor. Die Wirtschaftssubjekte haben keinen Anlaß, dieses Bestandsgleichgewicht zu verändern; damit ist das Horten null. Übersteigt dagegen die Nachfrage nach Geld das Geldangebot, so wollen die Wirtschaftssubjekte ihre Realkasse erhöhen; sie horten (Stromgröße),

um das Bestandsgleichgewicht zu erzielen. Wenn jedoch die Nachfrage nach Geld geringer ist als die Geldmenge, so wird enthortet.
Da die Geldnachfrage vom nominellen Volkseinkommen abhängt, variiert das Bestandsgleichgewicht auf dem Geldmarkt mit dem inländischen Preisniveau p_1. Mit steigendem Preisniveau steigt die Geldnachfrage und damit die Überschußnachfrage nach Geld (Schaubild 14.1b). Folglich variiert Horten mit dem inländischen Preisniveau.

$$H = H(p_1,M) \tag{14.7}$$

Für eine gegebene Geldmenge nimmt das Horten mit steigendem inländischen Preis zu (Schaubild 14.1c). Bei einem Preis P''' liegt ein Überschußangebot auf dem Gütermarkt vor ($p_1 Y > A$; also $H > 0$). Bei einem Preis P' ist ein Nachfrageüberschuß auf dem Gütermarkt angegeben; es wird enthortet. Bei einem Preis P'' ist eine Situation beschrieben, in der das Horten null ist.
3. Kurzfristiges Gleichgewicht im Zwei-Länder-Fall. In Schaubild 14.2 ist neben der Hortungsfunktion des Inlandes H auch die Enthortungsfunktion des Auslandes $-wH^*$ eingezeichnet. Zur Vergleichbarkeit ist das Enthorten des Auslandes in inländischer Währung angegeben. Das Enthorten des Auslandes in ausländischer Währung ist definiert als

$$-H^* = \lambda^*(M^* - p_2^*L^*(.))$$

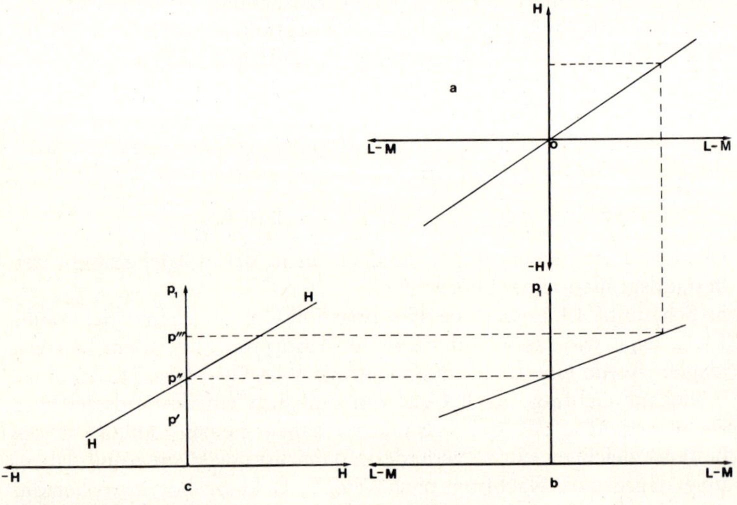

Schaubild 14.1

oder in inländischer Währung

$$-wH^* = \lambda^*(wM^* - p_2^* wL^*(.))$$

Bei konstantem Relativpreisverhältnis p_1, das auf 1 normiert sei, folgt wegen $p_2^* w = p_1/p$ (Gleichung 14.4), daß

$$-wH^* = \lambda^*(wM^* - p_1 L^*(.)) \tag{14.8}$$

Wenn das inländische Preisniveau niedrig ist, wird das Ausland eine hohe Nachfrage nach Gütern haben; es liegt eine Übernachfrage nach Gütern vor; das Ausland enthortet. Bei einem hohen inländischen Preis dagegen hortet das Inland.

In einem kurzfristigen Gleichgewicht muß der Weltgütermarkt geräumt sein; das Einkommen der Welt muß den Ausgaben entsprechen. Das Horten des einen Landes muß dem Enthorten des anderen Landes gleich sein.

$$H(.) = -wH^*(.) \tag{14.9}$$

Die Gleichungen 14.7, 14.8 und 14.9 beschreiben ein kurzfristiges Gleichgewicht bei konstantem Wechselkurs mit den endogenen Variablen p_1, H und H^*. Exogene Variable sind M, M^* und der Wechselkurs sowie der gegebene Relativpreis p.

4. Graphische Darstellung des kurzfristigen Gleichgewichts. Dieses kurzfristige Gleichgewicht ist bei einem Preis p_o in Schaubild 14.2 dargestellt. Das kurzfristige Gleichgewicht impliziert ein Handelsbilanzdefizit für das Inland in Höhe von p_oD und einen Überschuß für das Ausland in entsprechender Höhe. Da die inländisch kontrollierte Komponente der Geldbasis konstant bleibt (keine Neutralisierungspolitik),

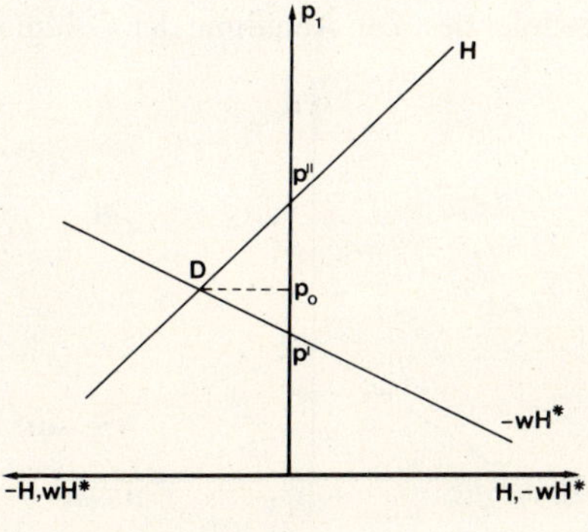

Schaubild 14.2

bedeutet das Handelsbilanzdefizit einen Verlust von Währungsreserven für das Inland und eine Umverteilung des Weltgeldbestandes zugunsten des Auslandes. Die Reduktion der nominellen Geldmenge im Inland (zum Preis der Ausgangslage p_o) bewirkt, daß das gewünschte Horten zunimmt. Die Hortungsfunktion des Inlandes verschiebt sich nach rechts. Im Ausland steigt die nominelle Geldmenge, die Enthortungsfunktion verschiebt sich nach rechts. Diese Verschiebungen erfolgen so lange, bis die beiden Kurven sich auf der vertikalen Preisachse zwischen p'' und p' schneiden. Ein langfristiges Gleichgewicht wurde durch die Bestandsanpassung der Reserven erreicht.

5. Störung eines Gleichgewichts. Es läßt sich nun auch analysieren, wie sich die Störung eines in der Ausgangslage gegebenen Gleichgewichts auswirkt. In Schaubild 14.3 kennzeichnet p_o ein Gleichgewicht in der Ausgangslage und zwar sowohl ein kurzfristiges Gleichgewicht mit $H(.) + wH^*(.) = 0$ als auch ein Bestandsgleichgewicht auf dem Geldmarkt.

Angenommen im Ausland trete dadurch eine Störung des Gleichgewichts p_o auf, daß die Geldmenge steigt. Dann ergibt sich im Ausland ein Angebotsüberhang auf dem Geldmarkt, das Ausland enthortet. Die ausländische Enthortungsfunktion verschiebt sich nach rechts (Pfeil ①). Auf dem ausländischen Gütermarkt herrscht eine Überschußnachfrage. Der Preis im Ausland steigt, und über den internationalen Preiszusammenhang steigt auch der Preis im Inland auf p'''. Dadurch steigt im Inland die Geldnachfrage: das Horten nimmt zu, und es stellt sich ein Angebotsüberhang auf dem Gütermarkt ein, dem ein Exportüberschuß entspricht.

Das Stromgleichgewicht liegt bei p'''. Der Exportüberschuß des Inlandes führt jedoch zu einer Ausdehnung der Geldmenge. Die Zunahme der Geldmenge im Inland bewirkt eine Linksverschiebung der Hortungsfunktion des Inlandes. Die Abnahme der Geldmenge im Ausland

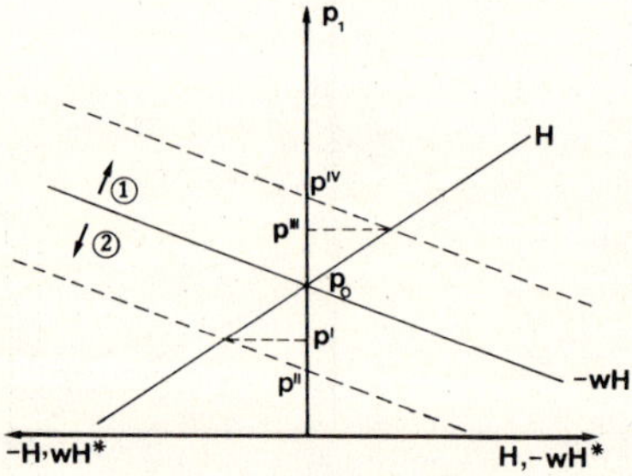

Schaubild 14.3

bewirkt eine Linksverschiebung der Enthortungsfunktion des Auslandes. Im neuen Gleichgewicht muß sich ein Preis zwischen p_o und p^{IV} einstellen. Aus Gleichung (9.6) folgt bei gegebenem Relativpreis und bei konstantem Wechselkurs w, daß $\hat{p}_1 = \hat{p}_2^*$, also der internationale Preiszusammenhang.

Besteht die Störung darin, daß im Ausland die Geldmenge sinkt (die Geldnachfrage steigt), so ergibt sich im Ausland ein Nachfrageüberhang auf dem Geldmarkt; das Ausland hortet; die ausländische Enthortungsfunktion verschiebt sich nach links (Pfeil ②). Auf dem ausländischen Gütermarkt herrscht ein Nachfragedefizit. Der Preis im Ausland sinkt, und über den internationalen Preiszusammenhang sinkt auch der Preis im Inland (auf p'). Die Preissenkung im Inland läßt die Geldnachfrage sinken. Das Horten des Inlands nimmt ab (Bewegung auf der Hortungsfunktion des Inlandes). Im Inland herrscht ein Nachfrageüberhang auf dem Gütermarkt (Importüberschuß). Das kurzfristige Stromgleichgewicht liegt bei p'.

Infolge des Leistungsbilanzdefizits nimmt im Inland die Geldmenge ab, die Hortungsfunktion des Inlandes verschiebt sich nach rechts unten. Im Ausland dagegen steigt die Geldmenge; die Enthortungsfunktion des Auslandes verschiebt sich (wieder) nach rechts. Durch den Geldzufluß im Ausland und den Geldabfluß im Inland wird sich ein Gleichgewicht zwischen p_o und p'' einstellen.

14.3 Horten und Wechselkursänderungen

Ist der Wechselkurs flexibel, so ist das kurzfristige Gleichgewicht durch die beiden Hortungsfunktionen (14.7) und (14.8), die Budgetrestriktion (14.9) und die sich aus Gleichung (9.6) bei konstantem Relativpreis ergebende Kaufkraftparität

$$\hat{w} = \hat{p}_1 - \hat{p}_2^* \tag{14.10}$$

beschrieben. Wird als Störung eine Geldmengenexpansion im Ausland unterstellt, so würde sich bei konstantem Wechselkurs ein Defizit in der Handelsbilanz des Auslandes einstellen. Der flexible Wechselkurs fängt dieses Defizit durch eine Abwertung auf. Damit wird die bei konstantem Wechselkurs erforderliche Reallokation der Weltgeldmenge bei flexiblem Wechselkurs geringer.

Erfolgt die Störung durch eine Abwertung der ausländischen Währung, so verschiebt sich die Enthortungsfunktion des Auslandes in Abhängigkeit vom Preis des Gutes 1 in inländischer Währung nach oben (Pfeil ① in Schaubild 14.3). Denn eine Abwertung der ausländischen Währung (w sinkt) verringert die in DM ausgedrückte Geldmenge des Auslandes proportional. Die Ausländer wollen bei gegebenem Preis in DM mehr horten. In Gleichung 14.8 nimmt wM^* ab, und das Enthorten $-wH^*$ wird geringer. Bei gegebenem Preis p_o in Schaubild 14.3 verschiebt sich die Enthortungsfunktion nach rechts. Es muß sich ein neues Stromgleichgewicht zwischen p_o und p^{IV} einstellen (z. B. p'''). Die Abwertung der ausländischen Währung wirkt also wie eine Geldmengenexpansion im Ausland.

14.4 Langfristiges Gleichgewicht

Horten und Enthorten sind Stromgrößen, die über mehrere kurzfristige Gleichgewichte zu einem langfristigen Gleichgewicht führen. Im Gegensatz zu dieser kurzfristigen Fragestellung ist auch von Interesse, wie sich langfristige Gleichgewichte verändern. Ein einfaches Modell des langfristigen Gleichgewichts kann für ein kleines Land im Sinne der monetären Zahlungsbilanztheorie beschrieben werden durch

$$L(i,Y) = M/p_1 \qquad (14.11)$$

$$p_1 = wp_2^* \qquad (14.12)$$

Der inländische Zins i ist an den ausländischen Zins i^* gebunden und damit gegeben. Y, M und p_2^* sind für das kleine Land ebenfalls exogene Größen. Die Gleichungen (14.11) und (14.12) enthalten die endogenen Variablen p_1 und w.

Eine Geldmengenexpansion erhöht also langfristig bei Koppelung des Inlandzinses an den Zins im Ausland das Preisniveau und bewirkt eine Abwertung.

14.5 Überschießen im monetären Ansatz

Durch eine leichte Variation der Prämissen läßt sich in dem obigen Ansatz auch ein Überschießen der Wechselkurse konstruieren (Dornbusch A1987, S. 751). Unterstellt man anstelle der Kaufkraftparität (14.12) rationale Wechselkurserwartungen im Sinne der Kaufkraftparität mit gegebenen erwarteten Preissteigerungen im Ausland $\hat{p}_2^{*e}$, so sind die erwarteten Wechselkurserwartungen durch Gleichung (14.15) beschrieben. Für die Zinsen im In- und Ausland wird die offene Zinsparität unterstellt (vgl. Abschnitt 15.2). Das System wird beschrieben durch

$$L(Y,i) = M/p_1 \tag{14.13}$$

$$i = i^* + \hat{w}^e \tag{14.14}$$

$$\hat{w}^e = \hat{p}^e - \hat{p}^{*e} \tag{14.15}$$

Exogene Variable sind für das kleine Land Y, M, i^*, $\hat{p}^e$ und $\hat{p}^{*e}$. Endogen sind i, p_1 und $\hat{w}^e$. In diesem Ansatz stellt sich Überschießen des Wechselkurses ein.

Weiterführende Fragen

1. Erörtern Sie, daß im Sinne des Ansatzes der monetären Zahlungsbilanztheorie die Veränderung der Geldmenge $\dot{M}$ vom Saldo der Leistungsbilanz und der Geldmenge $\dot{M} = f(Z^L, M)$ abhängt (Frenkel und Mussa A1985, S. 687).
2. Diskutieren Sie, welche Bedeutung nicht-handelbare Güter im Rahmen der Zahlungsbilanztheorie haben (Siebert A1988b).

15. Kapitalmobilität, Finanzmarkttheorie und Überschießen des Wechselkurses

«While in the long run it is useful to view the exchange rate as the relative price of national outputs, in the short run it is more useful to view it as the relative price of national monies.»

*William H. Branson**

Werden Wertpapiere explizit berücksichtigt, so wirkt sich eine Umschichtung der Portfolios in einer Änderung von Devisennachfrage und Devisenangebot aus. Portfolioumschichtungen haben also Auswirkungen auf den Wechselkurs. Portfolioumschichtungen können schlagartig durchgeführt werden; dagegen brauchen Anpassungen auf den Gütermärkten Zeit. Folglich kann Kapitalverkehr ein wichtiger Bestimmungsfaktor des Wechselkurses sein; dabei kann der aus dem Kapitalverkehr beeinflußte Wechselkurs den aus dem Güterhandel bestimmten Wechselkurs überlagern. Unter geeigneten Bedingungen stellt sich ein Überschießen des Wechselkurses ein. In Abschnitt 15.1 werden Kapitalbewegungen bei konstantem Wechselkurs analysiert. Die Zinsparität kann als eine Bedingung für ein optimales Portfolio interpretiert werden. Dabei sind offene und gesicherte Zinsparitäten zu unterscheiden. Wechselkurserwartungen gewinnen besondere Bedeutung (Abschnitt 15.2). Der Zusammenhang zwischen kurzfristigem Portfoliogleichgewicht und langfristigem Handelsgleichgewicht wird in Abschnitt 15.3 analysiert. Dabei spielt die unterschiedliche Reaktionsgeschwindigkeit der möglicherweise langsam reagierenden Güter- und der schlagartig sich anpassenden Finanzmärkte eine wichtige Rolle (Abschnitt 15.4). Inwieweit es bei einer monetären Störung zu einem Überschießen des Wechselkurses kommen kann, wird in Abschnitt 15.5 erörtert. Realwirtschaftliche Schocks wie Präferenzverschiebungen und technischer Fortschritt werden in Abschnitt 15.6 behandelt. Das Branson-Modell wird in Abschnitt 15.7 dargestellt. Schließlich wird der Devisenterminmarkt erörtert (Abschnitt 15.8).

15.1 Kapitalbewegungen bei konstantem Wechselkurs

Bei einem konstanten Wechselkurs – oder bei einer einzigen Währung im In- und Ausland wie der Goldwährung – bewirken Zinssatzunterschiede Kapitalbewegungen. Wirtschaftssubjekte halten Geld (ausgedrückt in der einheitlichen Währung) und inländische sowie ausländi-

* Asset Markets and Relative Prices in Exchange Rate Determination, Institute for International Economic Studies, University of Stockholm, 1976.

sche Wertpapiere. Es besteht keine Präferenz für Wertpapiere des Inlandes oder des Auslandes; inländische und ausländische Wertpapiere sind perfekte Substitute. Geld bringt keine Zinsen, so daß Zinsen die Opportunitätskosten der Geldhaltung sind.

Ein Portfoliogleichgewicht ist dadurch gekennzeichnet, daß die Wirtschaftssubjekte keinen Anlaß haben, ihr Portfolio zu verändern. Die Wertpapierbestände sind im Gleichgewicht; wir sprechen deshalb auch von einem Bestandsgleichgewicht. Die Überschußnachfrage nach Wertpapieren (E_v) ist dann null, beispielsweise die Überschußnachfrage der Inländer OK in Schaubild 15.1. Portfoliogleichgewicht ist also dadurch gekennzeichnet, daß

$$i = i^* \tag{15.1}$$

Steigt nun bei gegebenem ausländischem Zins i^* der inländische Zinssatz i, so nehmen die Opportunitätskosten der Geldhaltung zu; d. h. die Wirtschaftssubjekte wollen bei gegebener Geldmenge mehr Wertpapiere halten. Die Überschußnachfrage nach Wertpapieren ist positiv. Bei einem niedrigen Zins dagegen ist die Überschußnachfrage negativ; die Wirtschaftssubjekte trennen sich von Wertpapieren (Gerade VV).

Auch die Ausländer fragen mit steigendem inländischem Zinssatz mehr Wertpapiere nach; anders formuliert, das Überschußangebot $-E_v^*$ der Ausländer sinkt mit steigendem Zins (Gerade V^* V^*). In Schaubild 15.1 ist auf dem positiven Ordinatenabschnitt das Überschußangebot der Ausländer $-E_v^*$ abgetragen. Punkt K kennzeichnet bei gegebenen nationalen Geldmengen das Portfoliogleichgewicht beider Länder. Der Zinssatz des Auslandes i^* wird als gegeben betrachtet.

Wird nun das Portfoliogleichgewicht durch eine Geldmengenexpansion im Ausland gestört, so haben die Ausländer zu viel Geld und bei gegebenem Zinssatz zu wenig Wertpapiere in ihrem Portfolio. Sie fragen bei gegebenem Zins mehr Wertpapiere nach; ihr Überschußangebot wird bei gegebenem Zins negativ (KM), die Überschußangebotsfunktion verschiebt sich nach unten. Ein neues Gleichgewicht ist in Punkt J erreicht: die Ausländer fragen JK′ an Wertpapieren nach, und das Inland bietet JK′ an. Der einheitliche Zins ist auf OK′ gesunken. Diese Zinssenkung kommt zustande, weil die positive Überschußnachfrage des Auslandes die Kurse in die Höhe treibt, so daß der Effektivzins zurückgeht.

Der Überschußnachfrage des Auslandes nach Wertpapieren in Höhe von JK′ entspricht das Überschußangebot des Inlandes. Das Ausland erwirbt Forderungen, es findet also Kapitalexport statt; die Kapitalverkehrsbilanz des Auslandes ist defizitär. Entsprechend verzeichnet das Inland Kapitalimport und eine positive Kapitalverkehrsbilanz.

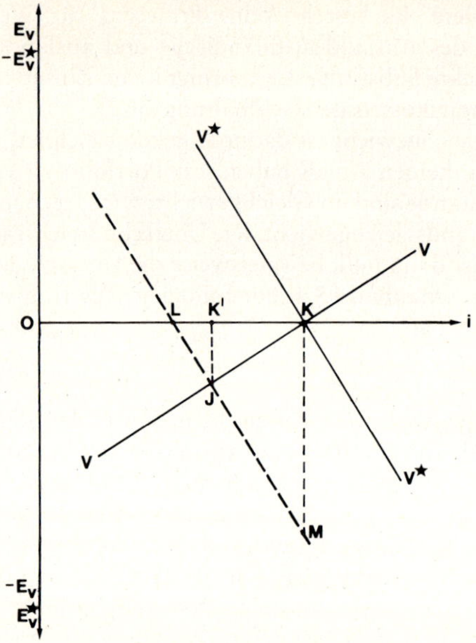

Schaubild 15.1

Das Gleichgewicht J ist kein Bestandsgleichgewicht, sondern ein Stromgleichgewicht für die kurze Frist der Portfolioumschichtung. Ist die Umschichtung erfolgt, haben die Ausländer also die gewünschten Wertpapierbestände in ihrem Portfolio, so ist infolge des Kapitalexports die Geldmenge im Ausland gesunken und die V*'V*'-Kurve verschiebt sich nach rechts (nicht eingezeichnet). Aber auch die VV-Kurve des Inlandes verschiebt sich, und zwar nach links, da im Inland durch den Verkauf von Wertpapieren die Geldmenge gestiegen ist. Diese verschobenen Kurven müssen sich in einem neuen Bestandsgleichgewicht zwischen L und K auf der X-Achse schneiden. Der Zins im Inland ist relativ zu OK' gestiegen.

Die hier dargestellte Umstrukturierung der Portfolios als Folge einer Geldmengenerhöhung im Ausland kann bei Mobilität des Finanzkapitals schlagartig erfolgen. Die Salden gelten also nur für eine Periode. Ohne Neutralisierung wirken die Salden auf die Geldmenge zurück. Im Inland steigt die Geldmenge, und bei gegebenem Zins werden weniger Wertpapiere gehalten, die VV-Kurve verschiebt sich dann nach links. Im Ausland sinkt die Geldmenge, und die V*V*-Kurve verschiebt sich nach rechts, so daß ein Gleichgewicht zwischen K' und K erreicht wird.

Die Kapitalverkehrsbilanz der beiden Länder ist dann ausgeglichen. Im Vergleich zur Ausgangslage K ist der Zins gesunken. Bei gegebenem Wechselkurs läßt sich also in diesem Modellkontext ein temporäres Überschießen des Zinses nach unten beobachten.
Ist Finanzkapital überhaupt nicht mobil, etwa weil die Märkte segmentiert sind, so muß sich infolge der Geldmengenerhöhung im Ausland eine Zinsspaltung zwischen dem Zinssatz im Inland OK und dem Zinssatz im Ausland OL einstellen. Sind die inländischen und ausländischen Wertpapiere keine perfekten Substitute, so stellt sich ebenfalls eine Zinsspaltung ein.
Eine höhere Grenzproduktivität des Kapitals im Ausland infolge technischen Fortschritts bewirkt Kapitalexport ins Ausland. Es lohnt sich, Kapital im Ausland einzusetzen (vgl. Abschnitt 4.14).

15.2 Zinsparität

Wird die Prämisse eines konstanten Wechselkurses aufgegeben und werden Wechselkursänderungen explizit berücksichtigt, so gewinnen Wechselkursänderungen für den internationalen Kapitalverkehr erhebliche Bedeutung, da beispielsweise eine Finanzinvestition im Ausland durch eine Abwertung der ausländischen Währung entwertet wird. Es reicht also für die Portfolioentscheidung nicht mehr, nur die Zinssätze in In- und Ausland miteinander zu vergleichen.
1. Portfolio-Gleichgewicht. Für den Kapitalanleger stellt sich folgendes Entscheidungsproblem: Er vergleicht die Rendite aus der Anlage einer DM im Inland mit der Rendite im Ausland. Legt er eine Einheit DM im Inland an, so erzielt er einen Zinssatz i (per Jahr). Seine Einnahmen aus der Anlage einer DM am Ende der Periode sind also $1 + i$. Legt er eine Einheit DM im Ausland an, so tauscht er diese Einheit DM zum Kurs w_o ein und erhält $1/w_o$ ausländische Währungseinheiten. Seine Einnahmen in ausländischer Währung am Ende des Jahres sind $(1 + i^*)\ 1/w_o$. Dieser Betrag wird im Zeitpunkt t zum Kurs w_t in DM umgetauscht, so daß die Einnahmen (in DM) aus der Anlage im Ausland $(1 + i^*)\ w_t/w_o$ sind. Gilt

$$1 + i > (1 + i^*)\ w_t/w_o,$$

so lohnt sich die Geldanlage im Inland. Im Gegenfall lohnt sich die Geldanlage im Ausland. Arbitragegleichgewicht verlangt, daß die Einnahmen nach einem Jahr gleich sind, also

$$1 + i = (1 + i^*)\ w_t/w_o$$

oder

$$\frac{i - i^*}{1 + i^*} = \frac{w_t - w_o}{w_o} = \hat{w}^e$$

Diese Gleichung läßt sich auch schreiben als

$$i = i^* + \hat{w}^e (1 + i^*)$$

oder vereinfacht als

$$i = i^* + \hat{w}^e, \tag{15.2}$$

wobei $\hat{w}^e$ die erwartete Wechselkursänderung ist.

Die rechte Seite gibt den Zinssatz im Ausland plus Wechselkursgewinn (aufgezinst) an. Ist $\hat{w}^e > 0$, wird also die DM in dem Jahr der Anlage *ab*gewertet (die ausländische Währung wird aufgewertet), so liegt ein Wechselkursgewinn vor. Ist $\hat{w}^e < 0$, wird also die DM nach einem Jahr aufgewertet (die ausländische Währung wird abgewertet), so liegt ein Wechselkursverlust vor.

Ist Gleichung 15.2 erfüllt, so hat ein Kapitalanleger keinen Anreiz, seine Bestände an Geldkapital räumlich zu verändern. Gleichung 15.2 beschreibt damit ein Bestands- oder Portfolio-Gleichgewicht.

2. Kurzfristige versus langfristige Analyse. In einer kurzfristigen Interpretation bedeutet Gleichung 15.2, daß die Zinssätze im In- und Ausland unter Berücksichtigung der erwarteten Wechselkursänderung auf kurze Frist verglichen werden (vgl. Swapsatz). Gleichung 15.2 läßt sich aber auch langfristig, etwa für Realinvestitionen, interpretieren. Das Kalkül der Anleger bezieht sich dann auf einige Jahre. Verglichen werden dann die Zinsen (interne Verzinsung, Grenzleistungsfähigkeit des Kapitals) im Inland und Ausland, aber unter Berücksichtigung der langfristigen Wechselkursentwicklung. Wenn z. B. die Verzinsung aus Realinvestitionen im Inland niedriger liegt als die langfristige Rendite im Ausland, wird im Ausland investiert.

3. Einige Einflußfaktoren. Neben der Fristigkeit des Entscheidungskalküls sind folgende Faktoren zu berücksichtigen: (1) Transaktionskosten bewirken, daß Differenzen in der Zinsparität auftreten können. (2) Liegt Besteuerung vor, so sind Renditen nach Besteuerung zu berücksichtigen. (3) Der internationale Kapitalmarkt ist annahmegemäß vollkommen; er ist also nicht durch Kapitalverkehrskontrollen segmentiert. Die Segmentierung des internationalen Kapitalmarktes bewirkt also Zinsdifferenzen. (4) Es bestehen keine Risikounterschiede zwischen inländischen und ausländischen Wertpapieren.

4. Wechselkurserwartungen. In der Zinsarbitrage spielen Wechselkurserwartungen eine wichtige Rolle. Wird eine Aufwertung der inlän-

dischen Währung erwartet, so wird es bei gegebenen Zinssätzen im In- und Ausland weniger attraktiv, Kapital im Ausland anzulegen. Für die Zinsparität ist deshalb von zentralem Interesse, wie sich Erwartungen über Wechselkursveränderungen bilden. Wird erwartet, daß der bestehende Wechselkurs weiter besteht, sind die Erwartungen statisch. Bei rationalen Erwartungen wird eine Wechselkursentwicklung erwartet, wie sie Marktkräfte in der Zukunft hervorbringen. In der Regel werden rationale Erwartungen an der Kaufkraftparität oder an der Zinsparität festgemacht. Eine andere Formulierung der Wechselkurserwartungen besteht darin, daß sich der Wechselkurs in der Zeit an einen langfristigen Wert $\bar{w}$ nach der Beziehung $\hat{w}^e = -\lambda(w_o - \bar{w})/w_o$ anpaßt.
Andere Erwartungsmodelle (welche auch rational im weiteren Sinn sein können) gehen in der Regel davon aus, daß die Erwartungen als gewichtetes Mittel aus dem gegenwärtigen Kassakurs w_o und anderen Einflußgrößen x gebildet werden. Der erwartete Wechselkurs kann dann geschrieben werden als

$$w_t^e = w_o - \lambda(w_o - x).$$

Für die erwartete prozentuale Wechselkursänderung ergibt sich

$$\hat{w}^e = -\lambda\left(1 - \frac{x}{w_o}\right).$$

Für die Einflußgröße x kann nun alternativ ein gleichgewichtiger Wechselkurs (z. B. Kaufkraftparität mit $x = \frac{p}{p^*}$, erwartete Kaufkraftparität gemäß $x = \frac{p^e}{p^{*e}}$ vgl. nächstes Kapitel) eingesetzt werden. Dies entspräche einer sogenannten regressiven Erwartungsbildung.

5. Fisher-Gleichung. Bezeichnet $\hat{p}^e$ die erwartete Inflationsrate, i den Nominalzins und r den Realzins, so gilt nach der Fisher-Gleichung

$$i = r + \hat{p}^e \tag{15.3}$$

und analog für das Ausland

$$i^* = r^* + \hat{p}^{*e} \tag{15.3'}$$

Aus den Gleichungen 15.3 und 15.3′ folgt zusammen mit der Zinsparität (15.2) und unter der Annahme $r = r^*$ für die Wechselkurserwartungen

$$\hat{w}^e = \hat{p}^e - \hat{p}^{*e}. \tag{15.4}$$

Aus der Fisher-Gleichung und der offenen Zinsparität folgt also, daß die Wechselkurserwartungen im Sinne einer Theorie rationaler Erwartungen auf der Kaufkraftparität basieren[1].

6. Offene und gedeckte Zinsparität. Bei der offenen Zinsparität ist die erwartete Wechselkursänderung eine Erwartungsgröße des einzelnen Anlegers. Bei der gedeckten Zinsparität hat der Anleger die Möglichkeit, seine Finanzinvestition in ausländischer Währung und die Zinszahlung in ausländischer Währung abzusichern und heute bereits per Termin Dollars zu verkaufen. Die Größe w_t kennzeichnet dann den Terminkurs; $\hat{w}^e$ gibt dann den Swapsatz an. In der Devisenmarktintervention versucht die Bundesbank, w_t und damit den Swapsatz zu beeinflussen, indem sie z. B. den Geschäftsbanken Kassadollar zu einem von ihr bestimmten Kassakurs verkauft und gleichzeitig Termindollar zu einem von ihr festgesetzten Terminkurs kauft.

Die Bedeutung der gedeckten Zinsparität hängt entscheidend von der zeitlichen Tiefe des Devisenterminmarktes ab, die heute je nach Währung bei etwa 12–18 Monaten liegt (Abschnitt 15.8).

7. Erklärung der Kapitalbewegungen. Gleichung 15.2 kann dazu eingesetzt werden, die Kapitalströme zu erklären. Werden die in 15.2 genannten Preise (einschließlich w_t) als gegeben betrachtet, so müssen sich die Anleger mit ihrem Portfolio so lange anpassen, bis das Arbitragegleichgewicht erfüllt ist. Gilt $i < i^* + \hat{w}^e$, so erfolgt Kapitalexport; im Gegenfall wird Kapital importiert. Aus Gleichung 15.2 wird deutlich, daß Zinsdifferenzen nur dann allein als Bestimmungsfaktor des Kapitalverkehrs relevant sind, wenn $\hat{w}^e = 0$, wenn also keine Wechselkursänderung erwartet wird. Dann impliziert z. B. $i < i^*$ Kapitalexport. Wird eine Abwertung der heimischen Währung erwartet ($\hat{w}^e > 0$), so lohnt sich ein Kapitalexport bei Zinsgleichheit und – in Grenzen – selbst bei $i > i^*$. Wird dagegen eine Aufwertung der heimischen Währung erwartet, dann muß es selbst bei $i < i^*$ nicht zum Kapitalexport kommen. Gleichung (15.2) kann also als Erklärung für Kapitalexporte betrachtet werden.

$$K_x = f\,(i/i^*;\ \hat{w}^e) \qquad (15.2')$$

Mit dieser Gleichung haben wir auch eine Erklärung für Devisennachfrage und -angebot gefunden, die in Abschnitt 10.2 behandelt wurden.

---

[1] Werden die Wechselkurserwartungen durch die Kaufkraftparität bestimmt ($\hat{w}^e = \hat{p}^e - \hat{p}^{e*}$), folgt der Swapsatz andererseits durch die Zinsparität $\hat{w} = i - i^*$, so ergibt sich durch Gleichsetzen von $\hat{w}^e = \hat{w}$ und unter Berücksichtigung der Fisher-Gleichungen (15.3 und 15.3′), daß $r = r^*$, d. h. die realen Zinssätze (Grenzproduktivitäten) passen sich an.

Zu unterscheiden sind dabei langfristige und kurzfristige Kapitalbewegungen.

8. Erklärung des Wechselkurses aus Kapitalbewegungen. Die Zinsparität kann auch für die Erklärung der Kassakurse angewandt werden. Betrachtet man in Gleichung 15.2 die Zinssätze der beiden Länder als gegebene Größen, so hängt der Kassakurs bei gegebener Erwartung über den Terminkurs w_t von der Zinsdifferenz ab.

$$w_o = f(i^*/i; w_t)$$

mit

$$d(i^*/i) \gtreqless 0 \quad \rightarrow dw_o \gtreqless 0 \qquad (15.2'')$$

Steigt der Zinssatz im Ausland relativ zum Zinssatz des Inlandes, so wird Kapital exportiert, und die heimische Währung wird abgewertet. Der Kassakurs w_o steigt. Bei gegebenem erwarteten Wechselkurs w_t^e sinkt $\hat{w}^e$. Steigt dagegen der Zinssatz im Inland stärker als im Ausland, so wird die heimische Währung aufgewertet. Der Kassakurs sinkt.

Es wird deutlich, daß die Wechselkursentwicklung langfristig auch von der «Angebotsseite» beeinflußt wird. Finden etwa im Ausland technische Neuerungen statt, so hat das Ausland eine höhere Grenzleistungsfähigkeit des Kapitals als das Inland. Folglich lockt das Ausland Kapital an; die inländische Währung wird abgewertet. Der Wechselkurs folgt also langfristig nicht nur im Sinn der Kaufkraftparitätentheorie, sondern auch nach dem Zinsparitätentheorem realwirtschaftlichen Entwicklungen.

15.3 Kurzfristiges und langfristiges Gleichgewicht bei flexiblem Wechselkurs

Berücksichtigen wir explizit zwei Währungen mit einem flexiblen Wechselkurs, so wird das kurzfristige monetäre Gleichgewicht durch den Schnittpunkt von relativer Geldnachfrage und relativem Geldangebot in Schaubild 15.2a bestimmt (vgl. Schaubild 9.2). Bei einem relativen Geldangebot OG ist OR der gleichgewichtige Wechselkurs.

Langfristig ist der Zusammenhang zwischen Wechselkurs und den Güterpreisen der Gleichung 9.6 $w = (p_1/p_2^*)/p$ gegeben, wobei der Relativpreis p im Handelsgleichgewicht bestimmt wird. Der Zusammenhang zwischen dem Wechselkurs w und p_1/p_2^* ist also eine Gerade mit dem Steigungsmaß $tg\ \alpha = 1/p$. Wenn sich Wechselkurs und die Nominalpreise auf dieser Geraden bewegen, gilt die Kaufkraftparität

(vgl. Gleichung 9.9). Das langfristige güterwirtschaftliche Gleichgewicht muß also auf dem Fahrstrahl OK liegen.
Kurzfristig muß aber auch der Markt für Wertpapiere im Gleichgewicht sein. Sei Punkt L ein solches kurzfristiges Gleichgewicht, d. h. die Wirtschaftssubjekte sehen sich nicht veranlaßt, ihr Portfolio zu verändern. Die Überschußnachfrage nach Wertpapieren ist null. Es wird nun behauptet, daß der Punkt A kein Gleichgewicht auf dem Wertpapier-Markt darstellen kann. Hier muß nun eine Hypothese über die Wechselkurserwartungen eingeführt werden. Es wird unterstellt, daß die Wirtschaftssubjekte den Wechselkurs OR des langfristigen Gleichgewichts erwarten. In Punkt A ist die heimische Währung also unterbewertet; es besteht eine Aufwertungserwartung. Folglich lohnt es sich, inländische Wertpapiere zu kaufen; die Überschußnachfrage nach Wertpapieren ist positiv. Damit im Gleichgewicht eine positive Überschußnachfrage nach Wertpapieren nicht auftritt, müssen die Wertpapiere niedrig verzinst werden. Die niedrigen inländischen Zinsen müßten die Aufwertungserwartungen im Sinne der offenen Zinsparität gerade kompensieren, falls ein Gleichgewicht vorliegt. Niedrige Zinsen aber würden die Nachfrage nach Geld erhöhen; da die Geldmenge gegeben ist, kann bei gegebenem Einkommen Y der Geldmarkt nur ins Gleichgewicht gebracht werden, indem die Geldnachfrage für Transaktionszwecke reduziert wird. Dies erfolgt, falls der Nominalpreis p_1 niedrig ist. Folglich muß ein Punkt des Wertpapier-Markt-Gleichgewichtes links von A liegen.
Bei einem Punkt B liegt ebenfalls kein Gleichgewicht auf dem Bonds-Markt vor. Denn jetzt ist die inländische Währung überbewertet, man

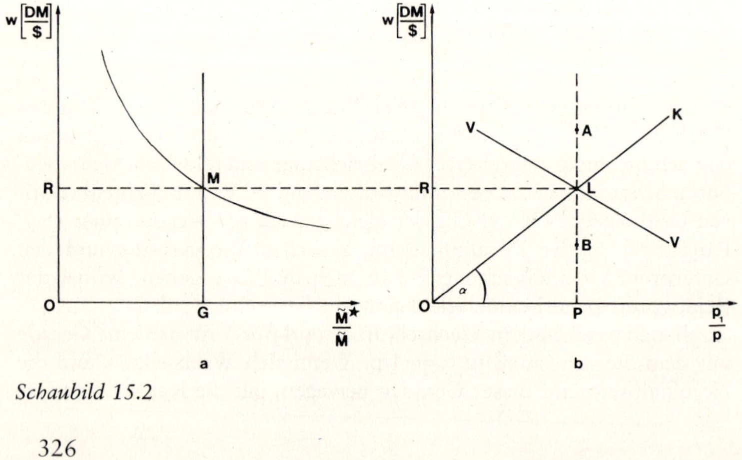

Schaubild 15.2

trennt sich von Anleihen in inländischer Währung, und es liegt ein Überschußangebot an Wertpapieren in inländischer Währung vor. Allerdings würde man die Wertpapiere halten, wenn die Zinsen im Inland hoch wären. Dann aber ist die Geldnachfrage relativ zum Geldangebot zu niedrig. Um die Geldnachfrage zu erhöhen, muß man den Preis p_1 steigen lassen. Denn dadurch steigt die Nachfrage nach Transaktionskasse. Folglich hat die VV-Kurve eine negative Steigung.
In Schaubild 15.2 ist eine Situation dargestellt, in der monetäres Gleichgewicht M und langfristiges Gütermarktgleichgewicht L zusammen mit Gleichgewicht auf dem Wertpapiermarkt realisiert sind.

15.4 Reaktionsgeschwindigkeit der Güter- und Finanzmärkte

Wird das in Schaubild 15.2 dargestellte Gleichgewicht gestört, so hängt die Anpassung an ein neues Gleichgewicht entscheidend davon ab, wie schnell die Finanzmärkte und die Gütermärkte reagieren. Die Umschichtung eines Portfolios kann schnell, im Extremfall schlagartig erfolgen. Die Gründe für diese schnelle Reaktionsgeschwindigkeit der Finanzmärkte liegen unter anderem darin, daß die Finanzmärkte rund um den Globus international vernetzt sind und keine hohen Transaktionskosten existieren. Dagegen brauchen Gütermärkte für Anpassungen Zeit.
Die Bedeutung der Reaktionsgeschwindigkeit der Güter- und Finanzmärkte wird dadurch plastisch illustriert, daß der Welthandel (Güterexporte) *pro Jahr* einen Wert von etwa 2100 Mrd. $, der Devisenhandel *pro Tag* etwa 350 Mrd. $ ausmacht. Die Devisenmärkte der Welt bewegen also an sechs Tagen die Devisentransaktionen aus Güterhandel eines ganzen Jahres (bei den Finanztransaktionen können Mehrfachzählungen vorliegen).

15.5 Kapitalbewegungen bei Störungen des Gleichgewichts: Überschießen des Wechselkurses

Wenn im Ausland die Geldmenge zunimmt, so verschiebt sich die Gerade des relativen Geldangebots OG in Schaubild 15.3a nach rechts, so daß das neue monetäre Gleichgewicht M′ bei einem niedrigen Wechselkurs OR′ liegt. Die ausländische Währung wird abgewertet. Das langfristige Gleichgewicht liegt in L′. Die VV-Kurve des Wertpapier-Gleichgewichts verschiebt sich nach links.

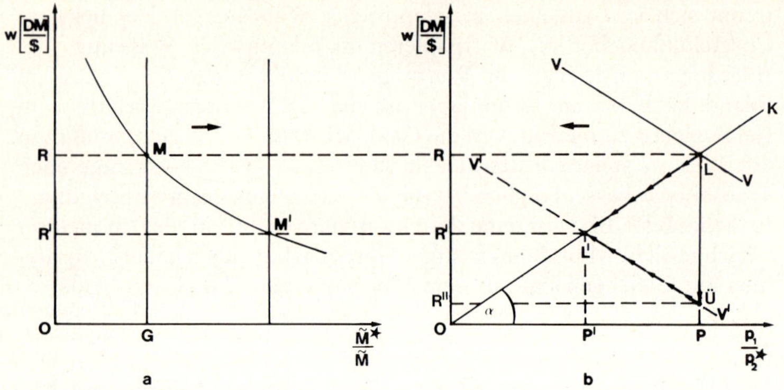

Schaubild 15.3

Von L kann das neue Gleichgewicht L′ erreicht werden, wenn sich der Wechselkurs w und das Verhältnis der Nominalpreise entlang dem Fahrstrahl OK bewegen. Dann bleibt der Relativpreis konstant, und es gilt die Kaufkraftparität. Das ist die Welt der monetären Zahlungsbilanztheorie (Kapitel 14).

Wenn jedoch die Güterpeise langsam reagieren, so bleibt zunächst p_1/p_2^* unverändert bei OP. Infolge der Geldmengenexpansion im Ausland wird jedoch das Gleichgewicht gestört. Die Ausländer haben zu viel Kasse. Prinzipiell bestehen zwei Möglichkeiten, die Kasse (Geldmenge) zu reduzieren: Sie können enthorten, also die Absorption erhöhen (und damit den Nominalpreis p_2^* erhöhen). Oder sie können Kasse abbauen, indem sie in Wertpapiere gehen und ihr Portfolio umstrukturieren. Diese Umstrukturierung kann schlagartig erfolgen. Dagegen braucht das von der monetären Zahlungsbilanztheorie betonte Enthorten Zeit.

Ausländer fragen also Wertpapiere nach, so daß die Kurse der Wertpapiere steigen und die Zinsen sinken. Bei perfekter Substituierbarkeit der Wertpapiere nimmt die Nachfrage nach Wertpapieren des Inlands zu; die Nachfrage nach DM steigt damit schlagartig, und die ausländische Währung wird abgewertet. In diesem Fall erfolgt eine starke Abwertung der ausländischen Währung.

Durch die Abwertung werden ausländische Güter nun preiswerter als inländische Güter. Dies folgt aus $p = p_1/p_2^* w$ bei sinkendem w; steigendes p zeigt an, daß das Ausland wettbewerbsfähiger wird. Das Ausland erzielt einen Handelsbilanzüberschuß. Allerdings wird die Kaufkraftparität jetzt verletzt.

Allmählich beginnen die Güterpreise im Ausland zu steigen, so daß p_1/p_2^* fällt. Das System bewegt sich von Ü nach dem neuen Gleichgewicht L'. Es gilt in L' wieder die Kaufkraftparität. Bei diesem Anpassungsprozeß über eine Umstrukturierung der Portfolios ergibt sich eine starke Volatilität des Wechselkurses, der von OR ausgehend über seinen langfristigen Wert OR' nach unten hinausschießt (OR").

Man beachte, daß die Geldmengenexpansion im Ausland durch das Defizit in der Kapitalverkehrsbilanz schlagartig wieder reduziert wird (im Inland wird die Geldmenge vergrößert). Allmählich nimmt die Geldmenge des Auslandes über die positiven Handelsbilanzsalden wieder zu. Durch die Handelsbilanzüberschüsse kann das Ausland allmählich auch Finanzkapital aus dem Inland akkumulieren, dessen Handelsbilanzdefizit auf dem Weg von Ü nach L' durch Kapitalexport oder einen Verlust von Geld finanziert werden muß.

Das Überschießen hängt von einer Reihe von Bedingungen ab. Sind die Güterpreise flexibel, so können sich Wechselkurse und Preise näher an der Kaufkraftparität bewegen. Neben der Rigidität der Güterpreise spielen Wechselkurserwartungen für das Überschießen eine wichtige Rolle. Aus der offenen Zinsparität folgt, daß sich bei einer Geldmengenexpansion Überschießen dann ergibt, wenn die Wechselkurserwartungen statisch sind ($\hat{w}^e = 0$). Sind die Wechselkurserwartungen an dem neuen gleichgewichtigen Wechselkurs $\bar{w}$ ausgerichtet, also $\hat{w}^e = f(w_o - \bar{w}/w_o)$, so würde die sich bei der Bewegung von L nach L' langfristig ergebende Abwertung der ausländischen Währung antizipiert: Wenn man in der Nähe des Punktes U im Sinne rationaler Erwartungen weiß, daß die ausländische Währung im Verlaufe der Zeit wieder aufgewertet wird, lohnt es sich ceteris paribus nicht so sehr, in DM-Anleihen zu gehen.

Auch der Terminmarkt glättet das Überschießen. Denn im Falle einer Störung würde der Terminmarkt Information bereitstellen, daß in einigen Monaten der Wechselkurs OR" nicht mehr gelten wird, da die ausländische Währung sich wieder aufwertet. Dann aber besteht ein Anreiz, ausländische (und nicht inländische) Papiere zu erwerben. Folglich könnte der Wechselkurs nicht so stark nach unten ausschlagen (vgl. Abschnitt 15.8).

15.6 Realwirtschaftliche Störungen des Gleichgewichts

Eine realwirtschaftliche Störung kann sich auf das Handelsgleichgewicht und auf das Finanzmarktgleichgewicht auswirken. Eine Präferenzverschiebung etwa zugunsten des Gutes 1 läßt die Nachfrage nach

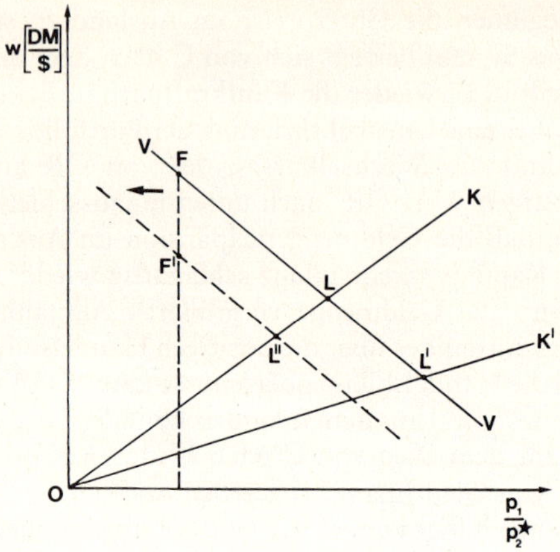

Schaubild 15.4

Gut 1 zunehmen, und die Gerade der Kaufkraftparität OK in Schaubild 15.4 dreht sich nach unten (OK'). Im neuen Gleichgewicht (Punkt L') ist die inländische Währung aufgewertet worden.
Betrachtet man anstelle einer Präferenzverschiebung technischen Fortschritt in der Produktion des Gutes 1 im Inland, so verschiebt sich die VV-Kurve nach links. Bei gegebenem Preisverhältnis p_1/p_2^* und gegebenem Wechselkurs hätten Anleger ein Interesse, ihre Finanzmittel im Inland anzulegen. Punkt F kann also kein Gleichgewicht sein. Ist aber einmal die Aufwertung der inländischen Währung durch Kapitalzustrom erfolgt, so liegt in F' ein Gleichgewicht vor. Die VV-Kurve verschiebt sich also nach links. Unterstellt man den einfachsten Fall eines kleinen Landes, so ist der Fahrstrahl OK gegeben, und das neue Gleichgewicht (Punkt L'') ist durch eine Aufwertung der heimischen Währung gekennzeichnet.

15.7 Das Branson-Modell

Eine formale Darstellung des Portfolio-Gleichgewichts und seiner Störung kann mit Hilfe des Branson-Modells (A1976) vorgenommen werden.
1. Fragestellung. Wie in der bisherigen Analyse wird der Wechselkurs langfristig durch die Kaufkraftparitätentheorie erklärt; der Wechselkurs kann in der langen Frist also als Relativpreis von nationalen

Gütern interpretiert werden. Nach der Vorstellung der Portfolio-Modelle wird der Wechselkurs kurzfristig jedoch dadurch bestimmt, daß Portfolioentscheidungen der Vermögensbesitzer die Nachfrage nach oder das Angebot an Devisen dadurch beeinflussen, daß die Vermögensbesitzer ihren Bestand an ausländischen Wertpapieren verändern wollen. Der Wechselkurs wird also kurzfristig auf dem Markt für ausländische Finanzaktiva bestimmt; der Wechselkurs ist dann kurzfristig als Relativpreis nationaler Währungen aufzufassen.

2. Annahmen. Das Modell betrachtet den inländischen Geldmarkt, den inländischen Wertpapiermarkt (B) und den Markt für ausländische Wertpapiere (F). Für die kurze Frist wird der Gütermarkt nicht explizit betrachtet. Das Inland wird als ein kleines Land interpretiert. Damit ist der Zinssatz des Auslandes i^* gegeben; das Ausland hält kein inländisches Geld und auch keine inländischen Wertpapiere. Inländische und ausländische Wertpapiere sind keine perfekten Substitute, so daß die erwarteten Renditen nicht notwendigerweise gleich sind. Bei statischen Wechselkurserwartungen bewirkt eine positive Zinsdifferenz ($i > i^*$) einen Kapitalzustrom. Kurzfristig reagieren nur die Finanzmärkte; weder Preise noch das Einkommen können sich auf kurze Frist anpassen. Schließlich wird unterstellt, daß der Bestand an inländischen Wertpapieren B gegeben ist. Nur das internationale Wertpapier ist handelbar; jedoch wird angenommen, daß der von den Inländern gehaltene Bestand an ausländischen Wertpapieren F kurzfristig fix ist. Dies ist eine starke Annahme, die im Gegensatz zu dem Modell in Abschnitt 15.3 ausschließt, daß die Inländer ihren Bestand an F kurzfristig verändern können. Auf längere Frist können Wertpapiere über Leistungsbilanzsalden akkumuliert werden.

Die Marktgleichgewichte für diese drei Vermögenstitel inländisches Geld (M), inländische Bonds (B) und ausländische Wertpapiere (F) sind durch folgende Gleichungen beschrieben.

3. Geldmarkt. Die Nachfrage nach inländischem Geld hängt vom Volkseinkommen, vom in- und ausländischen Zinssatz und auch vom Vermögen (V) ab.

$$L(\bar{Y}, i, i^*, V) = M \qquad (15.5)$$

Das Volkseinkommen ist gegeben. Es gilt $L_i < 0$, $L_i{}^* < 0$ und $L_V > 0$.

4. Bondsmarkt. Die Nachfrage nach zinstragenden Inlandsbonds hängt vom inländischen und ausländischen Zinssatz und vom Vermögen ab.

$$B^n(i, i^*, V) = B, \qquad (15.6)$$

wobei $B^n_{i^*} > 0$, $B^n_i < 0$, $B^n_V > 0$.

5. Markt für ausländische Vermögenstitel. Auch die Nachfrage nach ausländischen zinstragenden Vermögenstiteln wird vom in- und ausländischen Zins sowie vom Vermögensbestand bestimmt.

$$F^n (i, i^*, V) = wF, \tag{15.7}$$

wobei $F^n_i < 0$, $F^n_{i^*} > 0$ und $F^n_V > 0$.
Die Nachfragefunktionen weisen die folgenden Eigenschaften auf: Mit steigendem Vermögen nimmt die Nachfrage sowohl nach Geld als auch nach in- und ausländischen Finanzaktiva zu. Die Nachfrage nach B (und F) steigt, wenn der Zinssatz dieses Finanzaktivums i (bzw. i*) zunimmt; die Nachfrage nach B (und F) sinkt, wenn der Zinssatz des jeweils anderen Finanzaktivums i* (bzw. i) steigt. Die Nachfrage nach Geld sinkt, wenn die Verzinsung der alternativen Anlagemöglichkeiten (i und i*) steigt.
6. Vermögensrestriktion. Das in einer Volkswirtschaft gehaltene (in DM bewertete) Vermögen V setzt sich aus drei Komponenten zusammen: Geld, das keine Zinseinnahme bringt, im Inland ausgegebene zinstragende Aktiva B (Bonds) und Bestände an ausländischen zinstragenden Aktiva (F), die in ausländischer Währung definiert sind. Inlandsanleihen (Bonds B) dienen insbesondere zur Finanzierung staatlicher Ausgaben im privaten Sektor.

$$V = M + B + wF \tag{15.8}$$

7. Darstellung des Gleichgewichts. In Schaubild 15.5 ist das simultane Gleichgewicht auf allen drei Märkten in bezug auf die Variablen Zins und Wechselkurs dargestellt. Man beachte, daß es nach dem Walras'schen Gesetz hinreichend ist, das Gleichgewicht auf zwei Finanzmärkten zu bestimmen, da wegen der Vermögensdefinition der dritte Finanzmarkt ebenfalls im Gleichgewicht ist. Das Gleichungssystem 15.5–15.8, bei dem eine Gleichung redundant ist, enthält die exogenen Größen B, i* und F und die endogenen Variablen i, w und V. Dabei ist V deshalb endogen, weil über die Wechselkursänderung eine Vermögensänderung infolge Umbewertung erfolgen kann.
Geldmarktgleichgewicht. Sei T ein Punkt, der Geldmarktgleichgewicht darstellt. Steigt nun der Wechselkurs w, d. h. die heimische Währung wird abgewertet, dann steigt der Wert der in ausländischen Währungseinheiten notierten Vermögenstitel in DM (wF). Die Nachfrage nach Geld nimmt zu. Der Gleichgewichtszins, der bei gegebener inländischer Geldmenge Gleichgewicht auf dem Geldmarkt sicherstellt, muß wegen der gestiegenen Geldnachfrage steigen, damit die Geldnachfrage ins Gleichgewicht gebracht wird. Folglich muß die MM-Kurve, welche das Geldmarktgleichgewicht kennzeichnet, eine positive Steigung haben.

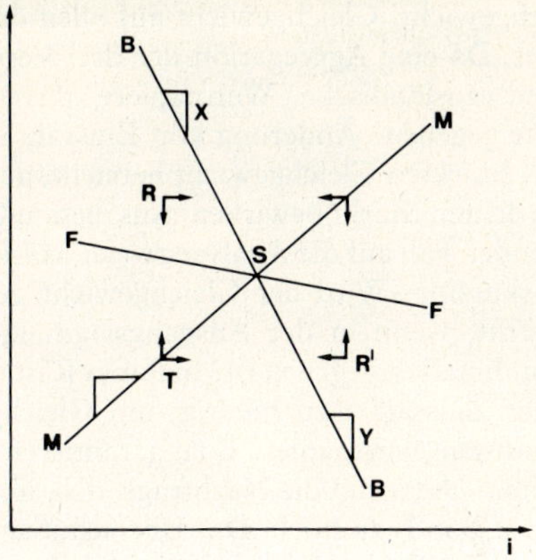

Schaubild 15.5

Gleichgewicht für inländische Wertpapiere. Sei X ein Punkt, der Gleichgewicht auf dem Markt für inländische Wertpapiere darstellt. Steigt der Wechselkurs, so führt dies zu einer Höherbewertung inländischer Vermögenstitel in DM (wF). Damit steigt die Nachfrage nach inländischen Anleihen (B), so daß deren Kurs ebenfalls steigt, während ihr Zins sinkt. Daraus folgt, daß die BB-Kurve eine negative Steigung haben muß.

Gleichgewicht für ausländische Wertpapiere. Man betrachte ein Gleichgewicht für ausländische Wertpapiere. Was geschieht, wenn der Wechselkurs steigt? Dann nimmt das Vermögen zu (da wF steigt), und die Nachfrage nach F steigt (Vermögenseffekt). Die Abwertung der inländischen Währung stellt aber einen Anreiz dar, ausländische Wertpapiere zu verkaufen (Preiseffekt). Nimmt man an, daß der Preiseffekt den Vermögenseffekt überkompensiert, so führt ein Anstieg des Wechselkurses zu einer Abnahme der Nachfrage nach ausländischen Wertpapieren. Damit muß der inländische Zins fallen, um ausländische Wertpapiere wieder attraktiver zu machen und den Markt für ausländische Wertpapiere F wieder ins Gleichgewicht zu bringen. Dadurch ergibt sich die negative Steigung der F-Kurve.

Die Steigung der FF-Kurve ist betragsmäßig jedoch geringer als diejenige der BB-Kurve, denn für eine gegebene Zunahme des Zinssatzes muß der Wechselkurs zur Herstellung des Gleichgewichts auf dem Markt für ausländische Wertpapiere F nicht so stark sinken wie es zur Herstellung von Gleichgewicht auf dem Markt für inländische Wertpapiere B erforderlich wäre.

8. Gesamtgleichgewicht. Gleichgewicht auf allen drei Märkten ist in Punkt S erreicht. Da eine Aggregation der drei Vermögenstitel Geld, inländische und ausländische Wertpapiere das Gesamtvermögen ergibt, muß eine gegebene Änderung von Zinssatz und Wechselkurs, welche auf zwei Märkten Gleichgewicht herstellt, auch Gleichgewicht auf dem jeweils dritten Markt bewirken. Aus diesem Grunde kann man sich im vorliegenden Fall auf die Analyse zweier Märkte beschränken.

9. Stabilitätsdiskussion. Wird der Gleichgewichtspunkt S (in Schaubild 15.5) erreicht, wenn in der Ausgangslage eine beliebige Zins-Wechselkurskombination gegeben ist? In Punkt R ist für den gegebenen Wechselkurs der Zinssatz i zu niedrig, um Gleichgewicht auf dem Markt für inländische Wertpapiere B zu garantieren. Das Angebot an inländischen Titeln übersteigt die Nachfrage, d. h. in der Ausgangslage sind die Kurse für Bonds zu hoch. Das Überschußangebot an inländischen Wertpapieren läßt den Kurs sinken; der Zins steigt (Bewegung nach rechts). Andererseits ist in R für den gegebenen Zins der Wechselkurs für ein Gleichgewicht zu hoch. Die Inhaber ausländischer Wertpapiere wollen ihre Bestände verkaufen; sie bieten Devisen an. Durch das Devisenangebot sinkt der Wechselkurs, so daß die heimische Währung (DM) aufgewertet wird (Bewegung nach unten). Vom Punkt R aus bewegt sich das System in Richtung des Punktes S. Analoge Überlegungen gestatten es, die Bewegungsrichtung in Punkt R′ oder auch in den beiden anderen in Schaubild 15.5 eingezeichneten Feldern zu bestimmen.

10. Kritik. Das Branson-Modell ist erheblich vereinfacht, da das für das Inland relevante Angebot an ausländischen Wertpapieren F als kurzfristig konstant unterstellt ist. Die Umschichtung des Portfolios kann sich also nicht in Kapitalverkehr ausdrücken, sondern in dem Wunsch nach Kapitalverkehr, also in der Nachfrage nach (oder Angebot an) Devisen. Damit reduziert sich die Umschichtung des Portfolios auf eine Umbewertung des Portfolios.

11. Zunahme der Geldmenge. Nimmt die inländische Geldmenge zu, so passen die Wirtschaftssubjekte ihr Portefeuille dadurch an, daß sie inländische und ausländische Wertpapiere kaufen. Bei konstantem gegebenem Angebot dieser Titel muß der Zins i sinken (d. h. die Kurse müssen steigen) und der Wechselkurs w muß steigen. Dieser Wirkungszusammenhang ist in Schaubild 15.6 dargestellt. Die gestiegene Nachfrage nach Anleihen reduziert den Zinssatz, der Gleichgewicht auf dem Markt für inländische Wertpapiere B bei gegebenem Wechselkurs herbeiführt. Die BB-Kurve verschiebt sich demnach nach links. Die ebenfalls gestiegene Nachfrage nach ausländischen Titeln hingegen hat eine Erhöhung des Wechselkurses zur Folge, der bei gegebenem Zins

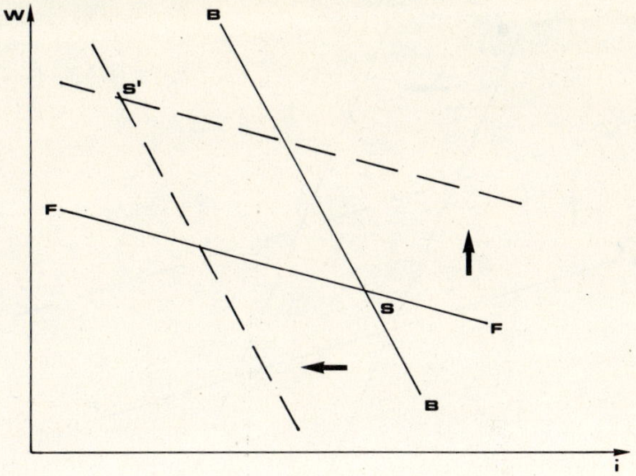

Schaubild 15.6

Gleichgewicht auf dem Markt für ausländische Papiere F sicherstellt. Die FF-Kurve verschiebt sich somit nach oben. Anstelle der alten Gleichgewichtssituation in Punkt S herrscht nun in Punkt S' Gleichgewicht. Die ursprüngliche Geldmengenexpansion bewirkt also ein Sinken des Zinses und eine Abwertung der heimischen Währung.

12. Zunahme bei inländischen Wertpapieren. Vermehrt sich der Bestand an inländischen Wertpapieren, indem sich etwa der Staat bei den privaten Wirtschaftssubjekten verschuldet, so führt die Zunahme im Angebot an Bonds (z.B. Staatsverschuldung) zu einem Sinken der Kurse und zu einem Anstieg des Zinssatzes. Zwar steigt (als Sekundäreffekt) das Vermögen, da die Wirtschaftssubjekte mehr Bonds halten, aber der Angebotseffekt überwiegt diesen Nachfrageeffekt. In Schaubild 15.7 verschiebt sich die BB-Kurve nach rechts. Für gegebenen Wechselkurs w kann nur ein höherer Zinssatz den B-Markt ins Gleichgewicht bringen.

Die Zunahme des Vermögens läßt die Nachfrage nach ausländischen Wertpapieren F steigen. Bei gegebenem Zinssatz kann nur ein höherer Wechselkurs den F-Markt ins Gleichgewicht bringen. Die FF-Kurve verschiebt sich nach oben (Schaubild 15.7). Die heimische Währung wird abgewertet.

13. Dynamische Anpassung des Wechselkurses. Kurzfristig muß der Wechselkurs so bestimmt sein, daß der Geld-, Bonds- und der ausländische Wertpapiermarkt im Gleichgewicht sind (Schaubild 15.8). Seien in der Ausgangslage die Bestände an Finanzaktiva gegeben. Dann

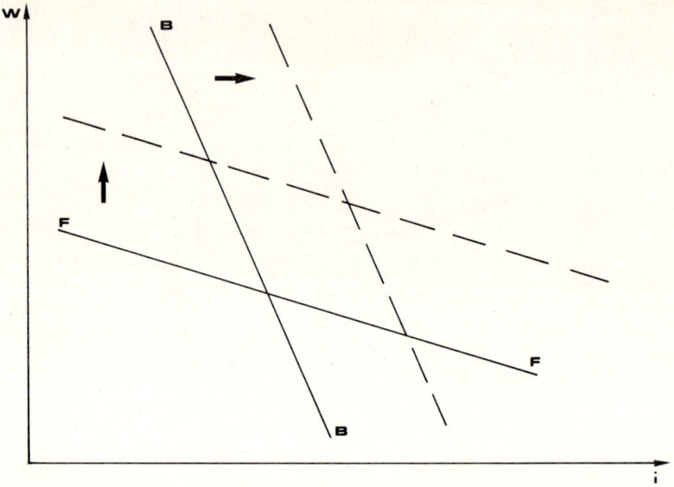

Schaubild 15.7

bestimmt das kurzfristige Gleichgewicht den Wechselkurs. Der so festgelegte Wechselkurs beeinflußt über die komparativen Preisvorteile Exporte und Importe und damit den Saldo der Handelsbilanz Z^L. Berücksichtigt man die Zinseinnahmen aus ausländischen Wertpapieren, so können sich Salden in der Bilanz der laufenden Posten einstellen, die einem Gegensaldo in der Kapitalverkehrsbilanz entsprechen.

$$Z^L + i^* \cdot w \cdot F = \dot{F} \tag{15.9}$$

Ein Überschuß in der Bilanz der laufenden Posten impliziert also einen Aufbau von Finanzaktiva. Da der Bestand an ausländischen Titeln steigt, ändert sich das Vermögen V und damit die Nachfrage nach Wertpapieren (und die Nachfrage auf dem Gütermarkt). Der Wechselkurs muß sich erneut anpassen. Langfristig ist erst dann ein Gleichgewicht erreicht, wenn sich der Vermögensbestand im privaten Sektor nicht mehr ändert, wenn also $\dot{V} = 0$ und damit $\dot{F} = 0$.

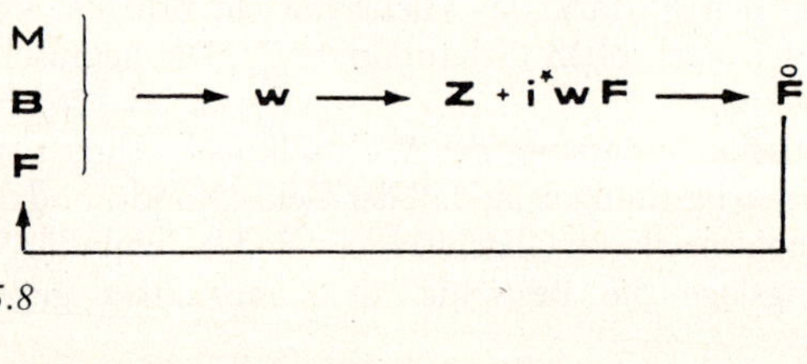

Schaubild 15.8

15.8 Devisenterminmarkt

Der Devisenkassamarkt ist dadurch gekennzeichnet, daß Devisen zu einem gegebenen Zeitpunkt nachgefragt und angeboten werden und die Transaktionen sich zu diesem Zeitpunkt vollziehen (ähnlich wie bei Erdöl auf dem Spot-Markt). Der Devisenterminmarkt bezieht sich dagegen auf heute eingegangene Verpflichtungen, zu einem bestimmten Preis Devisen zu einem späteren Zeitpunkt bereitzustellen oder abzunehmen (ähnlich wie ein Terminkontrakt bei Erdöl). Die Verpflichtung (ein Recht) wird heute eingegangen (erworben), aber erst in Zukunft eingelöst. Der für die Einlösung relevante Preis ist der Terminkurs; er ist heute bereits bekannt.

1. Rolle des Devisenterminmarktes. Die entscheidende Funktion des Devisenterminmarktes besteht darin, gegen das Wechselkursrisiko zu schützen. Beispielsweise kann ein deutscher Exporteur die durch einen Exportauftrag in drei Monaten erwarteten Einnahmen in Dollar heute per Termin verkaufen. Er muß dann gegenüber dem Kassakurs einen prozentualen Abschlag, den Swapsatz $(w_t - w_o)/w_o$ in Kauf nehmen. Dafür aber hat er kein Wechselkursrisiko mehr. Analog kann ein Importeur per Termin Devisen erwerben und damit das Risiko einer Abwertung der eigenen Währung ausschalten. Der Importeur wird bereit sein, eine Prämie (Abschlag) dafür zu bezahlen, daß er kein Wechselkursrisiko trägt.

In einem System fixer Wechselkurse gibt es kaum Wechselkursrisiken; folglich spielen Terminmärkte keine bedeutende Rolle. Dies ist jedoch anders in einem System flexibler Wechselkurse. Seit 1973 hat sich die zeitliche Tiefe des Devisenterminmarktes beachtlich verlängert.

2. Agenten. Die Agenten auf dem Devisenterminmarkt sind
- Zinsarbitrageure, die aus Zinsdifferenzen im Sinne der gedeckten Zinsparität einen Gewinn realisieren,
- Exporteure und Importeure, die ihr Wechselkursrisiko reduzieren wollen,
- Spekulanten, die bereit sind, Wechselkursrisiken zu übernehmen und von der Übernahme dieser Risiken einen Gewinn erwarten.

3. Nachfrage und Angebot auf dem Devisenterminmarkt aus Zinsarbitrage. Nachfrage und Angebot auf dem Devisenterminmarkt kann auch aus der Arbitrage abgeleitet werden. Aus der Zinsarbitragebedingung (15.2)

$$i - i^* = \hat{w} = \frac{w_t - w_o}{w_o}$$

folgt: Ist die Zinssatzdifferenz in Schaubild 15.9 durch OA gegeben und

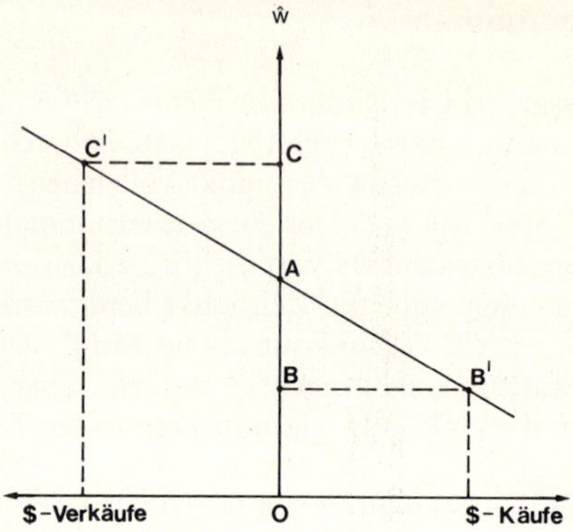

Schaubild 15.9

ist der Swapsatz ŵ ebenfalls OA, so gibt es keine Kapitalbewegungen. Damit besteht aber auch kein Anreiz, sich im Sinne der gedeckten Zinsparität abzusichern. Ist bei einer Zinssatzdifferenz $i-i^*$ (OA) der Swapsatz ŵ durch OC gegeben, so ist die Rendite im Ausland größer als im Inland, es wird Kapital ins Ausland exportiert (Dollarnachfrage auf dem Kassamarkt), und die Zinsarbitrageure sichern sich auf dem Terminmarkt ab (gedeckte Zinsparität), indem sie heute Dollar per Termin verkaufen (CC'). Ist der Swapsatz ŵ kleiner (z. B. OB) als die gegebene Zinssatzdifferenz OA, so wird Kapital ins Inland importiert, Dollar werden auf dem Kassamarkt angeboten. Zur Absicherung werden Dollar per Termin gekauft (BB'). Die Kurve der Nachfrage nach Termindollar aus Zinsarbitrage verläuft also fallend.

4. Nachfrage und Angebot auf dem Devisenterminmarkt aus internationalem Handel. Ein Exporteur oder Importeur will auf dem Devisenterminmarkt seine «offene Position» abdecken (sein Wechselkursrisiko gegen eine Prämie «loswerden»). Erwartet beispielsweise ein deutscher Importeur in drei Monaten eine Dollarzahlung S, so kann er heute diese S Dollar per Termin verkaufen und hat damit einen sicheren DM-Betrag $w_t S$ (mit der Dimension $\frac{DM}{\$}$ \$). Der deutsche Exporteur kann sich aber auch in anderer Weise absichern: er leiht sich in New York den Gegenwartswert des Betrages S (also weniger als der in drei Monaten eingehende Dollarbetrag S), nämlich $S/(1 + i^*)$, tauscht diesen Betrag sofort zum Kassakurs w_o in DM um und legt das Geld im Inland an, so daß er in drei Monaten einen DM-Betrag

$$\frac{S}{(1 + i^*)} w_o(1 + i)$$

hat. Der deutsche Exporteur ist indifferent, wenn

$$w_t S = \frac{S}{(1 + i^*)} w_o(1 + i)$$

oder nach Umformung

$$i - i^* = \hat{w},$$

wobei $\hat{w}$ der Swapsatz ist. Bei dieser Analyse betreibt der deutsche Exporteur also Arbitrage (Hedging) zwischen verschiedenen Absicherungsmöglichkeiten. Man beachte, daß er sich nicht spekulativ verhält, also Erwartungen über den zukünftigen Kassakurs keine Rolle spielen. Man erkennt, daß das Hedging analog zur Zinsarbitrage zu behandeln ist. Schaubild 15.9 kann auch für diesen Fall herangezogen werden. In Schaubild 15.9 kennzeichnet OA wieder die Zinssatzdifferenz $i - i^*$. Ist der Swapsatz $\hat{w} = i - i^*$, so ist der deutsche Exporteur indifferent, ob er den Dollarbetrag heute per Termin verkauft oder ob er sich über eine Verschuldung absichert. Ist $\hat{w} > i - i^*$, also OC > OA, so lohnt sich der Verkauf von Termindollar. Im Gegenfall lohnt sich für den deutschen Importeur der Kauf von Termindollar. Die Nachfrage nach Termindollar zur Absicherung von Handelsgeschäften ergibt also ebenfalls eine Nachfragekurve mit negativer Steigung.
Die Gesamtnachfrage nach Termindollar ergibt sich nun durch Aggregation aus der Nachfrage nach Dollar zur Absicherung der Handelsgeschäfte und aus der Absicherung der Kapitalbewegungen gemäß der Zinsarbitrage, also aus einer Horizontaladdition der beiden Nachfragekurven (Gerade NN in Schaubild 15.11).

5. Realinvestitionen. Nicht nur aus internationalem Handel ergibt sich die Notwendigkeit der Absicherung von Wechselkursrisiken. Auch Direktinvestitionen erfordern eine Absicherung, etwa wenn die Exporterlöse aus einer Direktinvestition (z. B. in Brasilien) in Währungen anfallen, mit denen die Finanzierung der Investition nicht bedient werden kann.

6. Spekulanten. Spekulanten sind bereit, ein Risiko zu übernehmen, also sich gemäß der offenen Zinsparitäten zu verhalten. Der Spekulant hat eine Erwartung über den Kassakurs in der Zukunft; er vergleicht den gegebenen Swapsatz $\hat{w}$ mit der von ihm erwarteten Wechselkursänderung

$$\hat{w}^e = (w_t^e - w_o)/w_o,$$

wobei w_t^e den erwarteten Kassakurs in t kennzeichnet.

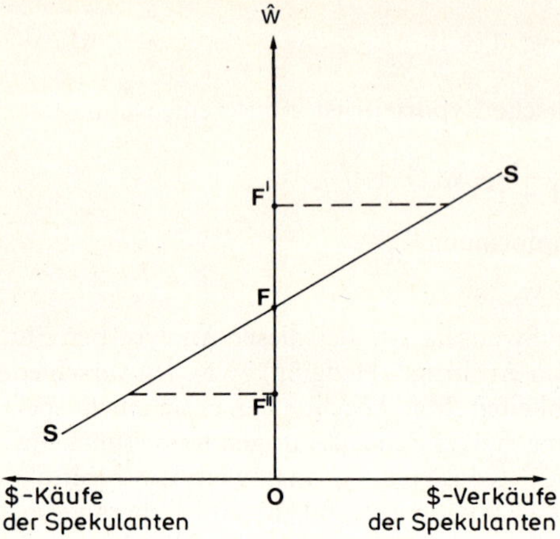

Schaubild 15.10

Ist die vom Spekulanten erwartete Wechselkursänderung (OF in Schaubild 15.10) gerade gleich dem Swapsatz, so wird der Spekulant auf dem Terminmarkt nicht aktiv. Ist $\hat{w}$ (OF') größer als $\hat{w}^e$ (OF), so erwartet der Terminmarkt eine größere Abwertung der DM als der Spekulant. Mit anderen Worten: Der Spekulant erwartet eine relativ größere Abwertung des Dollar. Er verkauft Dollar per Termin t, und er deckt sich später auf dem Kassamarkt billiger mit Dollar ein (wenn seine Erwartungen sich als richtig erweisen).

Ist dagegen der Swapsatz $\hat{w}$ (OF″) kleiner als die vom Spekulanten erwartete Wechselkursänderung, so heißt dies: Der Spekulant erwartet eine Abwertung der DM relativ zum Terminkurs, d. h. eine Aufwertung des Dollar. Er kauft Dollar (billig) per Termin, die er später am Kassamarkt günstig verkauft. Die Angebotskurve SS an Termindollar resultiert also aus dem Kalkül der Spekulanten.

Die Nachfrage nach Termindollar wird unter anderem von den Erwartungen beeinflußt: Wird die «Atmosphäre» für die Nachfrage nach Dollar günstiger, so werden ceteris paribus mehr Dollar auf Termin nachgefragt. Das Verhalten der Spekulanten wird neben Erwartungen auch von der Risikoeinstellung der Spekulanten, aber auch von ihren Restriktionen bestimmt, die die Möglichkeit beeinflussen, Wechselkursrisiken zu übernehmen.

8. Zeitliche Tiefe. Die zeitliche Tiefe des Devisenterminmarktes reicht heute für die wichtigsten Währungen etwa 12–18 Monate. Speziali-

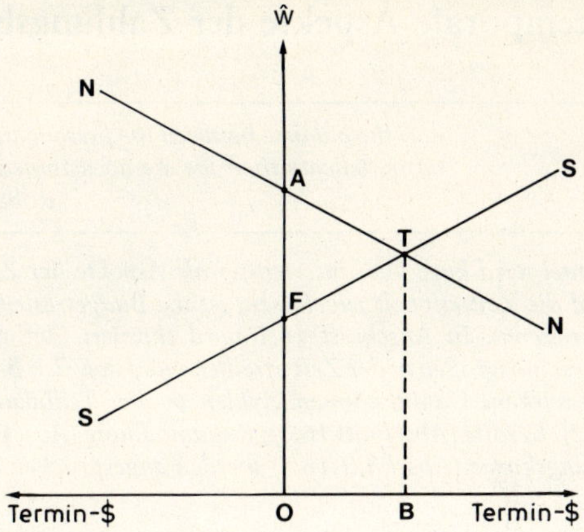

Schaubild 15.11

sierte internationale Banken tätigen Termingeschäfte in den wichtigsten Währungen auch über längere Fristen, allerdings mit erheblichen Prämien. Ist eine Währung mit Risiken etwa politischer Art behaftet, ist die zeitliche Tiefe in der Regel wesentlich geringer.
Der Übergang vom System der fixen Wechselkurse zu den flexiblen Kursen hat dem Devisenterminmarkt eine größere Bedeutung gegeben, denn in einer Welt flexibler Kurse wollen sich Güterhändler stärker gegen Wechselkursschwankungen absichern. Die zeitliche Tiefe der Devisenterminmärkte hat beachtlich zugenommen, seitdem die Wechselkurse flexibel sind.

Weiterführende Fragen

1. Diskutieren Sie Ansätze, mit denen im Sinne der «exchange-rate dynamics» die Reaktion des Wechselkurses auf Störungen analysiert werden kann (Obstfeld und Stockman A1985).
2. Erörtern Sie allgemeinere und engere Spezifikationen des Finanzmarktmodells (Branson und Henderson A1985).

16. Intertemporale Aspekte der Zahlungsbilanz

«... the balance between the present and the future is more delicate than we are accustomed to think ...»
Robert M. Solow*

In diesem Kapitel wird kurz über intertemporale Aspekte der Zahlungsbilanz berichtet. Wird die Zeit explizit zugelassen, ist die Budgetrestriktion über die Zeit zu interpretieren. In Abschnitt 16.1 wird skizziert, daß Salden in den Teilbilanzen Bestandsgrößen in der Zeit «treiben» und daß sich Bestandsgrößen auf Salden auswirken. Damit können Zyklen in den Teilbilanzen auftreten (Abschnitt 16.2). Kredite (Abschnitt 16.3), Kapitalbildung (Abschnitt 16.4) und die Verschuldungskurve (Abschnitt 16.5) werden angesprochen.

16.1 Bestandsgrößen und Salden

Die Grundidee des Strom-Bestandsgleichgewichts ist bereits in verschiedenen Kapiteln angesprochen worden. Ein Stromgleichgewicht bezieht sich auf eine Periode, ein Bestandsgleichgewicht – also eine Tendenz, daß sich Bestandsgrößen nicht mehr verändern – muß in aller Regel für mehrere Perioden gelten. Als Beispiel für ein Bestandsgleichgewicht kann die langfristige Allokation der Weltgeldmenge auf zwei Länder bei konstantem Wechselkurs betrachtet werden. Ein Beispiel für ein kurzfristiges Stromgleichgewicht ist die Entsprechung von Horten des Inlandes (Handelsbilanzüberschuß) und Enthorten des Auslandes (Handelsbilanzdefizit). Stromgleichgewichte sind als Weg zu einem Bestandsgleichgewicht zu interpretieren.
Salden in der Zahlungsbilanz oder in den Teilbilanzen bedeuten eine Veränderung von Bestandsgrößen. Salden «treiben» Bestandsgrößen in der Zeit. Ein Überschuß in der Leistungsbilanz des Inlandes vergrößert die Geldmenge; ein Defizit des Auslandes verringert dort die Geldmenge, so daß man sich dem langfristigen Bestandsgleichgewicht allmählich nähert. Ein Überschuß in der Handelsbilanz kann aber auch für Portfolioinvestitionen im Ausland verwendet werden. Dann nehmen die Finanzaktiva zu. Oder ein Handelsbilanzüberschuß bei Nicht-Investitionsgütern kann zur Finanzierung des Imports von Kapitalgütern eingesetzt werden. Damit steigt der Kapitalstock.

* The Economics of Resources or the Resources of Economics, American Economic Review, 64, 1974, S. 10.

Andererseits beeinflussen Bestandsgrößen (und ihre parametrische oder endogene Veränderung) aber auch Salden. Die Zunahme der Geldmenge bewirkt kurzfristig ein Leistungsbilanzdefizit oder ein Defizit in der Kapitalverkehrsbilanz (Kapitalexport: Erwerb ausländischer Wertpapiere). Die Zunahme der Finanzaktiva bringt infolge der Zinseinkünfte eine Aktivierung der Dienstleistungsbilanz mit sich; die Zunahme des Schuldenstandes infolge der Zinsleistungen eine Passivierung der Dienstleistungsbilanz. Schließlich dient der Aufbau eines Kapitalstocks dazu, die Produktion in der Zukunft zu vergrößern und mehr Güter für den Export bereitzustellen. Damit ergibt sich in der Zukunft eine Aktivierungstendenz der Handelsbilanz. Die entscheidende Story lautet also, daß Salden in der Handelsbilanz die Veränderung von Bestandgrößen darstellen und daß diese Bestandsgrößen über einen «Feed Back» auf die internationalen Güterbewegungen und damit auf die Salden zurückwirken (vgl. Abbildung 16.1). Dieser «Feed Back» spielt für eine Reihe von Bestandsgrößen eine Rolle, und zwar den Geldbestand eines Landes mit fixem Wechselkurs, den Kapitalstock, den Schuldenstand und die Finanzaktiva. Damit muß eine Theorie der Handelsbilanzsalden letzten Endes in eine intertemporale Theorie eingebettet werden, welche die Veränderung von Bestandsgrößen explizit in die Betrachtung einbezieht.

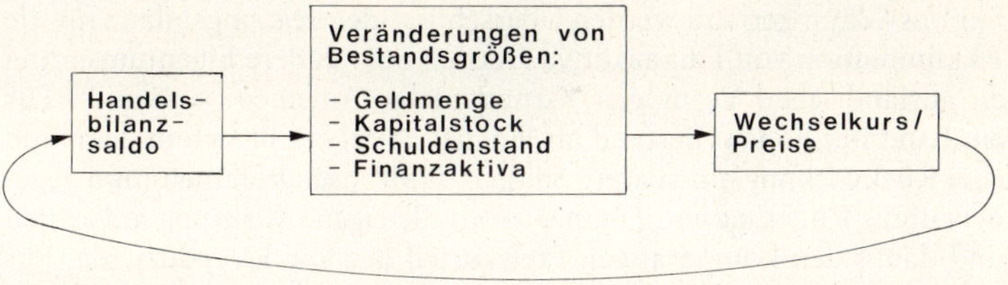

Schaubild 16.1

Inwieweit sich der «Feed Back» zwischen Salden und Bestandsgrößen einstellt, hängt von einer Reihe von institutionellen Bedingungen ab, welche die Bedeutung der Bestandsgrößen beeinflussen, nämlich der Frage, ob ein System der konstanten oder flexiblen Wechselkurse vorherrscht, ob Währungen konvertibel sind, ob der Kapitalverkehr frei oder eingeschränkt ist und welche Bedingungen für den internationalen Austausch für Finanzaktiva gelten.

16.2 Zyklen in der Zahlungsbilanz

Die Anlage von Handelsbilanzüberschüssen im Ausland generiert Zinseinkünfte für die Zukunft. Damit wird die Dienstleistungsbilanz positiv. Folglich kann ein Land später bei positiven Zinseinkünften eine negative Handelsbilanz haben. In diesem Fall ergibt sich ein zyklisches Bild der Teilbilanzen der Zahlungsbilanz. Positive Handelsbilanzüberschüsse, die im Ausland angelegt werden (Kapitalexport), dienen zunächst zur Akkumulation von Finanztiteln. Später fließen Zinseinkünfte, und die im Ausland angelegten Finanztitel können aufgelöst werden (Kapitalimport). Dann kann die Handelsbilanz negativ sein. Beispielsweise hat Großbritannien 1988 Nettoauslandsaktiva von ca. 80 Mrd. Pfund. Ein zyklisches Verhalten der Zahlungsbilanz ergibt sich auch bei Krediten.

16.3 Kredite und Verschuldung

Die Grundidee der Kredite und der Verschuldung ist in Abschnitt 4.16 dargestellt worden. Ein Land mit höherer Zeitpräferenz und größerer Grenzproduktivität des Kapitals verschuldet sich in der ersten Periode; in der zweiten Periode zahlt das Land die Schulden zurück.
Für das Gläubigerland werden Überschüsse der Leistungsbilanz für die Akkumulation von Finanzaktiva (Aktien oder andere Eigentumsmittel an ausländischen Vermögen, Grundstücke, Anleihen) verwandt. Für ein Land mit hohem Bestand an Finanzkapital ergibt sich in dem Sinn eine Rückwirkung auf spätere Salden, daß Zinseinkommen (und gegebenenfalls Rückfluß von Finanzaktiva) die eigene Währung aufwerten und damit den komparativen Preisvorteil des Landes reduzieren. Für ein Finanzzentrum wie die Schweiz ist dies ein altes Problem.
Für das Schuldnerland akkumulieren sich negative Leistungsbilanzsalden im Schuldenstand und gewinnen ein Eigengewicht, weil in zukünftigen Perioden Devisen nicht nur für Importe, sondern auch für Tilgung und Zinsleistungen verdient werden müssen. Das Defizit von heute belastet also zukünftige Generationen. Die heutigen Schulden haben Opportunitätskosten für die Zukunft (user cost).

16.4 Kapitalbildung

Aus der Sicht eines Defizit- oder Schuldnerlandes können Auslandskredite für Konsumzwecke oder Zwecke der Kapitalakkumulation aufgenommen werden. Eine Verschuldung für Konsumzwecke lohnt sich dann, wenn die Zeitpräferenzrate eines Landes größer ist als der Zinssatz der Schulden. Eine Verschuldung für die Kapitalbildung lohnt sich, wenn die Grenzproduktivität des Kapitals größer ist als der Zinssatz der Schulden. Kapitalbildung kann in einer offenen Volkswirtschaft also durch eine Verschuldung erfolgen (Siebert A1987d).

Aus der Sicht des Überschuß-(Gläubiger-)landes kann ein Überschuß in der Leistungsbilanz auch zu einem realen Kapitalexport, etwa in Form der Direktinvestitionen, verwendet werden. Voraussetzung für den Kapitalexport ist wohl, daß im Ausland eine höhere Produktivität des Kapitals gegeben ist als im Inland. Ein solcher Kapitalexport bewirkt, daß das Überschußland auf eine potentielle Ausdehnung seines Kapitalstocks verzichtet (wie Japan 1986), während das Defizitland Kapital empfängt und seinen Kapitalstock aufbauen kann. Langfristig würde eine solche Verwendung von Überschüssen, also ein realer Ressourcentransfer, eine Reallokation des Weltkapitalstocks bedeuten; die Folge wäre eine relativ günstigere Entwicklung der Defizitländer, eine Verbesserung von deren Kapitalausstattungen und damit deren komparativen Preisvorteilen und schließlich ein Abbau der in der Ausgangslage gegebenen Überschüsse.

Man kann festhalten, daß in den fünfziger und sechziger Jahren ein gewisser realer Kapitalexport von den USA nach Europa erfolgt ist; in den siebziger und achtziger Jahren sind Überschüsse der Industrieländer (etwa der Bundesrepublik) und Japans nach Nordamerika, Australien und in einige Schwellenländer gegangen. Auch die Überschüsse der erdölexportierenden Länder sind zu einem Teil in Realinvestitionen in andere Länder, teilweise auch in die Industrienationen, geflossen.

16.5 Verschuldungskrise

Der Schuldenstand der verschuldeten Länder beträgt zu Anfang des Jahres 1988 ca. 1200 Mrd. $. Dies macht einen Schuldendienst von etwa 100 Mrd. $ aus.

Für die verschuldeten Länder impliziert der für die Bezahlung von Zinsen und Schulden notwendige Exportüberschuß, daß die realen Ausgaben im Inland niedriger gehalten werden müssen als das Volkseinkommen. Exportüberschuß bedeutet, daß wertmäßig mehr Güter das Land verlassen als hereinkommen. In aller Regel findet in den Perioden der Zinszahlung und Tilgung ein Realtransfer zugunsten der Gläubigerländer statt. Den negativen Leistungsbilanzsalden während der Schuldaufnahme entspricht also später eine positive Leistungsbilanz, die in aller Regel über eine Abwertung mit einer Zurückdrängung des Binnensektors, also der nicht-handelbaren Güter erreicht wird.

Diese güterwirtschaftliche Sicht zur Lösung der Verschuldungskrise impliziert einen Kapitalexport der verschuldeten Länder. Gebraucht würde aber zu deren Entwicklung ein Kapitalimport, damit dort Kapital aufgebaut werden kann. Beide Perspektiven kollidieren miteinander.

Im übrigen werden zur Lösung der Verschuldungskrise auch eine ganze Reihe finanzwirtschaftlicher Instrumente vorgeschlagen wie «debt-equity swaps», partieller Schuldenerlaß und neue Kredite durch internationale Organisationen (Siebert A1988d).

Weiterführende Fragen

1. Erörtern Sie, welche Zeitprofile für Konsum, Verschuldung und Handelsbilanzen sich in einem intertemporalen Optimierungsansatz ergeben (Siebert A1987d).
2. Im Modell der überlappenden Generationen wird ein Wettbewerbsgleichgewicht in der Zeit (mit Kreditbeziehungen zwischen Generationen) betrachtet. Skizzieren Sie den Grundgedanken dieser Modelle (Schmid A1987).

17. Wechselkurssysteme und Weltwährungsordnung

The great wheel of circulation is altogether different from the goods which are circulated by means of it.
*Adam Smith**

Institutionelle Regelungen haben im güterwirtschaftlichen wie auch im monetären Bereich große Bedeutung, denn institutionelle Regelungen sind die Spielregeln, nach denen sich ökonomische Aktivitäten auszurichten haben. Wechselkurssysteme unterscheiden sich im Ausmaß der erforderlichen internationalen Kooperation (Abschnitt 17.1). Verschiedene Ausgestaltungen von Wechselkurssystemen werden dargestellt: Die Goldwährung (Abschnitt 17.2), das System von Bretton Woods (Abschnitt 17.3), flexible Kurse (Abschnitt 17.4) und das derzeitige Wechselkurssystem (Abschnitt 17.5). Sodann werden die europäische Schlange und das europäische Währungssystem erörtert. Einige wichtige Aspekte der internationalen Währungssysteme werden in den folgenden Abschnitten behandelt, und zwar optimale Währungsunion (Abschnitt 17.8), Leit- und Reservewährung (Abschnitt 17.9), der internationale Währungsfonds (Abschnitt 17.10) und Sonderziehungsrechte (Abschnitt 17.11). Schließlich wird die Weltwährungsordnung als ein System institutioneller Regeln angesprochen.

17.1 Nationale Souveränität und internationale Kooperation

Die Gestaltung des Geldwesens ist eine hoheitliche Aufgabe der einzelnen Länder. In einer verflochtenen Weltwirtschaft sind aber nationale Währungen in vielfältiger Weise interdependent. Es stellt sich damit die Frage, wie man dieser Interdependenz Rechnung tragen kann und ob internationale institutionelle Arrangements für den monetären Bereich anzustreben sind.

Als eine mögliche Lösung kann man sich ein System fixer Kurse wie in der Goldwährung vorstellen. Die beteiligten Länder einigen sich auf ein internationales Regelwerk, binden sich also durch einen Vertrag, und befolgen dann diese Regeln. Zwangsläufig geben sie damit nationale Souveränität auf. Oder sie verpflichten sich wie beim System der konstanten Wechselkurse zu einer Harmonisierung der Stabilisierungspolitik. Das Problem dieses Ansatzes ist, unter welchen Bedingungen der Vertrag nicht mehr eingehalten wird.

* Wealth of Nations, An Inquiry into the Nature of the Causes of the Wealth of Nations, 1776, zitiert nach The Modern Library, S. 273/4.

Die andere Lösung besteht darin, daß die einzelnen Länder autonom ihre Währungssysteme regeln, aber eine Koordinierung zwischen den Ländern nicht vorgenommen wird. Von störenden Einflüssen des Auslandes wie Inflation und Konjunkturbereich schottet sich das einzelne Land über flexible Wechselkurse (und Zinsen) ab. Das Problem lautet hier, inwieweit der Wechselkurs diese Abschottung vornehmen kann und inwieweit diese Rolle der Abschirmung durch das Überschießen beeinträchtigt wird.

17.2 Goldwährung

Diese 1823 mit der Einlösbarkeit der Banknoten in Gold (Predöhl 1971, S. 50) endgültig eingeführte Währung sah vor, daß die Notenbank das umlaufende Papiergeld eines Landes jederzeit zu einem gesetzlich fixierten Austauschverhältnis in Gold umtauschte. Die Konsequenz dieser Regelung war, daß Gold ein internationales Zahlungsmittel war und daß konstante Wechselkurse existierten; denn da die Relationen DM/ME_G und \$/ME_G fixiert waren, war auch das Verhältnis DM/\$ fixiert (ME_G: Mengeneinheit Gold).

In Schaubild 17.1 ist die Wirkungsweise einer Goldwährung verdeutlicht. Angenommen die DM wird in einer gegebenen Situation geringer bewertet, etwa weil sich die Nachfrage nach \$ nach rechts verschiebt, d. h. w steigt. Ausgehend von einem Gleichgewicht P würde bei flexiblen Kursen ein Gleichgewichtspunkt A erreicht. In A ist die Zahlungsbilanz ausgeglichen.

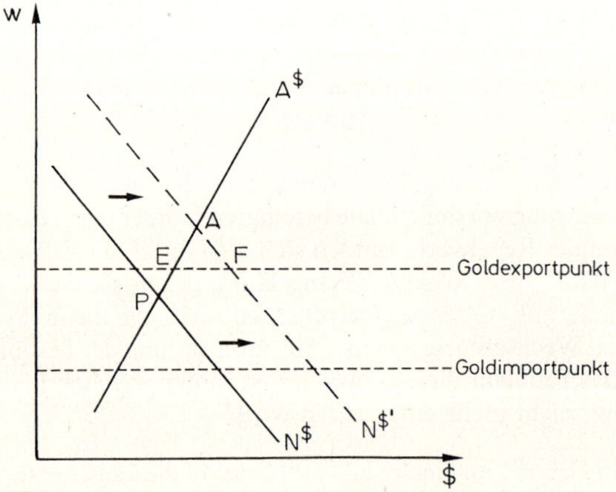

Schaubild 17.1

Dieser Effekt stellt sich jedoch nicht bei einer Goldwährung ein. Wenn die DM stark genug abgewertet ist, kann ein Amerikaner DM kaufen, da er für einen Dollar eine große Menge DM erhält. Mit diesem DM-Betrag kauft er in Deutschland Gold, transportiert das Gold in die USA und tauscht es gegen $ um. Der Wechselkurs w kann also nicht über den sog. «oberen Goldpunkt» steigen. Dann nämlich lohnt sich der Goldexport aus Deutschland; d. h. es werden $ angeboten. In Schaubild 17.1 kennzeichnet EF den Goldexport (= Kapitalexport). Der obere Goldpunkt, der von Transport-, Versicherungs- und Zinskosten abhängt, stellt also eine obere Grenze für den Wechselkurs w dar.
Entsprechend wirkt sich ein unterer Goldpunkt aus: Wenn der Wechselkurs w sinkt, wenn also die DM aufgewertet wird, lohnt es sich ab einer gewissen Schwelle, $ zu kaufen, mit diesen Devisen in den USA Gold zu erwerben und Gold zu importieren («unterer Goldpunkt»).
Wählt man also die institutionelle Regelung einer Goldwährung, so pendelt sich der Wechselkurs in den Grenzen des «oberen» und «unteren» Goldpunktes ein. Der Wechselkurs ist damit stabil. Die Verfechter einer Goldwährung weisen darauf hin, daß diese institutionelle Regelung – im Gegensatz zu heute vorherrschenden Wechselkurssystemen – zur Stabilität zwingt. Lebt ein Land über seine Verhältnisse, ist z. B. sein Importwert größer als sein Exportwert, so wird die heimische Währung abgewertet; Gold wird exportiert und die Geldmenge nimmt ab. Die Preise im Inland sinken; das Inland wird wieder wettbewerbsfähig und die heimische Währung wird aufgewertet.
Die Gegner einer Goldwährung weisen darauf hin, daß eine Volkswirtschaft in ihrer Konjunkturpolitik nicht von diesem Mechanismus abhängig sein will. Das Pochen auf die Autonomie der nationalen Stabilisierungspolitik war letztlich der Grund dafür, daß die Goldwährung nach dem ersten Weltkrieg aufgegeben wurde. Im Zusammenhang mit einer eventuellen Wiedereinführung der Goldwährung wird auf die Vorteile und Einflußmöglichkeiten verwiesen, die den Goldproduzenten UdSSR und Südafrika aus einer Goldwährung erwachsen.

17.3 Bretton Woods

Das 1944 in Bretton Woods beschlossene Weltwährungssystem war von der Erfahrung der dreißiger Jahre geprägt: Währungsabwertung, Aufhebung der Konvertibilität, protektionistische Tendenzen und letztlich ein starker Rückgang des Welthandels. Der Grundgedanke des Systems von Bretton Woods bestand darin, durch stabile Wechselkurse die Entwicklung des Welthandels zu erleichtern. Die institutionelle

Regelung des Währungssystems wurde also als Instrument zur Entwicklung des Welthandels betrachtet.
In dem System von Bretton Woods war direkt oder indirekt für jede Währung eine Goldparität festgelegt. Die amerikanische Notenbank verpflichtete sich, jederzeit und in unbeschränkter Höhe die Dollarbestände anderer Notenbanken zum Kurs von 1 Unze Feingold pro 35 US-$ umzutauschen (sog. Gold-Devisen-Standard). Schaubild 17.2 stellt die Bindung der Währungen untereinander dar. Da der Dollar an die einzelnen Währungen gebunden war, ergab sich im Prinzip auch eine feste Relation der Währungen untereinander.

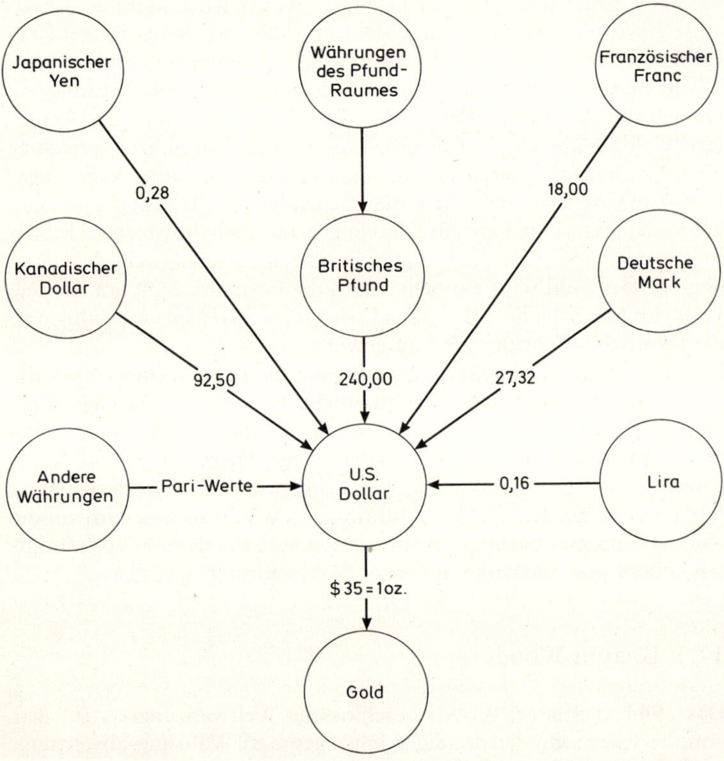

Schaubild[1] *17.2*

[1] Pari-Werte wie am 15. 8. 1971, in US-Cents pro Währungseinheit.

Die Währungsparitäten sollten nur bei fundamentalen Ungleichgewichten geändert werden. Prinzipiell war die Konvertibilität der Währungen angestrebt. Die Stabilität der Währungen sollte durch Interventionen der Notenbank sichergestellt werden. Verschob sich z. B. das Angebot an US-$ nach rechts und wurde die untere Grenze einer zulässigen Bandbreite von einem Prozent um die Parität erreicht, so mußte die Notenbank Dollar nachfragen, um den Kurs zu halten. In Schaubild 17.3 ist diese für die Deutsche Bundesbank in den sechziger Jahren typische Situation dargestellt. Um eine Aufwertung zu vermeiden, müßte die Bundesbank Dollar in Höhe von ST nachfragen.

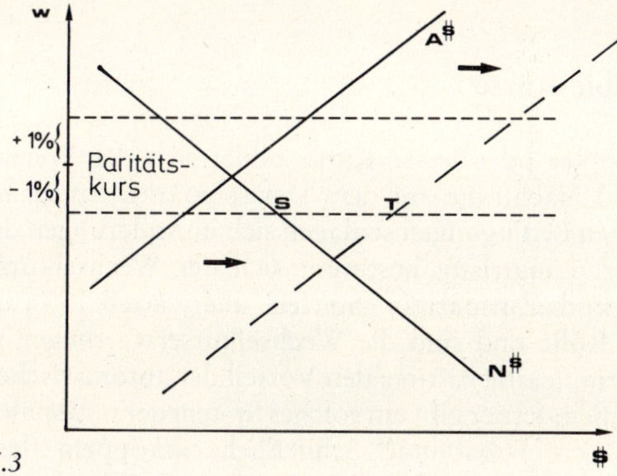

Schaubild 17.3

Es ist anzuerkennen, daß das System fester Wechselkurse mit einer starken Entwicklung des Welthandels einherging. Man kann auch die These vertreten, daß die Unterbewertung der Mark in den fünfziger und sechziger Jahren eine interessante Strategie im Sinne einer «angebotsorientierten» Wirtschaftspolitik war, die deutsche Wirtschaft (über den Export) unter Nachfrage«dampf» zu halten. Das System der festen Wechselkurse war jedoch durch erhebliche Schwächen gekennzeichnet:

- Die angestrebte Konvertibilität der Währungen konnte nicht in der gewünschten Weise gewährleistet werden. Vielmehr waren Kapitalverkehrskontrollen und andere Maßnahmen der Devisenbewirtschaftung erforderlich (Glismann u. a. 1987).
- Das System erforderte von Zeit zu Zeit Wechselkursanpassungen, die nicht nach Marktgesetzen sondern im politischen Prozeß erfolgten. Der Wechselkurs war letztendlich ein politischer Preis.

- Wechselkurse haben falsche Preissignale gesetzt und damit zu Verzerrungen in der Wirtschaftsstruktur geführt. Die politisch bedingten Neufestsetzungen haben oft zu abrupten Preisänderungen geführt. Damit war die Forderung nach der Konstanz der Wirtschaftspolitik verletzt. Fehlallokationen waren programmiert.
- Überschußländer importierten die Inflation.
- Es zeigte sich 1967 bei der Abwertung des britischen Pfundes, daß auch Leitwährungen gegebenenfalls abwerten müssen.

Am 15. August 1971 wurde die Goldkonvertibilität des Dollars aufgehoben; im Dezember 1971 wurden neue Kurse festgelegt (sog. Leitkurse) mit einer größeren Bandbreite von 4,5%. 1973 wurde das System von Bretton Woods durch flexible Kurse abgelöst.

17.4 Flexible Kurse

Im Fall flexibler oder freier Kurse bildet sich der Wechselkurs aus Angebot und Nachfrage auf dem Devisenmarkt. Änderungen in den ökonomischen Bedingungen schlagen sich in Änderungen der Wechselkurse nieder. Langfristig bestimmt sich der Wechselkurs durch die Kaufkraft- und Zinsparität. Spielen unerwartete Störungen keine bedeutende Rolle und sind die Wechselkurserwartungen rational, so hat ein System flexibler Kurse den Vorteil der automatischen Stabilisation nach außen; ferner gibt ein solches System der nationalen Geldpolitik eine größere Flexibilität. Schließlich entkoppeln flexible Kurse nationale Währungen im Vergleich zu Bretton Woods teilweise vom Dollar.

17.5 Das derzeitige Wechselkurssystem

Das derzeitige Wechselkurssystem stellt ein Mischsystem dar. Es sind keine perfekt flexiblen Wechselkurse gegeben. Eine Reihe von Währungen sind – wie im Europäischen Währungssystem – aneinander gekoppelt. Andere Währungen sind an den Dollar, an das britische Pfund, an die ECU, an Sonderziehungsrechte und an Währungskörbe gebunden. Schaubild 17.4 stellt die derzeitige Währungsordnung bei flexiblen Wechselkursen zusammen.

Eine weitere Eigenschaft des derzeitigen Währungssystems sind Interventionen der Notenbanken am Devisenmarkt. Diese Interventionen können einmal darauf gerichtet sein, kurzfristige Kursschwankungen (von Tag zu Tag) zu glätten. Zum anderen intervenieren Notenbanken zunehmend, um über längere Frist von einem halben oder ganzen Jahr einen bestimmten Wechselkurs zu verteidigen (vgl. Louvre-Akkord). Hier stellt sich die Frage, inwieweit die Geldpolitik wechselkursorientiert wird. Es zeigt sich, daß die Geldpolitik nicht sowohl einen bestimmten Wechselkurs verteidigen als auch die Geldmenge kontrollieren kann.

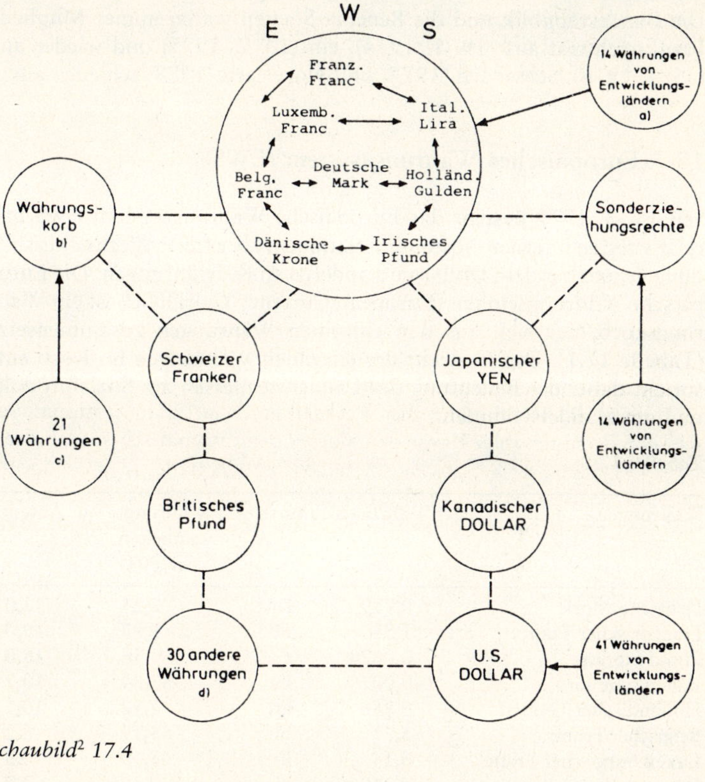

Schaubild[2] *17.4*

[2] a) gestützt auf den Französischen Franc
b) ohne Sonderziehungsrechte
c) 17 Entwicklungsländer und 4 Industrienationen
d) 21 Entwicklungsländer und 9 Industrienationen
Legende: Frei Floatender Kurs – – – –
Gebundener Kurs ⟶

17.6 Europäische Schlange

Beim «Block-Floaten» variiert ein Block von Währungen frei gegenüber dem Dollar; die Währungsrelationen im Block sind jedoch untereinander in Bandbreiten fixiert. In der «europäischen Schlange» fluktuierte in der Zeit von 1972 bis 1979 eine Reihe europäischer Währungen frei gegenüber dem Dollar. Die Mitgliedschaft in der «Schlange» variierte. Die Bundesrepublik und die Benelux-Staaten waren immer Mitglied; Frankreich trat aus (19. 1. 1974), ein (10. 7. 1975) und wieder aus (15. 3. 1976). Schweden (1977) und Norwegen (1978) schieden aus.

17.7 Europäisches Währungssystem (EWS)

Seit 13. 3. 1979 besteht das Europäische Währungssystem EWS mit relativ festen internen Austauschrelationen, aber freier Wechselkursbildung gegenüber dem Dollar und anderen Außenwährungen. Die Europäische Währungseinheit (European Currency Unit: ECU) ist ein Währungskorb, der sich aus den einzelnen Währungen zusammensetzt (Tabelle 17.1). Das Gewicht der einzelnen Währungen im Korb entspricht dabei der Bedeutung der Länder, gemessen am Sozialprodukt und am Handelsvolumen.

Tabelle[3] *17.1*

Währungen	Währungsleitkurse		Währungseinheiten per ECU	Anteile
Deutsche Mark	0,719	DM	2,24	32,0
Französischer Franc	1,31	FF	6,87	19,0
Pfund Sterling	0,0878	£	0,58	15,0
Italienische Lira	140,00	Lit	1383,84	10,2
Holländischer Gulden	0,256	hfl	2,52	10,1
Belgischer Franc	3,71	bfr	45,19	8,2
Luxemburgischer Franc	0,14	lfr	45,19	0,3
Dänische Krone	0,219	dkr	8,12	2,7
Griechische Drachme	1,15	Dr	89,12	1,3
Irisches Pfund	0,00871	Ir£	0,72	1,2
				100,0

[3] Statistische Beihefte zu den Monatsberichten der Deutschen Bundesbank, Reihe 5, Nov. 1987, Nr. 4, S. 75–77.

Das englische Pfund wird zwar bei der Berechnung der ECU berücksichtigt; Großbritannien nimmt aber am Europäischen Währungssystem nicht teil. Die zulässige Schwankungsbreite beträgt (für die Währungen der Schlange) 2,25 v. H. nach unten und oben. Die Notenbanken müssen uneingeschränkt intervenieren, wenn bestimmte Kurse erreicht sind. Bevor diese Grenzen erreicht werden, gibt es sog. «intermarginale» Interventionen. Außerdem sieht das EWS, wie jedes System fixer Kurse, kurzfristige Finanzierungsmodalitäten von Zahlungsbilanzsalden vor.

Die bisherige Erfahrung des EWS belegt zweierlei:

1. In einem System fixer Kurse müssen immer wieder Wechselkursänderungen vorgenommen werden, und zwangsläufig werden diese Anpassungen vom Devisenmarkt mit der Folge spekulativen Druckes antizipiert.
2. Eine europäische Währungsunion setzt voraus, daß alle Länder der Preisniveaustabilität das gleiche politische Gewicht beimessen, da ansonsten (siehe Kaufkraftparitätentheorie) eine gemeinsame Währung nicht zu halten ist, es sei denn, die stabilitätsbewußten Länder bringen das entsprechende Opfer.

17.8 Optimale Währungsunion

Sind eine Reihe von Ländern durch Güter- und Kapitalverkehr intensiv miteinander verflochten, so lohnt es sich, die Währungen aneinander zu binden. In diesem Fall ist eine autonome nationale Politik wegen der Verflechtungen über Güter- und Faktorbewegungen auch bei flexiblen Kursen nicht möglich. Die Literatur über die optimale Währungsunion versucht nun Bedingungen darüber zu ermitteln, ob es sich empfiehlt, ein weiteres Land in die Währungsunion aufzunehmen. Dies ist etwa dann zu bejahen, wenn die Wohlfahrt der Mitglieder der Währungsunion durch den Beitritt eines weiteren Landes gesteigert werden kann. Als wichtige Voraussetzung zeigt sich dabei neben der Gütermobilität die räumliche Ausdehnung der Faktormobilität.

17.9 Leit- oder Reservewährung

Im Zusammenhang mit der Währungssubstitution werden Leitwährungen relevant, denn es kann lohnend sein, Leitwährungen im Portefeuille zu halten, um Transaktionskosten zu senken. Wenn die Währung eines Landes zunehmend zur Leitwährung wird, bedeutet dies eine

Zunahme der Nachfrage nach dieser Währung und damit eine Aufwertungstendenz. Andererseits: Wenn eine Währung wie das Pfund die Rolle als Leitwährung abgibt, bewirkt dies eine Abwertung.

17.10 Der Internationale Währungsfonds

Der Internationale Währungsfonds ist eine spezialisierte Organisation der UNO, dem fast alle nichtsozialistischen Länder der Welt angehören. Im System von Bretton Woods hatte der Internationale Währungsfonds[4] die Aufgabe, aggressive Wechselkursänderungen der Mitglieder zu vermeiden und den Mitgliedsländern Kredite bereitzustellen. Diese zweite Funktion der Kreditgewährung im Fall von Zahlungsbilanzschwierigkeiten ist heute die zentrale Funktion des Internationalen Währungsfonds (IWF). So stellt der Internationale Währungsfonds Kredite bei der Umschuldung der verschuldeten Entwicklungsländer bereit. Bei der Gewährung von Krediten definiert der Internationale Währungsfonds Bedingungen über die Stabilisierungspolitik, so daß man die institutionellen Regelungen des Fonds als eine Art «Verfassung» des internationalen Währungssystems bezeichnen kann (Issing A1980, S. 524). Die Kreditfazilitäten sind im einzelnen in der Literatur beschrieben (Ethier 1983, S. 447).

17.11 Sonderziehungsrechte

Sonderziehungsrechte sind eine Form internationaler Liquidität, und zwar handelt es sich um (1969 geschaffene) buchmäßige Positionen der Länder beim Internationalen Währungsfonds. Diese Sonderziehungsrechte können gegen nationale Währungen eingetauscht werden. Sonderziehungsrechte werden proportional zu den Beitrittsquoten definiert; der Internationale Währungsfonds kann von Zeit zu Zeit neue Sonderziehungsrechte schaffen.

---

[4] Die Weltbank hatte die Aufgabe, den Wiederaufbau der vom Weltkrieg zerstörten Gebiete zu unterstützen. Heute verfolgt die Weltbank das Ziel, das wirtschaftliche Wachstum der Entwicklungsländer durch Investitionen zu fördern.

17.12 Die Notwendigkeit ordnungspolitischer Regeln: Weltwährungsordnung

In einer Welt mit unterschiedlichen Währungen stellt sich die ordnungspolitische Frage, wie die Rahmenbedingungen für dezentrale Entscheidungen institutionalisiert werden können. Dabei sollen einmal die internationale Arbeitsteilung bei Gütern und Dienstleistungen optimal ablaufen, zum anderen soll die Allokation der Produktionsfaktoren Arbeit und Kapital effizient sein und schließlich sollen auch gesamtwirtschaftliche Ziele wie Preisniveaustabilität und Vollbeschäftigung «gut» realisiert werden. Der Weltwährungsordnung kommt dabei eine ähnliche Rolle zu wie der Welthandelsordnung.
Die Grundfrage einer internationalen Währungsordnung lautet, ob die einzelnen Länder bereit sind, internationale Spielregeln wie etwa in der Goldwährung zu akzeptieren und auf nationale Souveränität zu verzichten. Dabei muß ein Weltwährungssystem die internationale Arbeitsteilung fördern und stabilisierungspolitische Ziele erleichtern. Bedingungen, die an ein solches Weltwährungssystem zu stellen wären, sind etwa die Konvertibilität der Währungen, freie Beweglichkeit der Güter und des Kapitals. Als alternatives institutionelles Arrangement kann man sich ein System von verschiedenen Währungen vorstellen, bei denen der Wechselkurs die entscheidende Rolle der Koordinierung übernimmt.

Weiterführende Fragen

1. Erörtern Sie, ob der von Tobin (A1982a) gemachte und von Dornbusch favorisierte Vorschlag (A1976c) sinnvoll ist, daß man Sand in das Getriebe des internationalen Kapitalverkehrs streuen muß. Berücksichtigen Sie dabei auch die europäischen Erfahrungen der dreißiger Jahre (Willgeroth A1975).
2. Erörtern Sie, wie sich im Rahmen des Europäischen Währungssystems die Expanison der Geldmenge eines Landes auswirkt.
3. Diskutieren Sie, welche Gründe angesichts der Erfahrungen der dreißiger Jahre dafür sprechen, die Unabhängigkeit der Notenbank verfassungsrechtlich zu verankern.
4. Von Praktikern und Politikern wird die Forderung erhoben, daß eine europäische Notenbank etabliert werden soll. Wie beurteilen Sie diese Forderung (Issing A1988)?

Literatur

Im Text wird auf die Literatur bei Büchern durch die Angabe von Namen mit der Jahreszahl der Erscheinung verwiesen. So bedeutet (Caves und Jones 1985) das im Literaturverzeichnis verzeichnete Buch «World Trade and Payment». Bei Verweisen auf Artikel kennzeichnet der Zusatz A vor der Jahreszahl, daß es sich um einen Artikel handelt, beispielsweise (Dornbusch A1985).

Lehrbücher und Monographien

Adebahr, H. (1978), Währungstheorie und Währungspolitik, Außenwirtschaft, Bd. 1, Berlin.

Adebahr, H. und W. Maennig (1987), Außenhandel und Weltwirtschaft, Außenwirtschaft, Bd. 2, Berlin.

Balassa, B. (1962), The Theory of Economic Integration, London.

Baldwin, R. E. (1976), The Political Economy of Postwar Trade Policy, New York.

Bardhan, P. K. (1970), Economic Growth, Development and Foreign Trade. A Study in Pure Theory, New York.

Beinsen, L. (1975), Die Wirkungen der Ausfuhr auf das internationale Wachstum, Wien.

Berg, H. (1976), Internationale Wirtschaftspolitik, Göttingen.

Bergsten, C. F. (1985), Hrsg., Global Economic Imbalances, Washington D.C.

Bernholz, P. (1966), Außenpolitik und internationale Wirtschaftsbeziehungen, Frankfurt/M.

Bhagwati, J. (1983), Essays in International Economic Theory, Cambridge.

Bhagwati, J. (1981), Hrsg., International Trade: Selected Readings, Vol. 1, Cambridge.

Bhagwati, J. (1981), Hrsg., International Trade: Selected Readings, Vol. 2, Cambridge.

Bhagwati, J. und T. N. Srinivasan (1984), Lectures in International Trade, Cambridge.

Bhandari, J. und B. Putnam (1983), Hrsg., Economic Interdependence and Flexible Exchange Rates, Cambridge.

Bigman, D. und T. Taya (1983), Hrsg., Exchange Rate and Trade Instability, Cambridge.

Bilson, J. und R. C. Marston (1984), Hrsg., Exchange Rate Theory and Practice, Chicago, London.

Binswanger, H. Ch. (1969), Markt und internationale Währungsordnung, Tübingen.

Blümle, G. (1982), Außenwirtschaftstheorie, Freiburg.

Borchert, M. (1983), Außenwirtschaftslehre; Theorie und Politik, 2. Aufl., Wiesbaden.

Breuss, F. (1983), Österreichs Außenwirtschaft 1945–1982, Wien.

Bruno, M. und J. D. Sachs (1985), Economics of Worldwide Stagflation, Cambridge.

Buiter, W. H. und R. C. Marston (1985), International Economic Policy Coordination, Cambridge.

Cassell, G. (1923), Money and the Foreign Exchange after 1914, New York.

Caves, R. E. und R. W. Jones (1985), World Trade and Payments, 4. Aufl., Boston.

Chacholiades, M. (1978), International Trade; Theory and Policy, Tokyo.

Chiang, A. C. (1984), Fundamental Methods of Mathematical Economics, 3. Aufl., Singapore.

Claassen, E. und P. Salin (1976), Hrsg., Recent Issues in International Monetary Economics, Amsterdam.

Claassen, E. und P. Salin (1983), Hrsg., Recent Issues in the Theory of Flexible Exchange, Amsterdam.

Cooper, R. N. u. a. (1982), Hrsg., The International Monetary System under Flexible Exchange Rates, Cambridge.

Corden, W. M. (1974), The Theory of Protection, Oxford.

Corden, W. M. (1978), Trade Policy and Economic Welfare, Oxford.

Corden, W. M. (1986), Inflation, Exchange Rates and the World Economy, 3. Aufl., Chicago.

Dixit, A. und V. Norman (1980), Theory of International Trade, Cambridge.

Donges, J. B. (1981), Außenwirtschafts- und Entwicklungspolitik, Berlin.

Donges, J. B. u. a. (1987), Mehr Strukturwandel für Wachstum und Beschäftigung, Kieler Studien, Tübingen.

Dornbusch, R. und J. A. Frenkel (1979), Hrsg., International Economic Policy: Theory and Evidence, Baltimore, London.

Dornbusch, R. (1980), Open Economy Macroeconomics, New York.

Dornbusch, R. und S. Fisher (1987), Makroökonomik, 4. Aufl., München.

Einzig, P. W. (1962), The History of Foreign Exchange, Toronto, New York.

Ellsworth, P. T. (1969), The International Economy, New York.

Ethier, W. J. (1983), Modern International Economics, New York.

Frenkel, J. A. und H. G. Johnson (1976), Hrsg., The Monetary Approach to the Balance of Payments, Toronto.

Frenkel, J. A. und H. G. Johnson (1978), Hrsg., The Economics of Exchange Rates, Reading (Mass.).

Frenkel, J. A. (1983), Hrsg., Exchange Rates and International Macroeconomics, Chicago, London.

Gaab, W. (1983), Devisenmärkte und Wechselkurse, Berlin, Heidelberg.

Gabisch, G. (1976), Außenhandel und Wirtschaftswachstum, Tübingen.

Gandolfo, G. (1987), International Economics, Vol. 1, Berlin.

Gandolfo, G. (1987), International Economics, Vol. 2, Berlin.

Gehrels, F. (1985), Außenwirtschaftstheorie, München.

Giersch, H. (1977), Konjunktur- und Wachstumspolitik in einer offenen Volkswirtschaft, Wiesbaden.

Giersch, H. (1980), Hrsg., On the Economics of Intra-Industry Trade, Tübingen.

Glastetter, W. (1979), Außenwirtschaftspolitik, 2. Aufl., Köln.
Glismann, H. u. a. (1986), Weltwirtschaftslehre I, 3. Aufl., München.
Glismann, H. u. a. (1987), Weltwirtschaftslehre II, 3. Aufl., München.
Grauwe, Paul de (1984), Macroeconomic Theory for the Open Economy, Aldershot.
Greenaway, D. (1985), Hrsg., Current Issues in International Trade, New York.
Gröner, H. u. a. (1978), Internationale Wirtschaftsordnung, New York.
Grubel, H. (1977), International Economics, Homewood (Ill.).
Grubel, H. und P. J. Lloyd (1975), Intra-Industry Trade, New York.
Haberler, G. (1970), Der internationale Handel, erw. und wiederabgedr. Auflage, Berlin, Heidelberg, New York.
Hamada, K. (1985), The Political Economy of International Monetary Interdependence, Cambridge.
Heckscher, E. F. (1935), Mercantilism, London.
Helpman, E. und P. R. Krugman (1985), Market Structure and Foreign Trade, Cambridge.
Helpman, E. und A. Razin (1978), A Theory of International Trade under Uncertainty, New York.
Hesse, H. (1967), Strukturwandlungen im Welthandel 1950–1960/61, Tübingen.
Hesse, H. u. a. (1985), Hrsg., Außenwirtschaft bei Ungewißheit, Tübingen.
Holzheu, F. (1971), Vermögenspositionen, Kreditmärkte und internationale Kreditbeziehungen, Tübingen.
Isard, W. (1956), Location and Space Economy, New York.
Issing, O. (1965), Leitwährung und internationale Währungsordnung, Berlin.
Jarchow, H. J. und P. Rühmann (1988), Monetäre Außenwirtschaft, 2. Aufl., Göttingen.
Johnson, H. G. (1970), International Trade and Economic Growth, 5. Aufl., London.
Jones, R. (1979), International Trade: Essays in Theory, Amsterdam.
Jones, R. und P. Kenen (1985), Hrsg., Handbook of International Economics, Vol. 1, Amsterdam.
Jones, R. und P. Kenen (1985), Hrsg., Handbook of International Economics, Vol. 2, Amsterdam.
Jungenfeldt, K. und D. Hagne (1985), Hrsg., Structural Adjustment in Developed Open Economies, London.
Kebschull, D. u. a. (1975), Entwicklungspolitik; Eine Einführung, 2. Aufl., Opladen.
Kemp, M. C. (1969), The Pure Theory of International Trade and Investment, Englewood Cliffs.
Kemp, M. C. (1976), Three Topics in the Theory of International Trade: Distribution, Welfare and Uncertainty, Amsterdam.
Kenen, P. B. (1985), The International Economy, Englewood Cliffs.
Keynes, J. M. (1923), A Tract on Monetary Reform, London.
Kierzkowski, H. (1984), Hrsg., Monopolistic Competition and International Trade, Oxford.

Kindleberger, C. P. (1973), The World in Depression 1929–1939, London.
Kindleberger, C. P. und P. H. Lindert (1982), International Economics, 7. Aufl., Homewood (Ill.).
Kloten, N. (1980), Das Europäische Währungssystem – Eine Grundentscheidung im Rückblick, Opladen.
Köhler, C. (1979), Zahlungsbilanz und Wechselkurs, Berlin.
Konrad, A. (1979), Zahlungsbilanztheorie und Zahlungsbilanzpolitik, München.
Kostecki, M. M. (1982), Hrsg., State Trading in Market Economies, London.
Kreinin, M. E. (1983), International Economics. A Policy Approach, 4. Aufl., New York.
Krugmann, P. R. und M. Obstfeld (1987), International Economics. Theory and Policy, Glenview (Ill.).
Kubarych, R. M. (1978), Foreign Exchange Markets in the United States, Federal Reserve Bank of New York, New York.
Külp, B. (1978), Außenwirtschaftspolitik, Tübingen.
Küng, E. (1978), Weltwirtschaftspolitik, Tübingen.
Küng, E. (1981), Der arme Süden und der reiche Norden, Stuttgart.
Leamer, E. E. und R. M. Stern (1970), Quantitative International Economics, Boston.
Lessard, D. (1979), Hrsg., International Financial Management, Boston.
Lindbeck, A. (1978), Hrsg., Inflation and Unemployment in Open Economies, Amsterdam.
Linder, S. B. (1961), An Essay on Trade and Transformation, Uppsala, New York.
Lorenz, D. (1967), Dynamische Theorie der Internationalen Arbeitsteilung; Ein Beitrag zur Theorie der weltwirtschaftlichen Entwicklung, Berlin.
Luckenbach, H. (1970), Wirtschaftswachstum und internationaler Handel, Freiburg.
Luckenbach, H. (1979), Hrsg., Theorie der Außenwirtschaftspolitik, Berlin.
Magee, S. P. (1980), International Trade, Reading (Mass.).
Marris, S. (1985), Deficits and the Dollar: The World Economy at Risk, Institute for International Economics, Washington.
Marshall, A. (1949), The Pure Theory of International Trade, 3. Neudruck, London.
McDougall, I. A. und R. H. Snape (1970), Hrsg., Studies in International Economics, Amsterdam.
McKenzie, G. (1976), Economics of the Eurodollar Market, London.
McKinnon, R. I. (1977), The Eurocurrency Markets, Essays in International Finance 125, Princeton University.
Meade, J. E. (1952), Trade and Welfare, London.
Meade, J. E. (1963), The Theory of International Trade Policy, Vol. 1: The Balance of Payments, London.
Meade, J. E. (1967), A Geometry of International Trade, London.
Möller, H. (1960), Internationale Wirtschaftsorganisation, Wiesbaden.
Möller, H. (1961), Außenwirtschaftspolitik, Wiesbaden.

Möller, H. (1972), Das Ende einer Weltwährungsordnung?, München.
Mundell, R. A. (1968), International Economics, New York.
Myrdal, G. (1958), Internationale Wirtschaft, Berlin.
Myrdal, G. (1974), Ökonomische Theorie und unterentwickelte Regionen, Frankfurt.
Newbery, D. und J. Stiglitz (1981), The Theory of Commodity Price Stabilization, Oxford.
Niehans, J. (1984), International Monetary Economics, Baltimore und London.
Ohlin, B. (1933), Interregional and International Trade, Cambridge.
Olsen, M. (1982), The Rise and Decline of Nations. Economic Growth, Stagflation and Social Rigidities, New Haven.
Pearce, I. F. (1970), International Trade, London.
Porter, R. und A. K. Swoboda (1987), Hrsg., Threats to International Financial Stability, Cambridge.
Prehdöhl, A. (1971), Außenwirtschaft, 2. Aufl., Göttingen.
Richardson, J. D. (1980), Understanding International Economics, Boston.
Roepke, W. (1942), International Economic Disintegration, London.
Rose, K. (1971), Hrsg., Theorie der internationalen Wirtschaftsbeziehungen, 3. Aufl., Köln.
Rose, K. (1986), Theorie der Außenwirtschaft, 9. Aufl., München.
Salvatore, D. (1987), International Economics, 2. Aufl., New York, London.
Sauernheimer, K. (1980), Internationale Kapitalbewegungen, flexible Wechselkurse und gesamtwirtschaftliches Gleichgewicht, Hamburg.
Scharrer, H. E. u. a. (1978), Währungsrisiko und Währungsverhalten deutscher Unternehmen im Außenhandel, Hamburg.
Schittko, U. (1976), Lehrbuch der Außenwirtschaftstheorie, Stuttgart.
Schröder, J. (1969), Theorie der Devisenmärkte, Volkswirtschaftliche Schriften, Heft 130, Berlin.
Siebert, H. (1978), Ökonomische Theorie der Umwelt, Tübingen.
Siebert, H. u. a. (1980), Trade and Environment, Amsterdam.
Siebert, H. (1984a), Hrsg., The Resource Sector in an Open Economy, Berlin, Heidelberg, New York.
Siebert, H., D. W. Pearce und I. Walter (1984b), Hrsg., Risk and the Political Economy of Resource Development, New York und London.
Siebert, H. (1985), Economics of the Resource-Exporting Country, Greenwich, Connecticut.
Södersten, B. (1980), International Economics, 2. Aufl., London.
Sohmen, E. (1973), Wechselkurs und Währungsordnung, Tübingen.
Stern, R. M. (1979), The Balance of Payments, 4. Aufl., New York.
Takayama, A. (1972), International Trade. An Approach to the Theory, New York.
Triffin, R. (1968), Gold and the Dollar Crises, verbesserte Auflage, New Haven.
Turnovsky, S. J. (1977), Macroeconomic Analysis and Stabilization Theory, Cambridge.
Vajna, T. (1980), Außenwirtschaft, Reallohn und Lohnpolitik, Köln.
Vernon, R. (1969), Manager in the International Economy, Englewood Cliffs.

Vernon, R. (1977), Storm over the Multinationals, Cambridge.
Viner, J. (1937), Studies in the Theory of International Trade, New York.
Viner, J. (1950), The Customs Union Issue, New York.
Viner, J. (1923), A Problem in International Trade, Chicago.
Walmsley, J. (1983), The Foreign Exchange Handbook, New York.
Walter, I. und T. N. Gladwin (1980), Multinationals under Fire: Lessons in the Management of Conflict, New York.
Walter, I. und K. Areskoug (1981), International Economics, 3. Aufl., New York.
Walter, I. und T. W. Murray (1982), Handbook of International Business, New York.
Willgerodt, H. u. a. (1975), Außenwirtschaftliche Absicherung zwischen Markt und Interventionismus, Erfahrungen mit Kapitalverkehrskontrollen, Frankfurt/M.
Willgerodt, H. (1981), Die Krisenempfindlichkeit des internationalen Währungssystems, Berlin.
Williamson, J. (1985), The Exchange Rate System, Institute for International Economics, Washington.
Woodland, A. D. (1982), International Trade and Resource Allocation, Amsterdam.
Yeager, L. B. (1976), International Monetary Relations: Theory, History and Policy, 2. Aufl., New York.

Artikel

Albert, M. und H.-J. Vosgerau (1988), Factor Mobility: A Theoretical Analysis of the Key Elements of Structural Factor Price Differences, in: Molle, W. und A. van Mourik, Hrsg., Wage Structures in the European Community: Convergence or Divergence, Aldershot.
Aliber, R. (1982), The Evolution of Currency Areas: A Speculation on Monetary History, in: Cooper, R. u. a., The International Monetary System under Flexible Exchange Rates, Ballinger, Cambridge, S. 147–160.
Allen, P. R. und P. Kenen (1980), Portfolio Adjustment in Open Economies, in: Kenen, P., Essays in International Economics, Princeton, S. 255–301.
Baldwin, R. E. (1955), Secular Movements in the Terms of Trade, American Economic Review, Papers and Proceedings, Vol. 45, S. 259–260.
Baltensperger, E. und P. Böhm (1982), Stand und Entwicklungstendenzen der Wechselkurstheorie – ein Überblick, Außenwirtschaft 37, II, S. 109–157.
Bender, D. (1982), Finanzmarkttheorie des Wechselkurses, Handwörterbuch der Wirtschaftswissenschaft, Bd. 9, Stuttgart, S. 748–864.
Berg, H. (1981), Außenwirtschaftspolitik, Vahlens Kompendium der Wirtschaftstheorie und Wirtschaftspolitik, Bd. 2, München, S. 413–454.
Black, S. (1985), International Money and International Monetary Arrangements, in: Jones, R. und P. Kenen, Hrsg., Handbook of International Economics, Vol. 2, Amsterdam, S. 1153–1194.

Brander, J. A. und B. J. Spencer (1985), Export Subsidies and International Market Share Rivalry, Journal of International Economics 18, S. 83–100.
Branson, W. (1976), Asset Markets and Relative Prices in Exchange Rate Determination, Institute for International Economic Studies, Seminar Paper No. 66, Stockholm.
Branson, W. (1979), Exchange Rate Dynamics and Monetary Policy, in: Lindbeck, A., Hrsg., Inflation and Employment in Open Economies, Amsterdam, S. 189–224.
Branson, W. und D. W. Henderson (1985), The Specification and Influence of Asset Markets, in: Jones, R. und P. Kenen, Hrsg., Handbook of International Economics, Vol. 2, Amsterdam, S. 749–805.
Bruce, N. und D. Purvis (1985), The Specification of Goods and Factor Markets in Open Economy Macroeconomic Models, in: Jones, R. und P. Kenen, Hrsg., Handbook of International Economics, Vol. 2, Amsterdam, S. 807–858.
Bruno, M. (1984), Raw Materials, Profits and the Productivity Slowdown, Quarterly Journal of Economics 99, S. 1–29.
Caves, R. E. (1979), International Cartels and Monopolies in International Trade, in: Dornbusch, R. und J. A. Frenkel, Hrsg., International Economic Policy: Theory and Evidence, Baltimore, London, S. 39–72.
Chipman, J. (1965/66), A Survey of the Theory of International Trade, Econometrica 33, S. 477–519 (Teil 1), S. 685–760 (Teil 2), Econometrica 34, S. 18–76 (Teil 3).
Chipman, J. (1985), A Two-Period Model of International Trade and Payments, Diskussionsbeiträge der Universität Konstanz #194.
Cooper, R. (1985), Economic Interdependence and Coordination of Economic Policies, in: Jones, R. und P. Kenen, Hrsg., Handbook of International Economics II, Amsterdam, S. 1195–1234.
Corden, M. und P. Neary (1982), Booming Sector and De-Industrialization in a Small Open Economy, Economic Journal 92, S. 825–848.
Deardorff, A. V. (1984), Testing Trade Theories and Predicting Trade Flows, in: Jones, R. und P. Kenen, Hrsg., Handbook of International Economics, Vol. 1, Amsterdam, S. 467–517.
Dornbusch, R. (1973a), Currency Depreciation, Hoarding and Relative Prices, Journal of Political Economy 81, S. 893–915.
Dornbusch, R. (1973b), Devaluation, Money and Nontraded Goods, American Economic Review 63, S. 871–880.
Dornbusch, R. (1975), Exchange Rates and Fiscal Policy in a Popular Model of International Trade, American Economic Review 65, S. 859–871.
Dornbusch, R. (1976a), Expectations and Exchange Rate Dynamics, Journal of Political Economy 84, S. 1161–1176.
Dornbusch, R. (1976b), Capital Mobility, Flexible Exchange Rates and Macroeconomic Equilibrium, in: Claassen, E. und P. Salin, Hrsg., Recent Issues in International Monetary Economics, Amsterdam, S. 261–278.
Dornbusch, R. (1976c), Exchange Rate Expectations and Monetary Policy, Journal of International Economics 6, S. 231–244.
Dornbusch, R. (1983), Exchange Rate Economics: Where Do We Stand?, in:

Bhandari, J. und B. Putnam, Hrsg., Economic Interdependence and Flexible Exchange Rates, Cambridge, S. 45–83.
Dornbusch, R. (1985), Intergenerational and International Trade, Journal of International Economics 18, S. 123–139.
Dornbusch, R. (1987), Exchange Rate Economics 1986, Economic Journal 97, March 1987, S. 1–18.
Ebenroth, C. T. (1987), Neue Instrumente der Umschuldung, Diskussionsbeiträge des SFB 178 «Internationalisierung der Wirtschaft», Serie II – Nr. 37, Universität Konstanz.
Ethier, W. J. (1984), Higher Dimensional Issues in Trade Theory, in: Jones, R. und P. Kenen, Hrsg., Handbook of International Economics, Vol. 1, Amsterdam, S. 131–184.
Findlay, R. (1987), Terms of Trade, in: The New Palgrave, Vol. 4, London, S. 623 f.
Franke, G. (1986), Exchange Rate Volatility and International Trade: The Option Approach, Diskussionsbeiträge des SFB 178 «Internationalisierung der Wirtschaft», Serie II – Nr. 12, Universität Konstanz.
Franke, G. (1988a), Economic Analysis of Debt-Equity-Swaps, in: Vosgerau, H.-J., Hrsg., New Institutional Arrangements of the World Economy, Berlin.
Franke, G. (1988b), Currency Choice and Exchange Rate Management, Diskussionspapier, Konstanz.
Franke, G. (1988c), Währungsrisiken, in: Handwörterbuch Export und Internationale Unternehmungen, Stuttgart.
Frenkel, J. (1983), Monetary and Portfolio-Balance Models of Exchange Rate Determination, in: Bhandari, J. und B. Putnam, Hrsg., Economic Interdependence and Flexible Exchange Rates, Cambridge, S. 84–115.
Frenkel, J. (1983), Flexible Exchange Rates, Prices and the Role of «News», in: Bhandari, J. und B. Putnam, Hrsg., Economic Interdependence and Flexible Exchange Rates, Cambridge, S. 3–42.
Frenkel, J. A. und M. Mussa (1985), Asset Markets, Exchange Rates and the Balance of Payments, in: Jones, R. und P. Kenen, Hrsg., Handbook of International Economics, Vol. 1, Amsterdam, S. 679–747.
Gaab, W., M. Granziol und M. Horner (1985), On Some International Parity Conditions: An Empirical Investigation, European Economic Review 30, S. 683–713.
Gärtner, M. (1987), Normative und politische Ökonomie flexibler Wechselkurse, Außenwirtschaft IV, 42. Jg., S. 471–489.
Hahn, F. (1977), The Monetary Approach to the Balance of Payments, Journal of International Economics 7, S. 231–249.
Heckscher, E. F. (1919), The Effects of Foreign Trade on the Distribution of Income, Economisk Tidskrift 21.
Helpman, E. (1981), International Trade in the Presence of Product Differentiation, Economics of Scale and Monopolistic Competition, Journal of International Economics II, S. 305–340.
Helpman, E. (1984), Increasing Returns, Imperfect Markets and Trade Theory,

in: Jones, R. und P. Kenen, Hrsg., Handbook of International Economics, Vol. 1, Amsterdam, S. 325–365.

Hemmer, H. R. (1977), Außenhandel II: Terms of Trade, Handwörterbuch der Wirtschaftswissenschaft, Bd. 1, Stuttgart, S. 388–403.

Herberg, H. und M. C. Kemp (1969), Some Implications of Variable Returns to Scale, Canadian Journal of Economics 11, S. 403–415.

Herberg, H. (1976), On Imported Inflation, Zeitschrift für die gesamte Staatswissenschaft 132, S. 609–632.

Herberg, H. (1981), Importierte Zwischenprodukte und monetäre Außenhandelstheorie, in: Bombach, G. u. a., Hrsg., Zur Theorie und Politik internationaler Wirtschaftsbeziehungen, Tübingen, S. 215–264.

Herberg, H. (1987), Beschäftigungsauswirkungen nicht-tarifärer Handelshemmnisse, in: Henn, G., Hrsg., Technologie, Wachstum und Beschäftigung, Festschrift für Lothar Späth, Berlin, S. 1000–1007.

Herberg, H. (1988), Welfare Effects of Non-Tariff Barriers: A General Equilibrium Analysis, Diskussionsbeiträge aus dem Institut für Theoretische Volkswirtschaftslehre, Nr. 78/88, Kiel.

Hesse, H. (1974), Hypothesen zur Erklärung des Warenhandels zwischen Industrieländern 1953–1970, in: Giersch, H., Hrsg., Probleme der weltwirtschaftlichen Arbeitsteilung, Schriften des Vereins für Socialpolitik, NF 78, Berlin, S. 39–60.

Hesse, H. (1977), Außenhandel I: Determinanten, Handwörterbuch der Wirtschaftswissenschaft, Bd. 1, Stuttgart, S. 364–388.

Hoffmann, L. und W. R. Finkentscher (1982), Zölle I: Theorie und Politik, Handwörterbuch der Wirtschaftswissenschaft, Bd. 9, Stuttgart, S. 630–648.

Houthakker, H. (1957), An International Comparison of Household Expenditure Patterns, Commemorating the Centenary of Engel's Law, Econometrica 25, S. 532–551.

Issing, O. (1980), Internationale Währungspolitik, Handwörterbuch der Wirtschaftswissenschaft, Bd. 8, Stuttgart, S. 522–542.

Issing, O. (1988), Europäische Notenbank – ein Phantom, Frankfurter Allgemeine Zeitung, 12. 3. 88.

Jarchow, H. J. (1982), Zahlungsbilanz I: Theorie und Politik, Handwörterbuch der Wirtschaftswissenschaft, Bd. 9, Stuttgart, S. 539–562.

Keynes, J. M. (1929), The German Transfer Problem, Economic Journal 39, S. 1–7.

Kierzkowski, H. (1987), Recent Advances in International Trade Theory. A Selective Survey, Oxford Review of Economic Policy 3, S. 1–19.

Kindleberger, C. P. (1968), Foreign Trade and Economic Growth, Lessons from Britain and France, 1850–1931, in: Theberge, J. D., Hrsg., Economics of Trade and Development, New York, S. 46–66.

Kloten, N. (1985), Die ECU: Perspektiven monetärer Integration in Europa, Zeitschrift für Internationale Politik 15, 40. Jg., S. 451–466.

Kloten, N. (1986), Die monetäre Integration: Was steht im Wege?, in: Gespräche der List Gesellschaft e.V., Was trennt Europa, Baden-Baden, S. 84–98.

Kloten, N. (1987), Neomerkantilismus in Baden-Württemberg? Zur Regionalisierung der Wirtschaftspolitik, in: Henn, R., Hrsg., Technologie, Wachstum und Beschäftigung, Heidelberg, S. 850–868.

Kouri, P. (1976), The Exchange Rate and the Balance of Payments in the Short Run and in the Long Run. A Monetary Approach, Scandinavian Journal of Economics 78, S. 280–308.

Krugman, P. (1981), Intraindustry Specialization and Gains from Trade, Journal of Political Economy 89, S. 959–973.

Läufer, N. K. A. (1975), Fiskalpolitik versus Geldpolitik – Zur Frage ihrer relativen Bedeutung. Eine empirische Untersuchung für die BRD, Kredit und Kapital, 8,3, S. 346–378.

Leontief, W. W. (1953), Domestic Production and Foreign Trade: the American Capital Position Reexamined, Proceedings of the American Philosophical Society, Vol. 97, S. 332f.

McCulloch, R. (1979), Trade and Direct Investment: Recent Policy Trends, in: Dornbusch, R. und J. A. Frenkel, Hrsg., International Economic Policy: Theory and Evidence, Baltimore, London, S. 76–104.

Meade, J. E. (1973), The Balance-of-Payments Problem of an European Free Trade Area, in: Krauss, M. B., Hrsg., The Economics of Integration, London, S. 155–176.

Mussa, M. (1984), The Theory of Exchange Rate Determination, in: Bilson, J. und R. Marston, Hrsg., Exchange Rate Theory and Practice, Chicago, S. 13–78.

Obstfeld, M. und A. C. Stockman (1985), Exchange Rate Dynamics, in: Jones, R. und P. Kenen, Hrsg., Handbook of International Economics, Vol. 2, Amsterdam, S. 917–977.

Rose, K. (1980), Wechselkurs, Handwörterbuch der Wirtschaftswissenschaft, Bd. 8, Stuttgart, S. 576–605.

Rybczynski, T. M. (1955), Factor Endowment and Relative Commodity Prices, Economica 88, S. 336–341.

Samuelson, P. A. (1949), International Factor-Price Equalization, Once Again, Economic Journal 234, S. 181–197.

Sauernheimer, K. (1984), «Fiscal Policy» in einer Währungsunion, Finanzarchiv 42, S. 143–157.

Schmid, M. (1976), A Model of Trade in Money, Goods and Factors, Journal of International Economics 6, S. 347–361.

Schmid, M. (1980), Lohnpolitik und Beschäftigung in der offenen Wirtschaft. Was sagt der monetäre Ansatz?, Zeitschrift für Wirtschafts- und Sozialwissenschaften, Nr. 3, S. 297–336.

Schmid, M. (1982), Stagflationary Effects of a Devaluation in a Monetary Model with Imported Intermediate Goods, Jahrbücher für Nationalökonomie und Statistik 197, S. 107–129.

Schmid, M. (1987), External Debt and the Wealth of Nations with Overlapping Generations, Diskussionsbeiträge, Hamburg.

Schneider, E. (1978), Internationale Kapitalbewegungen, Handwörterbuch der Wirtschaftswissenschaft, Bd. 4, Stuttgart, S. 388–404.

Schumann, J. (1977), Außenhandel III: Wohlfahrtseffekte, Handwörterbuch der Wirtschaftswissenschaft, Bd. 1, Stuttgart, S. 403–426.

Siebert, H. (1972), Außenhandelstheoretische Entscheidungskriterien für die Arbeitsteilung zwischen sozialistischen Volkswirtschaften, Weltwirtschaftliches Archiv, Bd. 108, S. 515–536.

Siebert, H. (1982), Zölle IV: Zollunion und Präferenzzonen, Handwörterbuch der Wirtschaftswissenschaft, Bd. 9, Stuttgart, S. 666–678.

Siebert, H. (1985a), Wirtschaftliche Zwänge für offene Volkswirtschaften, Weltwirtschaftliches Archiv 121, S. 609–627.

Siebert, H. und M. Rauscher (1985b), Vertical Integration by Oilexporting Countries, Intereconomics 5, Vol. 20, S. 211–216.

Siebert, H. (1986a), Entwicklungstendenzen der Weltwirtschaft, Konstanzer Universitätsreden 156, Universitätsverlag Konstanz.

Siebert, H. (1986b), Die Auswirkungen sinkender Ölpreise, Wirtschaftsdienst, Heft IV, S. 203–207.

Siebert, H. (1986c), Allokationseffekte von Importbeschränkungen. Eine Anmerkung, Zeitschrift für Wirtschafts- und Sozialwissenschaften, 106. Jg., Heft 5, S. 509–516.

Siebert, H. (1987a), Entwicklungstendenzen der Weltwirtschaft. Stilisierte Fakten und Ansätze zur Erklärung, Österreichisches Institut für Wirtschaftsforschung, Quartalshefte, Girozentrale Wien, Heft I/II–87, S. 9–41.

Siebert, H. (1987b), Langfristige Lieferverträge im internationalen Resourcenhandel, Zeitschrift für Wirtschafts- und Sozialwissenschaften, Veröffentlichung in Vorbereitung.

Siebert, H. (1987c), Risk Allocation in Large Scale Ventures, Kyklos 40, S. 476–495.

Siebert, H. (1987d), Foreign Debt and Capital Accumulation, Weltwirtschaftliches Archiv 123, S. 618–630.

Siebert, H. (1987e), Protektionismus und Wechselkurs, Wirtschaftsdienst, Nr. 9, S. 476–480.

Siebert, H. (1988a), Strategische Handelspolitik. Theoretische Ansätze und wirtschaftspolitische Empfehlungen, Außenwirtschaft, Heft IV, St. Gallen, in Vorbereitung.

Siebert, H. (1988b), Anpassungsprozesse in einer offenen Volkswirtschaft mit nicht handelbaren Gütern, Diskussionsbeiträge des SFB 178 «Internationalisierung der Wirtschaft», Serie II – Nr. 48, Konstanz.

Siebert, H. (1988c), Ein Wechselkurs zwischen Leer und Ludwigsburg, Wirtschaftswoche, Nr. 16, 43. Jg., S. 43.

Siebert, H. (1988d), Institutional Arrangements for Natural Resources, erscheint in: Vosgerau, H. J., Hrsg., New Institutions for the World Economy, Berlin.

Siebert, H. (1988e), Ansatzpunkte zur Lösung der internationalen Verschuldungsfrage, WIST, 10/1988, S. 501–505.

Siebert, H. (1988f), Anpassungsprozesse in einer offenen Volkswirtschaft, Diskussionsbeiträge des SFB 178 «Internationalisierung der Wirtschaft», Serie II – Nr. 50, Konstanz.

Stern, R. M. (1975), Testing Trade Theories, in: Kenen, P. B., Hrsg., International Trade and Finance, Cambridge, S. 3–49.
Stern, R. M. und K. E. Markus (1981), Determinants of the Structure of US Foreign Trade 1958–1976, Journal of International Economics 11, S. 207–224.
Stolper, W. F. und P. A. Samuelson (1941), Protection and Real Wages, Review of Economic Studies 1.
Tobin, J. (1982a), A Proposal for International Monetary Reform, in: Essays in Economics: Theory and Policy, Cambridge, S. 488–494.
Tobin, J. (1982b), The State of Exchange Rate Theory: Some Sceptical Observations, in: Cooper, R. u. a., Hrsg., The International Monetary System under Flexible Exchange Rates, Cambridge, S. 115–128.
Ursprung, H. und G. Karacaoglu (1988a), Exchange Rate Dynamics under Gradual Portfolio and Commodity Price Adjustment, European Economic Review, in Vorbereitung.
Ursprung, H. und A. Hillman (1988b), Domestic Politics and International Trade Policy, European Economic Review, in Vorbereitung.
Vernon, R. (1966), International Investment and International Trade in the Product Cycle, Quarterly Journal of Economics 2, S. 191–207.
Vosgerau, H.-J. (1987a), Zur ökonomischen Analyse internationaler Institutionen, Diskussionsbeiträge des SFB 178 «Internationalisierung der Wirtschaft», Serie II – Nr. 15, Universität Konstanz.
Vosgerau, H.-J. (1987b), Normative Aspekte internationaler Migrationen, Diskussionsbeiträge des SFB 178 «Internationalisierung der Wirtschaft», Serie II – Nr. 21, Universität Konstanz.
Vosgerau, H.-J. (1987c), International Capital Movements and Trade in an Intertemporal Setting, Diskussionsbeiträge des SFB 178 «Internationalisierung der Wirtschaft», Serie II – Nr. 25, Universität Konstanz.
Willgerodt, H. u. a. (1965), Wirtschaftswachstum und Währungsraum, in: Schneider, E., Hrsg., Weltwirtschaftliche Probleme der Gegenwart, Schriften des Vereins für Socialpolitik, NF 35, Berlin, S. 340–371.
Wissenschaftlicher Beirat beim Bundesministerium für Wirtschaft (1988), Wirtschaftliche Konsequenzen aus den außenwirtschaftlichen Ungleichgewichten der großen Industriestaaten, Gutachten, Bonn.
Wolter, F. (1977), Factor Proportions, Technology and West German Industry's International Trade Pattern, Weltwirtschaftliches Archiv 113, S. 250–267.

Statistische Quellen

Bundesministerium für Wirtschaft, Monatsberichte, Bonn.
Deutsche Bundesbank, Geschäftsbericht, Frankfurt, jährlich.
Deutsche Bundesbank, Monatsberichte, Statistische Beihefte.
Institut der Deutschen Wirtschaft, Zahlen zur wirtschaftlichen Entwicklung der Bundesrepublik Deutschland, jährlich.

International Monetary Fund, Balance of Payments Yearbook, Washington, jährlich.
International Monetary Fund, Direction of Trade Statistics Yearbook, Washington, verschiedene Ausgaben.
International Monetary Fund, Direction of Trade Statistics Annual 1970–1976, Washington.
International Monetary Fund, International Financial Statistics, Washington, monatlich.
United Nations, Monthly Bulletin of Statistics, New York, monatlich.
United Nations, Statistical Yearbook, New York, jährlich.
World Bank, World Development Report Washington, jährlich.

Register

Perfektes Englisch als Schlüssel zum Erfolg –

S. D. Chinque

Economic English for Managers

Ein integrierter Sprachkurs für Praktiker im Wirtschaftsleben und für Studenten

2 Tonbandkassetten à 60 min. Laufzeit und ein Textbuch mit 241 Seiten.

Im Schuber DM 84,–

Im ständig härter werdenden internationalen Wettbewerb muß sich jeder Praktiker im Wirtschaftsleben, sei er Führungskraft oder Sachbearbeiter, zunehmend mit der englischen Wirtschaftssprache befassen. In den OECD-Ländern und der Dritten Welt ist Englisch die Sprache des Managements und damit des Weltmarkts. Mit »Economic English for Managers« kann der Praktiker ebenso wie der Studierende seine Kenntnisse der englischen Wirtschaftssprache ausbauen und seine Sicherheit in der Anwendung dieser Sprache erhöhen. Das setzt voraus, daß gute Kenntnisse der allgemeinen englischen Umgangssprache bereits vorhanden sind. »Economic English« wendet sich also nicht an Anfänger. Eine Vertrautheit mit Zusammenhängen des Wirtschaftsgeschehens sowie ein Interesse an den Wirtschaftsseiten der Tagespresse sollte der Studierende ebenfalls mitbringen, da die Texte auf ausgewählten Artikeln und Berichten aus angesehenen englischsprachigen Wirtschaftszeitschriften und -zeitungen basieren. Sie bieten nicht nur interessantes und aktuelles Lernmaterial für den Autodidakten, sondern auch Anregungen zu Diskussionen und Vorträgen in Gruppenunterricht und Seminar.

Der Sprachkurs besteht aus 12 Einheiten, die spezielle Themen aus der Volkswirtschaft, Betriebswirtschaft oder Weltwirtschaft in Verbindung mit wesentlichen Aspekten der englischen Sprache behandeln. Jede Einheit gliedert sich in 6 Arbeitsschritte: wesentliche Satzstrukturen, Text und Textverständnisübungen, Wirtschaftsgrafik mit Übungen, Grammatikübungen, Wortschatzübungen, Fachübersetzungen.

GUSTAV FISCHER
SEMPER BONIS ARTIBUS
STUTTGART NEW YORK